智能港口物流丛书

无水港数字化运营管理

徐子奇　赵　宁　班宏宇

―――― 编著 ――――

上海科学技术出版社

内 容 提 要

本书以无水港的数字化管理为主线,系统介绍了无水港的兴起与发展,分析了无水港的各项主营业务管理模式以及相互之间的关系,细致入微地阐述了各个业务流程中的信息收集与处理、资源计划与设备调度以及看板管理模式下的现场实际作业等营运与管理过程。书中揭示了无水港的构成要素、典型功能、主要特点以及管理方法,提出并阐述了数字化管理下的无水港管理模式,描绘了未来无水港数字化、智能化、精益化管理的发展趋势,针对在信息化背景下无水港在产业链中的重要位置与作用提出了鲜明的观点。

本书可供港口尤其是无水港管理人员、港口管理专业教师及学生、港航物流领域的技术人员参考,也可供对港口及其产业链的延伸有兴趣的读者阅读。

图书在版编目(CIP)数据

无水港数字化运营管理 / 徐子奇,赵宁,班宏宇编著.—上海:上海科学技术出版社,2016.1
(智能港口物流丛书)
ISBN 978-7-5478-2821-2

Ⅰ.①无… Ⅱ.①徐… ②赵… ③班… Ⅲ.①港口管理—数字化 Ⅳ.①F550.6-39

中国版本图书馆 CIP 数据核字(2015)第 235149 号

无水港数字化运营管理
徐子奇　赵　宁　班宏宇　编著

上海世纪出版股份有限公司
上海科学技术出版社　出版
(上海钦州南路71号　邮政编码 200235)
上海世纪出版股份有限公司发行中心发行
200001　上海福建中路193号　www.ewen.co
上海中华商务联合印刷有限公司印刷
开本 787×1092　1/16　印张 17.5
字数 380 千字
2016年1月第1版　2016年1月第1次印刷
ISBN 978-7-5478-2821-2/U·34
定价:58.00元

本书如有缺页、错装或坏损等严重质量问题,请向工厂联系调换

智能港口物流丛书序

"天下熙熙皆为利来,天下攘攘皆为利往。"司马迁在《货殖列传》中的描述正切合今天全球化背景下熙熙攘攘之经贸往来。在繁忙的全球经贸活动中,物流无疑是支撑世界经济发展的大动脉。作为一个国家和地区的门户,港口正是这一大动脉的枢纽。进入新世纪以来,港口的功能不断扩展,保税物流、临港产业、自由贸易区等各种创新功能正不断丰富着港口及港口城市的内涵,如今港口已不仅是吐纳、存储货物的核心节点,还是国际商业贸易的重要环节。对于一个受益于全球化的开放经济体,港口物流的重要性不言而喻。

任何一个产业的发展,都离不开科学技术的支撑。在国家创新驱动、转型发展背景下,港口物流发展路在何方?2008年11月,全球金融危机伊始,IBM在美国纽约发布的《智慧地球:下一代领导人议程》主题报告提出"智慧地球"的概念,开启了未来产业升级之路。近年来,为了奠定德国在重要关键技术上的国际顶尖地位,继续加强德国作为技术经济强国的核心竞争力,德国推出了以"智能工厂"及"智能生产"为核心的"工业4.0"概念。"工业4.0"也被称为继机械、电气和信息技术之后的第四次工业革命。

"智能化"在港口不只是概念上的发展,而正是当前发展实践之路。随着劳动力成本的逐年攀高,以及码头整体装备设计制造水平的不断提升和新工艺、新技术的不断完善,国内外自动化码头在经历了一段时间的技术发展期后,再次掀起新一波建设热潮。近期,天津、青岛、上海等港口已经将自动化码头的建设提上议事日程,国内第一个自动化集装箱码头——厦门远海码头已于2014年年底建成并投入试运营。智能政务、智能商务、智能管理、自主装卸为核心的智能化发展,正是当前港口物流发展的重要支撑。

在此背景下,《智能港口物流丛书》的推出旨在梳理当前港口物流智能化发展脉络,展示当前及未来一段时间内,支撑港口物流智能化发展的相关关键技术及应用前景。丛书主要包括以下相关内容:智慧港口概论、集装箱码头数字化营运管理、无水港数字化运营管理、港口物流系统仿真、自动化码头规划设计与仿真、大型港口机械结构稳定性与裂纹控制技术、装卸机器视觉及其应用等。

丛书所反映的内容是作者及其研究团队长期工作的积累和对相关学术领域的探索,也是对长期大量实践及科研成果的总结。希望丛书的出版能对从事该领域的相关管理、技术人员及感兴趣者有所助益。

宓为建

前　言

　　无水港亦名"干港"，是建在内陆地区但具有沿海港口基本功能的现代物流中心，是沿海港口所参与供应链的一个重要环节。无水港是形成以港口为中心的内陆集疏运物流网络体系的关键节点，具备了除装卸船以外港口的所有功能，使得港口功能向内陆腹地延伸。

　　本书以无水港的数字化管理为主线，系统地介绍了无水港的兴起与发展，分析了无水港的各项主营业务管理模式以及相互之间的关系，细致入微地阐述了各个业务流程中信息收集与处理、资源计划与设备调度以及看板管理模式下的现场实际作业等营运与管理过程，书中揭示了无水港的构成要素、典型功能、主要特点以及管理方法，提出并阐述了数字化管理下的无水港管理模式，描绘了未来无水港数字化、智能化、精益化管理的发展趋势，针对在信息化背景下无水港在产业链中的重要位置与作用提出了鲜明的观点，具有较强的理论性和前瞻性，可作为研究无水港生产管理的重要参考。

　　本书作者及其所在团队长期从事港口物流信息系统以及生产系统开发，在港口物流信息化这一领域有着扎实的研究基础和丰厚的工程项目经验积累，曾承接过天津港、上海港、宁波港乃至国外同行业单位的诸多工程项目。同时研究团队拥有自主知识产权的无水港集装箱堆场生产系统，在工程实践中积累的大量文档材料和视频资料，为该书的写作提供了丰富的材料来源。

　　在本书的写作过程中，天津港物流发展有限公司谢锦男工程师，上海海事大学杨小明博士、边志成博士及沈一帆、夏孟珏、王郡娴、孙思韵、梁枭、张晓华、秦昭、田婷等博士、硕士研究生参与了部分内容的讨论与写作。由于作者水平有限，加之时间紧迫，错误之处在所难免，敬请读者批评指正。

本书出版受到"上海高校服务国家重大战略出版工程"以及"上海市教育系统劳模创新工作室——宓为建智能港口物流工作室"资助。

编　者

目　录

第 1 章　绪论　　1

1.1　无水港概述　　3
1.2　无水港发展模式　　14
1.3　无水港发展的关键问题　　17

第 2 章　无水港的生产管理运营模式　　29

2.1　无水港的基本业务　　31
2.2　无水港物流设施和装卸设备　　32
2.3　无水港的装卸工艺　　40
2.4　无水港物流信息系统　　44

第 3 章　卸火车业务　　53

3.1　卸火车业务概述　　55
3.2　卸火车业务的基本流程　　58
3.3　卸火车业务相关知识　　65
3.4　卸火车业务涉及的关键单据　　70
3.5　卸火车业务的数字化运营管理　　78

第 4 章　装火车业务　　89

4.1　装火车业务概述　　91
4.2　装火车业务基本流程　　93
4.3　装火车业务相关知识　　97
4.4　装火车业务涉及的关键单据　　102
4.5　装火车业务的数字化运营管理　　105

第 5 章　拆箱业务　　125

5.1　拆箱业务概述　　127
5.2　拆箱业务的基本流程　　128
5.3　拆箱业务相关知识　　137
5.4　拆箱业务涉及的关键单据　　143
5.5　拆提业务的数字化运营管理　　154

第 6 章　装箱业务　　161

6.1　装箱业务概述　　163
6.2　装箱业务基本流程　　164
6.3　装箱业务相关知识　　171
6.4　装箱业务涉及的关键单据　　180
6.5　装箱业务的数字化运营管理　　186

第 7 章　空箱进场业务　　193

7.1　空箱进场业务概述　　195
7.2　空箱进场业务基本流程　　197
7.3　空箱进场业务相关知识　　202
7.4　空箱进场业务涉及的关键单据　　204
7.5　空箱进场业务数字化运营管理　　204

第 8 章　提空箱业务　　225

8.1　提空箱业务概述　　227
8.2　提空箱业务基本流程　　227
8.3　提空箱业务相关知识　　230

8.4	提空箱业务涉及的关键单据	*231*
8.5	提空箱业务数字化运营管理	*232*

第 9 章　港口集装箱堆场查验业务　　**243**

9.1	查验业务概述	*245*
9.2	查验业务基本流程	*246*
9.3	查验业务相关知识	*253*
9.4	查验业务涉及的关键单据	*254*
9.5	查验业务数字化运营管理	*256*

参考文献　　**270**

第 1 章 绪 论

港口是一国经济发展的重要基础,是国际经济文化合作与交流的窗口,是全球范围内调动资源的平台。作为连接沿海与内地、国内与国外的纽带,港口是为整个腹地服务的,与港口空间腹地发展有着密切的联系。对港口而言,港口腹地的发展是港口未来生存与发展的前提和基础,无论是临港产业还是港口物流,内陆经济都需要产业链的延伸。因此,为了抢占内陆资源,无水港作为物流园区的高级化形态由此孕育而生。无水港的诞生促进了港口和内陆的发展,为客户提供了便利,能有效缓解我国交通压力和环境污染问题,所以发展无水港是港口和内陆发展的新战略,也是无水港兴起的重要原因。

1.1 无水港概述

在港口不断发展的环境下,无水港的建设有利于沿海港口扩大腹地和增加货源,对其良性发展起到很好的支持作用。此外现代的无水港还是一个物流中心,是沿海港口所参与的供应链的一个环节,它与沿海港口紧密联系,起着为后者疏散(汇集)货物的作用,如图1-1所示。无水港功能的强弱和运转的好坏直接影响着整个供应链是否流通顺畅,进而影响着沿海港口功能的发挥和竞争能力的提高。

发货人 → 内陆无水港 → 枢纽港 → 枢纽港 → 内陆无水港 → 发货人

图1-1 集装箱货物运输流程

1.1.1 无水港的定义

无水港的概念经历了从最初提出到逐步完善的过程。不同国家的学者对无水港进行了不同的定义[1]。

表1-1 无水港定义对照表

时 间	定义版本	定 义 内 容	定义核心
1991	欧洲运输白皮书	地理上与港口相连的内陆站场,它通过大量运输方式和港口联系,顾客可以像在港口一样接收和发送集装箱的内陆站场	内陆站场
1992	美国集装箱协会	远离港口的内陆集装箱设施,它为进出无水港的集装箱和货物提供集装箱装卸、短期存储和海关检查等服务	内陆集装箱设施
2000	联合国贸易和发展会议	指位于内陆具有与海港类似的货物集散功能的特定区域,它具有报关、报检、签发提单和仓储等港口功能	特定区域
2006	国内定义1	为船公司和当地客户服务的内陆集装箱中转站,除了没有港口码头装船、卸船的操作以外,它的功能和港口基本一样	内陆集装箱中转站

(续表)

时 间	定义版本	定 义 内 容	定义核心
2008	国内定义2	在内陆地区建立的具有报关、报检、签发提单等港口服务功能的物流中心,是为船公司和当地客户服务的内陆集装箱中转站	物流中心

从表1-1中可见,欧洲定义强调了无水港的空间和地理属性,体现了与沿海港口的联系与区别,但这个定义未能凸显无水港的功能性。美国定义体现了无水港的服务内容和服务对象,但是没有强调与港口的对接,仅仅以远离港口来说明无水港的地理特征比较牵强。联合国的定义将无水港与海港功能上进行了横向参照,不再强调无水港是内陆集装箱设施,转而视无水港是具备功能的区域。国内定义1采用了排除式定义,简洁之余缺乏严谨性;定义2采用列举式定义,显然在功能服务方面缺乏完整性表述。

总体来看,几个版本的定义难以与一般物流设施的特征表述区别开来,存在以下不足:

首先,按照单个无水港的思维展开定义,忽视了无水港作为国际物流网络空间中节点的特征,即网络性;其次,按照静态的物流设施来理解无水港,忽视了无水港具备复合型服务能力的特征,即服务性;最后,按照单纯物流业务来理解无水港的功能,忽略了无水港物流业务以外的经济效益和社会效益。

通过上述分析可以看出无水港既有"新"的内容,也有"旧"的延伸。因此对无水港的内涵与外延两个方面作定义。

首先是内涵关于新旧两个方面的定义如下:

(1) "新"的定义

① 无水港间接地重新定义了"港口"的概念,颠覆了必须依水建"港"的传统观点,而将港口理解为一个"功能"的集合,这是无水港将港口的功能内陆化的前提。

② 无水港改变了港口腹地的空间结构,借助业务联系,无水港成为港口非接触型的直接腹地,港口腹地空间具备了层次性和延伸性的特征。

③ 无水港不再是静态的物流基础设施,它发展成为生产性服务业的集聚,具备了服务本地区域经济的功能。无水港并非完整意义上的新生事物。无水港是在现有技术条件下,生产要素和技术流程的重组。

(2) "旧"的定义

① 无水港有具体的业务模型——"海港",无水港部分移植了传统港口作业模式,部分临港服务业移到内陆企业所在地。在这个过程中,硬物流成本(燃料消耗、设备损耗等)没有减少,只有软物流成本(时间成本、通关费用等)得到降低。

② 无水港有具体的升级来源——"集装箱货运站"。在静态特征上,并没有与集装箱货运站等设施严格区分,只是在功能上的创新和强化。

③ 内陆的物流园区开展国际物流业务时,已经涉及进出口监管、"一关三检"服务等业务。内陆物流园区和港口虽然存在较强的业务关联,但在较长时间段内,两者隶属于

不同的系统。无水港加强了内陆与港口的业务连通性,明确了作为港口服务业务的发展方向。

其次,无水港的外延可以从以下三个维度来理解:

(1) 内陆国际物流节点的功能强化

无水港的外延之一是功能复合化的内陆国际物流节点。在无水港的概念出现之前,由于市场需求的驱动,国际物流业务已经在内陆布局了初步的节点和网络。集装箱货运站、内陆集装箱转运站、铁路货运枢纽等都是由不同的提供方建设的内陆国际物流节点。无水港的出现依然是市场化的结果,用以解决内陆国际物流需求与现有物流节点和网络不匹配的矛盾。从制度经济学的角度看,无水港改变了原本陆路运输与港口脱节的传统港口作业模式,相关利益方根据各自需求展开合作,使得这些原本在出口港完成的作业前移到内陆企业所在地,使得港口物流服务地点专用性的程度大大降低。无水港以物流节点的集聚效应,为物流企业带来服务空间上的转移和重组,形成了功能复合化的国际物流节点。

(2) 港口扩展腹地的新载体

无水港的外延之二是沿海港口扩展腹地的触角。在内陆地区建设选址无水港成为港口竞争中的重要战略。原本港口在内陆布点建设的集装箱汇集和中转基地已经不能满足新形势需要,升级成为功能更为全面的无水港,可以起到以"点"控"面"的效果。一方面无水港将海港能够剥离的非临港型业务移入内陆当地办理,成为内陆型的"喂给港",增加港口业务量;另一方面无水港对内陆地区的物流需求进行预处理,提高港口的流通速度。无水港的建设,使港口的枢纽地位提升,对经济腹地的掌控能力增强,是港口扩展腹地的重要手段和方式。

(3) 内陆物流园区的新形式

无水港的外延之三是内陆物流园区的一种新的形式。内陆城市外向型经济逐步展开,吸引投资的重要手段之一就是建立优良的物流基础设施,体现供应链的优势。由于无水港的功能复合性,无水港不仅能完成基本的货物装卸和集疏,而且还能根据客户的多样化提供个性化的增值服务,提高内陆城市投资吸引力。在内陆城市建立无水港,从全球供应链的视角下看,可以将所在城市纳入到整个全球的综合物流服务链当中,提高了国际经济交流中的参与度。从区域经济的视角下看,无水港物流系统是内陆城市地区经济系统的组成部分,通过内陆地区和沿海港口城市之间的经济互动,建立无水港在整个地区内的国际物流枢纽地位,增加了无水港所在内陆城市在区域经济中的综合竞争力。

1.1.2 无水港与基础物流设施的区别

根据之前对于无水港的定义,无水港与其他的物流基础设施存在一定的差别[2]。无水港基本的物流设施主要有港口、集装箱货运站、内陆集装箱转运站、铁路货运站、物流园区,它们之间的联系与区别主要有以下几个方面。

(1) 与港口(Port)的区别与联系

港口是水陆联运的衔接点,其核心功能是供船舶进出和停泊,并完成客货装卸。而海港具有明确的水域和陆域范围。由"Port"到"Dry Port",可见无水港是通过港口概念延伸而来的新词汇,从国外文献发表时序上看,是先有"Inland Port"(内陆港)后有"Dry Port"(无水港),可见"无水港"就是指出在"无水"的环境实现"港"的业务形式,不再强调必须内陆地区,这使得无水港的外延更为广泛。

海港是无水港的业务模型。无水港最为通俗的理解就是在内陆建设港口,因此在无水港的功能设计时,首先考虑分析港口具备哪些功能,进而区分哪些业务是能够在"无水"的条件下实现的,哪些业务是无法引入到内陆实现的。无水港的理想化业务模型就是实现全部可以剥离的非临港型业务。

(2) 与集装箱货运站(Container Freight Station)的区别与联系

集装箱货运站是为集装箱拆箱、拼箱双方办理交接的场所。集装箱作为物流用容器,其充分利用和重复利用是必然要求,因此集装箱货运站是与集装箱共存的设施。

首先它通常不满足"无水",临港作业反倒是其重要形式之一;其次它通常功能较为单一,仅仅是一个"Station"场所,没有"Port"港口的业务能力,只是围绕集装箱展开业务,通常也不具备多式联运的能力。

集装箱货运站是无水港的业务基础。集装箱运输是无水港业务重要的组成部分。集装箱货运站作为专业性的拆拼箱场所,是无水港运作过程中不可或缺的一环。

(3) 与内陆集装箱转运站(Inland Container Depot)的区别与联系

内陆集装箱转运站是在内陆地区设置集装箱中转站或者集散地。"Depot"其核心释义是"供应站",设施更多侧重与集装箱的供应和中转,通常能够与海关建立信息联动,与无水港具有较大的重合度。

它与无水港同样处于内陆地区。区别在于服务对象上,集装箱转运站主要服务于集装箱运输企业和航运企业,无水港服务对象要更广泛;核心功能上,它侧重集装箱运输的中转供应和短期储存;无水港则是多种功能的国际物流业务集聚,其中包涵了内陆集装箱转运站的功能。

内陆集装箱转运站是无水港重要的改造对象。内陆集装箱货运站是多式联运过程中的一个重要集散点,是集装箱港口与内陆地区联系网络的节点。内陆集装箱转运站补充部分功能和调整业务定位后,使升级为无水港成为可能。

(4) 与铁路货运枢纽(Rail Hub)的区别与联系

铁路货运枢纽是铁路运输货物的集散地。其中一类是位于铁路枢纽专门设置的集装箱货运枢纽,它是集装箱班列的到发地和编组站。

与无水港相比较,铁路货运枢纽是铁路运输系统中的集散点,业务相对封闭。在我国除部分港口自建疏港铁路外,它通常不与港口展开直接的业务联系。铁路运输具有成本低、运量大的特征,铁路货运枢纽成为无水港选址重要条件之一,因此铁路货运枢纽与无水港或相伴而生,或直接升级改造成无水港。

(5) 与物流园区(Logistic Park)的区别与联系

物流园区是物流作业集中的地区,是将多种物流设施和不同类型的物流企业在空间上集中布局的场所。以保税物流园区为代表的,以国际物流为主营业务的物流园区与无水港具备了较大的重合性,存在包含与被包含的相互交叉关系。无水港与物流园区相比较,两者的区别是发展目标不同,无水港的目标是在"无水"条件下实现港口功能,而物流园区将成为地区性的综合物流枢纽。

通过对上述的对比分析可知:无水港与上述物流基础设施的区别并非业务本质的区别,而是业务能力的区别;无水港从相似概念中吸取了部分功能,并加强了这些功能;无水港没有创造新业务也没有变革旧业务,但改变了业务的空间和排序。

1.1.3 无水港的构成、功能与作用

1. 无水港的构成

无水港空间组织由港口、内陆城市、物流通道、无水港自身四大要素构成,这四要素既是无水港空间组织的组成部分,又是无水港空间的施力对象。由相互联系、相互依存、相互作用的实体要素组成的有机整体决定了无水港空间组织整体的空间结构和发展阶段。

(1) 港口沿海

无水港空间组织中港口处于中心地位。无水港虽然以港口思路发展,但是货物的流动终点或起点是国外,终究还是要经过沿海港口节点。现阶段的无水港在和有水港的实质关系上仍是有水港口的附属,是有水港的部分功能内陆化实现途径。港口是整个空间组织的门户,门户的通过能力决定了无水港空间组织的边界。

(2) 内陆城市

无水港的建立依赖贸易的发展,无水港的功能和优势最适宜发展集装箱运输。外贸商品特别是适箱货源的生成量主要取决于一个地区的经济规模和产业结构,经济基础好、产业结构合理、交通设施完善的地区是建设无水港的首选地址。无水港通常靠近内陆的生产和消费的区域中心城市,选址地区制造业比较发达,出口贸易流量比较大,或者当地消费能力高,进口贸易量比较大。这些地区由于地处内陆,没有港口依托,发展进出口贸易非常不利,而且货物运输到海港再办理报关、报验、签发提单等手续,容易延误到目的地的时间。内陆城市是无水港空间组织的业务源头,需求能力决定了无水港空间组织的规模。

(3) 物流通道

港口是外贸进出口货物的启运地和目的地,无水港是进出口货物在内陆地区的节点和枢纽,两者通过物流通道联系。物流通道是无水港空间组织的网络化的前提,物流通道链接依托港口、无水港等物流节点,是无水港空间组织横向拓展的渠道,也是无水港空间组织物流活动的空间条件。

无水港只有依托于海港,建立高效的多式联运通道,具备高效物流能力的无水港空间,才具有真正意义。无水港与有水港之间的物流运输有其特殊要求,首先要保证经济性,即单位运费低,否则就失去了成本优势;其次要保证时效性,遵守航运严格的排期,否则就失去了快捷优势。物流通道根据其通过能力、运输成本、路网密度及重要性等划分出不同的等级,构成了无水港空间组织的线空间。

(4) 无水港本身

无水港是服务业的地理集中,无水港的功能细胞是企业。无水港是沿海港口与其

经济腹地之间联系的载体,它既作为货物集散的基础设施,又作为港口服务延伸业务的中心,促进沿海与内陆、港口与腹地经济的交流与互动。无水港形成了安全快捷的对外集疏运系统,更加高效地与干支线、长短途运输或水陆联运的衔接配合创造有利条件。

2. 无水港的功能

内陆无水港作为物流结点,将港口与广阔的内陆连接起来形成一个整体供应链,既为港口增加了丰富的货物来源,又促进了内陆物流业的发展,切实降低企业物流成本。内陆无水港功能具体归纳为以下几个方面:

① 综合物流服务功能。提供进出口集装箱货物仓储、加工、保税、标签、重新包装、分类及分拨配送等专业化服务。

② 内陆口岸功能。设置海关、动植物检疫、商检、卫检等监管机构为客户提供通关服务。

③ 集装箱集散、存储和箱管点等功能。提供进出口集装箱整箱交接、保管、堆存、中转拆装箱、理货、拼箱等服务。

④ 货运代理功能。在国内市场承揽运输业务、受货主及船公司委托代办接货、发运、签发提单、租赁及管理集装箱、代办报关和多式联运业务。

⑤ 快运列车服务。组织快运列车服务,为货主提供最短时间内的门到门服务。

⑥ 管理信息系统及电子数据传输(EDI)功能。对集装箱、车辆等进行动态跟踪管理,对运输单证进行接收、处理和传递,及时为客户提供相关的信息服务。

⑦ 其他服务功能。如设立维修车间,对"港"内的车辆、装卸机械等进行清洗、检查、维修,为客户办理结汇、保险等。

3. 无水港的作用

现代无水港既是物流中心,又是沿海港口所参与的供应链的重要环节,其功能和运转效率直接影响整个供应链能否流通顺畅,进而影响沿海港口功能的发挥和竞争力的提高。无水港主要具有以下几方面作用:

(1) 是联系港口与经济腹地的纽带,提高货物运输的集装箱化水平

无水港作为集装箱货物的集散点,起到港口与内陆联系的纽带作用:一方面,集装箱无水港可以迅速集散进出口货物,并为集装箱运输提供稳定可靠的货源,提高内陆散货的集装箱化水平;另一方面,无水港作为港口的延伸改善内陆地区的运输条件和投资环境,加快其对外开放步伐。

(2) 提高集装箱运输效率,缩短集装箱中转周期

集装箱运营者可以通过无水港对发往内陆地区的集装箱进行跟踪、查询,实行有效管理。此外,由于各无水港之间以及无水港与港口之间有着紧密的货运联系,可在很大程度上解决集装箱运输车辆回程空驶问题,从而提高集装箱运输的效率和集约化程度。

(3) 促进集装箱运输多式联运的实施,降低运输的整体经济成本和社会成本

集装箱运输的最大优势在于远程的"门到门"运输服务。内陆集装箱运输设施不充分的必然结果是:内陆集装箱货源以散货形式运抵港口后在港口拆装箱,一方面增加港口压力,造成货物在港口积压;另一方面限制集装箱优势的发挥。而无水港的建立使得

货主可以在内陆进行拆装箱，并使一票到底的多式联运成为可能，从而降低运输的整体经济成本和社会成本，提高经济效益和社会效益。

1.1.4　无水港空间选址原则和影响因素[2]

无水港是服务于港口现代化运输体系、服务于港口在全球供应链中日益突出的地位、服务于内陆地区经济发展以及对外贸易发展的，所以沿海港口在建设内陆无水港的时候要充分结合自身所覆盖的内陆经济腹地范围，以内陆经济腹地作为选址布局的基础，并且还应该分析经济腹地的综合经济发展水平、货物的生成数量以及中转流量和流向等影响无水港建设的各种内在因素。开展无水港与沿海港口之间多样化的运输方式，开展多种运输方式之间的对接，开展多式联运，发挥其优势，从而达到集装箱运输效率和效益的双重提高，同时使得参与集装箱运输的各方能够获得最大的经济效益。

(1) 满足运输需求的原则

内陆无水港的建设必须满足选址所在地的运输需求是无水港选址的最基本原则，也是无水港选址的基础，还是内陆无水港建设的前提和目的。因为只有能够为沿海港口提供充足的货物来源，才能够发挥无水港作为沿海港口在内陆地区服务者的功能，才能够为当地的经济发展提供动力保证。因此，建设内陆无水港要充分考虑内陆地区的经济发展水平和产业结构，考虑内陆地区经济发展的趋势和前景，以此确保运输需求的原则。

(2) 满足运输能力的原则

建设内陆无水港的目的之一就是要缓解港口城市运输能力不足以及港口城市交通拥堵的难题，从而提高港口作业效率和通关效率，实现港口现代化的服务功能。因此，内陆无水港的选址需要充分考虑选址所在地的运输能力和城市交通状况，以及该地区的运输方式结构，尽可能选择以运输量大、污染少的铁路运输或是水路运输为主要运输方式的城市。

(3) 整体规划与局部规划相结合的原则

沿海港口建设内陆无水港的主要目的是出于自身发展以及地区经济发展的要求，即解决港口竞争力下降、通关效率慢、港口城市交通拥堵以及港口城市大气污染等问题，但是无水港的建设还必须要服从于国家整体的战略规划，服务于国家整体的经济发展趋势。我国政府提出西部大开发战略，鼓励沿海经济发达地区带动西部地区共同发展经济。因此在建设内陆无水港方面，尽管西部地区相对于东部、中部地区经济欠发达，但是沿海港口城市也应该响应国家政策的号召，积极与西部地区的城市合作，建设沿海港口的内陆无水港，为自身发展提高竞争力的同时，充分利用沿海港口在供应链中的枢纽地位带动西部地区发展经济。

(4) 港口与内陆城市经济效益相结合的原则

内陆无水港的建设和发展是以港口与无水港所在地双方均能获得良好的经济效益为前提，双方必须实现共赢才能保证无水港的生命力。因此，在进行无水港选址时，需要充分考虑集装箱多式联运系统给各方带来的经济效益的统筹安排。

(5) 动态的战略性原则

在现实生活中,很多与内陆无水港选址相关的影响因素都是随机变化的,例如,无水港用户的数量、内陆地区货物的需求量、港口经营成本、城市交通状况等。因此在实际进行内陆无水港的选址过程中,不能只从静态角度出发。

内陆无水港的基本作业内容是以集装箱运输为中心开展的,因此在分析无水港选址的影响因素时,从地区经济发展水平、外贸经济发展水平、交通条件以及地区政策优势条件等方面进行分析。

(1) 地区国民经济总体发展水平

一个地区的经济发展水平的高低代表了该地区的生产总体情况,较高的经济发展水平表示该地区能够生产或是消费足够多的货物用于各项经济活动,例如用于出口的货物以及用于消费的货物。同时,经济发展水平较高的地区在建设无水港资金方面也有足够的支持作用。因此,经济总体发展水平是进行内陆无水港选址研究过程中必不可少的因素。

港口为了发展成为运输网络中的枢纽环节,建设现代港口发展模式,在内陆地区建设无水港成为一种必要的方式,一个地区的经济总体水平是衡量该地区是否适合建设内陆无水港的标志性指标,经济总体发展水平越高越适合建设无水港。

(2) 地区基础性设施建设条件

较高的基础性设施建设条件是规划建设内陆无水港的必要基础性条件。固定资产投资是进行该地区基础性设施建设的主要手段。内陆无水港的建设是一项非常庞大的工程,需要结合众多基础性设施来服务于无水港的建设,并且在建设和日后的运营过程中需要设立许多新的部门来进一步协调有关工作,提高运营效率。这些条件都将为无水港在内陆地区的建设提供良好的物质条件,因此本文用全社会固定资产投资总额这一项指标来表示一个地区的基础性设施建设条件。

(3) 工商业发展水平

内陆无水港将直接服务于地区的经济发展,为当地经济发展提供动力与保障,而地区的经济发展主要体现于地区的工商业发展水平,因此工商业的发展水平是进行无水港选址的重要判定标准,一个地区的工商业发展水平可以用以下四项指标来衡量。

① 工业发展水平。目前我国三大产业中的第二产业——工业,其仍然是工商业发展的主要内容,关系到地区经济发展的命脉,在今后一段时间内这种结构不会改变,而且对外贸易中工业产品占比大,因此地区的工业发展水平是决定是否进行无水港建设的重要因素,此指标可采用全年度工业总产值加以衡量。

② 工业市场国际贸易客户潜在规模。此指标可采用全部乡及其乡以上规模企业数量来加以衡量。

③ 地区零售市场规模。零售市场涉及地区批发零售业、住宿业以及餐饮业,上述行业在地区工商业水平中占据重要的地位,因此零售市场的规模大小也是影响建设内陆无水港的重要影响因素,此指标可用社会消费品零售总额加以衡量。

④ 商业发展水平。我国对外贸易出口产品中第三产业的产品占到出口额的将近40%,因此商业发展水平是一项重要的影响因素,此指标可采用批发零售贸易业总额加

以衡量。

(4) 对外经济贸易发展水平

内陆无水港直接服务于沿海港口,现阶段沿海港口的主要功能是为对外贸易和经济提供运输服务,因此无水港的建设与一个地区的对外经济贸易存在着相互影响的密切关系。进出口贸易的发展规模是决定该地区是否适合建设无水港的重要指标之一。从国际贸易的物流运作流程角度分析,进出口贸易发展水平高的地区和城市客观上需要利用无水港来为其外贸经济服务。因此,用地区当年的出口货物总额作为选址指标之一。另外,跨国公司和跨国投资是带动对外贸易发展的一个有效动力,因此用当年实际利用外资额加以衡量,作为另一项指标。

(5) 交通运输发展条件

一个地区是否适合建设内陆无水港还取决于该地区的交通运输发展水平,它可由以下2项指标来体现。

① 地区运输量规模:无水港建成之后,会在特定区域内形成物流转运中心,相应地该地区的运输量会呈现出爆发式增长的趋势,只有拥有较大运输能力的地区才适合建设无水港。此指标可用地区货运总量加以衡量。

② 交通运输环境系数:沿海港口在内陆建设无水港的主要原因之一就是解决城市交通拥堵问题,因此建设内陆无水港需要选址在交通运输环境优越的地区。

(6) 政策优势条件

建成后的无水港运营效率与当地政府的规划政策密不可分。一个地区的交通规划往往制约无水港建设完成之后的运营效果,而交通规划取决于当地政府的政策倾向;另外当地政府在制定地区经济发展规划时会不会将对外贸易放在优先发展的地位对于无水港的运营也是至关重要的;内陆无水港的建设还涉及众多政府部门和当地企业,并且需要相当大的资金来支持无水港的建设,所有的条件都必须满足内陆无水港建设的政策优势才能保证无水港建设的顺利进行以及运营。因此内陆无水港的建设应该选址在具有国家政策导向的地区,以便能够为内陆无水港各项功能的发挥提供外部优势。

(7) 公共设施条件

在表示一个城市公共设施建设条件水平高低的诸多因素中,城市道路面积具有非常重要的代表性。城市道路面积是指城市一定区域内的城市道路用地总面积。

1.1.5 无水港的发展及其影响因素

1. 国内外无水港的发展现状

国外无水港发展的起步较早,截至目前,欧洲约有220个无水港,最早的是海斯特无水港,建于1988年。美国约有380个主要无水港,其中小型无水港200个。这些无水港规模大小不一,如欧洲无水港面积从30 hm^2 到200 hm^2 不等,集装箱装卸量从4万 t 到190万 t 不等,就业人数从7 000人到37 000人不等。现在,一些发达国家正在利用无水港发展的机遇,逐渐采用较为环保的铁路运输或者水路运输替代公路运输。

国外无水港主要从服务功能、服务对象、互动模式、投资模式这四个角度来考量。

① 从服务功能来看,国外无水港主要有收发货、拼箱、海关监管、过境运输等功能。

国外无水港尽管名称不尽相同,如内陆验关站、内陆集装箱装卸站、内陆货运站等,但提供的功能基本相似,主要包括海关监管、过境运输、配送和物流服务等方面。

② 从服务对象来看,国外无水港大多提供集装箱运输服务,也有一些无水港可提供杂货运输的服务,如西班牙瓜哈达拉市无水港。

③ 从互动模式来看,国外无水港都与相应的沿海港口形成互动关系。如 2003 年建成的欧洲最大的无水港马德里无水港,就与阿尔赫西提斯港、巴塞罗那港、巴伦西亚港和毕尔巴鄂港四个西班牙主要港口相连,通过不同航线为货物运输提供方便的海上通道。

④ 从投资模式来看,国外无水港的投资模式主要有四种:政府全额投资,如俄罗斯的卡卢加无水港的建设由俄罗斯经济部提供全额资金;政府主导型投资,如欧洲北海地区无水港项目,由"欧洲地区发展基金"提供开发资金的 50%;港口投资,如美国弗吉尼亚无水港;私人投资,如巴基斯坦锡亚尔科特无水港,是由 52 家出口商以相似的出资比例组成的斯坦锡亚尔无水港公司来建设与管理[3]。

相比国外而言,国内的无水港建设和发展还处在起步阶段,建设投入较大,地域限制明显,势必存在很多问题。

① 缺乏无水港整体发展规划。基于行政区域存在条块分割等问题,沿海港口在无水港的建设布局上,存在各自为战,盲目建设的问题。从国家交通主管部门到地方政府缺乏无水港建设的总体发展规划或发展指导纲要,无法为内陆建设无水港提供科学依据。缺乏有效的管理机制和机构。目前都是港口当局以及所在市政府与内陆传统或非传统经济腹地的政府主管部门之间直接建立联系,共同建设无水港。缺乏一个统筹规划、综合协调、科学管理的机制和机构,以解决无水港建设和发展中出现的问题。无水港市场管理比较混乱,从而造成港口之间同质竞争、争抢货源、相互压价,使得经济效益不佳。

② 缺乏扶持政策。一是缺乏统一的无水港多式联运法规及政策,二是现有的集装箱运输和监管的法规存在相互矛盾的问题,更缺乏对无水港建设和多式联运市场的相关扶持政策。

③ 基础设施薄弱。内陆不少集疏运场站设施仍然存在着硬件条件较差、规模较小、功能单一、处理能力不足及物流渠道不畅等问题,多数达不到物流园区要求,尚未形成具有枢纽性质的无水港。

④ 对无水港功能认识不足。由于无水港出现时间较短,加之内陆地区的信息相对闭塞,因此关于无水港的功能定位、布局规划、运营规律还没有广泛地为人们认识和了解,这些技术上和认识上的问题会影响无水港的建设和运营。

⑤ 信息化程度低,物流信息系统整合缓慢。目前沿海港口、道路运输、一关三检、金融保险、物流企业通过电子商务平台与内陆"无水港"的整合进展还没有完全跟上,内陆口岸的相关功能不够完备,制约了"无水港"运作效率的提高,供应链效应优势不明显。

⑥ 缺乏多元化的无水港建设投资渠道。由于无水港投资巨大,但国家的投资有限,以及港口或地方需要投资建设的项目很多,难以投入巨额资金建设无水港,从而制约了我国无水港的快速和规模化发展。

2. 我国无水港的发展瓶颈

由于我国无水港目前仍处于建设发展阶段，在建设过程中遇到了很多的问题和困难，其发展瓶颈在于：

① 难以形成规模。由于我国行政区域的划分、条块分割等问题，内陆无水港大多建设于本区域内，由区域自主建设，没有站在全国区域的角度上进行统一规划，这样就很难形成一个统一规范化的内陆物流网络系统，很难迎接来自国外先进物流企业的挑战。

② 缺少政策支持。内陆无水港是一个资本密集型设施，它的建设费用可以达到上千万甚至上亿元。因此内陆无水港需要吸纳社会资本进行投资，它不光需要本国资本，如港口、船公司、政府和民营资本等，还需要国外资本。但是，现在我国内陆无水港投资方较少，仍需要政府的大力支持、组织和引导。

③ 相关法律不健全。在内陆无水港快速建设发展的同时，国家并没有出台相关严格的法律法规和统一规范等，导致了区域发展的各自为政、参差不齐，制约了整体化进程的开展。并且缺少法律的保护也很难维护市场的稳定，企业的合法权益难以得到保证。

面对这样的问题，港口企业和政府都需要朝着一致目标的方向前进，共同解决无水港建设和发展中面临的问题，为无水港的发展添砖加瓦。

① 构建有利的体制环境。内陆无水港作为物流园区的发展方向之一，起到着连接港口物流与内陆城市物流的作用，是构建内陆物流网络的重要节点。为了应对内陆无水港的建设进行统一规划和部署，对于物流复杂的流程，如仓储、运输、包装装卸、流通加工、信息处理等环节要协调控制，从而构建有利的内陆无水港发展体制环境，实现规模化经营，达到预期的经济效益。

② 合理规划内陆无水港建设，完善物流载体设施。内陆无水港在建设时应该做好设计规划，加快项目区的水、电、路、讯等基础设施建设；建立完善园区内的载体设施，直接与铁路干线连接，形成全面的运载体系；内部要修建专门的大吨位运输车辆通行区域，以提高工作效率并且有利于基础设施的维护。

③ 健全法律、统一规范以完善内陆无水港的发展。当前，国家法律在内陆无水港方面仍不健全，制约了内陆无水港的发展。应尽快出台相关法律，规范内陆无水港的建设发展，保护合法者的经营权益，并且避免恶性竞争的产生以维护新兴物流市场的稳定。在物流网络内规范化，统一规定物流工具，便于提高物流效率，有利于与世界物流业对接，促进我国物流业的发展。

④ 建立和完善人才引进培育机制。为促进内陆无水港的扩大发展，要结合政府、院校和企业三方的努力培养专业人才，同时做好引进紧缺人才的规划和措施。在企业内部要加强对企业员工的专业培训，提升企业内员工的整体水平，为内陆无水港发展创造良好的基础[4]。

3. 影响无水港发展的主要因素

由于无水港的特殊性，其影响因素主要表现在以下几个方面：

① 地理区位。一般来说，无水港应该建立在能产生大量适箱货物的地区，特别是在一些交通枢纽或物流园区，这些地区因为内外贸活动频繁，货物生产量大。因此，内陆无水港在选择其发展模式时要充分考虑其选址问题。

② 总体经济水平。地区经济总体水平的高低直接决定该地区适箱货物生成量的多少，也影响需要运至该地区用于生产和生活消费的货物量的多少。发达的地区经济为集装箱多式联运网络的形成和发展提供经济保障，而集装箱多式联运网络的形成也对该地区经济的发展产生促进作用。

③ 进出口贸易情况。服务于国际贸易的内陆无水港对外经济贸易发展水平有着重大影响。外贸发展规模是决定地区无水港发展规模的主要依据之一，进出口贸易发展水平高的地区和城市客观上需要无水港支持其国际物流活动。

④ 产业发展水平。一个地区的产业发展水平的高低直接影响无水港未来的运营效益，这也是决定无水港发展规模的重要依据。较大的产业发展规模有利于无水港建设和运营。

⑤ 政策倾向。无水港的建设应重点选择在政府政策导向的地区，以保证其有较好的发展前景。

1.2 无水港发展模式

1.2.1 国内无水港群划分

随着全球经济一体化时代的到来，港口已成为全球物流供应链中的重要节点。面对世界金融危机的持续冲击，国内不少沿海港口开始认识到，规划和建设更多的无水港确保整个物流供应链的畅通，争取更为广阔的经济腹地和资源，才是做大做强港口核心竞争力的有力保障。近年来，我国已进入无水港快速发展的阶段，全国出现了若干个无水港群体[5]。

(1) 以天津港为首的环渤海湾地区无水港群

天津港堪称我国沿海地区的人工港。近十年来港口吞吐量不断增长，2001 年天津港步入亿吨大港之列。目前全港 70% 的货物吞吐量和 50% 以上口岸进出口货值来自天津以外的各省区。2002 年 10 月，天津港口岸与北京朝阳口岸签署直通协议，两地跨关区通关，首开我国无水港先例。2008 年 11 月，天津市政府颁布了《天津市加快推进无水港建设的意见》，从政策上支持了无水港的发展。截至 2009 年底，天津在内陆建立的无水港达 16 个，辐射到 14 个省市自治区。

(2) 以大连、青岛为首的东北无水港群

大连港是我国东北地区最大的集装箱枢纽港，亦是全国第二个大集装箱中转港，海铁联运量位居沿海港口之首。2005 年 6 月，东北地区四城市举行市长峰会，达成以大连为门户，在沈阳、长春、哈尔滨等城市建立内陆无水港的共识。由此，使大连港的经济腹地扩大到整个东北三省，三大省会城市也因无水港的建立而极大地促进了地方经济的发展，加快了与世界接轨的步伐。青岛港位于山东胶州湾，处于黄海北部的咽喉地带，是我国不可多得的深水良港。目前，该港集装箱吞吐量已超过 1 000 万 TEU，位列世界第十大港口。2008 年，直接、间接腹地完成国内生产总值占全国的 32.15%，截至 2009 年底，已在经济腹地建成无水港 18 个。

(3) 以上海、连云港为首的江浙沿海无水港群

上海港是我国东部沿海大港,地处长江东西运输通道与海上南北运输通道的交汇点,拥有广阔的经济腹地,辐射川、渝、鄂、湘、赣、皖、苏等省市,横跨东中西三大经济区,这些地区都直接或间接地担当着上海港的无水港角色。上海港每年完成的外贸吞吐量占全国沿海主要港口的20%以上,2009年港口货物吞吐量达5.9亿t,位居世界第一;集装箱吞吐量达2 500万TEU,位居世界第二。连云港地处陇海——兰新铁路大动脉的东端,是新亚欧大陆桥的东方桥头堡,同时也是沿海地区出海距离最短、最便捷的口岸,其港口货物吞吐量的60%来自中西部地区。2008年以来,该港与沿陇海线中西部的主要城市签订了大陆桥物流联盟合作协议,同时亦与苏北地区各城市签订了"共建连云港口岸"协议,正是这两协议奠定了共建无水港的基础。目前,该港发展规划已纳入国家战略,并提出打造世界级无水港的宏伟目标。

(4) 以珠三角、海西地区和北部湾为代表的我国南方无水港群

该地区建设无水港虽然起步较晚,但进展很快。由于世界经济危机的蔓延,港口货运量减少,港口货源被分散,珠三角地区各港口之间竞争更为剧烈。为了求生存谋发展,必须扩大港口腹地,于是各港纷纷把目光投向内地,着手建设无水港货源集散地。如2009年3月,广州市政府颁发了《关于加快广州发展的意见》文件,该文件提出以广州港为中心,加强与内陆经济腹地的联系,把建设无水港作为港口未来的发展目标。2010年初,福建省政府出台了扶持无水港发展的有关政策,同时决定在晋江等地规划建设4个无水港。由于赣龙铁路的通车和梅龙高速公路的建成,厦门港与海峡两岸经济区成了进入中西部的桥头堡。最近,厦门港与赣州签订共建无水港的协议。广西沿海的防城港、钦州港、北海港一般称为广西北部湾港,位于广西北部湾北岸西南部,处于华南经济圈、西南经济圈与东盟经济圈结合部,不仅是西南出海大通道的主要门户,更是我国连接东盟的桥头堡。广西南宁保税物流中心管委会于2009年挂牌运行,它标志着中国西南地区最大无水港正在建设。

1.2.2 国内无水港的发展模式

目前我国从北到南已形成了若干"无水港"群,包括以大连为龙头的东北"无水港"群、天津牵头的中东部12个省市区"无水港"群、江浙沿海一带向华南和西南内陆辐射的"无水港"群等,形成了目前我国无水港建设和发展的三种模式[6]:

(1) 沿海港口为争取货源主动和内陆地区合建无水港

天津港从2004年开始建设的内地无水港,辐射14个省、市、自治区,使原本只有37平方公里陆域面积的天津港,经济腹地面积扩大至500万km^2,占全国面积的52%。目前全港约70%的货物吞吐量和50%以上的口岸进出口货值来自天津以外的各省区。天津港将沿海航运功能前移至腹地或"家门口",在"家门口"可以办结在沿海港口办结的手续,减少往返腹地和港口的次数,使腹地的货主对天津港产生依赖,同时又拓展了自身的功能。

(2) 内陆地区为发展本地经济建立无水港

西安和南昌建立的"无水港"代表第二种模式。西安国际港务区的建设将国际港口

服务功能内移,将陕西及西部地区进出口贸易与国际货运航线直接对接,实现航空、铁路、公路与水运的有效连接,西安也将成为适应跨国公司经营战略需求的国际物流体系的重要组成部分。为了发展本地的经济,南昌也主动与厦门港、深圳港和宁波港联系,通过海铁联运开通了"无水港"。"无水港"的建立大大缩短了南昌与国际市场的距离,提高了其对外开放的水平,使世界知名企业纷纷在南昌投资兴业。

(3) 沿海港口和内陆地区为各自发展的需要建立无水港

这一模式的代表是东北地区的哈尔滨、长春、沈阳和大连无水港的建立,使得大连的货源辐射腹地扩大至整个东北三省,对货源地的控制力也将大大增强。身处内陆的三大省会城市也因为在自身地盘建立了无水港,而大大促进本地经济的发展。

1.2.3 无水港的发展模式建议

内陆无水港建设是一个系统工程,需要地方政府、海关、检验检疫等行政单位、沿海沿江港口和航运企业以及货主等通力合作,为此提出以下几点建议[7]:

(1) 量身定做无水港通关模式

海关是整个陆港(无水港)物流链中的一个重要节点,在一定程度上决定着整个物流链的运转效率,海关在陆港建设过程中的作用应该体现为积极配合,在监管到位的前提下,为陆港赋予更多的特殊监管区域资质,完善陆港功能、提升陆港综合竞争力,保证陆港的健康、快速发展。无水港内在功能要求具备在当地一次性办结海关手续,但目前海关现有的通关模式均难以满足,为此,需要海关在监管到位的前提下要有所突破,要以改革创新和求真务实的精神,为无水港量身定做通关模式,这也是践行科学发展观的内在要求。如天津海关与石家庄海关在这方面进行了有益的尝试,通过签订《陆港便捷通关合作备忘录》,在明确海关、海港、陆港间的权利和义务的前提下,开始试行"陆港便捷通关模式",该模式实现了出口提运单与口岸放行电子化,企业仅需在"陆港"一次性办结海关手续,将两次递单简化为一次递单,迈出了海关通关模式上突破性的一步。

(2) 赋予无水港更多特殊功能

无水港要更好地发展,就必须不断完善自身功能,同时要注意提升综合竞争力,优质服务是一个方面,更重要的是用政策的优势来不断地吸引货源。基于这种认识,海关要充分发挥政策优势,积极宣传海关的政策法规,促使地方政府积极申请特殊监管区域的政策,赋予无水港保税物流园区、出口监管仓库等资质,实现出口货物的入港退税、进口货物的入港保税、货物的国际中转等功能,将先进的国际贸易机制直接引入无水港,促进无水港更好更快地发展,进而推动内陆地区的外向型经济发展。

(3) 加快建设无水港基础设施和信息网络两大平台

通过政府投入、招商引资、企业融资等多种途径,加快"两大平台"建设。一是加快运输网络建设。拓宽主干道,疏解卡口,打通出入口,加密路网,完善路网结构,增强城市对现代物流业发展的承载能力。二是构筑现代物流信息平台。建成完善的物流信息基础设施和高效的物流营运信息化支撑体系,并运用信息技术对现有的传统物流企业进行改造和整合,沟通各物流企业、物流客户、政府管理部门之间的联系,促进其协同管理及协同经营机制的建立,促进物流信息、物流基础设施的共享,从而达到提高物流企业的营运效率、降低社会物流成本的目标。

(4) 实施资源整合,形成对接港口的集群效应

充分发挥现有的运输、仓储、配送网络等潜在优势,以整合、改造为主线,发展壮大一批有特色的专业化现代物流企业。一是改造传统运输企业。按照适时、适地、适质、适价的服务要求加大应用技术上的投入,鼓励运输企业增添集装箱车、冷装箱车及其他专用车投入物流服务,逐步完善物流系统设计及开发、货物运输、运输代理、仓储、咨询等各项功能。二是改造传统仓储企业。充分利用现有的仓储设施,加快实施改造工程,配备先进的仓储设备和管理软件,完善储存、分拣、装卸装配、条码生成、挂标签、刷标志、集货配送等各类功能,将传统意义上的存货中心提升为分销中心和增值服务中心。同时,通过吸纳运输企业、运输代理企业实现资源互补和共享,形成一批区域性(RDC)及若干全国性(NDC)的配送中心。三是改造商贸流通业。加快建立标准化交易平台,形成有区域性影响、专业化经营的交易中心和配送中心。充分发挥商业经营的综合优势,加快发展连锁企业内部的配送中心,扩大连锁商业服务网络形成规模效应。

(5) 引进人才与强化培训相结合

针对当前港口物流人才缺乏的实际,应加强与高等院校联合,通过在校培养与在职培训、基础培训与专业培训、理论培训与实践培训相结合等形式,全面提高物流从业人员的素质,重点培养一批懂现代物流管理知识的高精尖人才。加大对物流人才的引进力度,从待遇、使用、工作条件等各方面,创造有利于物流人才发挥才能的环境,确保物流人才引得进、留得住、用得好。

(6) 联合组建无水港协调委员会

由当地政府牵头,财政、海关、检疫局等部门联合建立"无水港"协调委员会,以加强对建立"无水港"工作的综合协调,统筹规划。一方面,要加强对公路、铁路、水运等不同性质的物流平台的总体布局,强化物流平台的多样性与协调性;另一方面,要防止同类型物流平台在同一地区有效辐射半径内的重复建设。建立重点物流企业联系制度,帮助企业协调解决发展中的重大问题,促进物流产业健康发展。最终建立以无水港所在城市为中心的四通八达的交通网络为平台,以公路、铁路集装箱运输为载体,以两地政府和海关、检验检疫部门合作为依托的"无水港"。即在内陆无水港实现一站式报关、报验、订舱、集疏运、储运、包装、分送等功能,做到"一次申报、一次查验、一次放行",实现无水港与沿海港口的"无缝对接"。内陆无水港的投资建设与发展模式趋向多样化,在发展外部环境的同时,要不断加强内涵建设,使无水港成为沿海港口与内陆地区真正实现功能互为延伸的载体平台,在进一步提升沿海港口的服务辐射和带动作用的同时,有效服务和支持内陆地区经济的发展。

1.3 无水港发展的关键问题

1.3.1 无水港外部环境分析

在分析无水港的外部环境时,主要从无水港的发展战略的一般环境,机会环境和威

胁环境出发,剖析外部环境对于无水港建设发展的影响。

首先从一般环境考虑,主要从政治法律、社会人文和技术这几个方面考虑。

① 政治法律环境。最近特别是自 2008 年大雪灾以来,国家的铁路运输优化了很多,释放很多新的运能,四川地震灾害也使国家更加重视铁路运输的重要性,在"泛珠三角"合作框架协议的基础上,华南地区的联动更加紧密。国家的环保政策也使得海铁联运得到很大的发展,中国铁道部已经计划在全国建立十八个集装箱堆场,其中昆明和上海已建成投入使用。区域大通关的形成已具备条件。

② 社会文化环境。在社会发展大力倡导环境保护的背景下,铁路作为一种相比公路和水路更为环保的运输方式而得到国家的大力推广,海铁联运的货运量虽然只是占到 2‰～3‰的份额,与发达国家 30%以上的运输份额还有一定的差距,但是随着集装箱站场的规划以及区域大通关的政策支持,海铁联运会越来越多地得到应有的重视。2008 年发生的金融危机也使得国家对海铁联运给予了很多的优惠措施。

③ 技术环境。现在的集装箱的铁路运输根本不存在技术上的难题,单层集装箱的技术已经很成熟,而双层集装箱的运输方式也在积极的推广之中。双层集装箱运输是运输市场激烈竞争的产物,是一种运输速度快、运输费用少的货运新产品,可以使单位运营成本降低 25%～40%,同时能使运能提高 30%以上。我国在铁路运能紧张的情况下,从 2001 年开始进行双层集装箱运输有关问题的研究,研制了双层集装箱专用车,进行了双层集装箱列车线路运行试验,并于 2004 年 4 月开始在京沪间开行了双层集装箱班列。我国铁路大规模建设已全面展开。为加快铁路集装箱运输发展,铁道部《中长期铁路网规划》提出了铁路集装箱运输系统规划,规划建成 18 个铁路集装箱物流中心、40 个集装箱专门办理站和 1.6 万 km 双层集装箱运输通道。"十一五"铁路建设规模宏大,集装箱物流中心建设全面启动。优先选择双方向集装箱运量稳定充足、运输距离较长、限界改造工程量较小的线路作为双层集装箱运输的专用通道,有利于发展铁路运输优势,推动双层集装箱运输的发展。这也为建设内陆港所需要的海铁联运带来成本的降低和运能的增加。

其次从"无水港"发展战略的机会分析:

① 发展机遇。随着我国综合国力的增强,经济的快速发展,对外贸易将继续保持强劲的增长势头,为海上运输提供了充足的货源。腹地经济的快速发展将为港口开展现代物流服务带来巨大的货源和集装箱生成量。

② 政策机遇。《内地与香港关于建立更紧密经贸关系的安排》(CEPA 协议的签署)确定使得粤港两地的合作不断加强;地区各级政府对现代物流业的发展也纷纷给予了高度重视和相关的政策支持。2004 年颁布的《中华人民共和国港口法》为港口建设投资、经营主体多元化机制的建立和完善提供了法律保障。在经济全球化的影响下,港口在地区经济社会发展中的重要性更加突出,腹地范围也将得到一定延伸。

③ 政府大力支持。随着水路运输和港口在国民经济中的地位越来越重要,港口下放和港口体制改革推动了新一轮港口发展热潮,各地政府纷纷将发展港口及其物流作为"十一五"规划的重点项目,提出"港城联动,以港兴市"战略,建港热情空前高涨。

④ 经济继续保持快速发展,港口运输需求仍保持较快增长的发展趋势,冶金、能源、

汽车等重化产业的快速发展将与集装箱一起成为拉动港口需求增长的主导因素。

⑤ 港口管理体制的改革一方面有利于企业自身价值的实现，同时也在一定程度上打破港口企业的地域限制，为企业实现跨地区发展创造了条件。

⑥ 技术因素。知识经济和技术革新给港口发展带来了重大变革。港口技术结构逐渐呈现出管理技术信息化、控制技术智能化、位移技术高效化和环保技术绿色化等发展趋势。

⑦ 口岸及其他配套环境不断改善。

最后从"无水港"发展战略的威胁分析：

① 港口集中程度比较高，竞争程度加剧。目前，珠江三角洲地区（含香港、澳门）共7个"主枢纽港"，区域密度之大在国际上也非常少见，不同区域港口之间的竞争将随着经营者市场意识的加强而日趋激烈。

② 市场要求的提高，特别是现代物流的发展，对港口服务水平和质量的要求不断提高。随着市场竞争的加剧，货主对物流服务的深度、广度提出了更高、更专业化的要求，港口难以限于传统的仓储、装卸、包装和整理、分组、拼箱等服务，货主越来越多地要求港口能够提供增值服务，包括重新包装（分包）、改装、组装、质量控制、检测和维修、标签、退货处理等。

③ 随着航运业船舶大型化和货物集装箱化趋势的发展，大型船舶的规模效应及集装箱"门到门"的专业化运输形式要求港口具备提供集保税、监管、仓储等为一体的大型物流配套园区的功能，并具备先进的操作系统和网络化的信息系统，以提高作业的准确性和及时性。

④ 船舶大型化的发展对大型深水泊位的需求不断增加。

⑤ 大型临港产业发展对港口岸线、土地的占用增加。

⑥ 铁路集疏运不畅。

⑦ 来自货主和船公司议价能力及对服务质量、装卸效率要求不断提高的压力。

⑧ 对油品水上过驳逐渐加以限制带来的影响。

通过上述三个外部环境的分析，明确了无水港在发展过程中的关键因素，为无水港未来的发展明确了方向。

1.3.2 无水港建设布局的战略思想

(1) 内陆无水港的建立为企业提高竞争力提供了有力的支持

随着我国对外经济贸易规模的逐年扩大和外向型企业的迅速增加，现有的对外贸易港口已经不能充分满足各进出口企业。内陆无水港的建立将大大提高城市进出口贸易的效率，直接为进出口企业进行"一关三检"再装入集装箱，通过港内铁路运送到港口，达到了简化手续、提高效率、缩短结汇时间的目的，直接降低了企业的物流成本，提高了企业竞争力。

(2) 内陆无水港对沿海港口的可持续发展有重要意义

将港口"内迁"在内陆形成一个拥有除海运外所有港口功能的内陆无水港，扩大了港口的辐射面积，实现了沿海港口的可持续性发展。利用内陆无水港进行集装箱的装卸,大大减少了港口的货物堆放、装卸作业面积,达到了土地面积的有效利用;而内陆无水港的仓储成本又远远低于港口的仓储成本,降低了物流成本;在内陆无水港进行商品的报关报检,又免去了因为在港口报关报检不合格的返运成本,减少了不必要的货运损失;最终利用港内的集装化功能将出口商品进行统一装箱,运用统一规格的集装箱运输到港口,方便了港口的后续工作,提高了物流效率。

（3）统一规划建设内陆无水港避免了重复建设和恶性市场竞争

当前我国物流业发展的一大问题是物流设施的重复建设造成了资源浪费。将区域内的物流企业集中建设于内陆无水港中,既发挥了物流活动过程中的集体优势,又避免了物流设施的重复建设,节省了资源;各地政府还可以从由内陆无水港构建成的物流网络中获取总体市场供给和需求数据,在制定本地项目实施策略时就可以充分了解市场状况,为投资者提供投资决策帮助,预防因信息不足导致的恶性市场竞争。

（4）建设内陆无水港有助于促进国际贸易的发展

作为国际贸易和国际物流的基础,内陆无水港承载着繁多的国际运输和国际贸易任务,是陆地国际物流的起点和终点,其重要性不亚于海港之于国际海运、空港之于国际空运。尤其是对于我国这个内陆国家来说,内陆无水港的建立可以保证畅通新亚欧大陆桥,实现亚欧经济一体化。从国际物流角度研究新亚欧大陆桥是一条没有港口的国际陆地运输路线,其物流机构尚不完备,因而不能有效地承担亚欧各国之间的国际运输业务。然而借鉴空港模式直接在新亚欧大陆桥沿桥国家的经济中心城市建立内陆无水港,通过其流通作用和先进的管理,直接为经济中心城市提供现代国际物流服务,又可以使经济中心城市货源充足,促进了周边城市的发展,同时满足了内陆无水港自身生存和发展的需要。

（5）内陆无水港的建设促进了我国内陆物流业的发展

内陆无水港作为沿海港口向内陆地区的延伸,以现代物流综合交通运输体系为主,连接着港口与内陆地区,科学化、系统化的物流运输将有效地降低企业物流成本,专业化的物流服务更有利于吸引客户,拓展了我国内陆物流企业的发展空间。内陆无水港又可以作为"试验田"来推广发展物流信息技术、现代仓储自动化管理等先进的科学技术,以促进我国的物流现代化进程。同时,与港口相连通的内陆无水港可以直接将沿海地区乃至国外先进的物流技术和管理理念引入内陆地区,推动我国内陆地区物流业的发展进步,缩小与沿海地区的差距。

1.3.3 无水港管理体系构建[8]

（1）加强领导,统一规划,推进无水港建设

① 建立健全机构,超前策划,成立了无水港建设工作领导小组,作为港口与政府及口岸部门加强协调的统一机构。还要与口岸各部门形成有效的沟通协调机制,充分发挥关港联席会、港检协调会等功能,定期召开会议,研究解决内陆物流管理网络建设中的重大问题。为进一步推动无水港建设的有序进行,港口应该联合科研机构,在深入调研、系统研究的基础上,对无水港的历史沿革、功能、建设模式进行专题研究,进一步明确无水港的建设和运营模式,并形成内陆无水港建设布局规划方案。

② 建设无水港应考虑的条件。第一,应在内陆地区的区域性经济中心和货源集散地进行建设。这是保证无水港未来生存和发展的前提条件。货源集散地不仅具有较大的外贸进出口规模和货量,更主要的是当地货源结构特点和贸易特点适合集装箱运输、适宜在无水港集散,适合采用无水港通关模式运作。第二,无水港应具有较完善的基础设施,尤其是铁路运输通道。铁路运输通道在无水港建设发展中非常重要,郑州、包头建立的无水港由于没有铁路专用线,无水港的运营受到了明显制约。今后,在距离较远地区建设无水港,都必须具备铁路运输通道,并且要符合铁路运输布局。其中,重点优先考虑与铁道部规划建设的集装箱中心站和集装箱办理站相结合,在这些站点中引入海关、检验检疫等口岸单位,开辟监管区域,使之具备无水港功能,并通过发展集装箱班列和成组技术运输,更好地发挥铁路运输成本低、运量大的优势与无水港的功能优势,吸引内陆企业使用无水港。第三,无水港建设应符合当地政府的规划。无水港建设离不开当地政府的支持,无水港也是服务地方经济发展的重要基础设施,无水港建设必须按照当地政府的整体规划实施。第四,在无水港建设中还应考虑到口岸船公司、大型物流企业的内陆网点设置,要充分利用它们在内陆地区的现有场站、物流设施、分支机构等。无水港建设如果能够与这些单位的内陆运输网络、营销布局相结合,能够达到事半功倍的效果。

(2) 从初级形态做起,不断提升无水港建设层次

内陆办事处是物流网络建设的初级形态。港口要致力于腹地服务网点的建设,在不同的内陆地区建立了办事处,开展市场营销活动。同时,为了解决网点城市与港口间的运输问题,开行集装箱班列,班列线路需要遍及腹地主要城市。在班列运输组织上,根据运输形势变化和市场需求,先后尝试过单独承包、与船公司联合承包、支持物流企业开行冠名班列等多种模式。

内陆办事处在腹地市场开发中发挥了积极的作用,如协调政府部门、收集市场信息、提供港口业务咨询、组织班列运输等。但是,办事处的职能仅仅是协调服务,并不经营具体的货运业务。随着港口竞争的加剧和客户需求的变化,办事处已经不能满足当前市场开发的要求。

(3) 加快建设步伐,不断提高运营效果

① 积极推动内陆无水港建设。按照无水港建设的相关原则、要求,主动与内地进行沟通联系,寻求无水港合作项目,在无水港建设领导小组的统一领导下,积极运作,快速推进,成熟一个,发展一个,基本形成了内陆地区的物流网络化布局。

② 组建港口物流发展公司,实现与无水港对接。目前,天津港集团正积极推进实施"四大产业"的战略构想,其中包括整合港口的堆场、代理、铁路道线等资源,成为港口物流板块的运作主体。物流发展公司的一个重要职责就是作为港口的操作平台,实现与内陆无水港的业务对接。作为对接平台,物流发展公司将具备多式联运、船舶代理、货运代理、报关报检、仓储物流、中转操作等功能,并逐步由传统的港口生产配套单位向全程物流服务提供商转变。

③ 不断提高无水港的运营质量和效果。无水港的运营质量事关无水港的生存与发展,在无水港物流网络初步形成后,不断提高无水港的运营质量,就显得尤为迫切和

重要。

④ 制定和落实好对内陆无水港的支持政策。

⑤ 进一步拓宽思路,加强与大型企业集团的战略性合作。重点落实好与中远、中海、中铁集团公司、北京铁路局、神华集团的战略合作,充分利用它们在物流资源、网络、市场等方面的优势,实现合作共赢。同时,在无水港的运营中,积极采取措施,吸引船公司的广泛参与。其中,争取在无水港设立回空箱点,力争将条件较好的无水港列入船公司全球运营网络,成为船公司签发海运直达提单的启运港和目的港。

⑥ 积极开展宣传、推介活动,进一步提升无水港在腹地的影响力和知名度。港口集团可以制作无水港宣传片、业务操作流程幻灯片;组织召开不同层次的无水港建设和运营现场会、研讨会;与口岸办、关检部门共同组织"西部行"等各种推介活动。

(4) 创建物流运作新模式,提高无水港竞争力

为支持无水港的发展,实现内陆无水港与港口的无缝对接,要最大限度地发挥无水港政策优势,保持无水港运营质量,最终实现无水港服务区域经济协调发展和提升港口市场竞争力战略目的,取得较好的经济和社会效益。

① 无水港物流运作模式的创新点。第一,大幅减少了操作环节、手续,提升了整体效率。内陆进出口贸易按原有模式,需要两套手续,两地、两次操作,而按照无水港物流运作模式实现了在无水港进出口操作的"一站式"服务。第二,有效整合物流资源,降低综合物流成本。通过无水港进出口物流资源的有效衔接,实现资源整合和利用,降低综合物流成本。如组织重去重回的运输方式。第三,基本实现无纸化操作。无水港物流操作全部在天津港综合物流信息平台上进行,实现无水港物流操作的无纸化、便捷化。

② 具体运作模式。无水港物流运作模式参与方如图1-2所示。

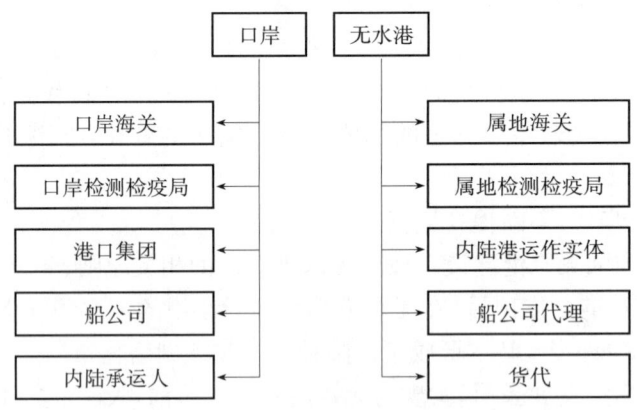

图1-2 无水港物流运作模式参与方

无水港物流运作模式的流程:出口运作模式。当地外贸货主直接在无水港定舱、装箱、报关、放行、退税,港口码头进行装船操作,如图1-3所示。

具体流程说明:发货人向船公司申请订舱,制作单证,在无水港海关办理通关手续;出口货物运抵内陆无水港,无水港将货物信息在天津港物流信息平台上公布;无水港海关办结通关手续,并在物流信息平台上标注"已办理"标志,同时将电子放行信息发送口岸海关;天津海关凭无水港海关的"已办理"标志,办理口岸放行,并向码头公司发送电子

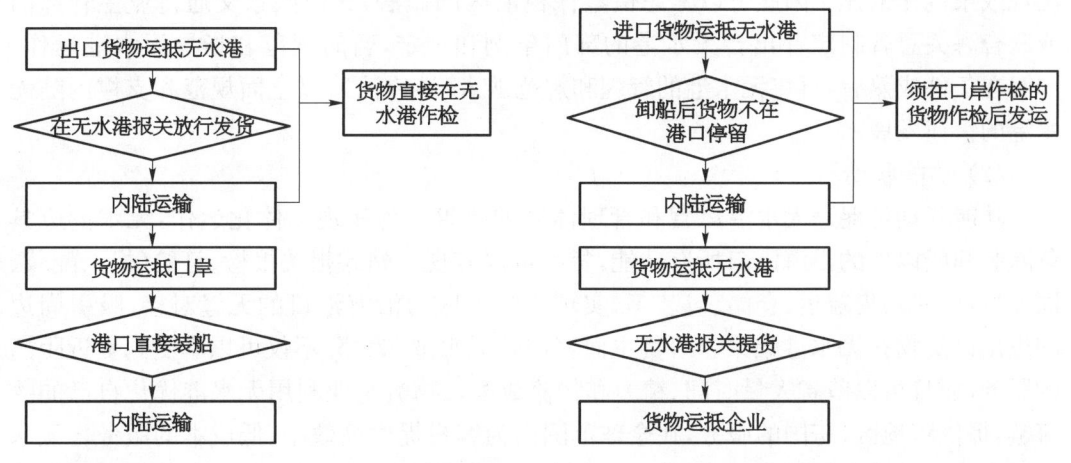

图1-3 无水港出口运作模式示意图　　图1-4 无水港进口运作模式示意图

放行信息;码头公司收箱后,在物流信息平台加注"已到港"标志;码头公司根据电子放行信息进行配载、装船作业;货物离港后,无水港海关办理货物结关手续。进口运作模式。集装箱在天津港卸船后,直接运抵内陆无水港,货主在当地换单,并在无水港办理通关、提货,如图1-4所示。

具体流程说明:船公司在船舶到港前,无水港的中转舱单信息传至口岸信息平台及内陆无水港;口岸海关在物流信息平台上核准、放行;检验检疫部门根据信息平台舱单,确认是否在口岸作检;船公司凭加盖"船公司中转放行章"的中转舱单到码头办理提箱手续,码头审核单证、电子信息放行货物;货物抵达无水港后,货主在无水港换单,属地海关完结海关手续后,向无水港发送放行电子信息;无水港凭货主的单证、海关的电子信息放行货物。

1.3.4　无水港管理与沿海港口物流的联动

随着国际竞争的日益激烈和竞争层次不断提升,原来各国间沿海港口之间的竞争正在向港口所参与的国际供应链之间的竞争转化。从物流系统论角度看,整个国际供应链运行效率的高低不仅取决于沿海港口环节的效率,还依赖于与港口连接的每一个环节的运行情况。因此,在统筹兼顾、相互协调与协作的基础上,实现无水港与沿海港口的联动发展[9],才是提高国际竞争能力的基础和前提。

(1) 政策联动

为充分发挥内陆无水港的作用,当地政府、口岸单位要出台一系列的政策措施支持"无水港"的建设,特别是要着力优化"区域通关、直通放行"等通关政策,更加有效地保障"无水港"快速通关,简化通关手续。在监管到位的前提下为无水港赋予更多的特殊监管区域资质,完善陆港功能。有政策作为保障不仅可以解决传统转关过程中内地企业必须到沿海口岸申报的问题,提高工作效率,降低物流和通关成本,也可以缓解沿海港口的拥堵及港口腹地的运输压力。检验检疫部门应对内陆"无水港"进出口货物实施直通放行实现一次申报、一次施检、一证通行。无水港是新生事物,目前没有任何法律法规或条例作依托。因此可以考虑借鉴保税港区的做法，先由国家交通行业主管部门或联合海关总署制定并出台无水港的部门条例和规定，暂时规范和指导无水港运作。同时在条件成熟后，再将无水港的管理和规范纳入《港口法》，以全面规范和支撑内陆无水港的快速发展。

（2）功能联动

功能联动可促进无水港运营和管理体制的改善。为实现一体化运作，无水港应具备除装卸船以外的沿海港口所有功能，货物可以实现一站式报关报检、订舱（机）、配载、国际货物保险、集疏运、仓储、包装等，实现内陆地区与沿海港口的无缝对接，吸引周边的进出口货物在无水港集聚。对货主而言，与"无水港"为邻，不仅可以享受到更近距离的服务，而且可以节省大量时间、精力和物流成本。物流企业利用无水港优化自己的物流链，提供跨地区、跨国的服务，在全球范围内为客户提供高效率、低成本的服务。无水港与有关各实体之间的联动将使无水港真正成为联系港口和内陆经济腹地的纽带和桥梁。

（3）信息联动

实现无水港与沿海港口联动发展，更为重要的是实现信息联动，使用信息和网络技术建立公共信息平台，实现两地信息系统的互通互联和资料共用。当地政府应组织当地海关、沿海海关、铁路部门、沿海港口、船公司、货主及物流公司组成业务联盟，共同设立和推动无水港信息平台，构筑严密的业务网络，实现各物流环节无缝衔接，这将极大地缩短货物运输和滞港等船时间，提高效率，降低物流成本，也有利于政府部门加强对整个货物运输链的监督与管理。

（4）不断完善各项配套功能

积极与铁路、公路、口岸单位联合，大力发展多式联运，努力疏通制约港口货物集疏运的"瓶颈"，提高口岸通关效率和公路、铁路系统服务水平。海铁联运为货物快捷、低成本的转关运输和货物监管的最佳运输方式。随着高铁飞速发展，铁路将有效释放运力，创造运输供给。海铁联运将有利推动无水港与沿海港口联动发展。综上所述，完善和提高无水港管理体制、运作模式，是其与沿海港口联动发展的关键。因地制宜发展建设内陆无水港，使无水港成为沿海港口与内陆地区真正实现功能互为延伸的载体平台，在进一步提升沿海港口的服务辐射和带动作用的同时，有效服务和支持内陆地区经济的发展。

1.3.5 无水港的整体物流联动

供应链的思想对无水港的建设和发展有进一步的影响，近年来，全球供应链整合与一体化愈演愈烈，全球产业布局呈现出向资源地和市场所在地靠近的趋势。未来无水港作为全球供应链上的重要节点将最终发展成为"逻辑海港"、"虚拟海港"，也就是说，对内陆地区的进口，所有海港功能后移至内陆无水港；对出口而言，所有海港功能前移至内陆无水港。内陆无水港与海港的唯一区别在于海港有装船的环节和规模运作的优势。也就是说，对内陆地区而言，无水港将不断前移或后移，直到生产制造的第一现场或消费市场的第一现场，这样不仅起到原无水港对港口的延伸作用，更重要的是，无水港能够使整个供应链最大限度贴近生产地和消费地,可以在物流成本减小(或略有增加)的同时,使物流服务水平显著提高。至于前移或后移之后增加的物流环节,按照物流一体化的思想,伴随物流技术和组织水平的进步,对最终生产商和消费者来说,可实现直接"门到门"的服务。例如目前的海运枢纽港中转效率和组织水平已经标准化,进出口贸易商与物流商很可能感觉不到中间环节的存在。而对供应链组织者来说,同样将感受不到货物经无水港至海港、再经由海港中转的过程。可以说,未来内陆无水港的发展趋势就是虚拟海港。无水港建设对于内陆地区开放型经济的发展至关重要,而无水港建设又是一项系统工程。只有在原有无水港发展理念的基础上,从供应链思想出发深入分析无水港需求,并结合海关特殊监管区域、物流园区和物流中心的建设,才能够真正发挥无水港对内陆地区开放型经济的促进作用。因此,作为内陆地区发展开放型经济的重要方式之一,无水港建设,应该从供应链的角度进行思考[10]:

(1) 从供应链角度出发,分析无水港建设需求

在交通运输便利、多式联运技术成熟、信息网络发达的今天,无水港将不再局限于为港口提供集散转运的场地,更在于供应链的需要。进出无水港的原物料或产成品之所以在无水港集散、停留,不是因为批量运输的需求,而是为了更好地服务于供应链的绩效,即贴近生产地或消费地。同理,对于多个供应链上的多个企业而言,可以从产业链、上下游的角度进行无水港需求分析。

(2) 结合海关特殊监管区域建设无水港,满足供应链需求

在上述供应链思想的指导下,进出口的原物料或产成品,如果结合海关特殊监管区域建设,从供应链的思想出发,将能够更好地满足特殊的供应链需求。例如,将出口退税前移到最贴近生产地的内陆地区,或是将进口保税后移至最贴近消费地的内陆市场,也包括进口生产设备和备件的保税,后移至最接近供应链上的生产地。可以说,供应链需求才是内陆无水港的真正需求。

(3) 结合物流园区(物流中心)建设无水港

在内陆无水港建设的初期,要凸显规模与网络效应。如果仅仅面向与海港联动,由于规模与网络的限制可能面临发展的局限,近年无水港建设实践也说明了这一点。因此,如果从供应链角度出发,将无水港建设与供应链上的物流节点,即物流中心或物流园区相结合,既考虑一般物流需求,又结合与海港联动的需要,就能迅速达到物流运作的有效规模并产生网络效应,有利于内陆地区无水港的快速发展。

从整个供应链的角度,在统筹兼顾、相互协调与协作的基础上,实现无水港与供应链的联动发展[11]。

(1) 功能联动

随着现代供应链的发展,现代港口成为供应链中一个必不可少的环节。从整个物流系统的角度来考虑,港口所参与的供应链运作效率不仅取决于港口环节的效率,还取决于相关所有环节的运作效率。这就要求沿海港口从供应链的角度优化自己的物流系统,内陆地区货物的集散效率是重要的一环。"无水港"在物流系统中的主要功能是预先集中货物,其实质是港口功能在内陆的延伸。由于内陆无水港与沿海港口之间一般采用集装箱多式联运的形式,沿海港口将港口的装箱、拆箱、保管、中转甚至海关及"三

检"的功能向无水港延伸。无水港积极构建区域物流网络从而发展成为区域物流中心，形成了安全快捷的集疏运系统，为组织腹地内的干支线、长短途运输或水陆联运的衔接配合创造有利条件，缩短了内陆城市与国际市场的距离，吸引周边的进出口货物在无水港集聚。铁路运量大、运输准时的特点可保障沿海港口与无水港之间的联系，同时内陆"无水港"项目的实施将直接为铁路部门增加运输收入。对货主而言，与"无水港"为邻，不仅可以享受到更近距离的服务，而且节省了大量时间、精力和物流成本，可以集中发展自己的核心竞争力。物流企业利用无水港优化自己的物流链，提供跨地区、跨国的服务，在全球范围内为客户提供高效率、低成本的服务。无水港与有关各实体之间的联动将使无水港真正成为联系港口和内陆经济腹地的纽带和桥梁。同时，功能联动可促进无水港运营和管理体制的改善。

（2）规划联动

无水港的建设是一个系统工程，需要政府、港口当局、铁路部门、船公司、海关等部门的通力合作。政府部门结合国家经济结构调整政策与各地的经济发展战略，协调沿海港口建设内陆无水港的战略布局，精心规划制定联动运作流程、规范体系及支持系统，实现物流链上各环节之间的良性互动、协作发展，避免一个内陆港与多个沿海港口对接而造成的沿海港口后续发展不足的问题。港口当局在货场规划的过程中，尽量与各个对接的无水港建立快捷的物流通道，提高无水港货物的通关速度。在铁路站与港口之间建设"门到门"的基础配套设施，形成快速、可靠的海铁联运通道。铁路部门编排货车运行计划时尽量考虑与沿海港口船期的对接。船公司在需要时也可以考虑改动自己的船期表以实现货物流的充分对接。国际贸易可以借助无水港实现货物运输的"门到门"服务，降低物流成本，实时掌握货物运输状态，并且可以快速获得提单，提高结汇速度，提高贸易资金周转率。

（3）信息联动

无水港要实现自己的快速发展就要使业务最大限度与沿海港口对接。信息的联动能为无水港和区域通关提供信息化支持。依托国家电信公网建立跨部门、跨地区、跨行业的公共数据中心和数据交换信息系统，通过物流信息平台实现国际贸易和物流运输的集成。系统集中储存有关进出口企业信息流、货物流、资金流等电子数据，为海关、外管、商务、工商、税务、交通、国检等口岸行政执法部门提供电子数据交换、核查服务，同时也向企业提供网上报关、报检、结付汇核销、出口退税、网上支付等实时在线服务。管理部门通过信息平台对数据统一管理，实现政府主管部门、港口、海关、检验检疫、税务、外汇、银行、企业、代理公司之间的电子联网、信息共享，最大限度地整合海关内、外部信息资源。无水港、铁路与沿海港口之间可通过信息共享平台利用电子数据交换系统，形成具有网上订仓、网上交易、网上查询、运输方案咨询、个性化服务、仓储管理、电子支付、代理商管理等功能一体化的海铁联运电子商务平台。用户、货主、船东、代理、金融、保险等部门可实现贸易运输伙伴的信息自动交换和处理，为各方提供完善、周到的服务，把信息流、物流、资金流有效地组合在一起，实现跨部门、跨行业、跨地区的数据交换和信息共享。实现与内陆二级城市对接，最大可能地减少不必要的装卸、搬运、仓储环节。达到货畅其流，减轻港口集疏运压力，提升港口的运营效率，并且借助共享信息平台的科学数据分析功能指导科学决策。运用GPS以及网络信息技术准确控制运输的整个过程,实现对整个物流链的控制,形成高度整合的"大物流"。从而以港口为中心来建立现代综合物流体系,拉动内陆经济发展,促进无水港的发展,打造技术密集型的"智能港"。

(4) 运营联动

为了实现便捷、高效、经济地开展进出口业务,无水港与沿海港口应加强两地海关、国检和铁路合作,内陆货物在企业所属地就地办理全部的报关、纳税手续,口岸地海关在接到电子报关单后可直接办理货物放行手续,实行24小时通关制度。运用"五定班列"运作模式做到与船期表同步,这样无水港发出的货物无须再在港口等待,实现"港口后移、就地办单、海铁联运、无缝对接"的进出口货物集疏运方式,高效快捷,可有效缩短货运周期、减少物流费用。政府决策机构可以借助综合物流信息系统来实现运输资源的科学调配,掌握各地经济发展情况,促进多行业的良性信息化互动,并且系统提供的大量数据信息可以作为政府决策和制定科学发展规划的参考依据,来增强预见性,实现和谐发展。港口借助共享的信息平台实现内陆货源的承揽,降低港口集疏运的压力,提升港口的运营效率,并借助科学数据分析功能指导港口科学决策。航运企业可以借助共享信息掌握货源分布,实现运力的科学调配,拓展服务网络。货物在完成报检查验后,不必再受起运最小吨数限制,只要将不同企业的货物统一拼箱,就可以运至目的港口装船起运。海关和三检机构可以借助信息平台加强与内陆城市相关部门的业务对接合作,实现企业与海关、检验检疫、港口、货代、船代等的联网和资料共享,完善"电子报关"系统,积极推进"区域通关、直通放行"等通关政策,实现审单作业、物流监控、职能管理三大系统有机结合,减少审批程序和办事环节,提高通关效率,使货运物流、单证流、资金流、信息流高效、顺畅运转。

(5) 联动模式下的监管

提高物流链的信息化水平,加强无水港与铁路、沿海港口的合作,对货物实施全方位、全过程、全关境的动态监控与管理。海关和三检机构可以借助物流信息平台对港口和无水港进行信息化监管,使监管方式从人工经验为主,向智能化、信息化、人机结合的方向发展。根据海关现行组织架构和职责分工,综合运用分期管理手段以及客户管理、通道管理、重点审单、实货监管、守法验证、风险评估、情报分析等构建海关风险防控体系。改变依赖现场作业化解风险、依靠简化手续提高通关效率的传统做法,合理分配前期预警、现场作业、职能监控、企业管理、贸易调查、后续稽查、缉私打击等管理资源。强化事前防范和事后监控,建立系统智能判别、前期预警监测、内部审计监督、风险综合处理的监管方式。围绕信息收集、风险识别、分析评估、风险处置、绩效评估及考核反馈等环节,采用区域监控和GPS物流监控相结合、报关信息和物流动态信息相结合的监控方式,对货物实时监控。通过物流监控分析系统,从多角度加强对物流信息的监控,实现物流信息监控网络化。利用无水港管理机构与内陆企业距离较近的便利条件,将监管的空间从口岸和单证审核延伸到企业,监管的时间从口岸通关及后继管理(核销)延伸为货物进出口行为发生后的若干年。依托高度共享的动态信息库,实施对企业与货物监管并重,前、中、后期相互衔接、互为支持的综合监管制度,加强对"结关后"货物流、信息流的跟踪监控分析。对重点企业和重点商品进行风险评估，分类管理，针对企业素质、资金状况、经营管理、经济效益、发展前景、守法情况、规范经营、风险管理、风险系数等情况进行动态和静态相结合的监控与评估。完善查验决策支持系统的功能，在实时监控下对单证信息做出准确的判断，将管理资源向重点管理目标合理倾斜，使主要风险得以有效控制。建立"海关监管、政府协管、企业自管、社会共管"的综合监管体系，切实提高无水港与沿海港口监管的整体效能。

现代港口正朝着供应链的一个环节发展，港口之间的竞争正演变为港口所参与的供应链之间的竞争。无水港与港口之间的联动直接关系到整个供应链流通的顺畅，有助于作为供应链组成环节之一的港口扩大腹地，增加货源，进而影响沿海港口的功能发挥和竞争能力。

第2章

无水港的生产管理运营模式

选择合理的物流设施设备，组织恰当工艺体系在完善的信息系统管理下运营可以保证无水港运营管理的信息化、系统化、标准化和绿色化。本章依托无水港集装箱堆场的主要业务，介绍无水港堆场物流设施设备、无水港的装卸工艺以及无水港的物流信息系统。

2.1 无水港的基本业务

如图 2-1 所示，无水港是一个物流中心，位于整个港口供应链的中段，衔接客户和港口，作为集散地和缓冲池。在有无水港的港口供应链中，无水港分担了港口的一部分集港和提箱压力，缓冲了集港和提箱业务对港口的堆存空间的压力，平滑了集港和提箱业务中客户和港口，使两者之间的物流活动更加的方便、快捷、高效。

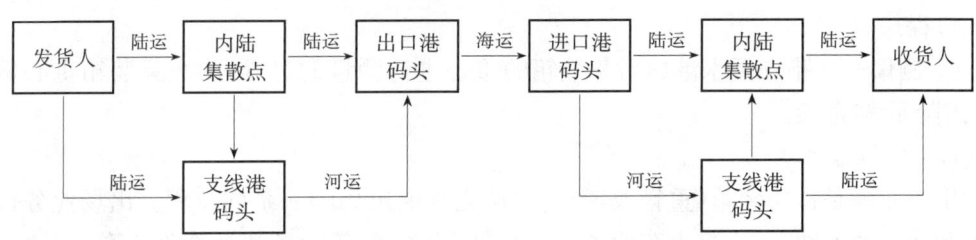

图 2-1 无水港的位置

取决于其特殊的供应链的位置，无水港基本的功能主要是辅助疏散和汇集。其基本业务可以分为进场业务、在场业务和出场业务，如图 2-2 所示。

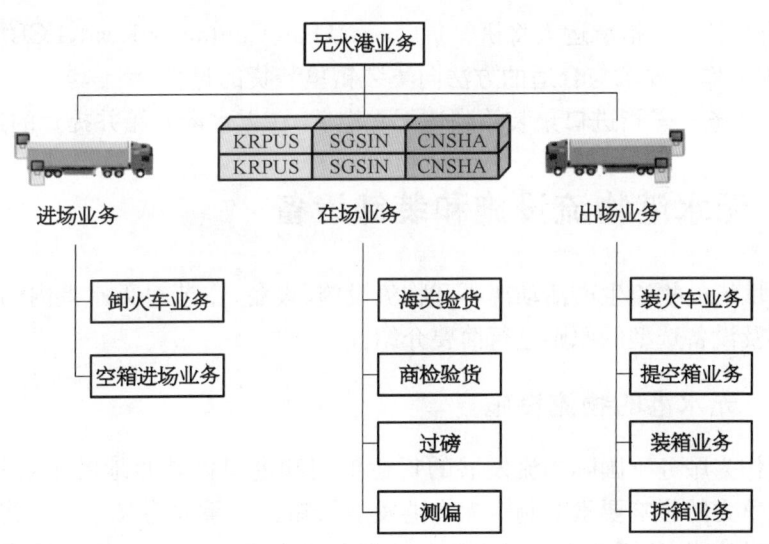

图 2-2 无水港业务结构

（1）进场业务

进场业务指集装箱（重箱或者空箱）运输至无水港闸口进堆场的一系列流程。按照进场对象和途径的不同，无水港堆场的进场业务主要包括卸火车业务、空箱进场业务和重箱进场业务等。

① 卸火车——指火车到达无水港场站后将集装箱卸至预留箱区再分别进行整提、拆提以及集港的过程。

② 空箱进场业务——指对需要在无水港堆场进行堆存的空集装箱进行运输、进场、验箱、分类、堆放等操作的过程。

（2）在场业务

在场业务指集装箱在无水港内部进行的相关流程，无水港的在场业务主要是指查验业务（海关验货、商检验货）、过磅和测偏等。

① 查验业务——指无水港辅助承运人进行代理报关报检，向海关、商检等部门提供集装箱货物的相关信息以便集装箱到达港口进行核查放行的过程。

② 过磅——指在无水港内部过磅测量集装箱实际重量，是一个收集集装箱基本数据的过程。

③ 测偏——指在无水港内对集装箱的重心进行测量的过程，防止集装箱重心偏移过大引起运输危险。

（3）出场业务

出场业务是指集装箱（重箱或者空箱）从无水港出场的一系列流程。出场业务按照对象和途径的不同，分为装火车业务、空箱出场业务、装箱业务和拆箱业务等。

① 装火车业务——装火车业务和卸火车业务是一对相对的过程。集装箱装火车业务是把重箱由堆场装到火车上的过程。

② 提空箱业务——指货主向船公司租借空集装箱后，货主派车到无水港堆场提取空箱的过程。

③ 装箱业务——指承运人将拼箱货（Less Than Container Load，LCL）运至无水港堆场，然后根据作业要求与合适的方法向集装箱里装货的过程。

④ 拆箱业务——指进口集装箱到达无水港后，在无水港开箱并提货的过程。

2.2 无水港物流设施和装卸设备

无水港堆场的物流生产活动离不开物流设施、设备，本节对无水港内的物流设施和装卸设备以及设备选型的原则进行简要介绍。

2.2.1 无水港的物流设施

无水港作为服务于国际物流发展的货运枢纽和港口内陆腹地的主要物流节点，掌握其物流竞争力的影响要素对制定无水港发展策略具有重要意义。港口物流竞争力是港口在物流设施、物流服务及管理方面能力的综合体现。合适的物流设施是保证港口竞争力的基础，与之类似，无水港自身的物流设施在无水港的综合能力中占据基础地位。

无水港的物流设施与功能相似的港口基本相同，见表 2-1、表 2-2[12]。

表 2-1 港口的物流设施

序号	物流设施参数	序号	物流设施参数
1	码头长度	2	作业船舶数量
3	泊位数	4	作业船舶能力
5	泊位长度	6	集装箱数量
7	万吨级泊位数	8	集装箱能力
9	非生产泊位数	10	装卸效率
11	非生产泊位长度	12	设备利用率
13	主航道深度	14	港口设备投资
15	港口国内航线	16	港口铁路连接数
17	港口国际航线数	18	港口高速连接数
19	集装箱航班数	20	港口航空连接数
21	航道长度	22	港口公路连接数
23	航线里程	24	港口腹地公路里程
25	堆场面积	26	港口腹地铁路里程
27	仓库面积	28	港口腹地公路网密度
29	货场面积	30	港口腹地铁路网密度
31	集装箱堆场面积	32	长速光缆线路长度
33	铁路专用线长度	34	宽带接入用户
35	铁路专用线数	36	移动电话交换机容量
37	港口基础设施投资	38	固定电话数
39	吊装设备数	40	移动电话数
41	装卸设备数量	42	平均每一营业网点服务面积

从表 2-1 可以看出,港口物流设施众多,它们协作完成物流方面的仓储、配送、装卸搬运、信息处理等基本功能。

而无水港作为位于港口内陆腹地的集散节点,其主要的物流设施与港口除供船舶作业的物流设施外基本相同。

表 2-2 无水港的物流设施

序号	物流设施参数	序号	物流设施参数
1	堆场面积	2	集装箱数量
3	仓库面积	4	集装箱能力
5	货场面积	6	装卸效率
7	集装箱堆场面积	8	设备利用率

(续表)

序号	物流设施参数	序号	物流设施参数
9	铁路专用线长度	10	港口设备投资
11	铁路专用线数	12	港口铁路连接数
13	港口基础设施投资	14	港口高速连接数
15	吊装设备数	16	港口航空连接数
17	装卸设备数量	18	港口公路连接数
19	长速光缆线路长度	20	港口腹地公路里程
21	宽带接入用户	22	港口腹地铁路里程
23	移动电话交换机容量	24	港口腹地公路网密度
25	固定电话数	26	港口腹地铁路网密度
27	移动电话数	28	平均每一营业网点服务面积

与港口类似,无水港物流设施的投资与建设具有投资大、回报期长的特点,加之物流设施在无水港——港口竞争力中的重要作用,物流设施的合理选择对无水港和其主港的影响深远。无水港物流设施的发展定位需要结合无水港自身发展的实际需要,与当地的经济、产业结构、交通及区域有效结合,随着整体环境的变化,做出相应调整。所以在建设物流设施的时候,需要遵循以下原则:

① 全国无水港物流设施的统筹规划。我国无水港众多,在发展水平、区位、层次等方面均存在较大的差异。无水港不是脱离于其他物流设施的发展而存在的,其发展需要关注与其他物流设施的衔接与统筹,以更好地实现物流一体化的发展和无缝化的衔接,否则将带来资源的重复建设和恶劣竞争。无水港物流设施的规划需要同区域产业发展规划、区域交通发展规划、区域城市发展规划相统筹,需要在全国物流基础设施、全国港口的整体布局中进行综合设计。

② 无水港物流设施服务能力的设计需要以现实需求为基础。需求是决定规划、建设与发展的前提与依据。港口物流设施的服务能力表现为一种物流服务的供给,其一定要与需求相适应,否则将造成供求的不平衡。因此,在无水港物流设施服务能力的设计上要以需求分析为基础。

③ 无水港在物流的经营上,需要与其他物流节点、物流企业、物流需求方形成联盟与合作,以更好地融入社会物流服务体系,发挥物流设施的最大化效益。无水港物流设施网络由各无水港设施集和无水港的内部线路及外部线路集组成,是各类物流设施的集成。在无水港提供物流服务的过程中,需要相互联合,以实现优势互补,共同发展。

2.2.2 无水港的装卸设备

无水港的装卸设备主要用于完成无水港的基本业务。从设备作业角度将无水港的装卸作业分为水平装卸设备和垂直装卸设备。

1. 水平装卸设备

集装箱卡车是水平运输机械,承担货物平地移位作业,它分为牵引车(俗称拖头)和挂车两部分,俗称"集卡"。集卡作为水平运输机械,承担着无水港水平运输的主要作业。

(1) 牵引车(Tractor)

集装箱牵引车,又称"拖头",其本身不具备装货平台,必须和集装箱挂车(Trailer)连接在一起,才能拖带集装箱进行码头内或公路上的运输。

驾驶室的形式分:有平头式和长头式。

平头式牵引车的优点是驾驶室短,视线好;轴距和车身短,转弯半径小。缺点是由于发动机直接布置在驾驶员座位下面,驾驶员受到机器振动影响,舒适感较差,如图2-3a所示。长头式(又叫凸头式)牵引车(如图2-3b)所示。这种牵引车的发动机和前轮布置在驾驶室的前面,其优点是:驾驶员舒适感较好;发生撞车时,驾驶员较为安全;开启发动机罩修理发动机较方便。主要缺点是:驾驶室较长,因而整个车身长,回转半径较大。目前车身短,回转半径小的平头式牵引车的应用日益增加。

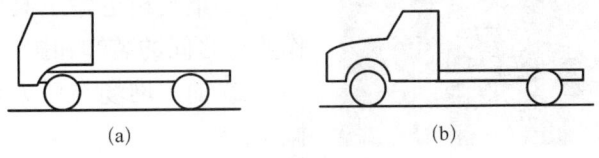

图2-3 集装箱牵引车
(a) 平头式牵引车;(b) 长头式牵引车

按拖带挂车的方式分:半拖挂式、全拖挂式和双拖挂式。

半拖挂方式是用牵引车来拖带装载了集装箱的挂车,如图2-4a所示。由图可见,集装箱的重量由牵引车和挂车的车轴共同分担,故轴压力小;另外由于后车轴承受了部分集装箱的重量,故能得到较大的驱动力;这种拖挂车的全长较短,便于倒车和转向,安全可靠;挂车前端的底部装有支腿,便于甩挂运输。

全拖挂式是通过牵引力杆架与挂车连接,牵引车本身可作为普通载重货车使用,挂

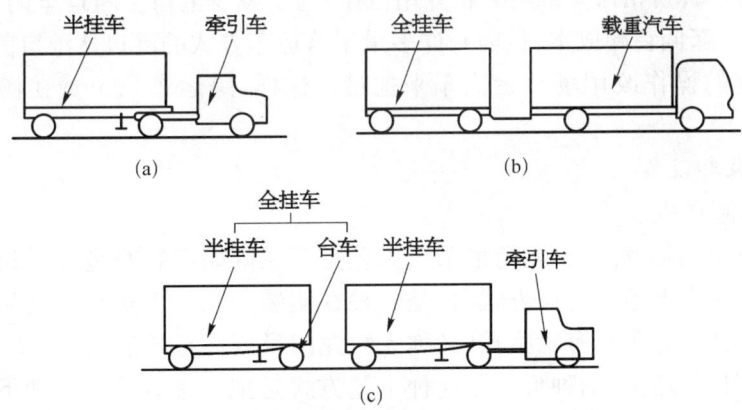

图2-4 集装箱牵引车拖带挂车
(a) 半拖车方式;(b) 全拖车方式;(c) 双联拖挂方式

车亦可用支腿单独支承,如图2-4b所示。全挂车是仅次于半拖挂车的一种常用的拖带方式,操作比半拖挂车困难。

双拖挂方式是半拖挂方式后面再加上一个全挂车,实际上它是牵引车拖带两节底盘车,如图2-4c所示。这种拖挂方式在高速行进时,后面一节挂车会摆动前进,后退时操纵性能不好,故目前应用不广。

(2) 跨运车

集装箱跨运车是一种应用于集装箱码头、集装箱中转站堆场和无水港的集装箱专用装卸机械,其作用是实现集装箱的水平运输、堆码及对集装箱半挂车进行装卸作业,是一种具有搬运、堆垛、换装等多功能的集装箱专用设备。其外形结构见图2-5。

在集装箱港口上,跨运车可以完成以下作业:

① 集装箱运输工具装卸作业点与堆场作业点之间的装卸和搬运。

② 前方堆场与后方堆场之间的装卸和搬运。

③ 后方堆场与货运站之间的装卸和搬运。

图2-5 跨运车

④ 对底盘车进行换装。

跨运车一般被认为是一种故障率较高的设备,在有些国家使用时,故障率高达30%~40%,由此造成维修费用上升。但是随着技术进步,以及操作管理得当,使跨运车在一些港口上使用得相当成功,如日本的集装箱港口有不少便采用跨运车方式。在比利时的集装箱港口上,采用运行24 h,保养6 h的方式,可以使故障率降至5%~10%。在中国采用跨运车方式的很少。

跨运车是一种价格昂贵的集装箱专用机械,为了减少港口上跨运车的使用量,节省港口设备投资,降低装卸成本,目前有许多采用跨运车方式的港口从港口前沿到场地这一段搬运过程的操作改用场地运输车来拖带。这样,跨运车只负责在场上进行堆放作业。

2. 垂直装卸设备

(1) 龙门起重机

龙门起重机简称龙门吊,龙门吊系统工艺是荷兰阿姆斯特丹港建设口时最先采用的,又称"集装箱海上运输公司方式"。是一种在集装箱场地上进行集装箱堆垛和车辆装卸的机械。龙门起重机有轮胎式(又称无轨龙门吊或简称轮胎吊)和轨道式(又称有轨龙门吊或简称轨道吊)两种形式。这种工艺方式是把从集装箱船上卸下来的集装箱用场地底盘车等机械从船边运到场地,在场上采用轮胎式龙门吊或轨道式龙门吊进行堆装或对内陆车辆(公路集疏或铁路货车)进行换装。

目前国内用得比较多的就是轮胎式龙门起重机(Rubber-tired Gantry Crane, RTG),是集装箱码头堆场进行装卸、搬运、堆垛作业的专用机械,如图2-6所示。

图2-6 轮胎式龙门起重机

轮胎式龙门起重机由前后两片门框和底梁组成门架,支撑在橡胶轮胎上。装有集装箱吊具的行走小车沿着门框横梁上的轨道运行,配合底盘车进行集装箱的堆码和装卸作业。

轮胎式龙门起重机主要特点是机动灵活、通用性强。它不仅能前进、后退,而且还设有转向装置,通过轮子的90°旋转,能从一个箱区转移到另一个箱区进行作业。

轮胎式龙门起重机的主要参数有起重量、跨距、起升高度、轮压、工作速度等几项。

① 起重量:轮胎式龙门起重机的起重量是根据额定起重量和吊具的自重来确定的。额定起重量一般是按所吊集装箱的最大总重量来确定。

② 跨距:轮胎式龙门起重机的跨距是指两侧行走轮中心线之间的距离。跨距的大小取决于所需跨越的集装箱的列数和底盘车的通道宽度。根据集装箱堆场的布置,通常按跨六列集装箱加一条底盘车道考虑。

③ 起升高度:起升高度指吊具底部至地面的垂直距离,它取决于龙门起重机作业的堆码集装箱层数。如果堆场的集装箱堆高层数为4层,考虑起重机在作业时的方便,吊具需跨过集装箱,故吊具的最低点应能够高于5层集装箱的高度。目前轮胎式龙门起重机的起升高度一般都在11~12 m左右。

④ 轮压:轮胎式龙门起重机的轮压分为最大工作轮压和最大非工作轮压。轮数是根据场地轮压的要求而设计的,大车行走机构可以是四轮或两轮驱动。

最大工作轮压是指在工作速度为16 m/s的情况下,起吊额定起重量时,每个轮胎所承受的最大压力。最大非工作轮压是指在非工作速度的情况下,不起吊集装箱,且风向垂直于起重机的大梁方向,每个轮胎所承受的最大压力。最大轮压是设计起重机行走路面承载能力的依据。

⑤ 工作速度:工作速度的大小一般根据装卸工作周期的要求确定。速度过低,会影响码头堆场的作业进度,但如果速度过高,则会使集装箱摆幅过大,影响作业的安

全性。

目前在一些轮胎式龙门起重机上,为防止相互之间以及龙门起重机与集装箱之间的相互碰撞,设有手动纠偏系统以及大车四角防碰装置。安全设施方面,设有超负荷保护、柴油机超速保护、水温过高和机油压力过低等信号装置,风速指示仪、防台风锚定装置、紧急停止按钮以及各机构限位开关和信号指示等。另外还可选配 DGPS(卫星自动定位系统)、ECMS、RCMS(故障显示和与中控室联系系统)以及方便大车转向和减少轮胎磨损的大车顶升装置及配置登机电梯等设备。

（2）正面起重机

正面起重机(俗称正面吊)是一种目前在集装箱港口堆场上,得到越来越频繁使用的专用机械(图 2-7)。虽然这种集装箱堆存设备由于运行方向与作业方向垂直而需要占据较宽的通道,但是它的堆箱层数较高,并且可以为多排集装箱作业。设备的灵活性又较强,因此普遍较受欢迎。采用正面吊可以堆存 3~4 层重箱,或 7~9 层空箱。因此,堆箱场地的利用率较高。目前,正面吊主要还是作为集装箱堆场的辅助作业机械,但是确实是一种很有前景的集装箱装卸的专用设备。

图 2-7 正面起重机

（3）集装箱叉车

集装箱叉车(又称叉式装卸车)是集装箱港口上常用的一种装卸设备,主要用于操作量不大的综合性港口上进行集装箱的装卸、堆垛、短距离的搬运和车辆的装卸作业,也可以用于集装箱堆场的辅助作业,它是一种多功能的机械,是集装箱码头和货场常用的装卸设备之一。它一般在门架前装有一个顶部起吊属具(吊具),借助转锁件与集装箱连接,从顶部起吊;也可以采用货叉插入集装箱底部叉槽内举升搬运集装箱。其性能应符合下列作业需要:

① 起重量应保证能装卸作业所需的各种箱型;

② 起升高度应符合堆垛层数的需要;

③ 负荷中心(货叉前壁至货物重心之间的距离)取集装箱宽度的 1/2,即 1 220 mm;

④ 为适应装卸集装箱的需要,除采用标准货叉外,还应有顶部起吊的专用吊具;

⑤ 为便于对准箱位,货架应能侧移和左右摆动。

叉车搬运集装箱可以采用以下两种方式:

图 2-8 集装箱叉车

① 吊运方式：采用顶部起吊的专用吊具吊运集装箱。

② 叉运方式：利用集装箱底部的叉孔用货叉起运，一般这种方式主要是搬运 20 ft 的集装箱或空箱。

集装箱叉车按照构造形式分为正面集装箱叉车和侧面集装箱叉车。正面集装箱叉车是目前常用的形式。侧面集装箱叉车和普通侧面叉车类似，在装卸集装箱时，将门架和货叉向侧面移出，叉取集装箱后收回，将集装箱放置在货台上进行搬运；也可装设顶部起吊属具，进行起吊。与正面集装箱叉车比较，侧面集装箱叉车载箱行走时的横向尺寸要小得多，所要求的通道宽度也较窄(约 4 m)；载箱行走时的载荷中心在前后车轮之间，行走稳定性较好，轮压分配均匀。但是，侧面集装箱叉车的结构和操纵较为复杂，司机视线差，装卸效率较低。

2.2.3 影响无水港装卸设备选型的主要因素

随着集装箱船舶大型化以及集装箱运输的蓬勃发展，港口所面临的经营与竞争的压力越来越大。同样的，作为港口的内陆腹地无水港也面临竞争压力。在此背景下，如何减少内耗，降低无水港的装卸成本，科学规划和配置现有和无水港装卸机械，提高货物装卸效率，实现无水港经营高效化，是各无水港所要解决的首要问题。

对于无水港来说，无水港装卸设备配置上存在的问题主要表现在：

(1) 一些无水港不考虑生产的实际要求，盲目投资，造成资源浪费

某些无水港经营人不是把重点放在如何合理配置现有资源，提高资源利用率之上，而是盲目地进行设备投资，求大求全。港口和无水港设备的投资在很大程度上依赖国家，在设备投资初期，不是从长远利益出发，动辄投资上百万、千万的装卸设备，结果造成经营成本居高不下，资源严重浪费，相应的营运负担加重。

(2) 现有无水港装卸机械的使用调度缺乏合理性

对现有无水港装卸机械资源的合理利用与开发，是降低港口装卸成本、提高无水港服务水平的重要途径。在目前，国外很多大的无水港都在致力于对现有机械设备调度优化的研究，并且收到一定的成效。而在我国，在无水港生产作业时，机械设备的调配使用还存在较大的随机性，人的因素占了主导地位，机械的使用与调度缺乏合理性，这也是无水港运营成本居高不下的另一个原因。

(3) 设备老化现象比较严重，设备管理理念落后

随着第四、第五代集装箱等大型船舶的广泛使用，集装箱装卸作业压力越来越大，集装箱处理量也快速增长，集装箱码头装卸机械向大型化、高效化发展，这对协同码头作业的无水港的作业也提出了更高的要求。以我国无水港现有的机械设备，应对这种需求远远不够。装卸能力有限和设备配置不均匀的原因，主要是管理理念落后，造成的低下的设备运行效率无法应对日益增加的需求。

所以，无水港方面在进行无水港装卸机械的选择上要考虑下面的原则：技术上先进，生产上适用，经济上合理，操作上方便。据此原则，购置设备应综合考虑以下因素：

① 生产性：装卸机械的生产效率必须与港口企业的生产规模及生产任务相适应。既要保证购入设备有充分的负荷，又要保证装卸作业线上各生产环节能力的平衡，避免

因个别环节的能力过高或偏低造成瓶颈,从而引起整个系统的资源浪费。

② 经济性:设备投资费用的多少直接关系到设备使用过程中折旧费用,还关系到每年应支付的利息,影响投资回报期,这些都对装卸成本和设备的经济性产生重要影响。

③ 可维修性和易维修性:设备故障除了对设备的维护和修理的工作量以及费用的支出都有很大的影响外,其故障恢复时间对运营生产效率也有很大影响。

④ 可靠性:设备可靠性越好,发生故障的可能性越小。可靠性对保证生产正常进行、生产安全、货运质量、减少故障停机损失以及装卸工人的人身安全极其重要。

⑤ 节能性:设备的能源消耗是衡量设备好坏的主要因素之一,应选择完成同样的生产任务能源消耗最低的设备。

2.3 无水港的装卸工艺

所谓装卸工艺,是指在无水港堆场内装卸和搬运货物的方法和程序,即按一定的操作过程,根据无水港堆场客观条件,针对不同的货物、运输工具和装卸设备,以合理和经济的原则来完成装卸和搬运任务。

无水港堆场的装卸工艺和港口码头的装卸工艺除装船卸船之外基本一致,装卸工艺是无水港作业高效率的保证。合理地选择无水港的工艺类型,是顺利开展无水港生产的前提。

1. 轮胎式集装箱龙门起重机工艺

轮胎式集装箱龙门起重机工艺方案,场地的利用效率比较高,在我国使用相当普遍。我国的大型集装箱码头,基本都使用轮胎式集装箱龙门起重机工艺方案。轮胎式龙门起重机系统是无水港进行提箱、空箱进场时的常见作业设备系统。

轮胎吊承担码头堆场的装卸和堆码作业,堆场内箱区间的水平运输由集卡完成。轮胎式龙门起重机一般可跨6列集装箱箱宽,外加1列集卡车道。堆高为3~5层集装箱箱高。轮胎吊设有转向装置,能从一个箱区移至另一个箱区进行作业。

(1) 工艺流程

集装箱→集卡→轮胎吊→堆场,如图2-9所示。

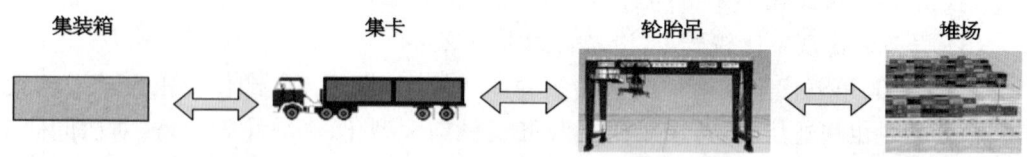

图2-9 轮胎式集装箱龙门起重机工艺流程

对于进场集装箱,其工艺流程具体为进场集装箱由集卡运至无水港堆场,然后通过轮胎式集装箱龙门起重机进行落箱作业,提箱流程则是轮胎式龙门起重机将集装箱由场地位中抓取放置于集卡上,由集卡运出无水港。

(2) 轮胎式集装箱龙门起重机装卸工艺的优点

① 场地的利用率高。轮胎吊最多可在一个位上堆放30个集装箱,且箱与箱之间的

间隙较小，使堆场面积得到有效利用；

② 堆场铺面费用较少；

③ 设备操作较简单，对工人只需中等技术水平的操作培训；

④ 相对于跨运车系统，对集装箱的损坏较少；

⑤ 轮胎吊采用 90°转向和定轴转向，占用通道面积小；

⑥ 与轨道式龙门起重机相比，不受轨道的限制，可从一个箱区移至另一个箱区；

⑦ 可采用直线行走自动控制装置实行行走轨道自动控制，并可采用计算机控制，易于实现集装箱装卸作业自动化。

(3) 轮胎式集装箱龙门起重机装卸工艺的缺点

① 相对于跨运车系统，该系统的灵活性不够。虽然可进行跨箱区作业，但移动的耗时较长；

② 由于龙门起重机的跨距大，堆垛层数高，故提取集装箱较困难，倒垛率较高；

③ 轮胎式龙门起重机需配各集装箱拖运车承担水平运输，增加了作业环节。

轮胎式龙门起重机系统适用于陆地面积较紧张的无水港。

2. 轨道式龙门起重机工艺

轨道式龙门起重机工艺系统与轮胎式龙门起重机工艺系统相比，堆场机械的跨距更大，堆高能力更强。轨道式龙门起重机可堆积 4～5 层集装箱，可跨 14 列甚至更多列集装箱。

(1) 工艺流程

集装箱→集卡→轨道吊→堆场，如图 2-10 所示。

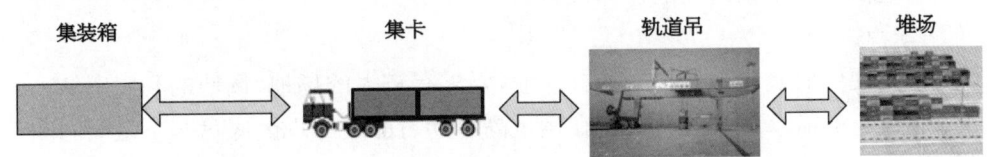

图 2-10 轨道式集装箱龙门起重机工艺流程

轨道式龙门起重机工艺系统工艺流程为集装箱通过集卡水平运输到无水港堆场，然后用轨道式集装箱龙门起重机进行堆场作业。

(2) 优点

① 堆场面积利用率高；

② 机械结构简单，维修方面，作业的可靠性高；

③ 机械设备的维修管理费用低，营运费用低；

④ 机械为电力驱动，节省能源；

⑤ 机械沿轨道运行，有利于实施计算机控制，易于实现集装箱装卸的自动化。

(3) 缺点

① 机动性差，轨道式龙门起重机只能沿轨道运行，作业范围受到限制；

② 跨距大，提箱、捣箱困难；

③ 投资也较大。

轨道式龙门起重机系统适用于场地面积有限，集装箱吞吐量较大的无水港。

3. 底盘车装卸工艺系统

底盘车系统是美国海陆公司首先采用的一种装卸工艺方式，故又称"海陆方式"。该系统的主要特点是：集装箱在堆场的整个停留期间均放置在底盘车上。

(1) 工艺流程

集装箱→底盘车→堆场，如图 2-11 所示。

图 2-11 底盘车装卸工艺流程

进口集装箱放在底盘车上，集装箱牵引车将载有集装箱的底盘车拖到堆场停放，出场时集装箱牵引车将载有集装箱的底盘车从堆场上直接拖出港区，将集装箱送到客户门上。出口集装箱由集装箱牵引车将载有集装箱的底盘车从港区外拖进港区停放在堆场上。

(2) 优点

① 集装箱在港的操作次数减少，装卸效率高，集装箱的损坏率小；
② 底盘车可直接用于陆运，适用于门到门运输；
③ 底盘车轮压小，对场地的承载能力要求低，节省场地的铺面投资；
④ 工作组织简单，对装卸工人和管理人员的技术要求低；
⑤ 场地不需要复杂昂贵的装卸设备。

(3) 缺点

① 为方便停放底盘车和进行拖挂作业，要求有较大的场地，场地的利用率低；
② 底盘车的需求量大，投资大，在运量高峰期可能会出现因底盘车不足而间断作业的现象；
③ 不易实现自动化；
④ 采用这种系统的大型码头拖运距离长，在高峰期容易堵塞港内道路。

底盘车装卸工艺适用于集装箱通过量小、场地大和整箱比例大、拼箱少的无水港。现在世界上用这一装卸工艺的码头非常少，由于无水港对投资成本更敏感，对场地利用率也比较敏感，底盘车装卸工艺的无水港适用范围比较窄。

4. 跨运车装卸工艺系统

跨运车系统又称为"麦逊公司方式"。跨运车承担堆场之间的水平运输，以及堆场的堆码和进出场车辆的装卸作业。

(1) 工艺流程

集装箱→跨运车→堆场，如图 2-12 所示。

(2) 优点

① 跨运车一机完成多种作业（包括自取、搬运、堆垛、装卸车辆等），减少码头的机种和数量，便于组织管理；

图 2-12 跨运车装卸工艺流程

② 跨运车机动灵活、对位快,岸边装卸桥无须将集装箱卸在码头前沿,无需准确对位,跨运车自行抓取运走,充分发挥岸边集装箱装卸桥的效率;

③ 机动性强,既能搬运又能堆码,减少作业环节;

④ 跨运车是一种流动性机械,当某处的作业量相对较大时,可多配几台,使码头作业进度平衡;

⑤ 堆场的利用率较高,所需的场地面积较小。

(3) 缺点

① 跨运车机械结构复杂,液压部件多,故障率高(故障率:20%～40%),对维修人员的技术要求高,且造价昂贵;

② 跨运车的车体较大,司机室位置高、视野差,操作时需配备助手;

③ 司机的操作水平要求较高,若司机对位不准,容易造成集装箱损坏;

④ 场地翻箱倒垛困难;

⑤ 初始投资高。

跨运车系统适用于进场重箱量大,出场重箱量小,较少进行铁路联运的无水港。

5. 叉车装卸工艺系统

货场之间的水平运输以及堆场集装箱的堆码与装卸由叉车承担。

(1) 工艺流程

集装箱→集装箱叉车→堆场,如图 2-13 所示。

图 2-13 叉车装卸工艺流程

(2) 优点

① 通用性强,可适用于多种作业,机械在其寿命期内得到充分的利用;

② 技术问题少;

③ 机械价格便宜,成本低。

(3) 缺点

① 单机效率低,不适用于大吞吐量码头;

② 轮压大,对路面的磨损严重,增加了场地造价;

③ 需要的通道宽,场地利用率低;

④ 装卸作业时,集装箱对位困难。

叉车系统主要适用于吞吐量小的无水港,目前叉车工艺主要是在无水港中起到一种辅助的作用,结合轮胎吊、轨道吊等工艺方案,使得无水港更好地完成作业任务。

6. 集装箱正面吊装卸工艺系统

正面吊系统是指堆场的堆码和装卸车作业由正面吊来承担。但正面吊水平行驶距离不宜过长,一般在 50 m 以内比较合理。

(1) 工艺流程

集装箱→正面吊→堆场,如图 2-14 所示。

图 2-14 正面吊装卸工艺流程

(2) 优点

① 可完成搬运、堆码、装卸车作业,减少码头配备的机种,便于机械的维修保养;

② 可跨箱区作业,一般可堆 4 层箱高,有些可堆 8 层箱高。与叉车系统相比,场地的利用率较高;

③ 可加装吊钩或木材抓斗,用于吊运重件或木材,使机械在寿命期内得到充分的利用。

(3) 缺点

① 只能跨 1 箱或 2 箱作业,因而要求箱区小,通道多,且正面吊在吊运集装箱时,箱体与正面吊横向垂直,因而需要较宽的通道,与龙门起重机系统相比,场地的利用率较低;

② 单机效率低,需配备的机械台数多,故系统的初始投资较高;

③ 轮压大,工作时转向轮胎的磨损和路面的磨损都较严重。

正面吊工艺系统目前基本也是作为轮胎吊、轨道吊等工艺方案的辅助工艺。

2.4 无水港物流信息系统

"兵马未动,粮草先行。"现代物流管理中的"粮草"是信息。为了能够更好地为港口服务,提高无水港的作业效率,为港口提供"粮草"的无水港物流信息系统的应用至关重要。无水港信息系统链接港口码头的信息系统,与其进行准确高效的信息交互,可以提升港口码头的信息系统信息获取效率,从而提升港口企业的服务水平,提升港口供应链的运行效率,进而提升整个港口供应链的竞争力。

2.4.1 无水港信息系统简介

近年来,港口规模不断扩大,港口等级显著提高,港口功能更趋完善,布局结构更趋合理,现代企业制度逐步建立,人文环境和谐共融,核心竞争力和对外影响力进一步增强,步入了跨越式发展的新阶段。在港口不断发展的背景下,无水港的发展也相应得到不同程度上的发展。而无水港作为整个港口内陆腹地的一个重要节点,依托这个节点形成服务平台,其附加服务的主要依托就是信息化。信息化作为现代物流的标志,随着信息技术的推广和应用,其提高港口以及无水港竞争力的作用将愈发明显。以移动互联网和云技术为核心的现代物流管理信息系统,可以实现对物流各类信息远程全天候管理,同时将地区政府部门、行业企业间的物流信息整合起来实行共享,为物流过程各方提供全面、综合服务。因此,有效地开发、运用信息技术和资源,构建公共信息平台,成为保证物流各环节紧密配合和协调的关键。

随着信息时代的到来,信息技术已成为当代最具潜力的生产力,信息资源已成为国民经济和社会发展的战略资源。港口信息化水平也已成为一个港口腹地现代化程度的重要标志。作为社会信息化的一个主要组成部分,港口信息化建设必须进一步加快工作步伐,有计划、有步骤、有重点地开展港口信息化工作,提高港口服务质量和服务水平、强化整体竞争实力。

港口信息化建设是基于社会科技发展提出的新概念,主张将科学技术融入港口系统改造中,利用高科技成果服务于港口调度作业。管理信息系统是一个以人为主导,利用计算机硬件、软件、网络通信设备以及其他办公设备,进行信息的收集、传输、加工、储存、更新和维护,以企业战略竞优、提高效益和效率为目的,支持企业的高层决策、中层控制、基层运作的集成化的人机系统。与港口信息化管理系统[13]类似,无水港管理信息系统应当具备以下功能:

(1) 数据功能

无水港日常作业过程中,工作人员每天要处理大量的数据信息并且逐一统计、记录,这种信息作业模式的难度很大,严重影响了无水港事务处理的效率。配备信息化管理系统可解决数据处理方面的问题,为管理人员提供最佳的调控方案。例如,装卸货物操作过程中,选用信息系统自动化扫描、录入,取代人工核查信息等操作,不仅避免了人工收集数据的错误,也提升了整个无水港的作业速度。

(2) 计划功能

根据现存条件和约束条件,提供各职能部门的计划。无水港建设尚处于发展阶段,设施更新和人员更替较为常见,这些都是信息化管理系统编排的主要内容。信息管理模式可从多个角度规划无水港的作业流程,为管理人员提供了多样式的控制平台。如:生产计划、财务计划、采购计划等,在不同时期内为管理者提供数据上的参考,并按照不同的管理层次提供相应的计划报告,及时把各项工作安排到位。

(3) 控制功能

根据各职能部门提供的数据,对计划执行情况进行监督、检查、比较执行与计划的差异、分析差异及产生差异的原因,辅助管理人员及时加以控制。信息管理系统不仅仅是对无水港数据全自动处理,最终目标是对现场作业给予客观地控制,使无水港内控系统按照预期的规划执行任务。无水港信息化控制功能的具体表现为:协调职能部门之间工作的有序性,以无水港现场作业实况为指导进行人员、货物的疏通处理,维持无水港工作的完整性、稳定性和高效性。

（4）智能化

未来无水港建设进程中,重点是如何由自动化向智能化发展。人工智能系统应用于信息化改造,重点在于结合通信技术、计算机技术等成果,创建与人工操控模式相对应的智能化方案。一方面可以降低人工作业的操作难度,降低无水港调度网络的故障率;另一方面,人工智能系统通过数据挖掘等技术手段实现无水港管理的自动升级,通过数据可以不断优化整个系统计划决策。

（5）预测化

随着港口经济的发展,我国无水港管理模式也需要针对性地进行提升改革,这样才能更好地服务于港口和货主。信息管理系统具有预测功能,可以运用现代数学方法、统计方法或模拟方法,根据现有数据预测未来重要生产数据。通过结合所依靠主港和无水港自身的运营数据,预测将来无水港的运营需求和"生态环境",对无水港管理者进行战略决策有重要意义。

然而现阶段无水港物流效率普遍不高,管理水平有限,信息化程度未达到预期,大部分仍处于封闭状态,最终导致无水港物流协同经营效益不高。然而无水港信息化建设不是一蹴而就的,它是一个逐步完善、逐步进化的过程,根据现阶段不同层次信息化建设情况和信息化技术发展的路线,可以将港口和无水港信息化建设划分为四个阶段[14]：离散阶段、互联阶段、信息整合阶段和业务流程融合创新阶段。

（1）港口和无水港信息化建设的离散阶段

港口和无水港信息化建设的第一个阶段是离散阶段。这是信息化的初始阶段,其主要特征是港口企业内部和无水港存在许多离散的信息系统,各个信息系统之间没有接口互联,每个系统形成了所谓的信息孤岛,部门之间、港口和无水港之间、无水港和无水港之间需要交换数据时,基本是通过纸质或者电子报表。信息化的离散阶段是早期港口和无水港信息化的必经之路,因为在港口和无水港建设初期没有大量的资金和技术储备,建设主要集中在硬件设备的购入和建设,信息系统的建设是按轻重缓急逐步进行,企业的各个信息系统一些是随硬件一起购入,一些是委托开发商独立开发,还有一些是企业内部自行开发,企业没有站在很高的层次对信息系统进行整体合理的规划,很多情况下也缺乏有足够影响力的信息系统开发公司为供应链上的各港口和无水港开发互联互通的信息系统。如图2-15所示,港口的各个信息系统独立存在,相互之间无法实时共享数据。

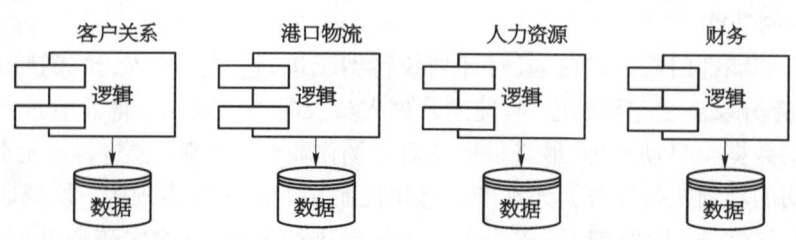

图2-15 离散型港口信息系统

(2) 港口和无水港信息化建设的互联阶段

港口和无水港信息化建设的第二个阶段是互联阶段。这个阶段是以离散阶段为基础,其主要特征是企业的硬件建设逐步完善,企业在经营过程中产生大量的生产数据,各个系统间的数据并非完全独立,系统之间有共享数据的需求,而通过纸质或电子报表的方式传递数据效率非常低,间隔时间长,所以需要对系统进行互联。传统的互联办法是对两个需要互联的系统开发专用的接口和专用的协议进行数据传输,这种方法的缺点是开发难度大、需要时间长、传输数据格式不标准,开发专用连接的数量会以指数级增长。最近几年开始流行的 Web 服务技术为我们提供了比较好的技术解决方案,Web 服务技术利用标准的 Internet 协议(HTTP,SMTP,FTP 等)通过 XML 数据格式进行传输,通讯的系统两端只需要正确地解析 XML 数据、按照 Web 服务接口的定义(WSDL)发送和接收数据即可,所以利用 Web 服务技术可以轻松地穿透异构的信息系统,进行接口的调用和数据的传输。图 2-16 展示了各个独立的信息系统通过 Web 服务进行交互。

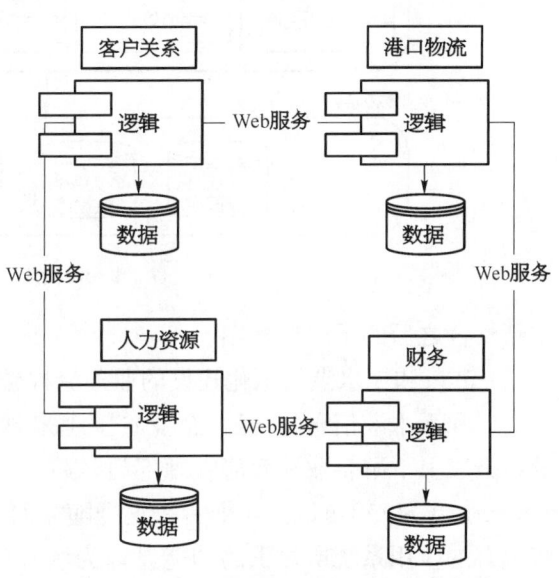

图 2-16 互联阶段的港口信息系统

(3) 港口和无水港信息化建设的信息整合阶段

港口和无水港信息化的第三个阶段是信息整合阶段。这个阶段以应用系统的整合为核心,由于企业的各个应用系统相互之间存在许多相似的冗余数据,如每个应用系统都存储一份类似的用户信息。而增加或修改用户信息通常需要涉及多个系统,这使得用户信息的管理非常繁琐,并且对用户信息修改的延迟或不一致还会引起安全性方面的问题,如某职工已经辞职,但是由于没有及时清除所有信息系统的该用户信息,该用户将还能正常登录并使用某些系统。所以企业有必要将不同时期、为不同目的建立的应用系统整合在一起,使它们协调一致,实现企业信息化整体建设的目标。这需要改变信息系统内部互联阶段建立的应用与应用之间一对一的连接方式,应该围绕核心框架进行一对多的整合,例如建立统一的访问控制系统,集中管理系统用户的授权问题,做到企业内部所有系统的单点登录使用。建立统一的业务管理流程平台,利用工作流引擎和规则引擎提供流程定义、应用开发、流程间相互操作接口,使得业务管理应用的开发可以基于流程管理平台进行。这些公共组件可以降低软件的开发和维护成本,缩短开发时间,并使整体系统具有适应业务需求和业务流程变化的柔性。所以在进行这个阶段的信息系统的改造或建设实施时,需要将数据、应用和流程等多层次的集成目标放在首位。在这个阶段的主要目标是为企业提供统一的数据环境和体系架构,并在此基础上改造和集成各个系统。图 2-17 展示了将离散的港口信息系统围绕统一的核心架

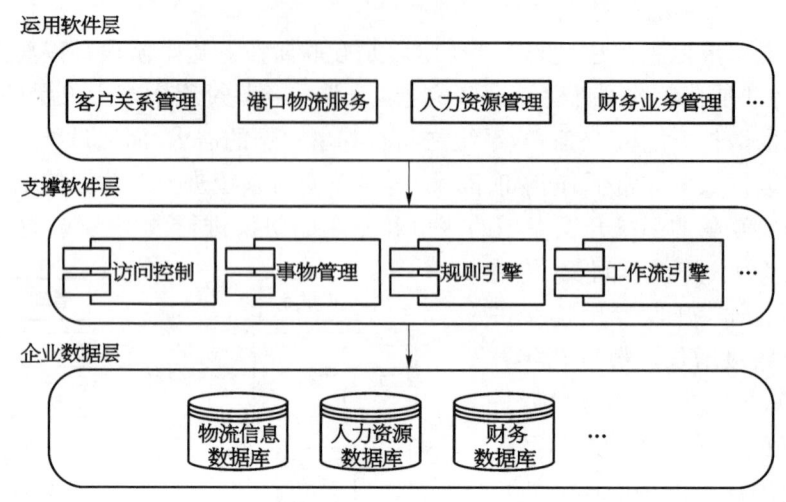

图 2-17 整合阶段的港口信息系统

构重新整合之后的系统架构图。

(4) 港口和无水港信息化建设的业务流程融合创新阶段

港口和无水港信息整合后，企业希望越来越敏捷、快速的对市场做出反应和调整，无缝地集成上下游企业和政府管理部门、银行。基于面向服务的架构（Service oriented Architecture, SOA）可以给企业带来这种随需而变的柔性，面向服务的架构的主要思想是将现有的应用系统所提供的功能设计为服务的集合，再根据业务逻辑通过业务流程执行语言（BPEL）编排服务，对于港口物流企业而言，这些业务逻辑实现了人力资源管理系统、客户管理系统、财务管理系统等的功能，再将这些编排好的服务以可视化的形式（如 HTML 页面）提供给用户，就形成了各种应用系统。面向服务的架构的最大优点是由服务的松散耦合和高重用性带来的系统柔性。基于面向服务的架构，企业调整业务流程比较容易实现，只需要组合或开发部署新的服务、重新编排服务、修改应用界面就可以调整企业的业务流程，这对企业实施业务流程管理（BMP）提供了基础架构上的支持。面向服务的架构的另一个优点是实现跨行业的系统整合，通过将银行、中介服务商、运输服务商和政府部门等相关系统提供的接口封装为服务（或这些接口已经是服务的形式提供），可以将相关系统无缝地集成到企业的信息化平台中，其系统示意图如图 2-18 所示。

虽然随着信息技术的不断发展，港口企业对港口信息技术也逐渐重视，但是目前港口和无水港信息化建设还是存在很多问题：

(1) 信息化建设的认识问题

有些条件较好的企业满足于眼前的状况，认为不搞信息化建设照样能建设和经营好港口或者无水港。这是对信息化认识不足的表现，没有认识到对信息化长期投入、不断优化是提升经营管理水平，降低成本的重要途径。

(2) 信息化建设的信息孤立问题

有的企业在计算机管理信息系统开发和应用实施方面做了大量工作，花费了大量

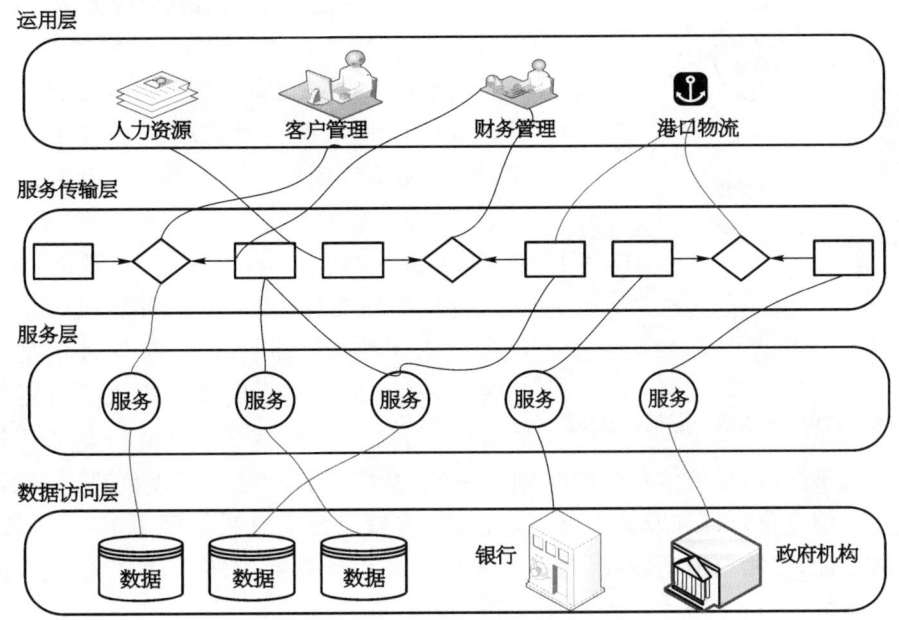

图 2-18 创新阶段港口信息系统

的资金,在单项应用上取得了一定成效,但没有产生应有的经济效益。相反,构筑了无数个"信息孤岛",没有实现信息的交流和共享。有的港口信息资源基础不统一、不一致,信息资源基础不能适应建设需求。有的港口信息采集渠道较单一,缺少灵活性,使得信息来源不够全面,传输渠道不够畅通,更难以对采集的信息加工处理,使得资源潜力无法充分发挥。

(3) 信息化建设的人才问题

信息化系统是一项涉及面广、周期长、风险大的系统工程,建设信息化要投入大量的人力、物力和财力,尤其是人力。由于港口、无水港的工作条件、工作环境、工资待遇及个人的发展平台等因素的制约,留住高级 IT 人才很困难,这也大大制约了港口和无水港信息化发展的速度。

(4) 信息化过程中的管理问题

从管理的角度来看,信息技术的应用应该是用来满足管理的需要,信息技术也将提高管理水平,信息化建设的实质是为了提高无水港经营管理水平而进行的更高层次上的管理重组。多数基层无水港虽投入较多资金进行信息化建设,而更多的是注重设备上的投资和技术上的更新,而忽视了与此相应的管理模式方式上的转变,因而,并未取得投资回报,甚至出现负效益,这是基层无水港信息化建设不成功的主要原因之一。

2.4.2 国内无水港信息化建设的现状和特征

图 2-19 展示了我国无水港信息化发展存在的问题,我国港口信息化在很大程度上处于信息不融通的阶段。

造成我国港口信息孤立、不融通的主要原因有[15]:

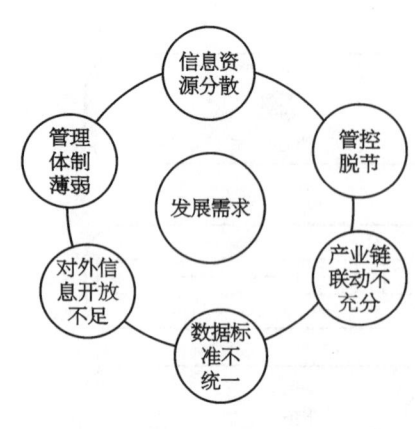

图 2-19　国内无水港信息化建设的现状

（1）无水港业务系统信息资源分散、数据标准不统一

由于建设时缺乏统一规划和顶层设计，对软件系统反作用认识不足，或资金、技术等因素限制，现阶段港口船舶、生产、库场、设备、人事、财务、货源等业务管理系统大多未实现集成化和信息共享，系统数据分散导致"信息孤岛"的存在。区域物流枢纽数据交换不畅，计算机信息管理系统未能充分发挥智能管控作用，对外信息服务能力薄弱，导致在系统应用实施投入大量资金和人力却收不到相应的成效；部分港口业务管理系统数据库标准不统一，导致信息资源基础不一致，系统升级和二次开发困难，信息资源基础不能适应信息化建设和业务发展需求；有的港口系统信息采集渠道单一，手段落后，信息不够全面，传输渠道不畅通，对采集的信息加工处理能力薄弱，使得信息资源潜力无法充分发挥。

（2）无水港管理系统与控制系统脱节

全面、准备、实时掌握港口生产控制信息对于无水港管理和决策分析有至关重要的作用。目前无水港管理系统与控制系统普遍存在脱节现象，未能有效利用控制系统中的数据资源支撑管理系统的决策分析；采用人工录入数据等手段导致管理系统采集效率较低，且存在数据不准确、不全面等问题，给管理系统实时数据统计分析造成一定的困难。因此，亟待推进信息管控一体化，实现管理系统与生产控制系统之间的无缝对接，融合业务流程，共享生产业务信息，以满足无水港管理者和各业务部门对生产经营信息统计分析和决策支持需求。另外，机械沿用传统、落后的 MIS 等系统并没有从根本上解决无水港生产、管理与信息化匹配问题，应根据自身实际梳理物流信息化需求、业务管理需求、决策分析需求，建立"量身定制"可持续发展、兼容和可扩展性良好的物流管理与服务平台。

（3）物流产业链联动不充分，对外信息服务不足

现代化水上物流产业链融合港口企业、运输企业、无水港、生产与贸易企业、保险企业、代理公司等，实现多主体联动，以提高物流运输能力和周转效率，但无水港由于其供应链地位原因，很少自主建立对外统一的信息服务平台，通常供应链上主导港口企业信息共享平台功能不全，不能满足无水港的信息共享需求，造成无水港与水运、航空、铁路、公路、码头、仓储等企业运输信息共享不充分，货物信息采集渠道不畅通，上下游企业客户联动效能未能充分发挥，直接影响无水港对外服务能力。

（4）管理体制对信息系统应用的保障力度不足

无水港信息化建设的最终目标是为了提高生产、管理效能，实质在于为了提高无水港经营管理水平而进行更高层面上的管理重组。多数基层无水港只重视信息系统硬件设备的更新改造和软件系统的升级，往往忽视与之相应的管理模式的转变和制度建设。目前各无水港虽然配合的信息化建设制定了一些制度和规范，但基本上各成一体，缺乏

统一性和完整性,对于信息系统应用的保障力度不足。各无水港之间应结合各自信息化管理经验,互相交流信息化建设发展体系措施,不断补充、规范和完善管理体制与制度。

2.4.3 加强无水港信息化的有关措施[16]

① 管理系统的不完善要求我们加强无水港信息化的建设,积极地寻找探究现阶段各无水港管理系统运营中所出现的漏洞,互相合作,总结经验,并且想出对策弥补;对管理人员进行信息化培训,鼓励他们自主研究学习关于信息系统方面的知识,并且加以应用到实际活动中去。

② 规划和建设与各无水港相匹配的综合管理信息系统,将各技术综合运用,增强信息的有效性以及各步骤的时效性,将无水港物流信息及时迅速地反映至公众信息平台,便于顾客了解自己的货物运输相关情况。

③ 积极研究开发新兴科学技术,不能满足于沿用曾经的老套技术,要加强自主创新,同时注重技术和管理经验共享。由于我国港口贸易和作业工艺与世界其他国家有所区别,我国港口和无水港信息技术、信息系统直接挪用其他国家的发展成果是行不通的,各港口和无水港企业应该注重配套信息系统的自主研发,积极研究利用新型科学技术,树立新的战略目标,建立更加完善的综合信息管理系统。

④ 加大信息的开放程度,建立更好的信息开放平台。从传真到电话,再到现在的互联网技术、移动互联网技术,信息传输的体量和广度快速增加。利用好当前最先进的移动互联网,构建方便、快捷、信息准确的无水港公共信息平台有利于客户追踪货物运输状态,提升无水港服务水平。

⑤ 增强工作效率,充分利用互联网和移动互联网技术,将各部门、各机构、各管理层次之间的信息更加畅通无阻地传达,强化客户服务观念,让每个员工都尽心尽力地为各部门服务,让每个员工都能够全身心投入到工作中去,树立一个共同的目标,并积极努力地为其共同目标进行不懈的奋斗,当然,给员工一个好的工作福利制度更有利于促进员工的工作效率以及积极性的提高。

⑥ 完善信息系统的内容,集货物信息、物流信息、航运信息以及客户之间的交流信息、物品的各方面信息等于一体,加大信息储存的容量,并且将信息加以更加合理的整合与分类,优先向用户展示最需要的信息,让客户更便捷地获得所需信息。

⑦ 随着信息化的广泛应用与不断深化,现有对信息化的认识已经跟不上科技的发展。开展对港口和无水港信息化的科学研究是十分有必要的。拓宽信息的来源渠道,时刻掌握世界各国港口、无水港信息化发展的动态,积极研究其他国家发展经验和先进技术可以提升港口和无水港信息化发展的效率。

⑧ 加强监督管理能力。信息化犯罪近几年来呈快速上升趋势,在无水港信息化发展进程中也应时刻警惕,注意发现和修复系统漏洞,加强信息监督管理,防止受保护信息的泄露。

⑨ 加强关于港口和无水港信息化的知识宣传。港口供应链与民众虽息息相关,但普通群众很少有机会了解港口和无水港的实际运营,目前我国大部分人群对于港口和

无水港信息化的了解还停留在人工作业年代的水平。加大港口和无水港信息化宣传，鼓励民众为港口和无水港信息化发展献言献策对无水港的信息化建设也有很大助益。

⑩ 依托实际情况利用信息化平台来解决其运营过程中的问题。虽然随着人工智能的发展信息系统也会自动学习进化，但运营过程中碰到的问题的解决仍需要运营人员、系统开发者和管理者依托实际运营中的具体情况合作解决。解决实际运营中的问题，升级系统的智能学习模块也能进一步提升系统的适应能力。

第3章

卸火车业务

本章介绍了无水港海铁联运卸火车部分的相关业务,对海铁联运以及卸火车作业进行详细的介绍。同时针对业务流程、相关知识以及主要单据进行整理,便于读者对整个集装箱卸火车业务的概念进行深入学习,并以数字化管理为主线,展示了卸火车作业数字化管理的思想以及实际操作方法,使读者对整个业务有更深刻直观的了解。

3.1 卸火车业务概述

3.1.1 海铁联运简介

海铁联运(Sea-rail Transportation)是指进出口货物由铁路运到沿海港口后直接由船舶运出,或货物由船舶运输到达沿海港口后,由铁路运出,"一次申报,一次查验,一次放行"就可完成整个运输过程的一种运输方式。海铁联运是连接港口与内陆腹地的一条快捷运输通道。

海铁联运业务按运输方式分类,可分为整车运输、零担运输、集装箱运输。按车皮形状与功能分类,可分为敞车 C、棚车 P、平板车 N、特种车 D。按集装箱运输从属箱分类,可分为自备箱(SOC)、租箱(COC)。

海铁换装主要有以下三种运作模式:

图 3-1 海铁联运

① "水—陆—铁"A 模式:铁路部门在港口城市或周边地区的某个位置设立铁路集装箱站场,但铁路集装箱站场与集装箱码头相距较远,需要完成一段很长距离的公路运输后才可以实现集装箱在港口码头与铁路场站之间的移动,完成水路和铁路两种方式的转换。

② "水—陆—铁"B 模式:港口城市的集装箱码头与铁路的集装箱站场相距很近,由于集装箱码头和铁路站场内部使用的装卸设备只能在各自区域内作业,集装箱码头与铁路站场之间的集装箱运输仍需要允许由集卡或第三方运输企业完成。

③ "水—铁"模式:集装箱码头后方堆场铺设有铁轨,车皮进入码头堆场铁路装卸线后,由码头堆场的机械设备进行集装箱装卸作业。车皮交接在铁路部门设定的港口站进行,由铁路进出港口的集装箱班列抵(离)港口站,视作完成(开始)铁路段运输,而码头内部的铁路作业机车在港口站进行集装箱班列车皮接(送),便视作开始(完成)港口端换装运输。

如图 3-2 所示为我国集装箱海铁联运的基本环节示意图。

铁路集装箱海铁多式联运的发展有利于扩大港口腹地范围,更加有效充分地利用

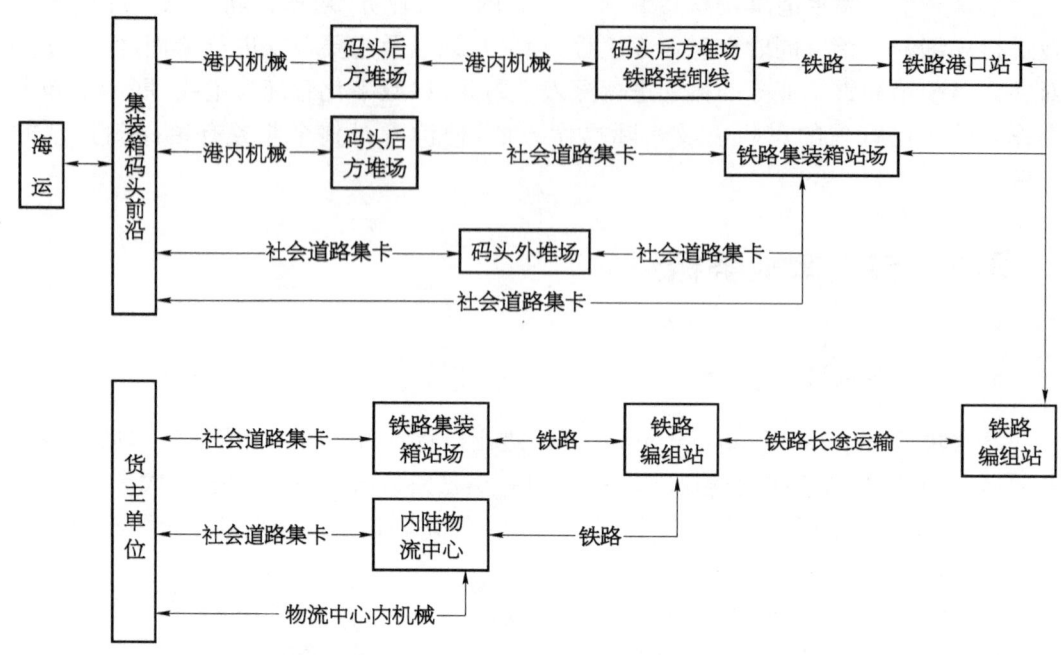

图 3-2 我国集装箱海铁联运基本环节

我国东部沿海和长江港口的资源。集装箱多式联运的加快发展特别是海铁多式联运体系的建设,将有效地促进和加强东西部地区间的沟通,大力促进中西部地区外向型经济的发展,使其成为我国中西部地区和东部地区的连通纽带。我国物流业的快速发展给港口和铁路的集疏运体系建设提出了迫切要求,因此建设良好的多式联运体系迫在眉睫。

3.1.2 卸火车业务简介

卸火车是火车进场后将集装箱卸至预留箱区内再分别进行整提、拆提、集港的过程。卸火车业务可分为四种:① 卸火车,② 卸火车后整提(铁路箱回空),③ 卸火车后拆箱提取货物,④ 卸火车后整箱集港(返场)。其中第一个为后三个的前期作业。先执行卸火车业务,再执行后续集装箱运输任务。其中②③为集装箱进口,④为集装箱出口。

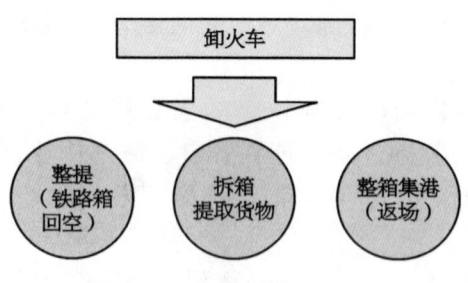

图 3-3 卸火车主要业务

无水港堆场海铁联运卸火车业务的作业流程大致可分为如图 3-4 所示的三大环节(信息收集与处理、计划调度以及实际作业)。

如图 3-5 所示为三大环节中每一环节的主要作业内容介绍。

① 信息收集与处理:它是各项业务的准备工作,也是信息系统正常运行的数据基础。卸火车业务中先要收集发货预报与配载明细以得到货物的相关信息用以安排进场卸火车作业。

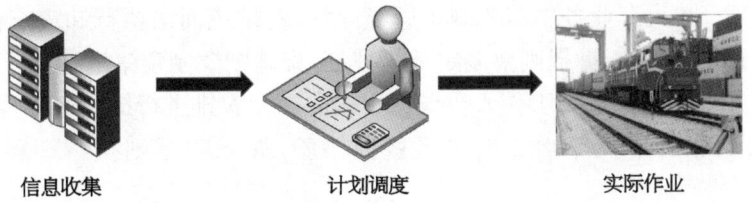

图 3-4　卸火车作业三大环节示意图

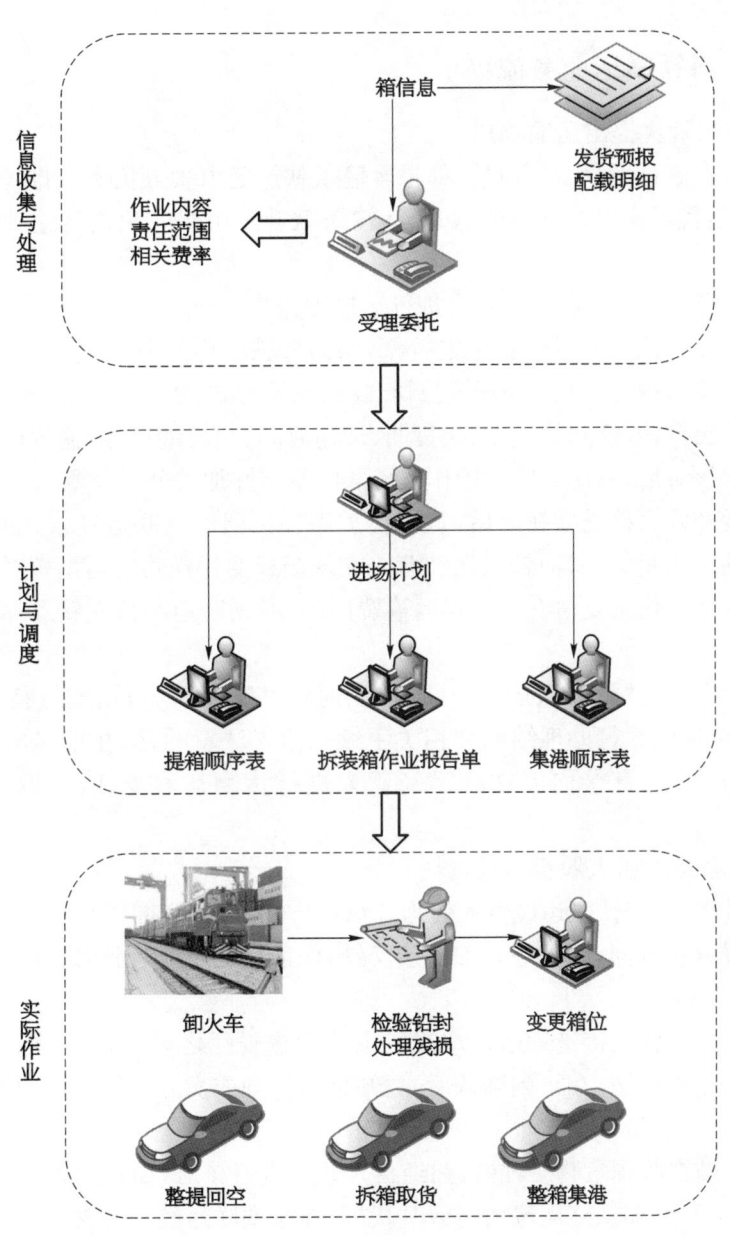

图 3-5　卸火车业务流程示意图

② 计划与调度：是指堆场卸火车作业的资源分配与流程安排。包括场地和正面吊的计划和调度。卸火车业务中需要制定进场计划，安排正面吊执行卸火车作业，如果是整提则要制定提箱计划，拆提则要制定拆箱计划，集港则要制定集港计划。

③ 实际作业：是指现场工作人员根据中控的调度安排进行卸火车作业。在卸火车作业时，将集装箱卸下火车后先要进行残损检验，如无问题则执行卸箱进场并变更箱位。

3.2　卸火车业务的基本流程

3.2.1　海铁联运业务流程

（1）卖方向货代提出运输委托

买卖双方在签订贸易合同以后，如果运输条款规定由卖方负责安排，卖方在货物备好以后，向货运代理提出运输委托，如果运输条款规定由买方负责运输，则由买方负责此项工作。

（2）货运代理向海铁联运经营人进行运输委托

货运代理在确认卖方运输委托之后，书面向海铁联运经营人进行委托，填写"海铁联运运输委托单"，内容包括：委托人公司名称、联系方式、货物品名、尺码、重量、集装箱数量、包装、进出口地、铁路货运站、交货期、运输时间、中转港口、运输价格、结算方式等内容。经双方核对后，由海铁联运操作人员共同签字并加盖公司公章。

海铁联运经营人接受委托以后，货运代理需要按照海铁联运经营人的要求将货物运输到指定的铁路货运站，海铁联运经营人在现场或委托铁路货运站核对货物，确认无误后收货。在货运代理支付有关全程运输费用后，海铁联运经营人签发"海铁联运提单给货运代理"。

货运代理在取得"海铁联运提单"后应及时将其交给卖方，由卖方持提单、商业发票、信用证等单证到银行办理结汇和相关手续。值得注意的是，在很多情况下，货主不通过货运代理，而是直接向海铁联运经营人进行货物运输委托，并取得"海铁联运提单"。

（3）海铁联运经营人履行运输责任

在这一过程中，海铁联运经营人作为总承包方，需要分别同铁路运输公司和船公司或其代理签署分包合同，并做好有关衔接安排，保证货物及时运到海铁联运提单列明的交货地点。

当海铁联运经营人接受货运代理或货主的运输委托之后，即向铁路运输公司或其代理书面提出车皮申请，在得到确认后，通知货运代理或卖方将货物运到指定的铁路货运站。

铁路货运站在收到货物后，同铁路经营人共同进行核对，如果同海铁联运经营人申报的一致，货运站通知铁路运输公司或其代理，在海铁联运经营人支付了铁路运输费用后，签发铁路运单给海铁联运经营人。

海铁联运经营人在接受货运代理或卖方委托后,也要向集装箱班轮公司或其代理进行独立的海运订舱。通常是以提交书面订舱委托书的形式进行的。船公司代理在核对了有关内容后,签订并加盖公章,即表示海铁联运经营人同船公司达成了协议,经确认的订舱委托书将作为合同约束双方。

在重箱进入船公司堆场后,理货人员在与订舱单核对后,出具收据,并提交船公司或其代理,由船公司或其代理签发无批注的清洁提单给海铁联运经营人,并作为物权凭证和双方运输合同的证明。

货物按期装船后运抵进口地的卸货港,船公司代理根据事先收到的舱单向海关进行申报。

(4) 海铁联运经营人做好进口安排

在货物到达中转港口前,海铁联运经营人应该提前做好货物抵达港口的准备工作。首先,海铁联运经营人要根据海运提单向船公司咨询货物到港的确切时间,并与卖方保持联系。在货物抵达港口后,由于海铁联运的货物最终到达的目的地一般都在内陆地区,海铁联运经营人应该及时办理转关手续,并办理铁路运输手续,要求铁路运输公司将货物运输到最终的目的地。在货物到达最终的目的地后,海铁联运经营人根据卖方提供的通知单,通知买方及时提货。

(5) 办理提货手续

买方在收到海铁联运经营人的提货通知单后,或委托货运代理公司作为自己的代理或本期也自己到海铁联运公司办理提货手续。货运代理凭借提单和其他相关单证到海关办理清关手续。办好清关手续后,货运代理人将货物送到买方指定的交货地点。

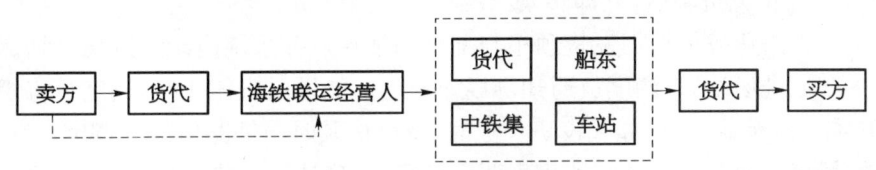

图 3-6 海铁联运流程图

3.2.2 卸火车作业一般业务流程

列车进场后,理货指挥将集装箱卸至预留箱区,查验集装箱是否残损,若有残损,在"卸火车作业报告"上记录残损情况,并让客户签字确认。使用手持 800 兆向系统输入变更箱位信息。班次结束根据实际作业量和作业项目填制"卸火车作业报告",交给现场调度业务员。业务员根据"卸火车作业报告",其内容有单位、提单号(空)、火车号、车型(斗车、板车、插板)、箱型、箱号、尺寸、场、位、排、高、装卸人、机械、残损情况标注,直接进场预录卸火车信息,其内容有进场形式(卸火车)、进场车队(卸火车)、交付条款、航线、船名、进口提单号、进场日期、收箱人。

业务员根据货主提交的"卸火车联系单"(提单号、船名航次、预计开船日期、品名、箱号、目的港、铅封、件数、包装、重量、体积)以及"订舱信息单"(委托单位、联系人、承运人、船名、航次、提单号、箱号、箱型、尺寸、货名、标记、重量、体积、备注、是否发运抵报)。将理货员的预录信息补充完整(补录信息船名、航次、箱号、内外贸、集港码头),补录完信息后查看箱子是否到场。确定到场后,等待港站发送的确认通关信息(货主给港站的"海运提单"和"装船通知及反馈表")。确认通关后,上关港信息平台,查出报关代码和集港代码,向海关发送运抵报文,制作集港计划,其内容有箱号、计划类型、车队(内)、始地点、单位、截止日期、开始时间、结束时间、集港码头。同时向系统记录RFID集港信息,若不属于返场的发送GPS运输计划。打印"集港顺序表",交给调度安排集港。

调度员将一份"集港顺序表"交给理货安排集港作业,另一份"集港顺序表"交道口。理货根据"集港顺序表"码头司机"装船通知及反馈表"指挥提箱,集卡司机拉箱到道口,道口核对实际箱号车号,消机放行,写集港RFID卡。收回"集港顺序表"返业务员。

班次结束开具"内部核算作业票"。将"集港顺序表"和"内部核算作业票"交给调度。调度核对无误,将"内部核算作业票"分别交予机械队和统计。将"集港顺序表"、"残损记录"、"卸车进场计划表"返给业务员。业务员将相关单证整理归档。

统计员根据"内部核算作业票"与系统核对数量,并建立"作业统计清单"。业务员根据实际卸火车集港数据,制作月结费用明细与码头核对,交计费员结费。

如图3-7所示即为卸火车业务的泳道图。

3.2.3 卸火车作业数字化管理操作流程

(1) 火车下线业务流程

① 堆场接单业务员接到内陆发货人发货预报与配载明细后,与发货人确认作业内容、责任范围及相关费率后,立即转发给堆场铁路业务员。

② 堆场铁路业务员根据发货预报与配载明细在业务系统内录入进场计划。

③ 火车摆进场站后,调度员通知堆场业务员。如果白班作业时,调度员将摆车情况及时通知堆场接单业务员;如果夜班作业时,调度员及时与铁路值班区调度员联系。

④ 堆场接单业务员与铁路值班区调度员联系,确认到达货物后,前往铁路值班区领取"铁路运单",并根据运单信息通知堆场铁路业务员、调度员进行火车卸货作业。

⑤ 正面吊司机按照车载指令进行卸火车作业。

⑥ 接卸作业过程中,理货员严格检查集装箱残损情况以及铅封是否完好,做好相关记录与堆场铁路业务员交接。堆场铁路业务员将相关的残损记录与堆场接单业务员交接。

⑦ 卸火车作业完毕由调度员检查火车车体,确保斗车中门加固牢固、平板车上没有较大异物、加固钢筋拆卸完毕。

⑧ 作业完毕后正面吊司机在车载系统中变更场位,理货员开具"内部核算作业票"转交调度员,由调度员分发给堆场铁路业务员、机械队、装卸队以及统计员,同时由理货员填写"装卸火车报告单"交给堆场铁路业务员。

⑨ 堆场铁路业务员根据"装卸火车报告单"核对系统录入,然后将相关单据存档备查。

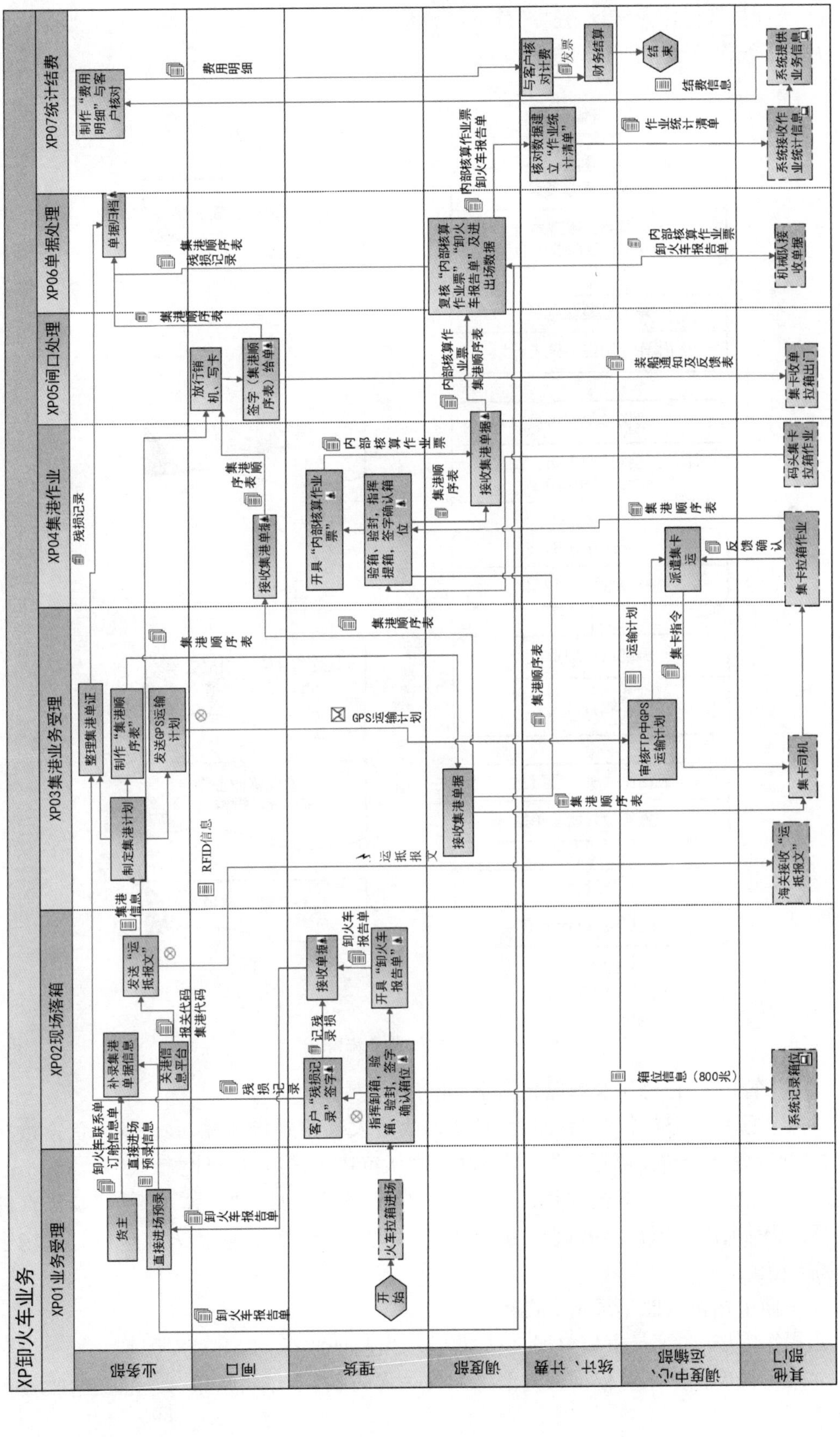

图 3-7 卸火车业务泳道图

⑩ 统计员进行作业统计,建立"作业统计清单"。

火车下线作业流程图如图3-8所示。

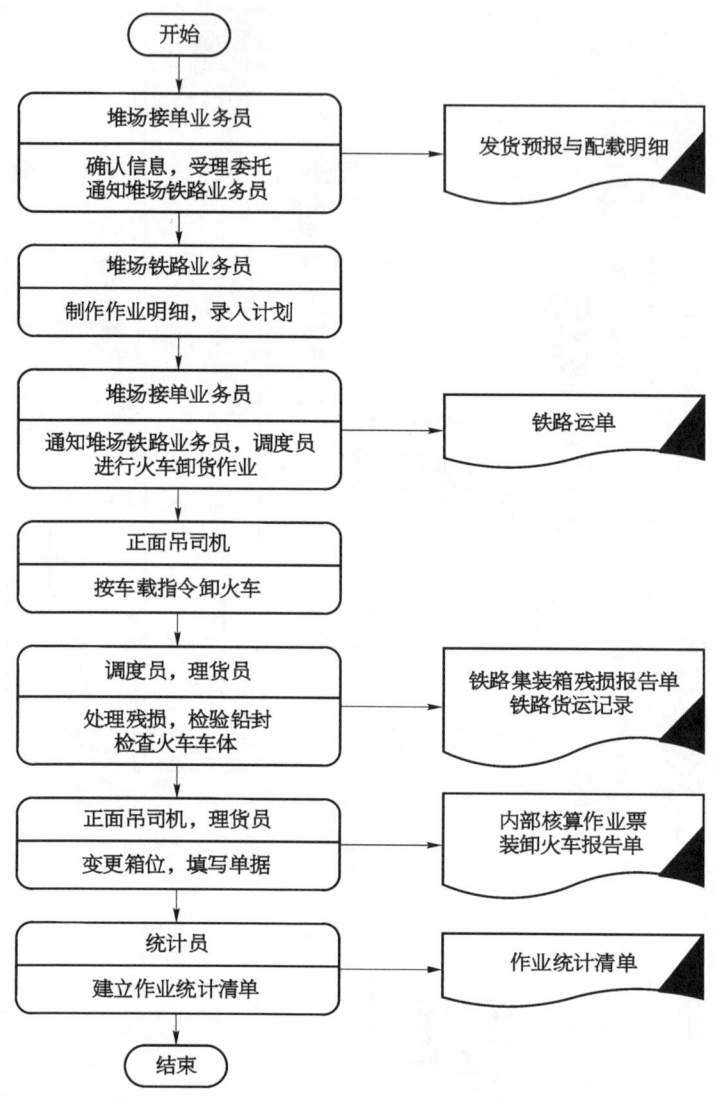

图3-8 集装箱下线业务流程图

(2) 火车下线后整提(及铁路箱回空)业务流程

① 堆场接单业务员依据"铁路运单"通知收货人铁路到货情况,并根据收货人持有的正本"领货凭证"与"铁路运单"进行核对并确认审核无误后进行计费。

② 堆场铁路业务员审核收货人持堆场接单业务员开具的"工作联系单"及传真件后,在系统中制作出场计划,并制作"提箱顺序表"交予收货人,收货人在卡口打进场小票进场提箱。

③ 正面吊司机按照车载指令提箱。

④ 提箱完毕,门证员审核单据,发放集装箱出门证放行。

⑤ 堆场接单铁路人员依据回空情况开具一式两联"工作联系单",一联交给收货人

前往堆场办理回空手续,另一联存查。

⑥ 收货人持堆场接单铁路人员开具的"工作联系单"到堆场铁路业务员处办理回空手续。堆场铁路业务员审核"工作联系单"及其传真件后,在系统中做进场预录,制作"摆箱顺序表"交收货人,收货人到卡口打小票进场。

⑦ 理货员执行"箱务管理回空箱业务流程"相关部分完成验箱工作。理货员根据箱体实际情况签名确认两联"摆箱顺序表",一联退还给收货人,另一联返还给堆场铁路业务员。收货人凭理货员根据箱体实际情况签认的"摆箱顺序表",前往堆场接单铁路人员处办理退费事宜。堆场接单铁路人员将"摆箱顺序表"与手中的备查"工作联系单"以及堆场铁路业务员手中的"摆箱顺序表"核对,确认无误后按铁路相关规定办理退费手续。

火车下线后整提作业流程图如图 3-9 所示。

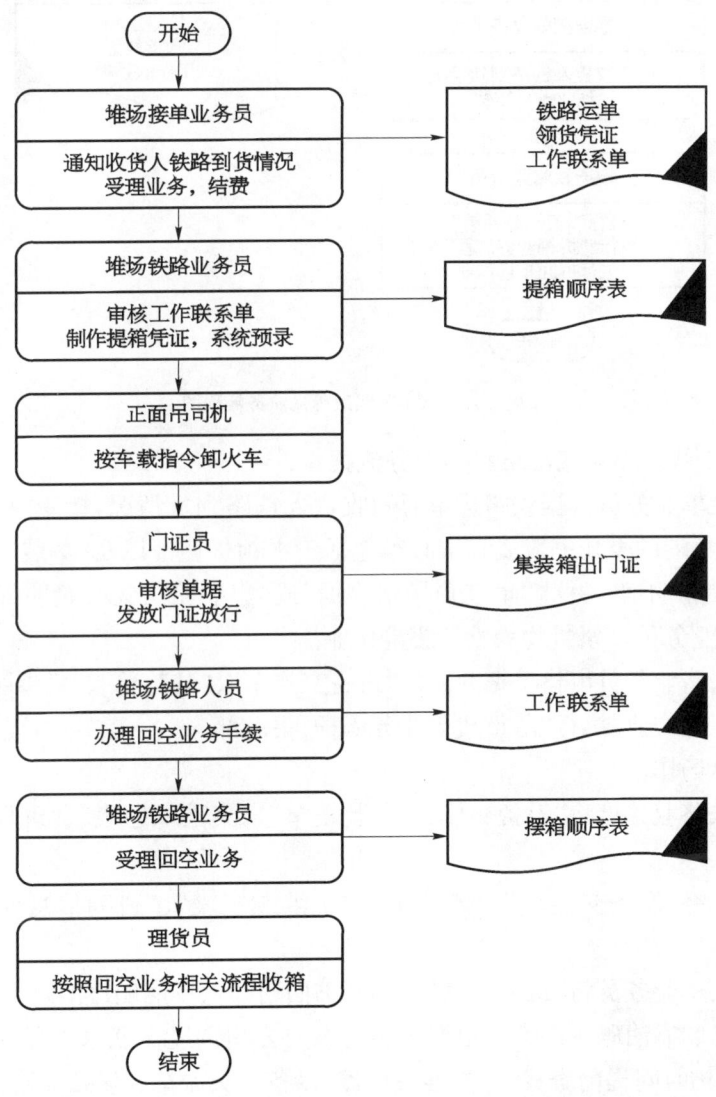

图 3-9 火车下线后整提(及铁路箱回空)业务流程图

（3）火车下线后拆提业务流程

① 堆场接单业务员依据铁路运单通知收货人铁路到货情况，将收货人持有的正本领货凭证与铁路运单进行认真核对并确认审核无误后计费，开具一式两联"工作联系单"，一联交给收货人办理拆箱提货手续，另一联传真给堆场铁路业务员后，随发票第四联一起存档。

② 收货人持堆场接单业务员开具的"工作联系单"到堆场铁路业务员处办理拆箱提货手续，堆场铁路业务员审核"工作联系单"及其传真件后，执行"拆箱业务流程"进行拆回本场作业。

火车下线后拆提作业流程图如图 3-10 所示。

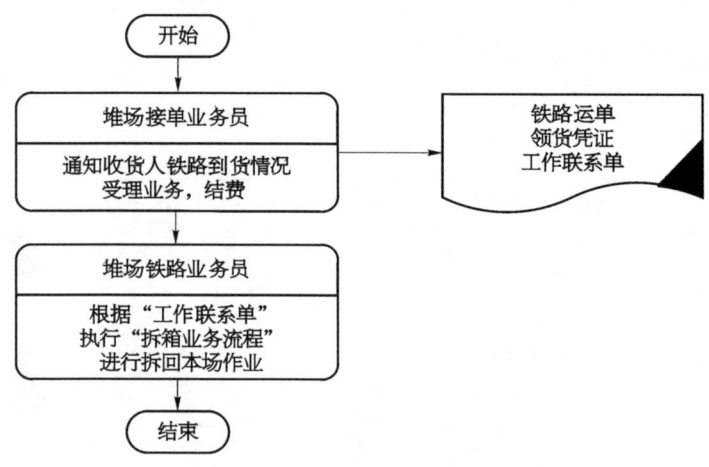

图 3-10　火车下线后拆提业务流程图

（4）火车下线后整箱集港（返场）业务流程

① 堆场接单业务员依据铁路运单通知收货人铁路到货情况，接受收货人或内陆发货人委托整箱集港的委托书。委托书必须包括正本领货凭证以及"集装箱场站收据"或"集装箱货物装箱明细"，并将"集装箱场站收据"或"集装箱货物装箱明细"以书面形式通知堆场铁路业务员该票货物为整箱集港作业。

② 堆场铁路业务员审核单据并制作"设备交接单"、"装箱单"、"集港顺序表"。

③ 整箱集港作业，执行"落重代集业务流程"集港部分。

④ 整箱返场作业。

⑤ 堆场铁路业务员将"设备交接单"、"装箱单"、"集港顺序表"、"班列信息反馈表"交给调度员。

⑥ 调度员将"设备交接单"、"装箱单"、"集港顺序表"、"班列信息反馈表"交给理货员。

⑦ 堆场接单业务员将"班列信息反馈表"书面通知返场船舶靠泊码头指定负责人。

⑧ 返场船舶靠泊码头调度员根据船舶动态与公司调度员联系返场事宜；公司调度员根据预约返场时间提前查找箱位、准备机械，以备码头派车到场站提箱。

火车下线后集港作业流程图如图 3-11 所示。

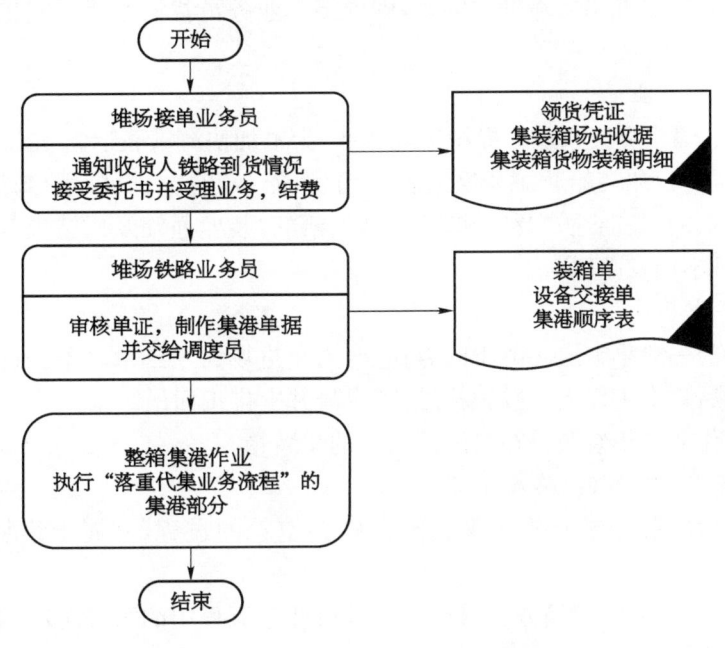

图 3-11 火车下线后整箱集港业务流程图

3.3 卸火车业务相关知识

1. 五定班列

铁路货物列车运行定点、定线、定车次、定时、定价，与普通货物列车相比，具有运行速度快、到发时间固定、运输价格低等优势。并采取"两点一线"直通式监管，以火车班列为单位，实现"整体转关，整体核销"，并对海铁联运货物"即到即办"。五定班列的种类：

① 按是否跨局划分：分为跨局五定班列和局管内五定班列。

② 按运行方式划分：分为直达、阶梯式、集散式班列。班列运输尽可能组织直达；需要多站集合时，可采取阶梯式或集散式，阶梯式由同一路径上的几个相邻车站共同组织集结成整列；集散式由发站附近多个装车站共同组织集结成整列。

③ 按货源种类划分：可分为集装箱、鲜活货物和普通货物班列三种。

④ 按区域划分：可分为过境（国际联运）五定班列、港站五定班列、城际五定班列。过境五定班列主要是指大陆桥过境运输；港站五定班列是指沿海各大港口开往内陆主要城市及返回的五定班列；城际五定班列是指国内主要城市之间开行的五定班列。

2. 卸火车残损处理

卸火车集装箱箱体出现残损的问题，堆场接单业务员会同堆场接单铁路人员实地检查箱体后，铁路集装箱由铁路人员出具"铁路集装箱残损报告单"后存档备查；海运集装箱由堆场接单业务员找铁路货运室出具"铁路货运记录"后存档备查。

卸火车集装箱出现铅封遗失的问题,堆场接单业务员找铁路货运室出具"铁路货运记录"后存档备查。

3. 整箱返场作业

返场作业:码头直接来进行提箱集港作业,为了加快海铁联运。

码头集卡司机拿"装船通知及反馈表"(箱号、船名、航次、提单号)来提箱。理货核实码头集卡司机的"装船通知及反馈表"和港站给的"装船通知及反馈表",如果一致,提放集装箱,而且不用发 RFID。

4. 火车下线

火车进场与一般集卡进场的不同点在于,火车进场无须预录且不经过道口,一般是直接进入场地后再由工作人员登记箱号、车皮号并安排正面吊卸箱。

火车下线作业的集装箱是在口岸已通关的集装箱。

5. 火车下线后整提(铁路箱回空)

火车下线后集装箱被整提出场且返回铁路空箱的过程,其属于集装箱进口作业过程。

对于进口重箱而言,提箱业务属于整个进口业务流程中的第二阶段,第一阶段则是卸火车作业。堆场是一个集疏运的枢纽点,进口业务是一个由集到疏的过程,而"疏"主要是指在提箱阶段堆场内的集装箱被疏运至社会的过程,因此这也就决定了提箱过程的物流特点是随机、离散的。

6. 火车下线后拆提

火车下线后执行拆提作业进行拆箱取货,其属于集装箱进口作业过程。

调度员根据业务员提供的"拆提(回本场)计划表"安排拆箱作业。理货员根据"拆提(回本场)计划表"指挥装卸工人、叉车司机进行拆箱。拆箱完毕后,货主在"拆提(回本场)计划表"上确认拆箱情况,理货员与客户共同在"货物入库(提货)凭证"上签字确认提货件数后,开具"内部提货凭证"给货主,并填制"拆装箱作业报告表"。货主提货后,门证员回收"内部提货凭证"发放货物出门证。提箱后,回收"拆提计划表",核销系统,发放"集装箱出门证",将"拆提计划表"返业务员。

7. 火车下线后集港

火车下线后执行集港作业进行海铁联运,其属于集装箱出口作业。为了加快海铁联运,发展无水港建设,可由码头直接提箱进行返场作业。

8. 箱区的分类

不同的集装箱在堆场箱区放置的要求也有所不同,比如危险品箱,需要在放置过程中严格监控,并有喷淋的要求;冷冻箱要保持箱内的温度要求,必须要求箱区内有所需电源接口。因此,一般情况下,根据集装箱不同种类,箱区也分为以下几个种类:

① 按进出口业务:出口箱区、进口箱区和中转箱区;
② 按集装箱状态:重箱箱区和空箱箱区;
③ 按装卸设备:正面吊箱区、龙门吊箱区和堆高机箱区;
④ 按集装箱种类:普通箱区和特种箱区(包括温控箱区、危险品箱区、超限箱区和残损箱区等)。

9. 区、位、排、层的定义

（1）区

箱区定义具体说就是定义箱区的平面框架。任何集装箱码头或场站,凡进行集装箱运输业务,均必须规划箱区的堆放场地,将场地按作业要求划分为若干箱区并编号,箱区的编号以下简称为"区号",通常由 2～3 位字母和数字组成,例如：A1,A2,A3,…,B1,B2,B3,…

每个箱区又划分为排和位,分别编以"排号"和"位号"。一般以龙门吊作业的箱区为标准箱区,均为六排,但位的数目则以箱区的长度而定。箱区不宜过长,过长的箱区由于集卡通道的限制,会降低进出场吞吐效率。箱区上排和位将箱区平面划分为一个个的小方格,称为"位串",位串是垂直于地面的一串箱位(如图 3-12 所示),其高度就是箱区的允许堆高,以箱数计。

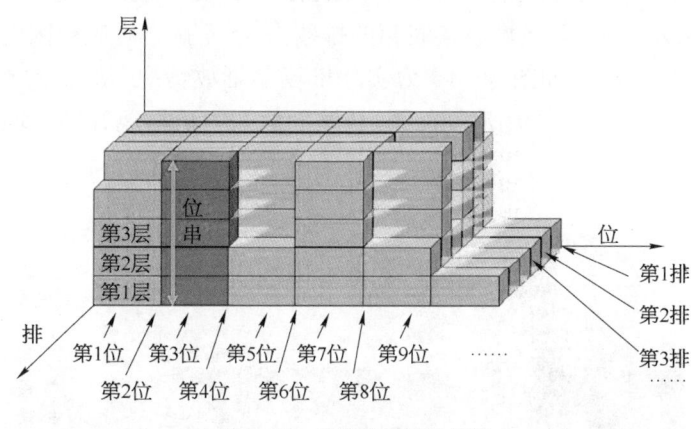

图 3-12 集装箱箱区示意图

（2）位

"位"是指沿箱区长度方向,以 20 ft(×0.3 m)箱长度为最小单位,将一个箱区划分而形成的一个个区段。

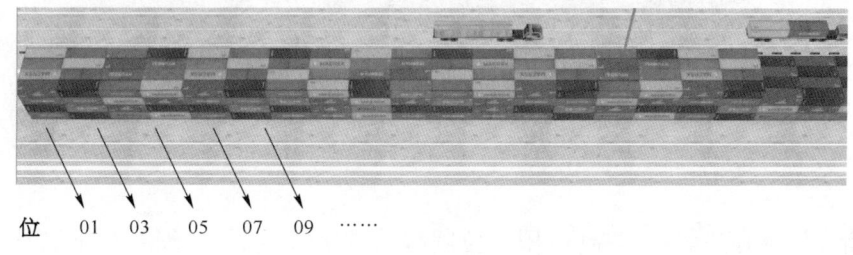

图 3-13 集装箱箱区场位示意图

大多数码头系统对箱区的长度有一定的限制,即箱区内"位"的个数是有上限的。位号由两位数字表示,用奇数表示用于堆放 20 ft 集装箱的位号(小贝),即位号自 01、03、05 开始往后排,直到 65 位;相邻的奇数位组合构成偶数位(大贝),如 02 位、06 位、10 位、……,偶数位用于堆放 40 ft 集装箱,其中 02 位由 01 位和 03 位组合而成,06 位由 05 位和 07 位组合而成,……,因此当 02 位放置大箱后,对应的 01 位和 03 位就不能再放 20 ft 小箱。

下图所示是某一箱区的位分布情况,依次为 01、03、05、…,由于 02 位是由 01、03 构成的,而 04 是由 03、05 构成的,所以当 02 位上放置了 40 ft 的集装箱后,不能在 04 位上再放 40 ft 的集装箱。

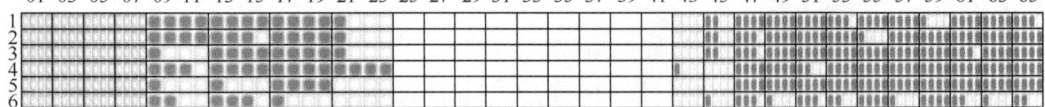

图 3-14 集装箱箱区平面示意图

(3) 排

排号是指在同一水平面与位号垂直方向上的编号,由一位阿拉伯数字表示排号,通常用 1,2,3,… 表示,每一箱区堆放集装箱的排数为 5～6 排。对应箱区内的每个位都有一个排、层构成的剖面图,如图 3-15 为实际堆场的堆放情况,从图中看到该箱区堆放了 5 排集装箱,如图 3-16 为场地剖面图,从该剖面图中清晰地看到了堆场每一位上集装箱的堆放状况。

图 3-15 堆场堆放情况

(4) 层

是指允许堆存集装箱的高度,用一位阿拉伯数字表示层号,编号规则为从下至上,依次用 1,2,3,4,… 来表示。通常情况下重箱的允许堆存高度为 4 层,空箱的堆存高度相对可以比较高。从图 3-16 中看到箱区的堆高都为 4 层。

箱区中每一个可以堆放集装箱的位置称作"场箱位"。它是组成集装箱堆场的最小单元。场箱位由箱区、位、排、层组成。大多数箱区的编码是由一个字母加一个数字组成。因此,箱位一般由六位字母加数字组成。比如场箱位"A31022"表示 A3 箱区 10 位第 2 排第 2 层。

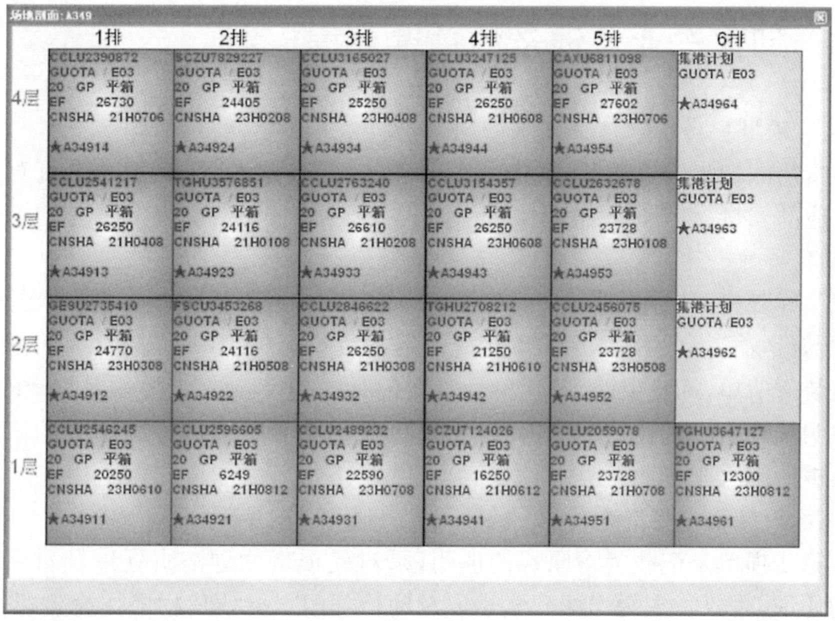

图 3-16 位剖面图

10. 卸火车注意事项

① 做好卸火车前的准备工作,首先要核对货运票据、装载清单是否一致,然后确定卸车地点,并确定卸箱箱位。

② 卸火车前,做好货运检查,检查集装箱外表状况与铅封是否完整。

③ 对棚车进行启封,做好卸货报告。如果在卸火车过程中发生破损应做好记录,以便划分责任。

④ 做好复查登记,要以货票对照标签、箱号、封号,在运单上注明箱子停放的箱位号。

11. 集装箱破损的责任划分及其记录的编制

集装箱的破损大致有两种情况:① 集装箱损坏,指某一单位或个人的责任造成集装箱未及时修理;② 集装箱破损,指集装箱完全报废。上述两种损坏按其责任可划分为:

① 发货人、收货人的过失责任。

② 承运人的过失责任。

③ 第三者的过失责任。

④ 不可抗力,意外原因,自然灾害。

⑤ 铁路装卸工人的过失。

⑥ 铁路理货员的过失。

凡属于上述责任造成的损坏箱、破损箱,以及货主自己的集装箱在铁路运输过程中发生的破损,都由理货员按箱编制集装箱残损记录。这个记录是划分集装箱残损责任的重要依据,因此,记录内容必须准确、肯定、完整。

3.4 卸火车业务涉及的关键单据

1. 发货预报

发出货物的初步发货通知，报告火车的装卸站，在这期间，工作人员可对货物的装卸作出相应的安排。

2. 配载明细

配载又称装配，是指为具体的火车选配货载，即承运人根据货物托运人提出的托运计划，对所属运输工具的具体运班确定应装运的货物品种、数量及体积。对配载的结果编制运班装货清单（卸货港站、装货单号、货名、件数、包装、重量、体积及积载因素等）。

配载明细将给出货物的详细信息，主要包含车皮号所对应集装箱号的信息以便于工作人员进行卸火车作业。

3. 铁路集装箱残损报告单

集装箱残损单是记载货物原残的证明，是对残损货物划清责任以及对原残货物进行交接的凭证，是收货人提出船残索赔以及商检部门对原残货物进行检验、鉴定和对外出证的重要依据。集装箱卸离火车以后在堆场内发生的残损责任划归堆场，因此，在交接货物的过程中一定要仔细核对集装箱状况，记录箱号、重箱毛重及箱损情况等。

发现集装箱残损或异常时，应根据设备交接单的记录，核查是否存在原残。对在堆场内发生残损的集装箱，需在集装箱残损报告单上记录后再放行。

卸火车之前先要进行检验箱体、铅封以及残损，如发现集装箱存在异常，需要在铁路集装箱残损报告单上注明，以划定责任范围。

4. 铁路货运记录

货物在运输过程中，发生货损、货差、有货无票、有票无货或其他情况，需要证明承运人同托运人或收货人之间责任和铁路内部之间责任时，则出示车站当日按批（车）所编制的记录。

到达车站的货物，如已编有记录或发现有事故可疑痕迹，到站必须复查重量或现状，如已构成货运事故，到站应在交付货物时，将货运记录交给收货人。

5. 内部核算作业票

不同的企业，其生产过程有不同的特点，其成本管理的要求也是不一样的，这对成本计算的具体方法带来了很大的影响。也就是说，只有根据企业生产的特点和成本管理的不同要求，选择不同的成本计算方法，才能正确地计算成本。

内部核算作业票主要用于堆场内部的作业统计、员工作业量统计以及计费。班次结束，理货员依据实际作业量和作业项目开具。在此主要记录在卸火车作业中各个岗位的工作量以便结算工资与成本。

如图3-17所示为内部核算作业票，其主要内容包括箱尺寸以及作业内容，由理货员与司机签名坐实。

6. 卸火车报告单

正面吊司机完成卸火车任务后，调度员开具"装卸火车报告单"用以记录火车的装

内部核算作业票

No:

箱重 \ 序号 项目	1 重箱转栈	2 重箱出场	3 重箱摆箱	4 重箱清场	5 重箱归垛	6 重箱集港	7 重箱进场	8 重箱捣箱
20′								
40′								
备注								
说明	1. 第一联后附3,4,5,8项相应的场位变动表。 2. 无理货员签字无效。 3. 此票一式两联,一联返业务,另一联给机械司机。							

理货员签字:　　　　司机签字:　　　　　　　　年　月　日

图3-17　内部核算作业票

卸信息,并交给堆场铁路业务员。包含内容有单位、提单号(空)、火车号、车型(斗车、板车、插板)、箱型、箱号、尺寸、场、位、排、高、装卸人、机械、残损情况标注。

如图3-18所示为卸火车报告单,其主要内容包括火车号、车厢类型、集装箱尺寸以及落场场位。由货主与理货员签名确认。

卸火车报告单

单位　　　　　　　　提单号　　　　　　　　年 月 日

序号	火车号	车型			箱号(40 ft)	箱号(20 ft)	场位			装卸	机械
		斗车	板车	插板			场位	排	高		

说明:1. 理货员根据现场摆车情况在车型一栏中打勾。2. 理货员根据工人实际操作项目在操作规程一栏中打勾。

货主签字:　　　　　　　　理货员签字:

图3-18　卸火车报告单

7. 铁路运单

铁路运输分为国际铁路联运和国内铁路运输,所以铁路运单亦可分为国际铁路联运运单和国内铁路运单。

当通过国际铁路办理货物运输时,在发运站由承运人加盖日戳签发的运单叫铁路运单(Rail Waybill)。铁路运单是由铁路运输承运人签发的货运单据，是收、发货人同铁路之间的运输契约。

铁路运单一律以目的地收货人作记名抬头，一式两份。正本随货物同行，到目的地交收货人作为提货通知;副本交托运人作为收到托运货物的收据。在货物尚未到达目的地之前，托运人可凭运单副本指示承运人停运，或将货物运给另一个收货人。

铁路运单只是运输合约和货物收据，不是物权凭证，但在托收或信用证支付方式下，托运人可凭运单副本办理托收或议付。

如图 3－19 所示为铁路运单，其主要内容包含托运人信息、承运人信息以及货物信息(名称、件数、货物价格、重量、运价率等)，由托运人签名确认，并附上相应的领货凭证以供领货时出示证明。

货物约定于　年　月　日交接　　　　乌鲁木齐铁路局　　　　承运人/托运人装车
承运人/托运人施封

货位　　　　　　　　　　　　**货 物 运 单**

号码　　　　　　　　　　　　托运人-发站-到站-收货人

运到期限　日　　　　运单号：　　　　货票号：　　　　批量快运

发站		专用线名称			专用线代码		车种车号	
到站（局）		专用线名称			专用线代码			
托运人	名称						货车标重	
	地址				邮编			
	经办人姓名		经办人电话		Email		货车施封号码	
收货人	名称							
	地址				邮编		货车篷布号码	
	经办人姓名		经办人电话		Email			
选择服务	□门到门运输	□上门装车	□上门卸车	取货地址				
	□门到站运输	□上门装车		取货联系人			电话	
	□站到门运输	□装载加固材料	□上门卸车					
	□站到站运输	□装载加固材料		送货地址				
	□保价运输							
	□仓储			送货联系人			电话	
货物名称	件数	包装	集装箱箱型	集装箱箱号	集装箱施封号	货物价格	托运人填报重量（千克）	承运人确定重量（千克）
合计								
托运人记载事项					承运人记载事项			
托运人盖章或签字 年 月 日	发站承运日期戳 年 月 日		承运货运员签章 年 月 日		到站交付日期戳 年 月 日		交付货运员签章 年 月 日	

注：本单不作为收款凭证，托运人签约须知和收货人领货须知见领货凭证背面。托运人自备运单的认为已确知签约须知内容。

图 3－19　铁路运单及领货凭证

8. 作业统计清单

由统计员根据作业过程及单据汇总制定作业统计清单，是对作业过程各阶段的作业完工情况的动态数据进行收集、整理、汇总和分析。

9. 领货凭证

领货凭证是收货人据以要求承运人(到站)交付货物的书面凭证。收货人不是货物运输合同的当事人，只是合同利害关系人。收货人依据托运人与承运人签订的合同行使领取货物的权利。领货凭证是处理铁路货物运输合同纠纷的重要证据。收货人可凭领货凭证前往堆场办理提箱或集港业务。

如图3-19所示的领货凭证,其主要包含车种、车号、始发站、托运人、收货人、货物名称、件数、重量。由托运人盖章签字确认。

10. 工作联系单

部门之间发生工作联系而又没有相应流程及程序文件支持时,用于跨部门工作衔接时使用,有相应流程及文件时必须使用相应流程文件。

11. 提箱顺序表

卸火车作业完成后对整提的集装箱做提箱顺序表,安排提箱作业。收货人以此凭证去道口提箱。其内容主要包括箱号以及集装箱所在场位。

12. 集装箱出门证

门证员审核单据无误后,开具集装箱出门证,以此凭证放行。

集装箱出门证包括内部出场凭证以及集装箱出门证,内部出场凭证主要包括货名、

内部出场凭证				
堆场名称				年　月　日
货　名	件　数	包装类型	船名航次	提单号
提货原因	(1) 拆箱直提 (2) 出库提货 (3) 装箱后余货出场 (4) 其他			备注:
提货单位		提货车牌号	提货司机签字 联系电话	
堆场门证员凭此证(需理货员签字),放行出场并开具出港门证。				作业理货员签字:

图3-20 内部出场凭证

集装箱出门证					
提箱单位			姓　名		
运输单位			汽车牌照号		
船　名			提单号		航次
集装箱号			尺　寸		空／重
备注	1. 重箱为F,空箱为E。2. 无签证人签字无效。 3. 门证必须填写准确齐全。			单位 盖章	
签证人:				年　月　日	

图3-21 集装箱出门证

件数、包装类型、船名航次、提单号、提货原因、提货单位、提货车牌号以及提货司机联系方式。理货员签字坐实后，堆场门证员凭理货员签名后的单据放行。集装箱出门证的内容主要包括提箱单位、姓名、运输单位、汽车牌照号、船名、提单号、航次、集装箱号、集装箱尺寸以及空重箱，由单位盖章坐实。

13. 摆箱顺序表

提箱后铁路集装箱回空时须制作摆箱顺序表，确定回空作业顺序以及摆箱位置。如图3-22所示即为摆箱顺序表。其内容主要包括集装箱箱号以及集装箱所在场位。

摆箱顺序表					
箱种：		制表人：		制表日期：	
箱号	场位	箱号	场位	箱号	场位
DFSU6903168					

图3-22 摆箱顺序表

14. 集装箱场站收据

对于卸火车后整箱集港作业的集装箱需要提交集装箱场站收据。

场站收据（Dock Receipt，D/R）又称港站收据或码头收据，是国际集装箱运输专用出口货运单证，它是由承运人委托堆场在收到整箱货或拼箱货后，签发给托运人的，证明已收到托运货物并对货物开始负有责任的凭证。场站收据一般是在托运人口头或书面订舱，与船公司或船代达成货物运输的协议，船代确认订舱后由船代交托运人或货代填制，在承运人委托的码头堆场收到整箱货或拼箱货后签发生效。托运人或其代理人可凭场站收据向船代换取已装船或待装船提单。

集装箱场站收据是一份综合性单证，它把货物托运单（订舱单）、装货单（关单）、大副收据、理货单、配舱回单、运费通知等单证汇成一份，在集装箱货物出口托运过程中，场站收据要在多个机构和部门之间流转。

如果同一批货物装有几个集装箱时，先凭装箱单验收，直到最后一个集装箱验收完毕时，才由港站管理员在场站收据上签收。场站在收到整箱货后，如发现箱外表有异状，应加以批注。它是发货人向船公司换取提单的凭证。

场站收据的作用如下：

① 船公司或船代确认订舱，并在场站收据上加盖有报关资格的单证章后，将场站收据交给托运人或其代理人，意味着运输合同开始执行。

② 是出口货物报关的凭证之一。

③ 是承运人已收到托运货物并开始对其负责的证明。

④ 是换取海运提单或联运提单的凭证。

⑤ 是船公司、港口组织装卸、理货和配载的凭证。

⑥ 是运费结算的依据。

⑦ 如信用证中有规定,可作为向银行结汇的单证。

如图 3-23 所示为集装箱场站收据,进码头堆场时,码头堆场的工作人员与用箱人、运箱人就设备收据上共同审核的内容有:

① 集装箱、机械设备归还日期、时间。

② 集装箱、机械设备归还时外表状况。

③ 集装箱、机械设备归还人名称、地址。

④ 整箱货交的货主名称、地址。

⑤ 进堆场目的。

⑥ 拟装船舶的船名、航次、航线、卸箱港。

Shipper（发货人）			D/R No.（编号）		装 货 单 场 站 收 据 副 本	第 四 联
Consigee（收货人）						
Notify Party（通知人）			Received by the Carrier the Total number of other packages of united states below to the transported subjects to the terms and conditions of the Carrier's regular form of landing (for Combined Transport or port to port shipment) whith shall be deemed to be incorporated bersin. Date（日期）:			
Pre carriage by（前程运输）		Place of recei（收货地点）				
Ocean vessel（船名）Voy. No.（航次） Port of Loading（装货港）					场站章	
Port of Discharge（配货港）		Place of Delivery（交货地点）		Final Destination for Merchant's Refere（目的地）		
Container No.（集装箱号）	Seal No.（封志号）Marks. & Nos.（标记与号码）	No. containers or Pkgs（箱数或件数）	Kind of packages, Description of Goods（包装种类与货名）	Gross Weight毛重（公斤）	Measurement尺码（立方米）	
TOTAL NUMBER OF CONTAINERS OR PACKAGES (IN WORDS)集装箱数或件数合计（大写）						
Container No.（箱号） Seal No.（封志号） Pkgs（件数）			Container No.（箱号） Seal No.（封志号）Pkgs（件数）			
			Received（实收） By Terminal clerk（场站员签字）			
FREIGHT & CHARGES	Prepaid at（预付地点）	Payable at（到付地）	Place of issue （签发地点）			
	Total Prepaid（预付总额）	No. original B(s) L	BOOKING APPROVED BY （订舱确认）			
Service Type on Receiving CY. CFS. DOOR.		Service Type on Delivery CY. CFS. DOOR.	Temperature required（冷藏温度）			
TYPE OF GOODS（种类）	Oridnary.（普通）Liqiud.（液体）	Prefer.（冷藏）Live animal.（活动物）	Dangerous（危险品）Bulk.（散货）	Auto.（裸装车辆）	危险品	Class:Property:IMDG Code page:UN NO:

图 3-23 集装箱场站收据

场站收据是集装箱运输专用的出口单证,不同的港口、货运站使用的也不一样。其联数有10联、12联、7联不等。这里以10联格式为例,说明场站收据的组成情况:第一联,货方留底;第二联,集装箱货物托运单(船代留底);第三、四联,运费通知单;第五联,装货单场站收据副本;第六联,场站收据副本——大副联;第七联,场站收据(正本);第八联,货代留底;第九、十联,配舱回单。场站收据的流转过程如下:

① 托运人(或货代)填制后,留下货方留底联(第一联),将第二联至第十联送船代(签单)编号。

② 船代编号后留下二至四联,并在第五联上加盖确认订舱及报关章,然后将第五至十联退给货代,货代留下第八联并把九、十联送给托运人做配舱回单。

③ 第五至七联作报关使用。

④ 海关审核认可后,在第五联装货单上加盖放行章。

⑤ 货代负责将箱号、封志号、件数等内容填入第五至七联,并将集装箱货物与这些联在规定的时间送到堆场。

⑥ 场站业务员在集装箱货物进场、验收完毕后,在第五至七联上填入实收箱数、进场完毕日期,并签收和加盖场站公章。第六联由场站留底,第七联送理货员,理货员在装船时将该联交给大副,并将经双方签字的第七联即场站收据正本返回货代。

15. 设备交接单

设备交接单是集装箱进出港区、场站时用箱人、运箱人与管箱人或其代理人之间交接集装箱及其他机械设备的凭证,并具有管箱人发放集装箱的凭证的功能。当在集装箱码头堆场或货运站借出或回收集装箱以及其他机械设备时,由码头堆场或货运站制作设备交接单,经双方签字后,将其作为设备交接的凭证。集装箱设备交接单分为进场与出场两种,交接手续均在堆场大门口办理。出码头堆场时,码头堆场工作人员与用箱人、运箱人就设备交接单上的以下主要内容共同进行审核:用箱人名称和地址,出堆场时间与目的,集装箱箱号、规格、铅封号以及是空箱还是重箱,有关机械设备的情况是正常还是异常等。进码头堆场时,码头堆场的工作人员与用箱人、运箱人就设备交接单上的下列内容共同进行审核:集装箱、机械设备归还日期,具体时间及归还时的外表状况,归还人的名称与地点,进堆场的目的,整箱货交箱货主的名称与地址。第一章交接单背面印有交接使用条款,主要内容是集装箱及机械设备在货方使用期中产生的费用以及对有设备及所装货物发生损坏,灭失的责任划分,及对发生损害的赔偿责任承担。设备包括集装箱、底盘车、电动机等。交接单分为"出门"和"进门"两种。

设备交接单使用时应按照有关制度进行。设备交接单要严格做到一箱一单、箱单相符、箱单同行。用箱人、运箱人凭设备交接单进出港区、场站,到设备交接单指定提箱地点提箱,并在规定地点还箱。与此同时,用箱人必须在规定的时间、地点将集装箱和机械设备以交付时的状态交接给管箱人或其代理人,对集装箱的超期使用或租用,用箱人应支付超期使用费;对使用或租用期间发生的任何集装箱及设备的灭失和损坏,用箱人应承担赔偿责任;对相应费用标准也应作出明确规定。

设备交接单一式六联,上面三联用于出场,印有"出场 OUT"字样。第一联盖有船公司或其集装箱代理人的图章。一二联在堆场发箱后由其留存,三联由提箱人(货运代理人)留存。设备交接单的下面三联用于进场,印有"进场IN"字样。该三联是在货物装箱后送到港口作业区堆场时用于重箱交接之用,其一二联由送货人交付到港区道口。其中,第二联留港区,第一联转给船方使其掌握集装箱的去向,送货人(货运代理人)自留第三联作为存根。

如图3-24所示即为设备交接单。其主要内容包括:用箱人/运箱人信息、提点地点、收箱地点、船名航次、集装箱号、集装箱尺寸类型、营运人、提单号、铅封号、免费期限、运载工具牌号、出场目的/状态、进场目的/状态、进场日期、进场检查记录。如有损坏,则记录下损坏位置以及损坏类型,并注明异常程度以及尺寸大小,并注意铅封状态。由运箱人/用箱人以及堆场值班员签名确认坐实,并记录下明确的集装箱交接时间。

集装箱设备交接单

用箱人/运箱人			提箱地点
来自地点			返回/收箱地点
船名/航次	集装箱号	尺寸/类型	营运人
提单号	铅封号	免费期限	运载工具牌号
出场目的/状态	进场目的/状态		进场日期
进场检查记录	□ 正常	□ 异常	
损坏记录及代号 BR 破损　D 凹损　M 丢失　DR 污箱　DL 危标 左侧　右侧　前部　集装箱内部　顶部　底部　箱门			
用箱通知		如有异状,请注明程度及尺寸	

注意背面条款　　有效日期

除列明者外,集装箱及集装箱设备交接时完好无损,铅封完整无误。

用箱人/运箱人签署　　放箱码头/放箱堆场值班员签署

年　月　日　时　分　　年　月　日　时　分

图3-24　设备交接单

16. 集港顺序表

集港由集装箱堆场专车或者专业车队携带入港证件往码头发送,把不同集装箱按照不同的船名航次往对应的码头发送,等待装船。集港过程有特定的时间限制,不能随便打乱集港计划,一般是在船开前一天或者两天,否则会产生额外费用。船舶到达港口前,通过运输车队将出口集装箱陆续运到港口的堆场,等待装船。出口一般在相应船舶到港前3至5天开始集港。集港顺序表是为卸火车后集港的集装箱而制定。

如图 3-25 所示即为集港顺序表。其主要内容包括：计划号、集港时间、船名航次、制表日期、集装箱箱号、集装箱尺寸、提单号、目的地、集装箱重量、集港场位以及内外集卡。

计划号：		集港时间：			至	
重箱集港(船放,返场)顺序表						
船名：	航次：		制表日期：		1-1	
箱号	尺寸箱型	提单号	目的港	重量	场位	集港场位	内外
DFSU6903168							

图 3-25 集港顺序表

3.5 卸火车业务的数字化运营管理

本节主要对集装箱卸火车业务从信息收集、信息处理以及卸火车作业资料统计的全过程进行了介绍，为了使读者能够更好地理解和把握本堆场系统的作业流程，真正掌握本系统的操作步骤，下面以具体案例讲解集装箱堆场卸火车作业中相应的操作步骤，力求把各个细节和容易误操作的地方完整清晰地呈现给读者。

卸火车业务在实际操作过程中有两种方式，第一种为工作人员事先知道火车上集装箱的箱号、车皮号以及相关信息；第二种为工作人员事先不知道火车上集装箱的相关信息。这两种情况下的操作方式有所不同，下面做实际描述。

本案例要求对火车进场集装箱执行卸火车作业，由于在卸火车作业中，集装箱信息已知与集装箱信息未知的操作过程有所不同，所以具体作业任务将分为如下两种情况：

(1) 集装箱信息已知

任务一：进箱信息预录，在堆场生产系统中执行进箱预录操作，输入集装箱的相关信息，待进场卸火车集装箱的具体信息主要包含计划编号、箱号、预录批次、箱尺寸 (20 ft 箱、40 ft 箱、45 ft 箱)、箱类型 (普通、高箱、普冷、高冷、挂衣、开顶、框架、罐箱、通风、普宽、高宽)、箱状态 (重箱、空箱)、内外贸、箱重、录入人、记录时刻、航次、航线、提单号、船名、进场类别 (转栈、特转、普通进重、提验进重、不落箱进场、出口落重、直通集港、暂存、机检进场、过境装火车、特转装火车、提重装火车、出口装火车、火车下线)、起运地点、内外车队、卸船日期、场地计划编号、进出口标记、委托单位以及交付条款等。

任务二：火车集装箱进场确认，预录操作完成后，安排火车进场，进行集装箱进场确认(应注意与集卡进场的不同)。

任务三：发布卸火车任务，完成预录与进场确认后，进行卸火车任务发布（应注意区分火车→场，火车→车的区别）。

任务四：场吊确认，卸火车任务发布完毕后，进行场吊作业确认。

(2) 集装箱信息未知

任务一：直接确认进场，由于集装箱信息事先未知，则跳过信息预录直接执行集装箱进场确认。在进场确认界面填写集装箱相关信息。

任务二：发布卸火车任务。

任务三：场吊确认。

其中任务二、任务三操作过程与信息已知情况时相同。

3.5.1 集装箱信息已知情况下的运营实现

1. 进箱预录

进场预录有三种形式：EDI 导入、EXCEL 导入、手工录入。点击窗口左上角"进箱预录"按钮，会出现子菜单：EDI 导入、EXCEL 导入、手工录入、预录箱信息修改、无箱号预录。EDI 导入、EXCEL 导入可以方便地减少工作量，同时也可以用"导出"按钮把进场箱资料导出到 EXCEL 表格中。菜单中选择"进箱预录"会跳出 EDI 导入、EXCEL 导入、手工录入、预录箱信息修改、无箱号预录。登录界面如图 3-26 所示

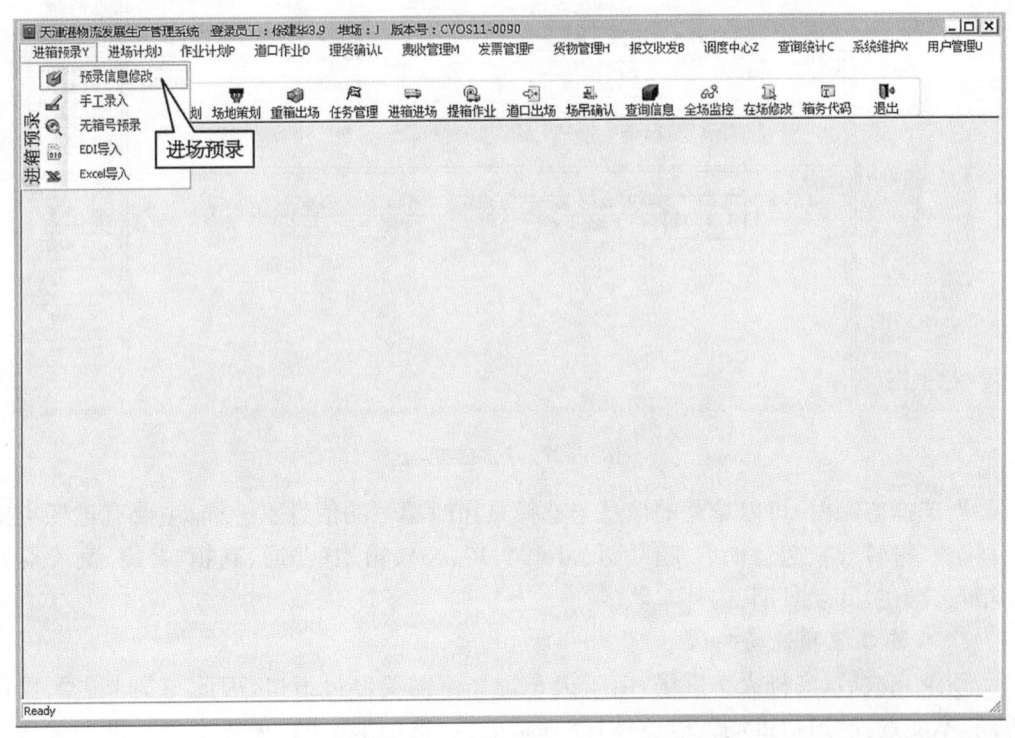

图 3-26 堆场生产系统操作界面——进箱预录

选择"手工录入"，会跳出"进场信息手工录入"窗口，左边是计划区，包括了计划编号、数量。如图 3-27 所示。把操作区的信息填完整后，点击"保存"，这时预录成功。

手工录入方式有"新计划"和"非计划"两种。点击"新计划"是直接产生一个录入的新的计划,不用再做进箱计划步骤了。点击"非计划"是所做的预录不会产生计划。在预录窗口的功能区,如果要添加一个箱子,点击"添加箱子"按钮。也可以删除一个箱子,选择"删除单箱"。当需要窗口操作区的信息重新填写时,点击"撤销"按钮,操作区重新填写,如果操作区的信息填写完整,预录成功后,点击"保存"按钮,保存预录信息。"刷新"按钮是对预录信息进行刷新,"退出"是关闭预录窗口。在窗口左边是已做好的预录信息,如果想要删除一条预录信息计划,点击"删除计划"即可。

在窗口的操作区,显示红颜色的是必须填写的内容,下面做一一说明。"箱状态"有重箱和空箱,当点击重箱或者空箱时,显示红颜色的区域是不一样的。当点击重箱时,"进场类别"有转栈、特转、卸火车、装火车等,需要填写的其他信息有起运地点、箱号、尺寸、箱型、进出口、内外贸、交付条款、船名、航次、提单号、航线、委托单位、卸船日期、重量和内外车队。在进场类别选项中选择卸火车任务,填写完毕后单击保存,即在信息区显示任务信息。如图 3-27 即为手工预录界面。

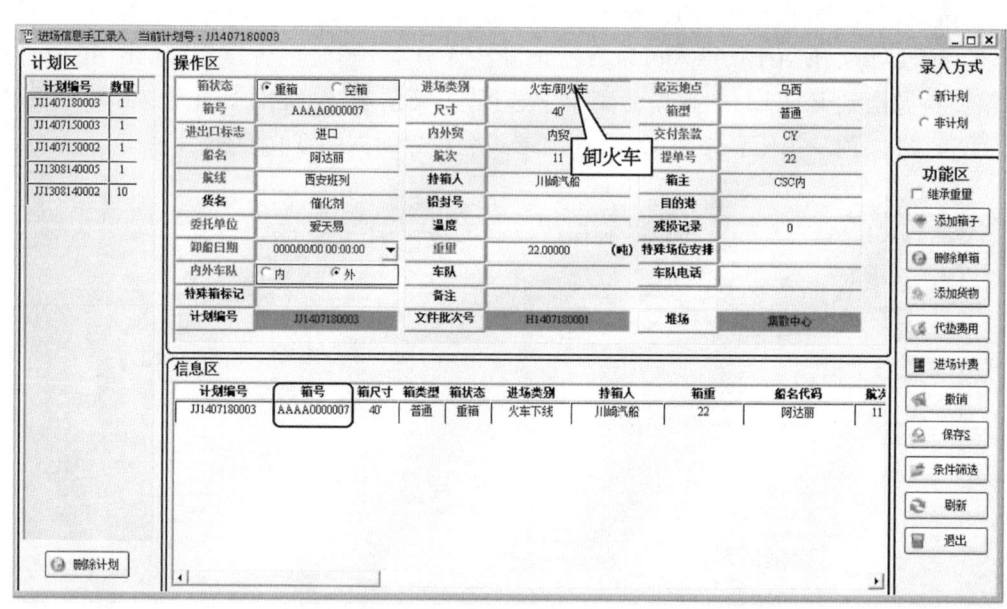

图 3-27 手工预录界面

当选择空箱时,可以填写的信息与选择重箱时填写的信息不一样,主要有进场类别(有转栈、特转等)、起运地点、箱号、尺寸(20、40、45)、箱型(普通、高箱、普冷、高冷等)、持箱人、箱主、卸船日期、内外车队。

2. 火车集装箱进场确认

预录完成后,安排火车进场,由于火车进场不需要经过道口,因此与集卡进场操作不同,不能选择"道口进场",应该选择"理货确认"选项卡下的"火车集装箱进场确认"。如图 3-28 所示为火车集装箱进场确认界面。在"箱号"处输入进场集装箱的箱号,并选中相应车辆的车牌号,点击"进场确认"出现是否打印小票界面。并可点击"补打小票"显示已经进场的集装箱的在场信息。如图 3-29 所示即为集装箱信息查询界面。

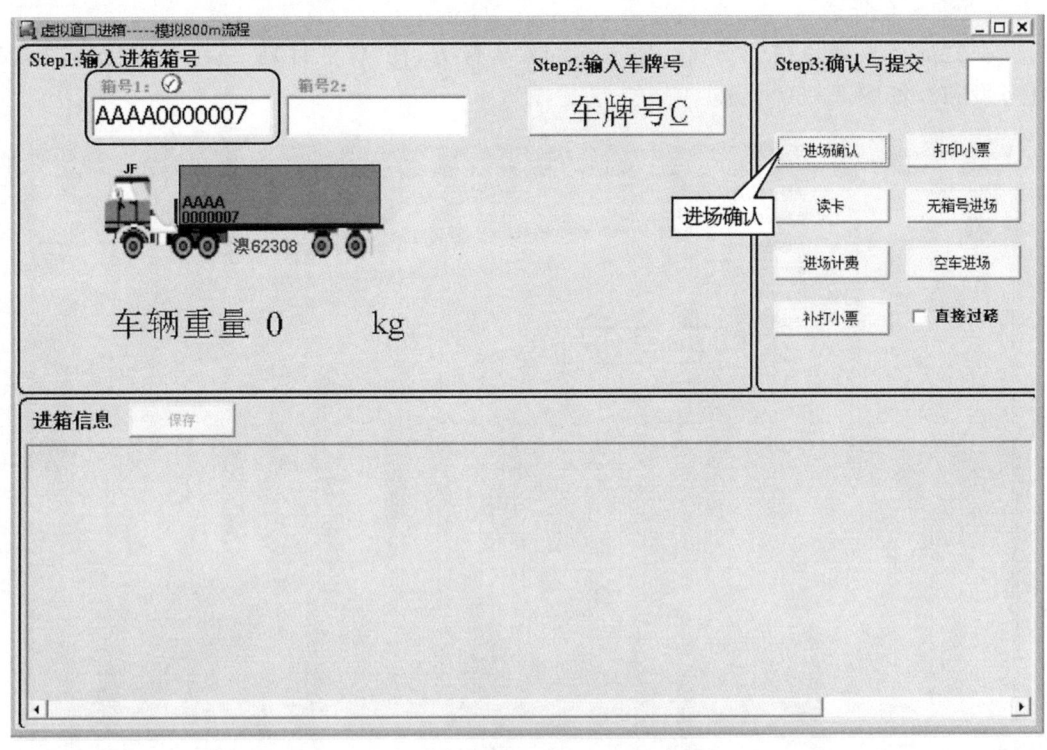

图 3-28 火车集装箱进场确认界面

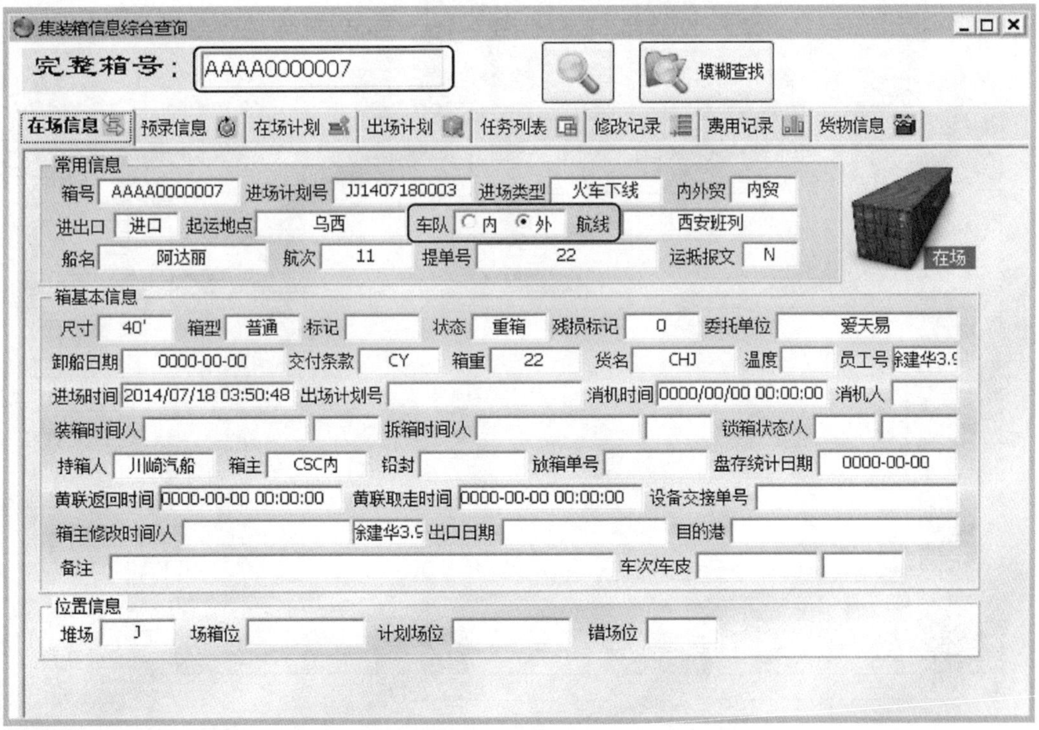

图 3-29 集装箱信息综合查询界面

3. 发布卸火车任务

在完成火车集装箱进场确认后发布卸火车任务,在"作业计划"选项卡下选择"车载任务发布",如图 3-30 所示。

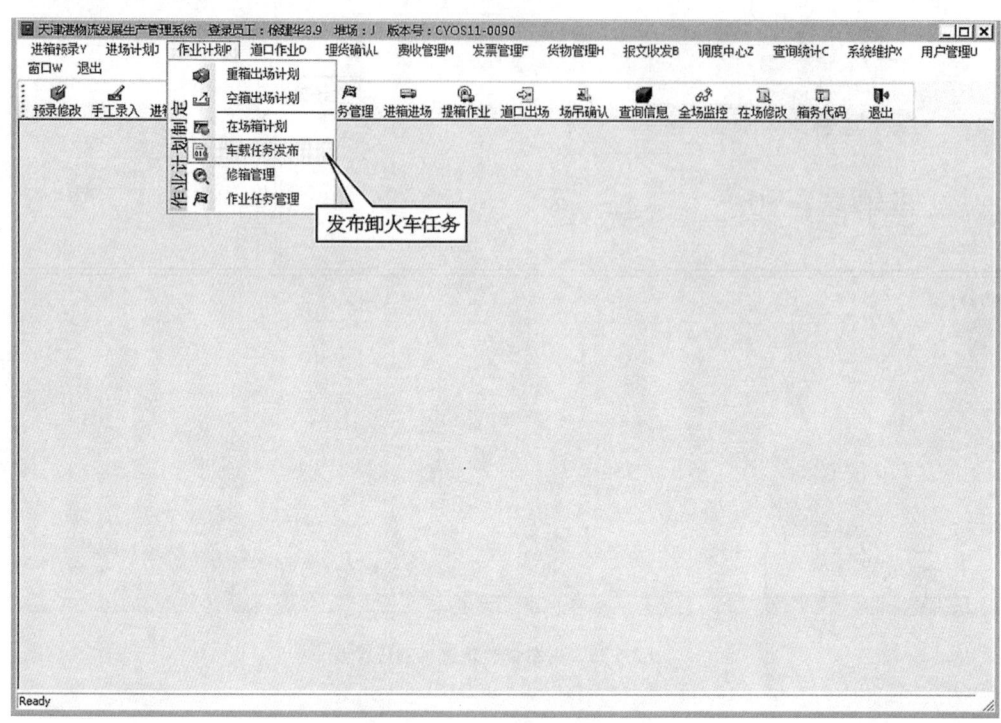

图 3-30 堆场生产系统操作界面——车载任务发布

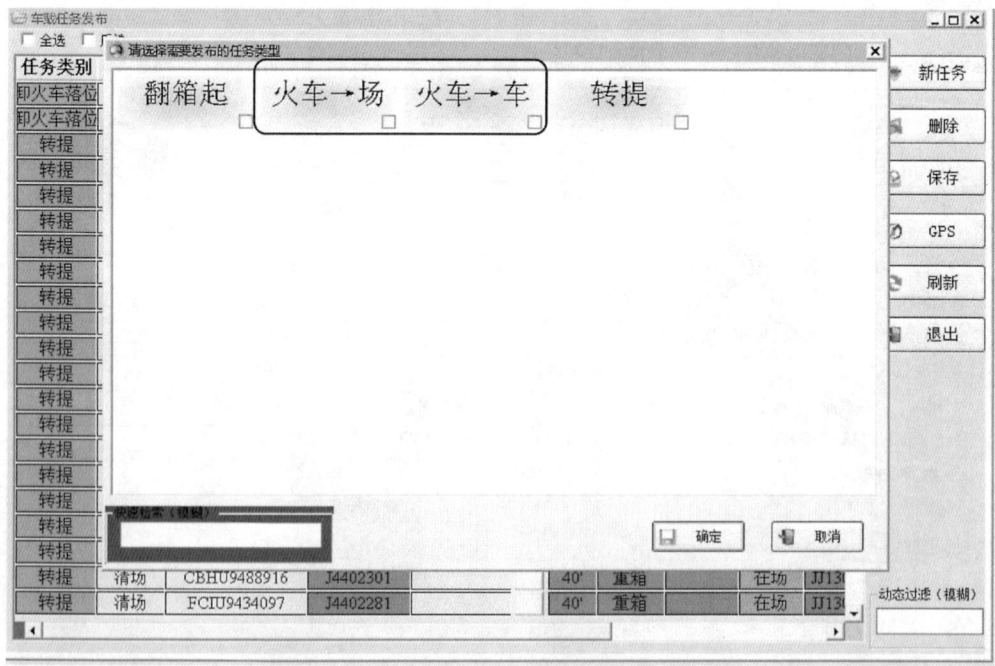

图 3-31 发布卸火车任务——选择任务类型界面

在"车载任务发布"界面中选择"新任务",将出现如图3-31所示界面,选择任务发布的类型,卸火车任务有两种类型,① 火车→场,② 火车→车。前者为堆场距离火车下线的位置较近,此时将火车上的集装箱下线后直接落到堆场内;后者则有几种可能性:① 堆场距离火车下线的位置较远,火车下线后将通过集卡的水平运输运送到指定堆场。② 集装箱从火车下线后直接安排整提或拆提作业。③ 集装箱从火车下线后直接安排集港(返场)作业。

选择"火车→车"选项后,单击"确定"后开始选择要执行任务的集装箱。

如图3-32所示为发布卸火车任务时选箱的界面,在界面里选择相应执行任务的集装箱后单击"确定"。出现如图3-33所示任务发布成功界面。

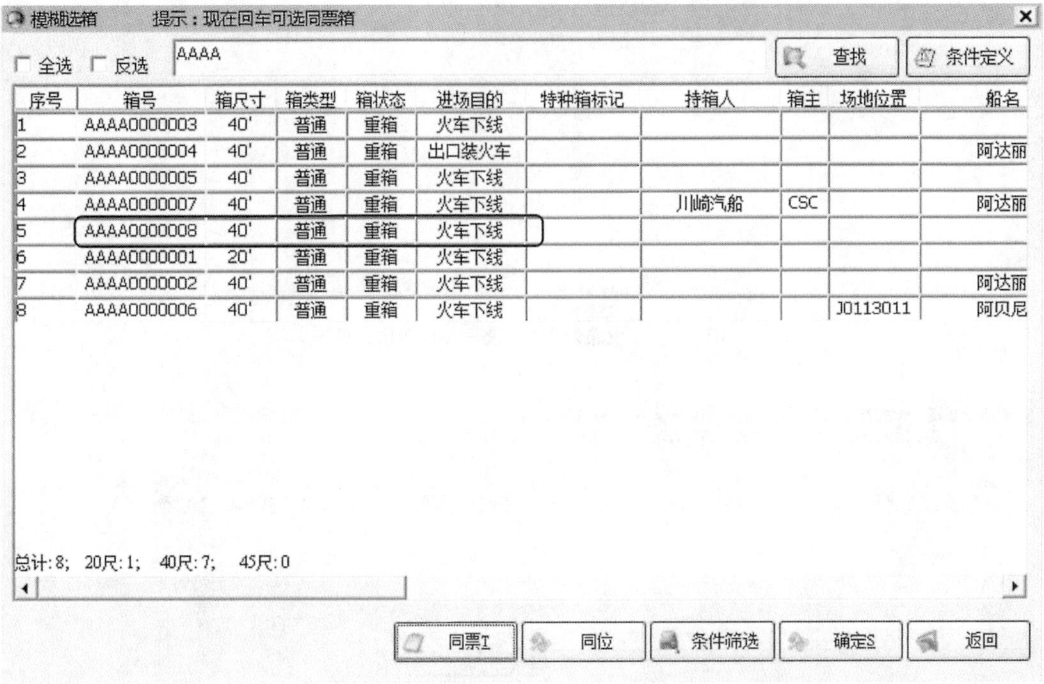

图3-32 发布卸火车任务——选箱界面

4. 场吊确认

卸火车任务发布完成后,安排场吊进行作业,在"理货确认"选项卡选择"场吊作业确认",如图3-34界面所示。

选择"场吊确认"选项后出现如图3-35所示场吊选择界面。单击"确认"显示如图3-36所示场吊作业界面,单击"类型"选择场吊的作业类型。

如图3-37所示为选择场吊作业任务类型,与发布车载任务相似,有两种类型选择① 火车→场,② 火车→车。由于之前发布卸火车任务选择的是火车→车,所以此时也必须选择火车→车才可以显示该集装箱的信息并安排场吊进行作业。

选择后单击"确定"返回到场吊作业界面,再单击"确定"即完成本次集装箱卸火车(火车到车)的任务。

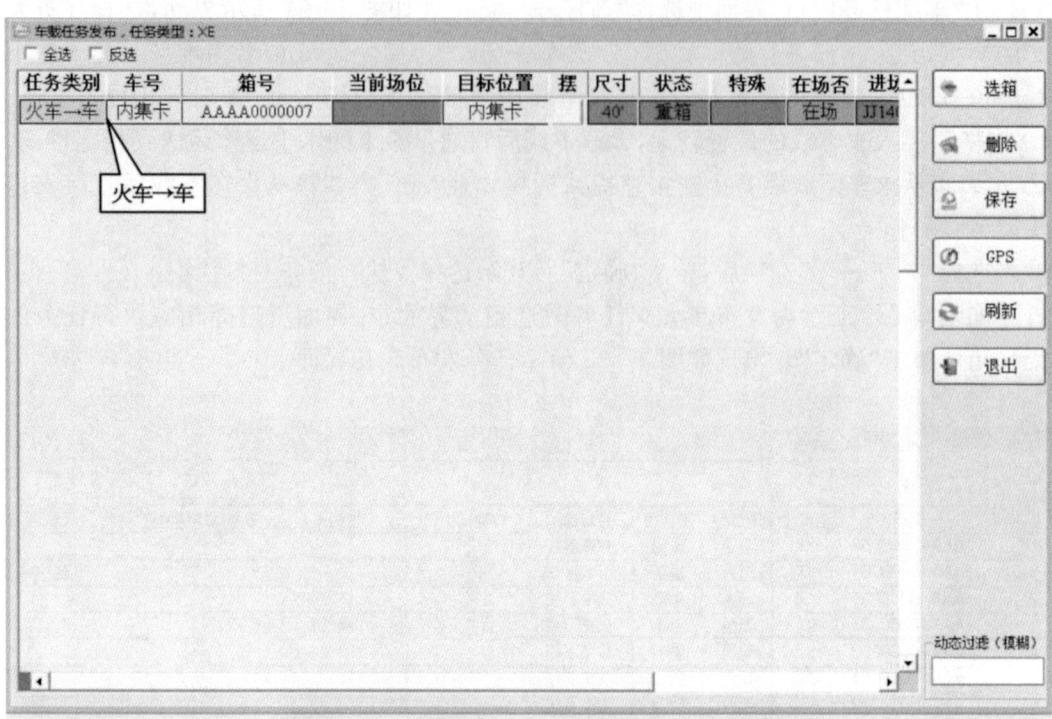

图 3-33 发布卸火车任务——任务信息界面

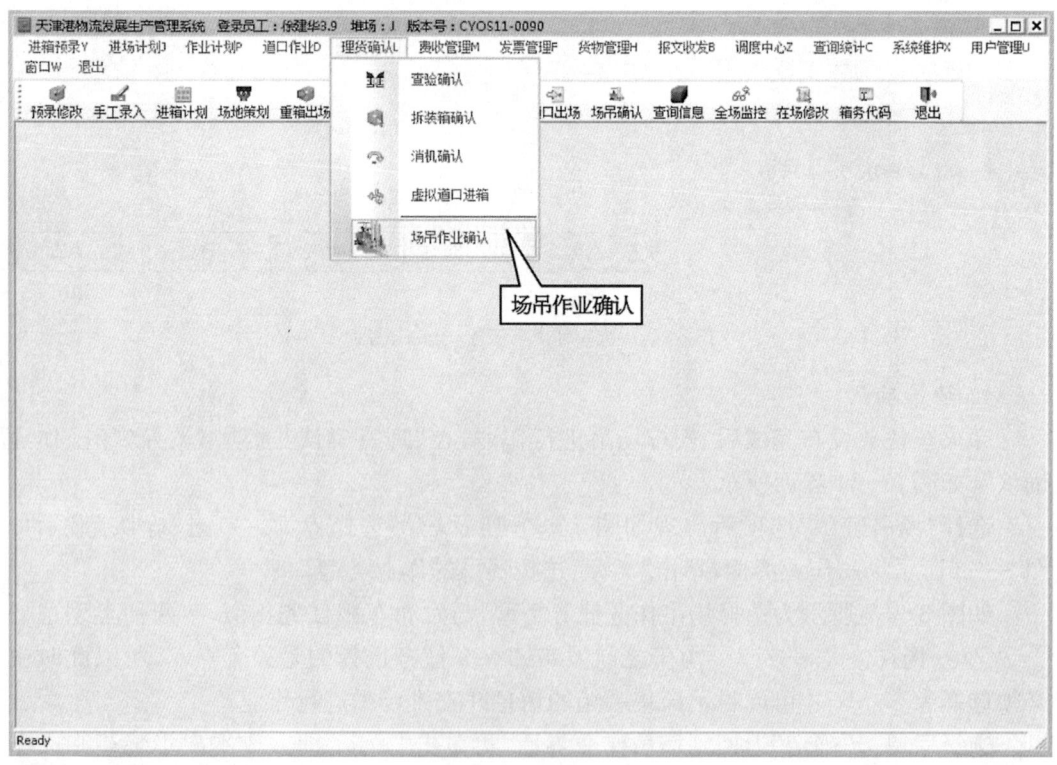

图 3-34 堆场生产系统操作界面——场吊确认

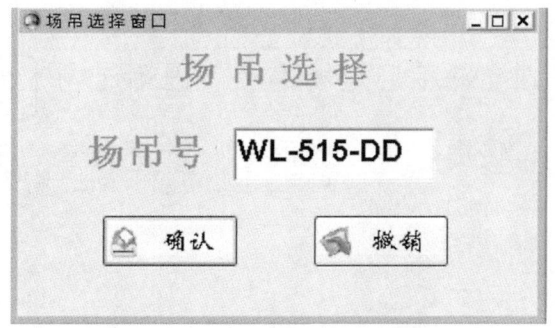

图 3-35 场吊确认——场吊选择界面

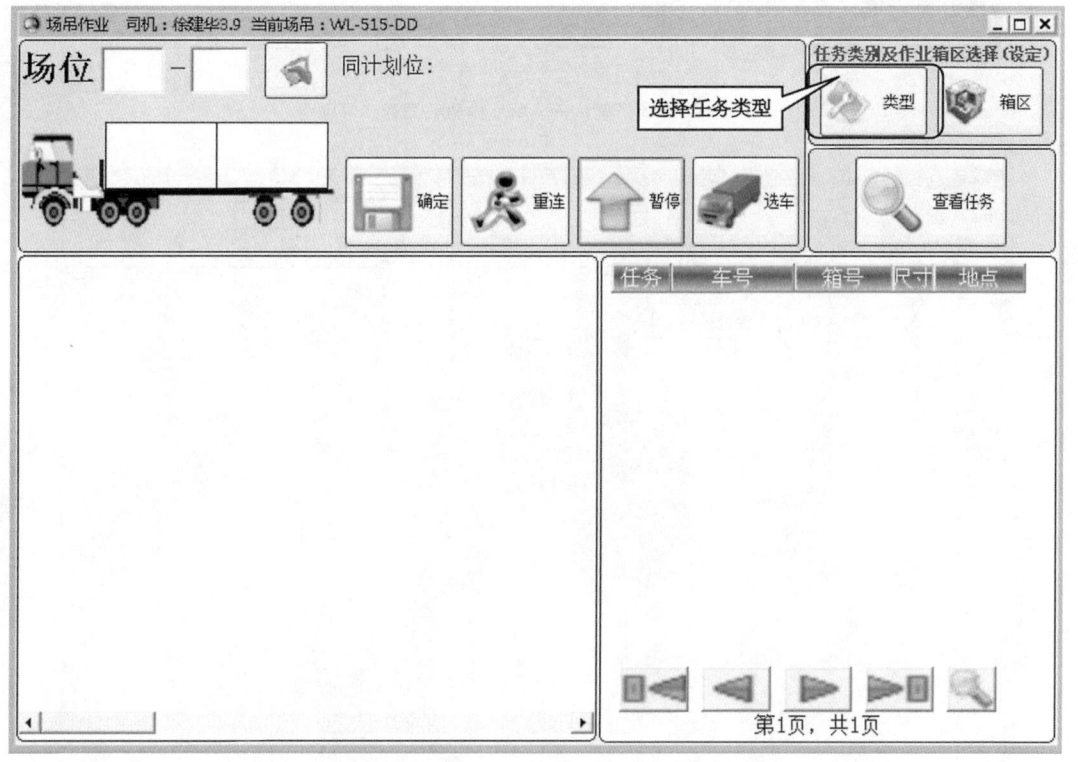

图 3-36 场吊确认——场吊作业界面

3.5.2 集装箱信息未知情况下的运营实现

1. 直接确认进场

直接确认进场是在没有预录的情况下进行的卸火车操作,在不知道卸火车集装箱相关信息的情况下,只能在火车进场后得到集装箱的箱号、车皮号等相关信息,再进行进场操作。所以此时将直接省略预录的操作而进行直接确认进场作业。

如图 3-38 所示为直接确认进场选择,在"进场计划"选项卡下选择"直接确认进场"选项后进入如图 3-39 所示直接确认进场界面。

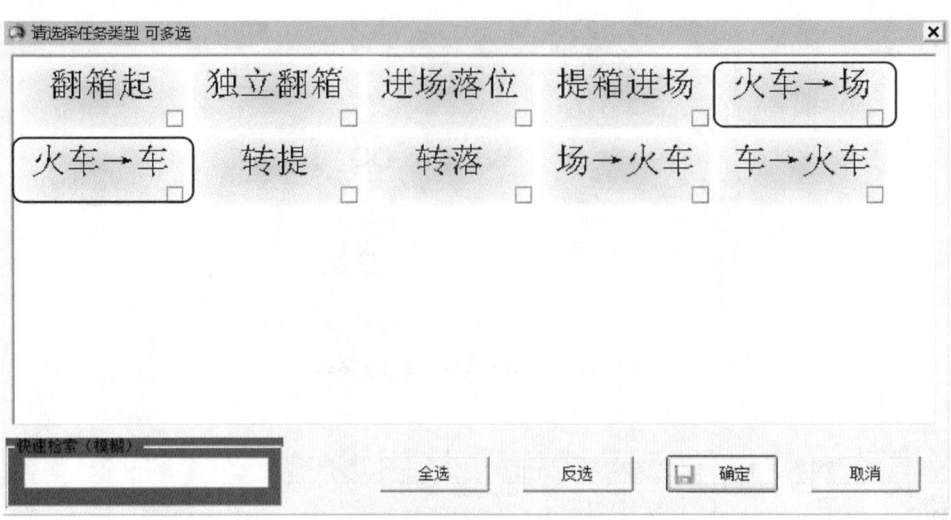

图3-37 场吊确认——场吊作业类型选择界面

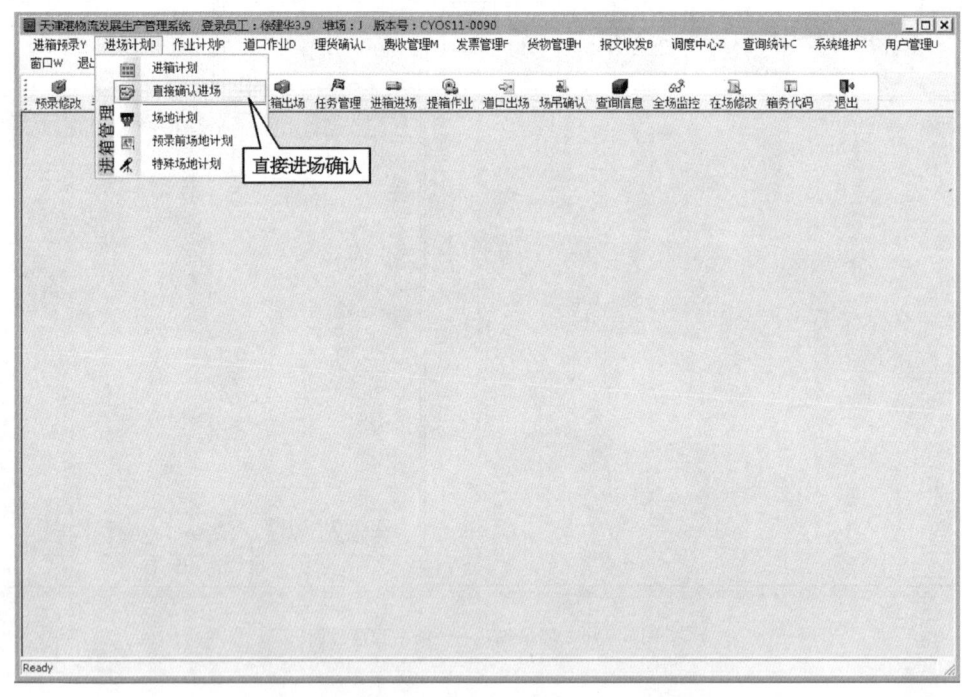

图3-38 堆场生产系统操作界面——直接确认进场

按要求填写进行直接确认进场的集装箱相关信息,依次填写箱状态(重箱/空箱)、箱号、尺寸、箱型、重量、进场类别(卸火车)、内外贸、进出口标志、航线、船名、航次号、提单号、委托单位、卸船日期以及内外车队等信息。填写完毕后单击"保存"即完成直接进场确认操作。

2. 发布卸火车任务

完成直接确认进场后进行卸火车任务发布,此节进行火车→场的过程演示。在发

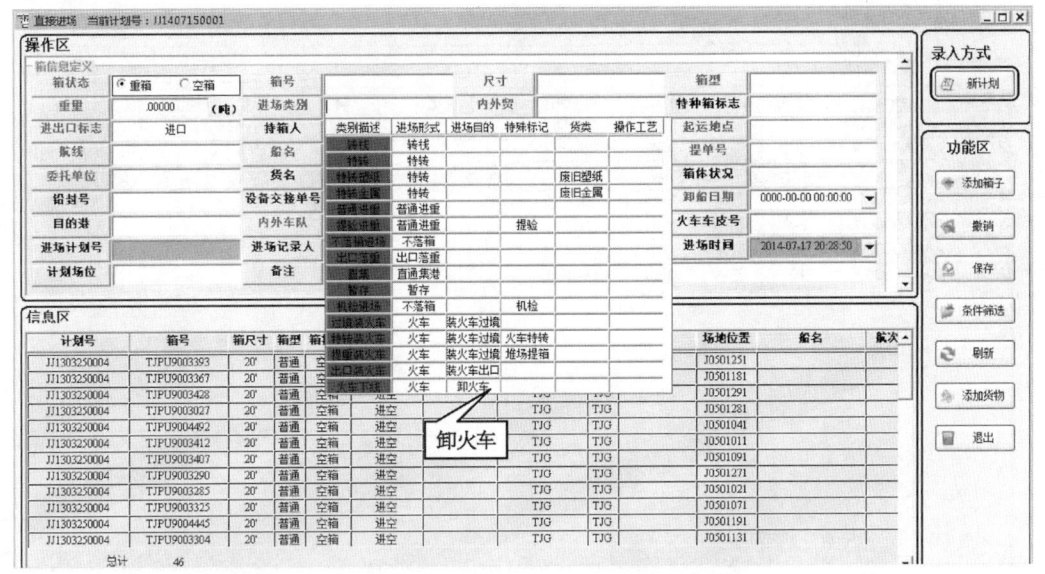

图3-39 直接确认进场界面

布任务类型界面(如图3-40所示)选择火车→场,单击"确定"后进行如图3-41所示的模糊选箱操作。输入箱号后显示所需作业的集装箱信息,单击"确定"完成选箱。

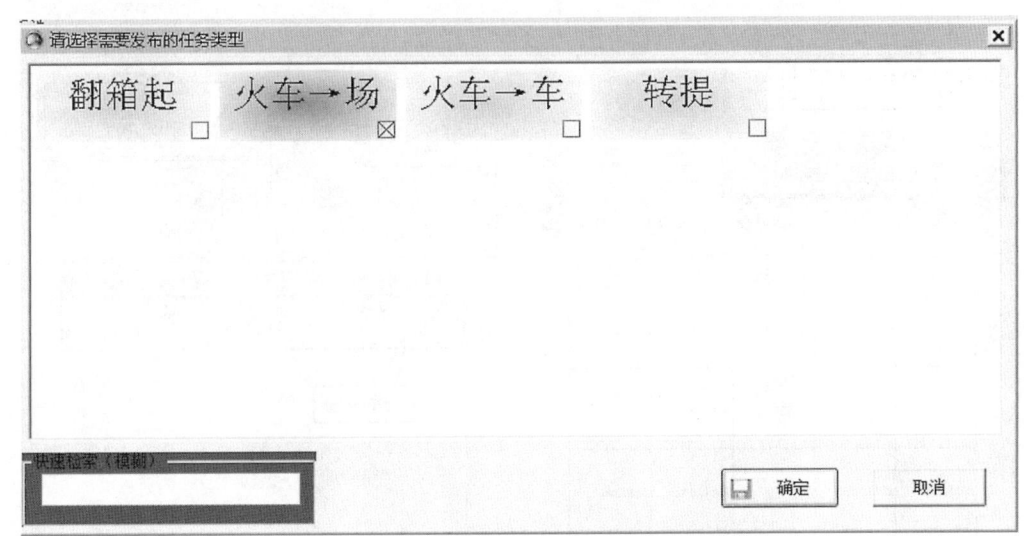

图3-40 发布卸火车任务——选择任务类型界面

3. 场吊确认

完成卸火车任务发布后进行场吊确认作业,此时步骤与3.5.1节一致,不过任务类型选择火车→场,如图3-42所示为场吊作业确认界面。

如图3-42所示可知集装箱卸火车后将放置在堆场J01箱区第13位的第一排第一层。单击"确定"后即完成场吊落箱任务。

场吊确认作业确认完成后,表明集装箱卸火车落场,即完成本次集装箱火车下线(火车→场)作业。

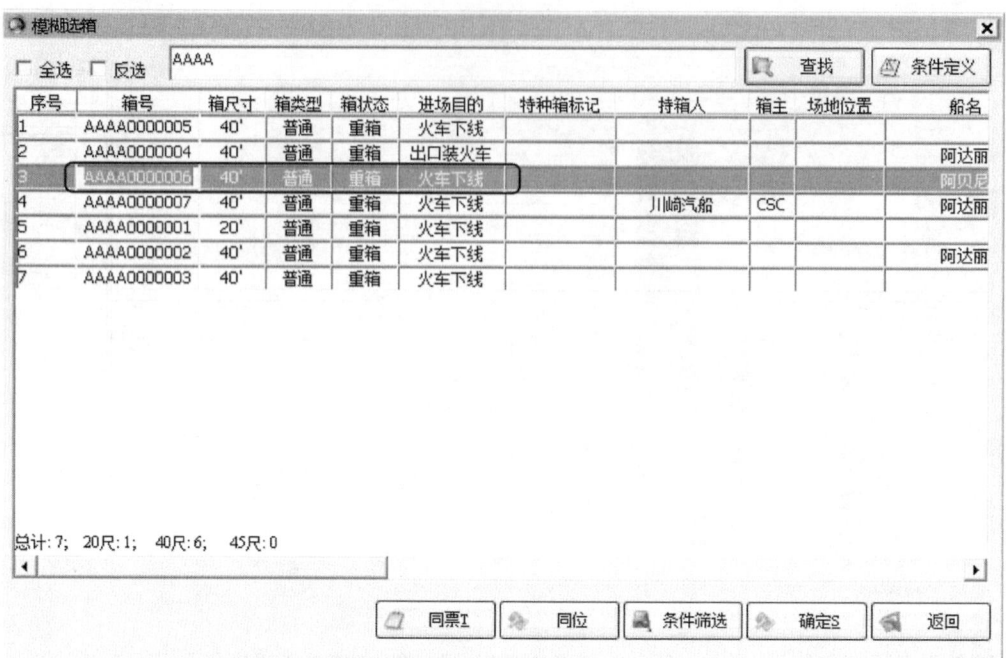

图 3-41 发布卸火车任务——选箱界面

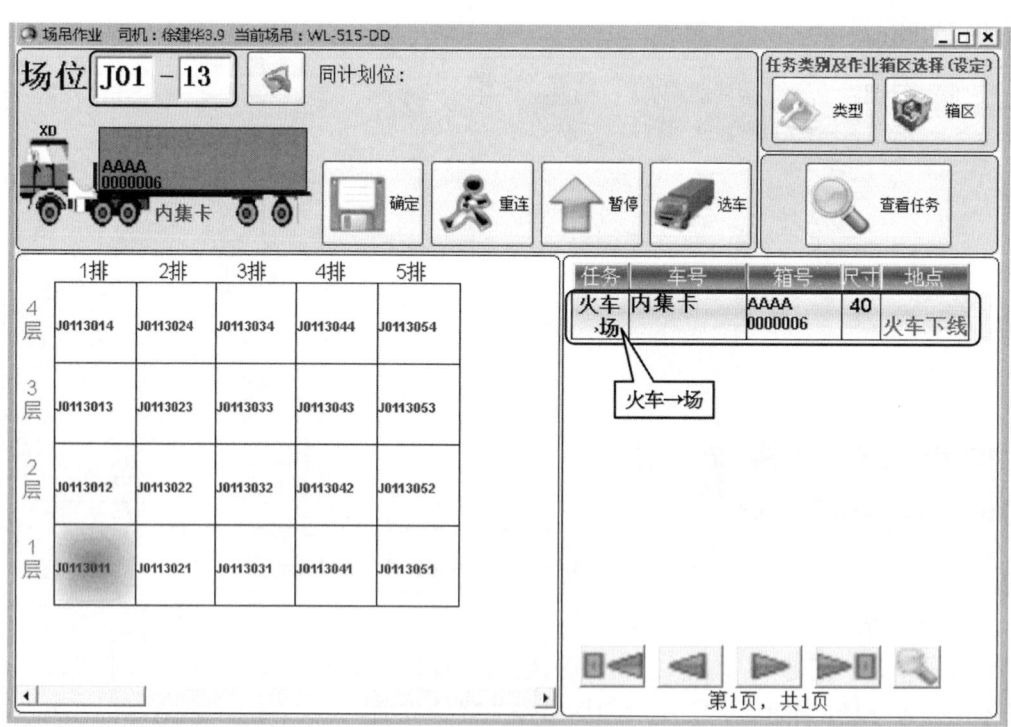

图 3-42 场吊作业确认

第4章

装火车业务

本章介绍了无水港海铁联运装火车部分的相关业务,对海铁联运以及装火车作业进行详细的介绍。同时针对业务流程、相关知识以及主要单据进行整理,便于读者对整个集装箱装火车业务的概念进行深入学习。并以数字化管理为主线,展示了装火车作业数字化管理的思想以及实际操作方法,使读者对整个业务有更深刻直观的了解。

4.1 装火车业务概述

集装箱装火车作业是堆场接收货主的集装箱,再由堆场装到火车上的过程,其中包含了集装箱进场落箱、集装箱进场测偏、申请火车车皮、集装箱出场装火车作业等过程。

装火车业务可分为四种:① 过境装火车;② 内贸装火车;③ 出口装火车;④ 进口装火车。其中内贸装火车不需要海关监管,其他三种需要受到海关监管。

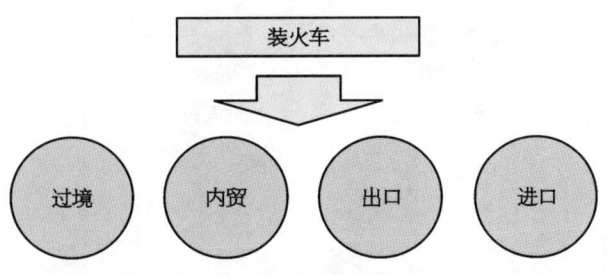

图 4-1 装火车主要业务

与卸火车业务流程相似,装火车作业也需要经过① 信息收集处理,② 资源计划与调度,③ 实际的装火车作业三个环节。装火车作业的准备和控制工作一般要经过如图 4-2 所示三大环节。图 4-3 所示为每一环节的主要作业介绍。

图 4-2 装火车作业三大环节示意图

① 信息收集与处理:是各项业务的准备工作,也是信息系统正常运行的数据基础。装火车业务中先要收集交货记录与设备交接单以得知集装箱信息并安排进场作业。

② 计划与调度:是指堆场装火车作业的资源分配与流程安排。包括场地、正面吊和装火车的计划和调度。装火车作业先要进行进场计划,测偏通过后收讫费用,则制定装火车计划。

③ 实际作业:是指现场工作人员根据中控调度安排进行实际的装火车作业。装火车作业中要执行重箱落场、测偏、检验铅封,车皮、集装箱残损,之后将安排正面吊进行装火车作业,作业完成后进行车体加固。

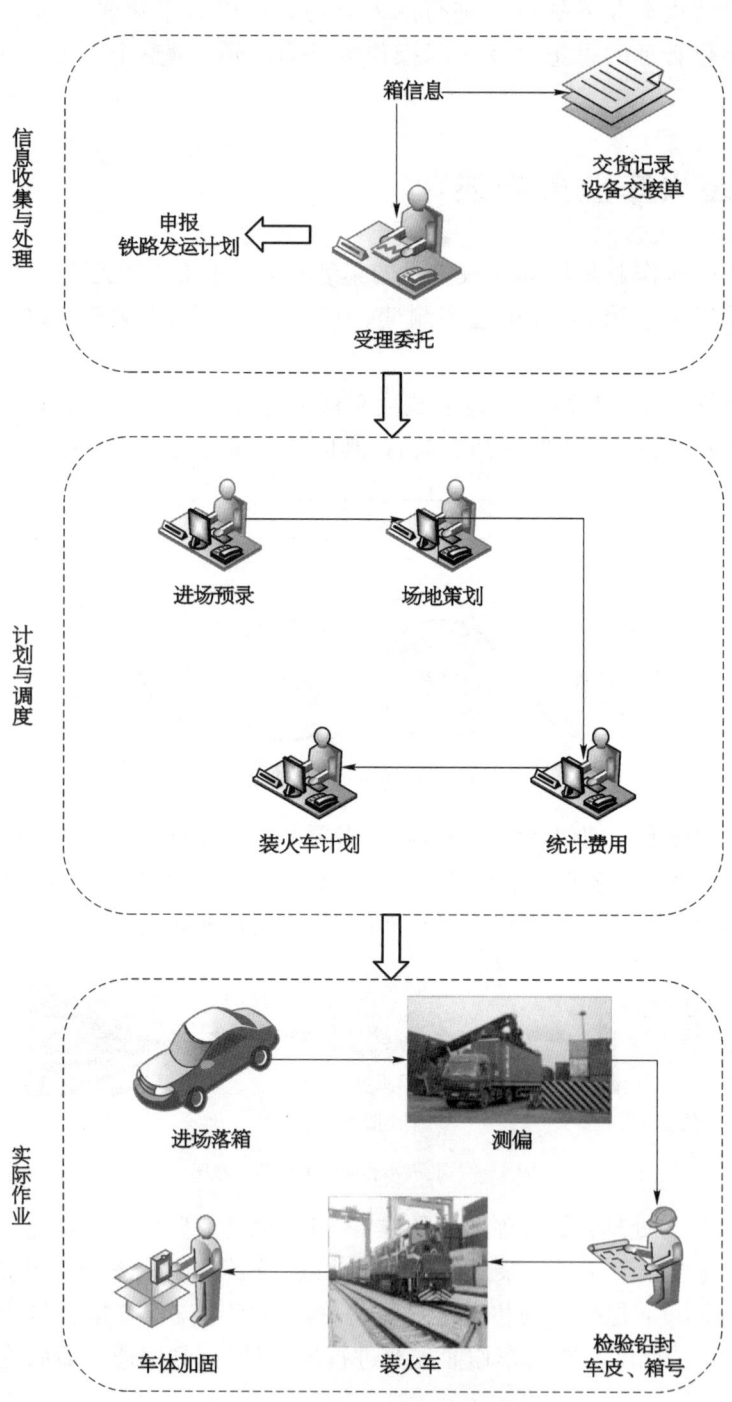

图 4-3 装火车业务流程示意图

4.2 装火车业务基本流程

4.2.1 装火车作业一般业务流程

业务员根据货主提供的"过磅卸箱通知"(箱号、箱型、目的港、预计落箱时间)进行"重箱预录",内容有计划日期、计划号、序号(每个序号对应一个箱子)、卸船日期、进场形式(外送、外提重)、起运地点(若为外送进场,选择"货主送箱";若为外提重,选择"自派车")、进场车队(若为外送进场,选择"外部车队";若为外提重,选择"内部车队")。重箱预录之后,业务员制定装车进场计划,并向调度指挥中心发送 GPS 运输计划。调度中心审核 GPS 运输计划,并安排集卡进行作业。

完成预录后,通知场地策划人员做场地策划。

非月结的落重,业务员制作"统计费用",内容有类型(预录/在场)、箱号、车号、提单号、堆场、箱型、进口船名、航次、起运地点、计划日期、总数。开始计费时候,根据计划号来确定哪一票集装箱要计费,计费栏目为:集港费(20 ft/40 ft)、船放费、堆存费、制冷费。计费员审核后打印发票给货主,货主交费后将发票业务留存联给业务员,业务员将落箱进场计划中的"起运地点"项目改为"现结已收"。道口理货员根据重箱预录产生的"装车进场计划"中的箱号核对该集卡所拉集装箱的实际"箱号、车号"打印"集装箱进场检验单",内容有单证类型[E(空箱)/F(重箱)]、箱号、堆场、尺寸、箱型、货名、委托单位、起运地点、车牌号、铅封号、箱体状况、日期、车队、收箱人签字、备注、船名、航次、提单号,给拖车司机进场落箱。

理货员进行过磅测偏,如果测偏合格,则打印出相应的"集装箱超偏载检测单",进行验箱、验封,指挥正面吊司机卸箱,并向系统中录入箱位;如果测偏不合格,进行调重,再进行验箱、验封,指挥正面吊司机卸箱,并向系统中录入箱位。如果发现集装箱有残损,需要填写"集散中心集装箱残损交接单"(船名、航次、具体残损情况说明、车号、理货员、司机、日期)。并有集卡司机签字确认,工班结束时,理货员要填写"内部核算作业票"(提箱、卸箱、捣箱、摆箱、集港),并要求相关作业机械司机签字确认。工班结束时,理货员把"集散中心集装箱残损交接单"、"内部核算作业票"和"残损记录"交给调度员。

货主拿着"集装箱超偏载检测单"和海关"放行确认书"去铁路部门"请车",也就是去申请车皮。申请到车皮后,铁路部门会给予一个申请回执,业务员根据该单证上所指定的集装箱,为这些集装箱做装火车计划。

业务员根据系统中的装车信息,对集装箱在场信息进行查询,并向货主提供"集装箱在场证明"。如果是到了监管场区,那么就不允许货主再动该集装箱(如果是外贸,发送运抵报文)。业务员制定装车计划,内容有计划类型、车队(外)、委托单位、委托人电话、开始时间、结束时间、截止日期、选上所有需要集港的箱子,制作"整装火车计划表"(计划号、堆场名称、截止日期、船名、航次、提单号、箱号、尺寸、重量、场位、进场日期、进场类型、是否验箱),调度员接收装车单据"设备交接单"和"装火车顺序表",保留一联交由理货员,并将"装火车顺序表"另一联交给货主,货主交给理货员,理货员核对箱号、验

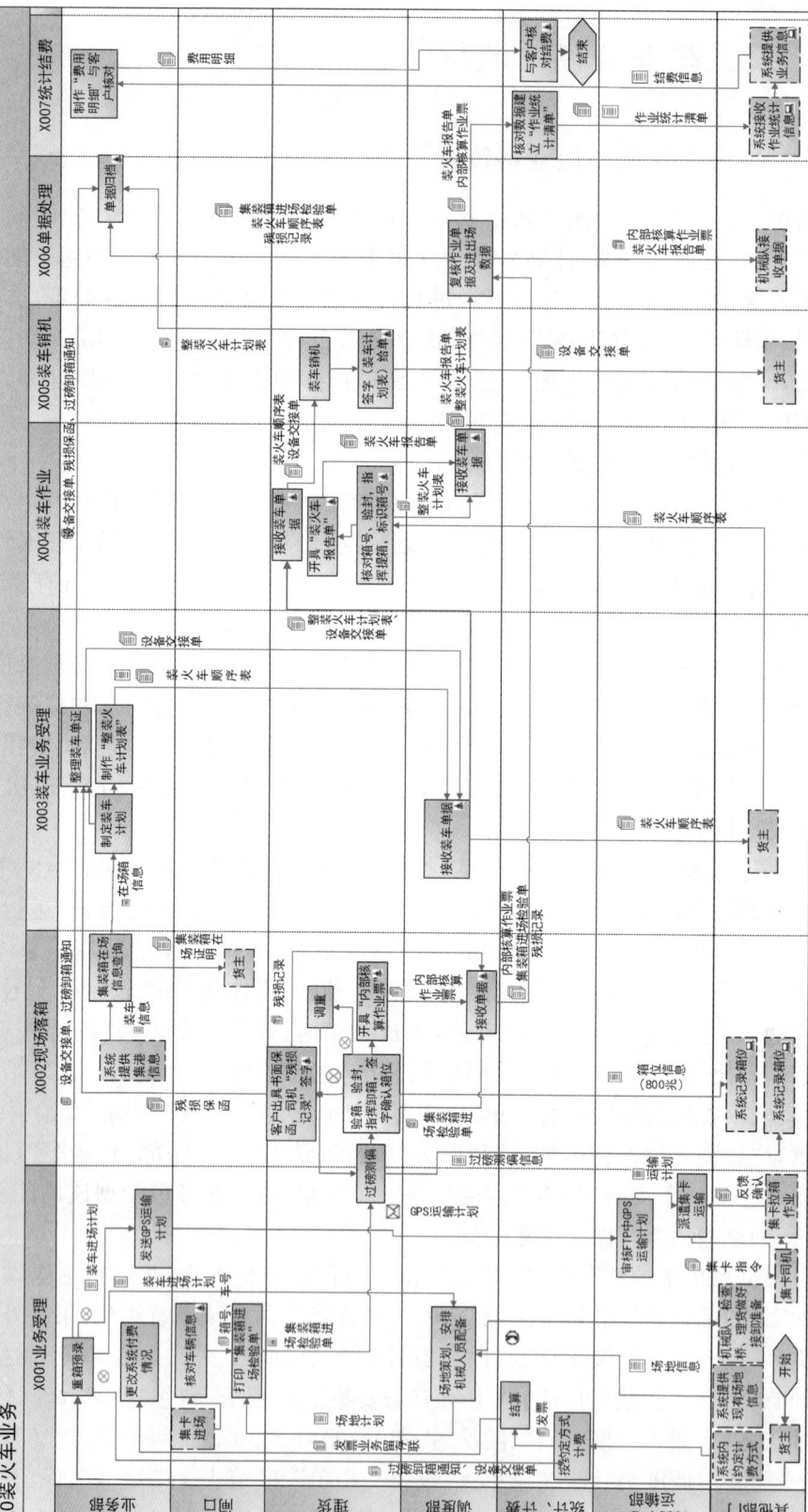

图4-4 装火车业务泳道图

封、指挥提箱。作业完毕后,理货员开具"装火车报告单"(火车号、车型、箱号、装卸机械),装车销机放行。

作业完毕,理货员开具"装火车报告单"连同"装火车顺序表"转交调度员。调度员审核分发"装火车报告单"和"内部核算作业票"给统计员以及机械队。统计员根据"装火车报告单"和"内部核算作业票"与系统核对数量,并建立"作业统计清单"。业务员根据实际装火车数据,制作月结费用明细与码头核对,交计费员结费。

如图4-5所示为集装箱装火车业务的简要步骤说明图,说明了集装箱装火车业务的六大块主要模块。

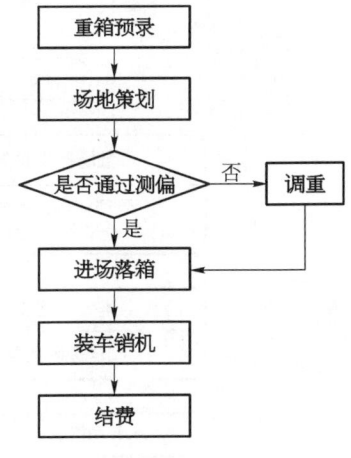

图4-5 装火车业务简要步骤

4.2.2 装火车作业数字化管理操作流程

1. 堆场接单接受委托

① 堆场接单业务员接受实际发货人委托书,委托书内容包括到站、收货人、联系人以及"交货记录"、"设备交接单"等单据,并立即申报铁路发运计划;

② 发货人自行代理或者委托其他单位代理的整箱装火车业务,堆场接单业务员接收发货人"交货记录"、"设备交接单"等单据。

2. 集装箱进场

① 堆场接单业务员持"交货记录"在码头申报提箱计划,并将"码头提箱计划单"、"交货记录"、"设备交接单"等单据提供给堆场铁路业务员,堆场铁路业务员通知调度员联系车辆提箱进场。发货人自行将集装箱运抵堆场接单的整箱装火车业务,堆场接单业务员必须与发货人签订单次"港口作业合同",明确发货人自行运抵堆场接单集装箱的内货不超重、不偏载、加固良好、不是铁路禁止运输的危险品。

② 堆场接单业务员将"交货记录"复印两份,一份用做计费,另一份标明委托人以及操作要求后交给堆场铁路业务员。

③ 堆场铁路业务员根据"交货记录"在系统中做进场预录。

④ 运输车辆在卡口打小票进场进行集装箱测偏、落箱。

⑤ 正面吊司机按照车载指令完成进场集装箱测偏和场地卸箱作业。

⑥ 理货员进行过磅测偏,如果测偏合格,则打印出相应的"集装箱超偏载检测单",进行验箱、验封,指挥正面吊司机卸箱,并向系统中录入箱位;如果测偏不合格,进行调重,再进行验箱、验封,指挥正面吊司机卸箱,并向系统中录入箱位。作业完毕,理货员开具工班票。如发现箱体残损、无铅封以及集装箱未到齐等情况及时向堆场接单业务员反馈,堆场接单业务员将反馈情况及时通知发货人予以解决。

3. 装火车

① 堆场铁路业务员根据货主"装火车委托书"制作"装火车顺序表"后将"装火车顺序表"交给调度员,由调度员安排理货员逐班次交班。

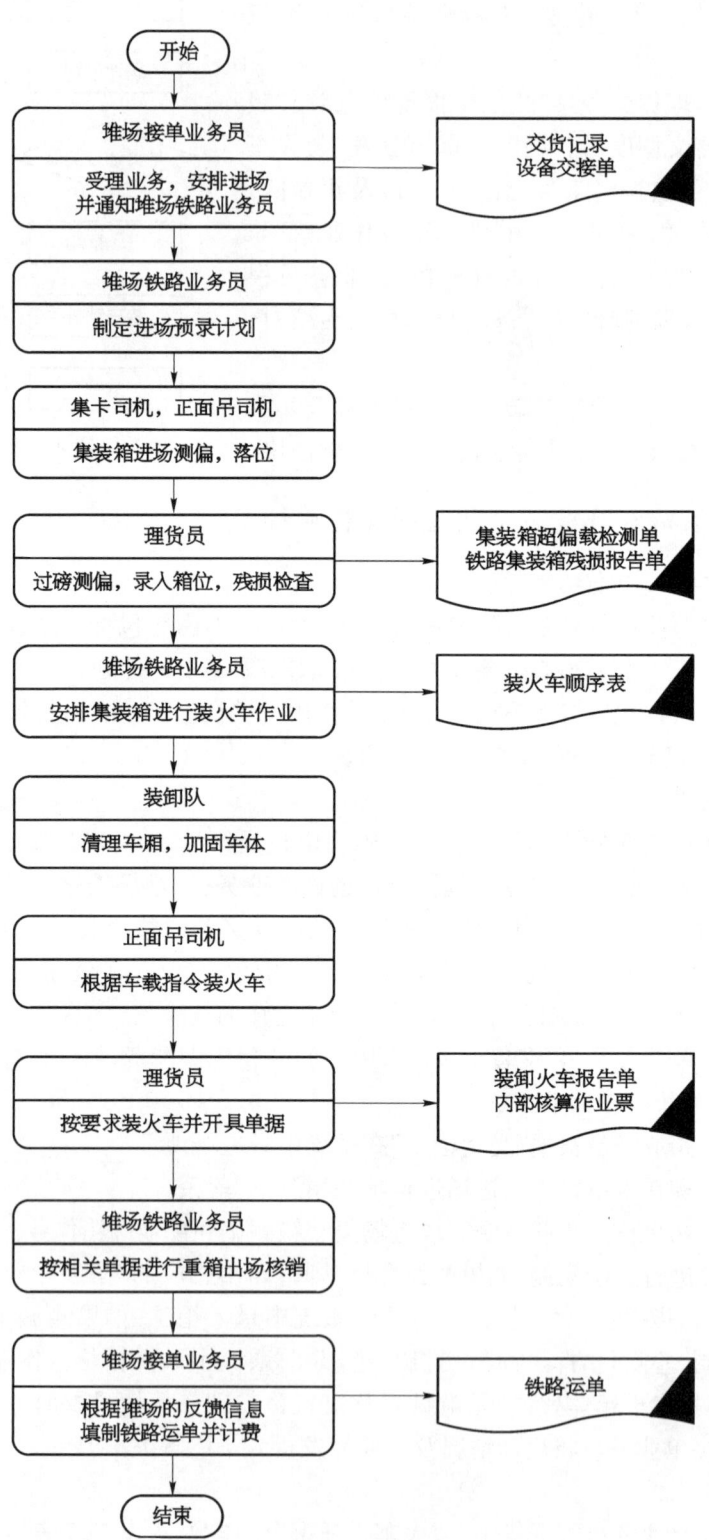

图 4-6 集装箱装火车业务流程图

② 理货员将车皮号提供给装卸队,由装卸队负责检查斗车车体,清理平板车上较大的杂物,翻起或者翻下车载集装箱锁具,对没有车载集装箱锁具的车体准备加固工具和材料。

③ 理货员根据标注车皮号的"装火车顺序表",仔细核对车皮号、箱号、铅封号,正面吊司机按照车载指令实施装火车作业。

④ 调度员检查加固质量。

4. 填制单据

理货员作业完毕后填制"装卸火车报告单"、"内部核算作业票",与确认好的"装火车顺序表"一同交给调度员,由调度员分发与转交。

5. 存档备查

堆场铁路业务员将相关单据进行重箱出场核销处理后存档备查。

6. 开具单据

堆场接单业务员在集装箱装火车后,按照车皮号、箱号、铅封号、到站、收货人一一对应的原则,填制"铁路运单",办理提票,交铁路运费,领取货票事宜。

7. 计费

堆场接单业务员计费,堆场接单财务人员对《铁路运单》实施见款赎单政策,协议单位缴清铁路运费、加固费后赎单;非协议单位缴清一切费用后赎单。

如图4-6所示为集装箱装火车业务的详细流程图。

4.3 装火车业务相关知识

1. 过境装火车

过境集装箱是指以火车为运输工具(在该国边境不论换装运输工具与否),从一个国家的境外启运,通过该国家境内的陆路运输,继续运往境外其他国家的货物。即集装箱从境外国家运到境外国家,途中经过我国境内。

过境装火车即为以火车运输的方式将集装箱从一个国家运输到另一个国家途经我国的作业过程。

过境集装箱自进境起到出境止,属海关监管,应当接受海关监管。未经海关许可,任何单位和个人不得开拆、提取、交付、发运、调换、改装、抵押、转让或者更换标记。

2. 出口装火车

出口装火车即为以火车运输的方式从我国将集装箱运至其他国家的作业过程。其在运输过程中受海关监管。

出口与过境的区别:出口装火车起运地为本国,出口运输到其他国家的作业。而过境装火车起运地是其他国家,目的地也是其他国家,只是中途经过本国家的作业。

3. 进口装火车

进口装火车即为以火车运输的方式从其他国家将集装箱运输到我国的作业过程。其在运输过程中受海关监管。

4. 内贸装火车

内贸装火车即以火车运输的方式将集装箱运输到我国内陆腹地地区的作业过程。

其在运输过程中不受海关监管。当货物运抵口岸后再进行报关。报关方式可分为两种：

① 口岸报关：集装箱到达口岸堆场后在口岸海关处报关，此种方式优点为只需要一次报关，缺点是必须在口岸处有代理公司且集装箱不能直接运到码头，需要进行二次集港；

② 区域通关：集装箱直接运抵码头后进行报关，此种方式可以在属地进行报关，则不必在口岸处安排代理公司且可以避免二次集港，可以充分发挥无水港的优点。这种方式可用八个字概括：属地报关，口岸验放。

5. 过磅测偏

检测集装箱的重量以及四个角的重量是否平衡，以保证火车运输的安全。火车在转弯时由于车身较长，若集装箱存在四个角的重量不平衡情况容易导致集装箱被甩出而造出事故，所以对需要装火车运输的集装箱进行过磅测偏。如图 4-7 所示为过磅测偏作业。

图 4-7 过磅测偏作业

6. 集装箱的装卸方法

(1) 利用顶角起件

这是一种经常使用的装卸方法，使用这种方法时提升力必须垂直作用，并均匀分布于 4 个顶角件上。这种装卸方法既可以使用配有液控电控旋锁的吊具又可使用人工吊钩或 U 形钩，无论使用哪种吊具都要确保设备与角件完全啮合。

(2) 利用底角件起吊

对利用底角件起吊的设备，在起吊作业时，设备中心线与角件表面之间的距离不得超过 38 mm。起吊 40 ft 集装箱时，吊索夹角必须大于 30°；起吊 20 ft 集装箱时，吊索夹角必须大于 40°。

(3) 利用插槽装卸

对按照国际标准化组织标准设计的带叉槽的集装箱，可将叉齿插入插孔进行装卸作业。在这种情况下，叉齿照理必须穿过整个箱底。

(4) 利用抓臂装卸

根据国际标准化组织规定,利用抓臂装卸集装箱时,抓臂应与集装箱底部专门为此种装卸方式而设计的抓槽相啮合。

7. 装卸集装箱的注意事项

(1) 往地面放置

在将集装箱往地面或火车车体的放置过程中,当集装箱快要接触地面时,应逐渐减慢放置速度,切勿冲捆。且集装箱一定要经过测偏且通过才可以进行装火车作业。

(2) 拖动集装箱

应避免在地上或其他集装箱上面拖动集装箱,利用相应装卸设备进行装卸,且放置在适当位置上。

(3) 集装箱堆置场地

集装箱应堆置在平整、安全的地方,四个地角必须保持同一水平位置。由于集装箱并非完全密闭,因此堆置集装箱的场地排水性能应良好,并使集装箱远离水源。

8. 场吊发箱确认的意义

场吊发箱确认的内容主要有集卡车号和待装箱箱位两部分。在集装箱堆场,每一个在场箱都唯一对应一个场箱位,由于箱子在场时无法看到其箱号,因此实际场地作业时往往利用场箱位搜索并确认箱子。场吊司机发箱时,首先确认当前集卡为发箱任务中对应集卡,如图4-8所示为集卡信息确认示意图。然后根据发箱任务中对应的场箱位锁定场地中的实际位置并控制场吊将箱子装到集卡上(如图4-9所示)。

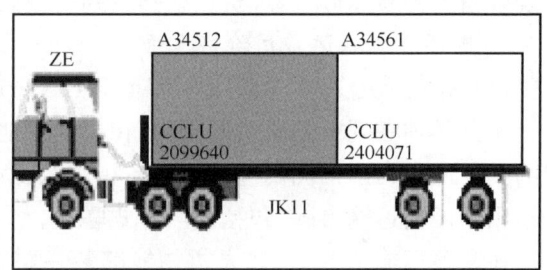

图4-8 集卡信息确认

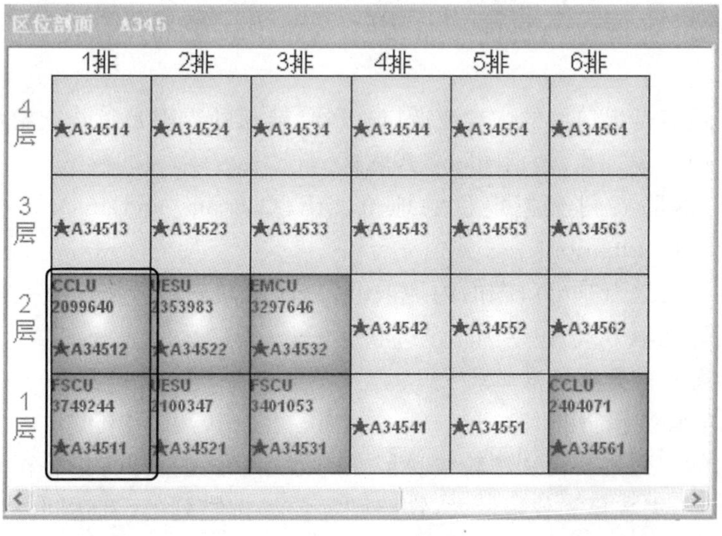

图4-9 集装箱箱位确认

出口箱发箱确认对整个出口箱装火车业务的有效、顺利进行起着十分重要的作用，具体可概括为以下几点：

（1）可交换发箱任务，避免翻箱

由于受到道路拥挤或机械故障等因素的影响，装火车作业时，集卡实际进场顺序与计划顺序可能出现不一致。设 JKA 和 JKB 分别对应图 4-9 中场箱位 A34512 和 A34511，即 JKA→A34512；JKB→A34511。实际进场时，JKB 先于 JKA 到达场地，此时可先将 A34512 箱位上的箱子指定给 JKB，通过发箱确认将实际任务修改为 JKB→CCLU2099640（A34512 对应箱子箱号）。等 JKA 进场时再将 A34511 箱位上的箱子指定给 JKA，同理确认。若无发箱确认，为了保证信息的一致性和作业的顺利进行，则必须进行翻箱作业。

（2）释放场地位置

已知场箱位与集装箱之间存在一一对应的关系，当某个箱子发箱确认时，当前场地堆存位置同时被释放，场地当前堆存状态得到及时更改。

（3）生成装火车任务

装火车任务是指包含集卡车号及对应箱号的一条记录。发箱确认时系统将集卡与其装载箱子箱号"绑定"，理货员根据收到的装火车指令准备装火车作业。

9. 国际多式联运常用价格术语

（1）货交承运人价（指定地）FCA（Free Carrier Named Place）

卖方必须在规定的交货期限内，在规定的地点，将货物交给买方指定的承运人。规定的交货地点为出口国内地或港口。买卖双方承担的风险均以货交承运人为界。该术语适用于任何运输方式，包括国际多式联运。

在铁路运输情况下，如果货物能够装一整车或一只集装箱，卖方要负责装车或装箱，并交给铁路部门，如果货物不够一整车或一只集装箱，卖方则要将货物交到铁路收货地点。如果在卖方所在地交货，卖方则要将货物装到买方指派的车辆上；如果在承运人办公地点交货，卖方则需要将货物交给承运人或其代理人。

（2）运费付至指定的目的地价 CPT（Carriage Paid to … Named Place of Destination）

卖方交货地点是出口国的内地或港口。风险转移的界限是货物交给承运人时。该术语适用于任何运输方式，包括国际多式联运。

（3）运费、保险费付至指定目的地价 CIP（Carriage and Insurance Paid to … Named Place of Destination）

该术语的交货地点是出口国的内地或港口，风险转移的界限是货交承运人时。该术语适用于任何运输方式，包括国际多式联运。

10. 铁路集装箱货源组织形式

（1）整列的集装箱货源

同一品名的整列集装箱货源较少。但在与海运联运时，即与集装箱码头相连的枢纽站接运时，由于集装箱船载箱量大，铁路则需要编排整列的、到达同一终点站的集装箱直达列车。

(2) 整车的集装箱货源

整车的集装箱货源较普遍。目前,有些国家铁路集装箱专用车长度一般为 18.3 m (60 ft),最长的达 27.4 m(90 ft),一节整车可装载 3~4 个 6.1 m(20 ft)的集装箱。有些国家为了争取集装箱货源,规定集装箱运价按整车收取,集装箱总长不得超过 24.4 m (80 ft),装多装少按车计费。因此,如何配装一节整车的集装箱数量对每箱运费的分摊有很大关系。

(3) 整箱的集装箱货源

对货运量较少的货主来说,在其货源能装满一个整箱,但不够一节车厢时,则采取按箱计费的办法。

(4) 拼箱的集装箱货源

拼箱的集装箱货源是由运输部门根据不同货主托运的货物,加以整理后装载的集装箱货物,即一箱包括几个货主的货物。

11. 铁路集装箱货源组织的条件

① 必须在铁路集装箱办理站办理运输。

② 必须是适合集装箱运输的货物。

③ 必须符合一批办理的手续。

按一批办理的条件:每批货物必须是同一吨位的集装箱;每批货物至少在一箱以上。

④ 由发、收货人装卸、拆箱。

⑤ 必须由发货人确定重量。

12. 铁路集装箱办理站

铁路集装箱办理站按其业务性质与办理范围不同可分为两种:① 集装箱运量较大,是定期直达列车始端或终端站。② 集装箱运量较小,仅办理集装箱运输业务,成为办理站。建立集装箱办理站必须有以下条件:

① 有一定数量且稳定的集装箱货源。

② 有装卸、搬运集装箱的机械设备。

③ 有一定面积且硬化面堆场。

④ 有办理业务的专职人员。

⑤ 具有与其他运输方式相衔接的条件。

其中,集装箱货源是基础,也是开展铁路集装箱运输的先决条件。装卸、搬运机械以及硬化场地是开办集装箱办理站的物质条件。而专职人员是提高工作效率和保证服务质量的根本。

13. 装火车注意事项

① 装车前,对车体、车门、车窗进行检查,是否过了检查期,有无运行限制,是否清洁等。且需要对集装箱进行测偏检查。

② 装车时,装车理货员要做好监装,检查待装的集装箱和货运票据是否相符、齐全、准确,并对箱体、铅封状态进行检查。

③ 装车后,要检查集装箱的装载情况,是否满足安全运送要求,如使用棚车装载还要加封。装车完毕后,要填写火车装载清单、货运票据,另要注明箱号、车皮号、货重及

箱体自重。

4.4 装火车业务涉及的关键单据

1. 交货记录

交货记录是集装箱运输经营人把货物交付给收货人或其代理人时,双方共同签署的证明货物已经交付及货物交付时状况的单证。同时,它也证明承运人对货物的运输责任已终止。

2. 设备交接单

在第三章已经做出详细介绍,读者可参见第3章图3-23。

3. 装火车顺序表

由业务员制定装火车顺序表安排装火车作业。再由理货员根据装火车顺序表核对相关信息并指挥装火车作业。

装火车顺序表与第3章中的卸火车顺序表类似,如图4-10所示为装火车顺序表,其主要内容包括:计划号、堆场名称、船名航次、提单号、集装箱箱号、集装箱尺寸、重量、场位、进场日期、进场天数以及内外贸。并统计计划数,计划集装箱的箱型以及放行货类,并由制表人、客户以及理货员签名确认。

	装火车顺序表								
电话			计划号				堆场名称		
序号	船名,航次	提单号	箱 号	尺寸(ft)	重量(t)	场位	进场日期	天数	内外贸
1	其他 0728	JQ 火车列号:预定278	GVDU5013399	40	20	K03-56-04-1	2014-08-01	5	外贸
2	NO.未知 0723	JQ 40*1 火车列号:预定278	FCIU8277630	40	2	K04-14-04-1	2014-07-28	9	外贸
3	其他 0728	JQ 火车列号:预定278	FSCU6339611	40	20	K04-44-04-1	2014-08-02	4	外贸
4	NO.未知 在库已开	NO. 火车列号:预定278	FSCU9117609	40	1	K09-26-02-1	2014-07-31	6	外贸
5	NO.未知 在库已开	NO. 火车列号:预定278	UESU5000547	40	1	K09-30-04-1	2014-07-31	6	外贸

计划数:5　20X:0　40X:5　45X:0　　制表人:　　　制表日期:
放行货类:清关　　　　　　　　　　　客户签字:　　　理货员签字:
安全告示:场内服从管理人员指挥,请勿下车,避让作业机械,遵守限速规定,严禁烟火,不需占用消防。
堆场电话:25706624,7657
服务投诉监督:工作时间:25700885,节假日及每日16点后:25707216,25707882
开始时间:2014-07-28　00:00:00　　　结束时间:2014-08-05　00:00:00

图4-10　装火车顺序表

4. 装火车报告单

作业完毕后由理货员开具装卸火车报告单,由调度员分发后留档保存。如图 4-11 所示为装火车报告单,与第三章的卸火车报告单类似。其主要内容包括:火车号、火车类型、集装箱箱尺寸、操作过程(打角、连接、铺垫、捆门)、装卸以及机械,由货主、理货员签名确认。

装火车报告单

单位				提单号						年 月 日
序号	火车号	车型			箱号 (40 ft)	箱号 (20 ft)	操作过程				装卸	机械
		斗车	板车	插板			打角	连接	铺垫	捆门		

说明:1. 理货员根据现场摆车情况在车型一栏中打钩。2. 理货员根据工人实际操作项目在操作规程一栏中打钩。

货主签字:　　　　　　　　　　理货员签字:

图 4-11 装火车报告单

5. 内部核算作业票

内部核算作业票在第 3 章中已详细介绍,读者可参见第 3 章图 3-17。

6. 铁路运单

铁路运单在第 3 章中已详细介绍,读者可参见第 3 章图 3-19。

7. 集装箱超偏载检测单

记录下集装箱的超载、偏载情况。对于铁路集装箱运输,偏载在火车转弯时将造成巨大的影响,所以测偏是装火车前必要的工作。

如图 4-12 所示为集装箱过磅统计表,其主要内容包括:编号、发货单位、货物名称、车号、总重、车皮重、净重、集装箱箱号以及箱重。

榜单统计明细报表

编号	发货单位	货物名称	车号	毛重 (kg)	皮重 (kg)	净重 (kg)	箱号 (A)	箱重 A (kg)	箱号 (B)	箱重 B (kg)

图 4-12 榜单统计明细报表

8. 铁路集装箱残损报告单

集装箱残损单是记载货物原残的证明,是对残损货物划清责任以及对原残货物进行交接的凭证,是收货人提出船残索赔以及商检部门对原残货物进行检验、鉴定和对外出证的重要依据。货物卸离火车以后在堆场内发生的残损责任划归堆场,因此,在交接货物的过程中一定要仔细核对集装箱状况,记录箱号、重箱毛重及箱损情况等。

发现集装箱残损或异常时,应根据设备交接单的记录,核查是否存在原残。对在堆场内发生残损的集装箱,需在集装箱残损报告单上记录后再放行。

装火车之前先要进行检验箱体、铅封以及残损,如发现集装箱存在异常需要在铁路集装箱残损报告单注明,以划定责任范围。

9. 集装箱货物装箱单

集装箱货物装箱单是发票的补充单据,它列明了信用证(或合同)中买卖双方约定的有关包装事宜的细节,便于国外买方在货物到达目的港时供海关检查和核对货物,通常可以将其有关内容加列在商业发票上。但是在信用证有明确要求时,就必须严格按信用证约定制作。集装箱货物装箱单所列的各项数据和内容必须与提单等单据的相关内容一致,还要与货物实际情况相符。

如图 4-13 所示即为集装箱货物装箱单,其主要内容包括:船名航次,开航日期,起运港,目的港,运单号,唛头,集装箱内货物的品名、件数、毛重、体积,装箱日期,船公司,集装箱箱型,箱号,封号,实装件数,实装重量,冷藏箱温度要求注明,上铅封签字盖章以及集装箱详细资料说明。

集装箱货物装箱单

船名,航次		开航日期	起运港	目的港	最终目的港
运单号	唛头	品名	件数	毛重	体积
装箱日期		船公司:	装箱点详细资料		
箱型	20'GP		40'GP		
40'HQ	20'RF		40'RF		
箱号:		封号:	备注		
实装件数		实装重量			
冷藏箱温度要求		上铅封签字/盖章			

图 4-13 集装箱货物装箱单

10. 集装箱货物装箱明细

集装箱货物装箱明细主要列明该集装箱中所装货物的详细信息,以便于装卸火车作业,装箱明细与装箱单信息应该相互对应。

如图4-14所示为集装箱货物装箱明细,其主要内容包括:计划号、集装箱持有人、委托单位、船名、集装箱箱号、所处箱位、铅封号、集装箱箱型、集装箱货物品名、件数、重量、体积以及集装箱目的港。

集装箱货物装箱明细

计划号: 船名	船公司自有	箱主自有	20 ft	11 个	40 ft	0 个	日期: 委托单位			
	集装箱号	箱位	铅封号	箱型	集装箱内装				目的港	备注
					品名	件数	重量 (t)	体积 (m³)		
SJCM003691	ECMU1142270	K2011011	B5764929	20普通	铸钢车轮	48	18.48	5.52	COEGA	
SJCM003691	ECMU1254603	K2007081	B5764967	20普通	铸钢车轮	48	18.48	5.52	COEGA	

图4-14 集装箱货物装箱明细

4.5 装火车业务的数字化运营管理

本章主要对集装箱装火车业务从信息收集处理,到装火车作业资料统计的全过程进行了介绍,为了使读者能够更好地理解和把握本堆场系统的作业流程,真正掌握本系统的操作步骤,下面以具体案例讲解集装箱堆场装火车作业中相应的操作步骤,力求把各个细节和容易误操作的地方完整清晰地呈现给读者。

装火车业务在实际操作过程中有两种方式,第一种为装火车过境,第二种则为装火车出口,出口与过境的区别在4.3节介绍。而装火车过境又可以分为过境装火车、特转装火车以及提重装火车。下面以过境装火车为例介绍装火车作业流程。

任务一:进箱信息预录,针对将要执行过境装火车作业的集装箱进行信息预录,主要信息包括计划编号、箱号、预录批次、箱尺寸(20 ft箱、40 ft箱、45 ft箱)、箱类型(普通、高箱、普冷、高冷、挂衣、开顶、框架、罐箱、通风、普宽、高宽)、箱状态(重箱、空箱)、内外贸、箱重、录入人、记录时刻、航次、航线、提单号、船名、进场类别(转栈、特转、普通进重、提验进重、不落箱进场、出口落重、直通集港、暂存、机检进场、过境装火车、特转装火车、提重装火车、出口装火车、火车下线)、起运地点、内外车队、卸船日期、场地计划编号、进出口标记、委托单位以及交付条款等。

任务二:进箱场地策划,针对堆场内箱区的当前状况,安排过境装火车集装箱的场箱位,安排其堆放区域。

任务三:集装箱道口进场,安排集卡拉箱进场。

任务四:场吊作业,集装箱进场后安排场吊作业,装火车作业时场吊需要对集装箱先执行进场测偏任务,再执行重箱落位作业。

任务五：重箱出场计划，对装火车集装箱制定出场计划，其主要信息包含计划类型、提箱单位、联系人联系方式、内外车队、作业开始时间、作业结束时间、费用截止时间、计划日期以及计划人等。

任务六：过境装火车任务发布，选择过境装火车集装箱箱号，发布装火车任务。

任务七：确认场吊，安排场吊执行集装箱装火车任务。

任务八：销机作业，输入火车车皮号并打印出门凭证完成整个过境装火车作业。

1. 进场预录

进场预录有三种形式：EDI 导入、EXCEL 导入、手工录入。点击窗口左上角"进箱预录"按钮，会出现子菜单：EDI 导入、EXCEL 导入、手工录入、预录箱信息修改、无箱号预录。EDI 导入、EXCEL 导入可以方便减少工作量。同时也可以用"导出"按钮把进场箱资料导出到 EXCEL 表格中。菜单中选择"进箱预录"会跳出 EDI 导入、EXCEL 导入、手工录入、预录箱信息修改、无箱号预录。本章选择"进箱预录"选项卡下的"手工录入"选项进行进场预录操作。如图 4-15 即为进箱预录选项卡。

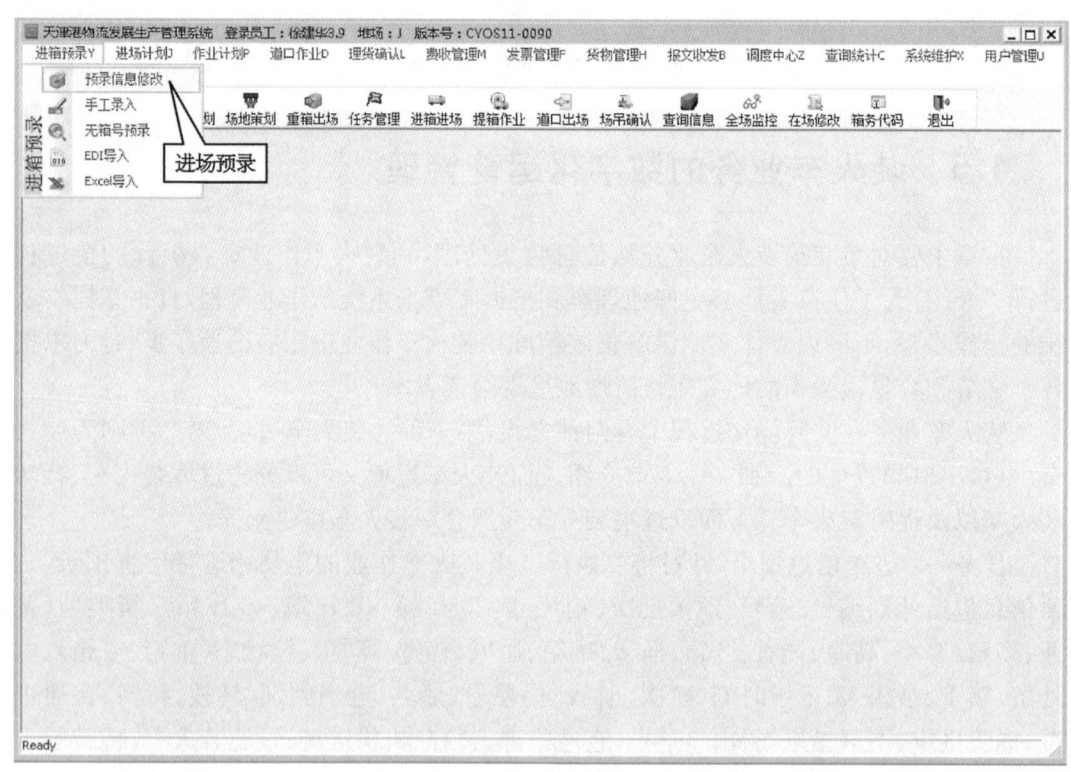

图 4-15　堆场生产系统操作界面——进箱预录

图 4-16a 为手工预录界面，装火车业务分为过境装火车与出口装火车。本章中选择过境装火车进场类别为例进行演示。如图 4-16b 所示为输入过境装火车集装箱的预录信息。在信息区域依次填写箱状态(重箱/空箱)、箱号、尺寸、箱型、重量、进场类别(过境装火车)、内外贸(外贸)、进出口标志(出口)、航线、船名、航次号、提单号、委托单位、卸船日期以及内外车队等信息。

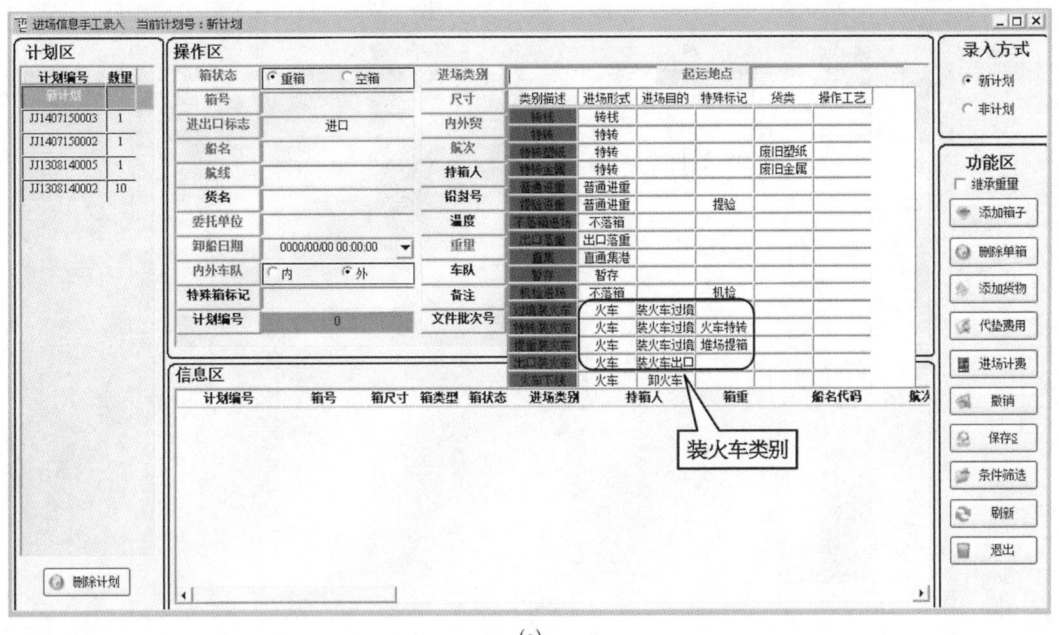

(a)

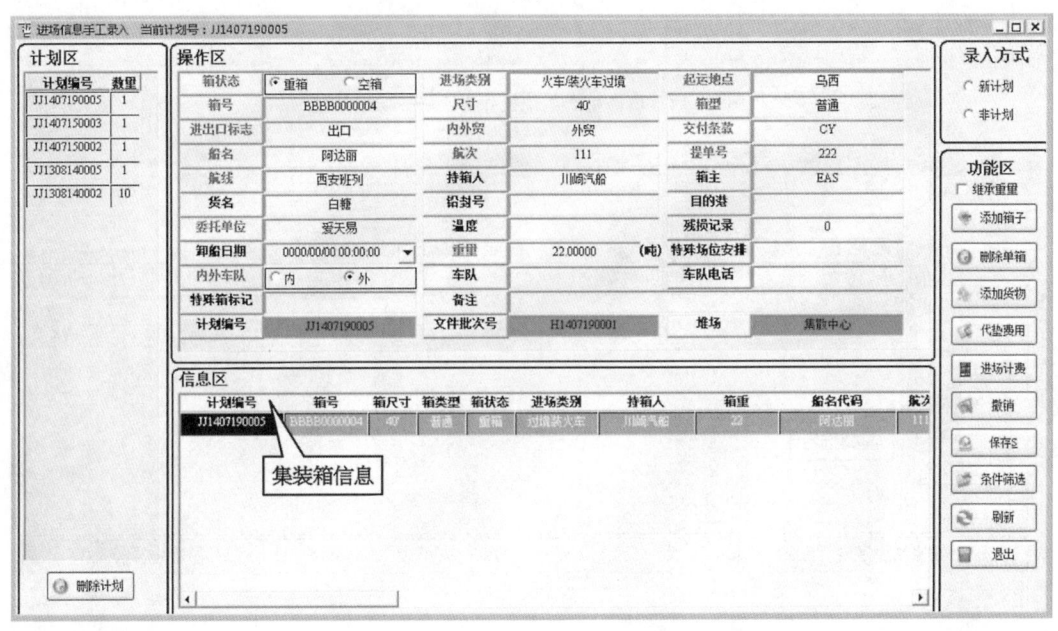

(b)

图 4-16 预录界面

2. 场地策划

进箱预录完成后进行场地策划作业,点击系统界面上的"进场计划"菜单,选择"场地策划"即可进入场地策划模块界面。如图 4-17 所示,场地策划过程包括选择目标箱、定义堆放区域和场地策划提交三个过程。

选择场地策划后进入如图 4-18 所示界面进行场地计划的编制。

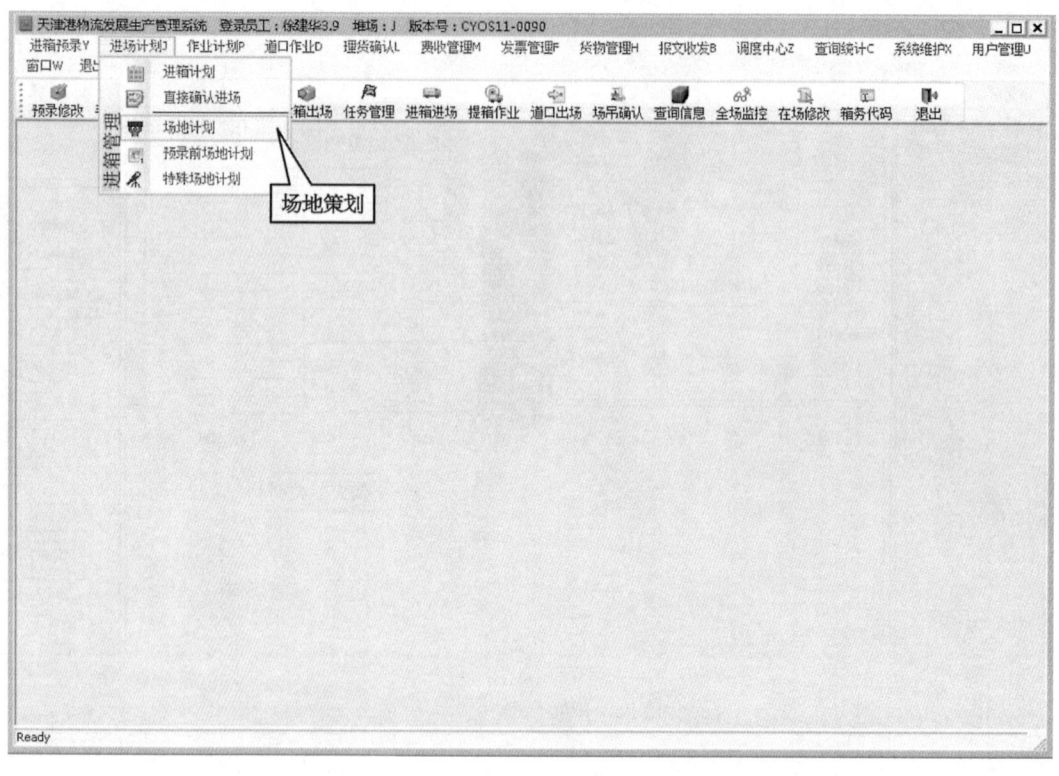

图 4-17 堆场生产系统操作界面——场地策划

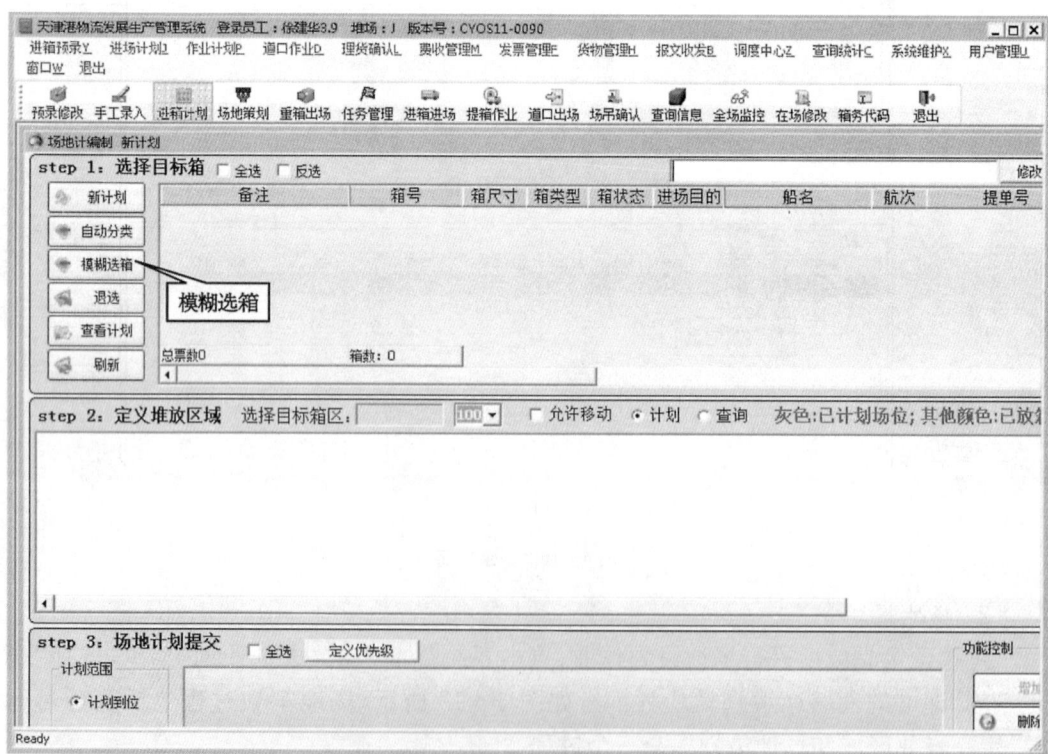

图 4-18 场地计划界面

选择"模糊选箱"后进入图 4-19 所示的选箱界面进行集装箱的选择。输入集装箱箱号即可找到所要场地策划的集装箱。单击"确定"回到场地计划界面进行堆场区域选择，如图 4-18 所示。

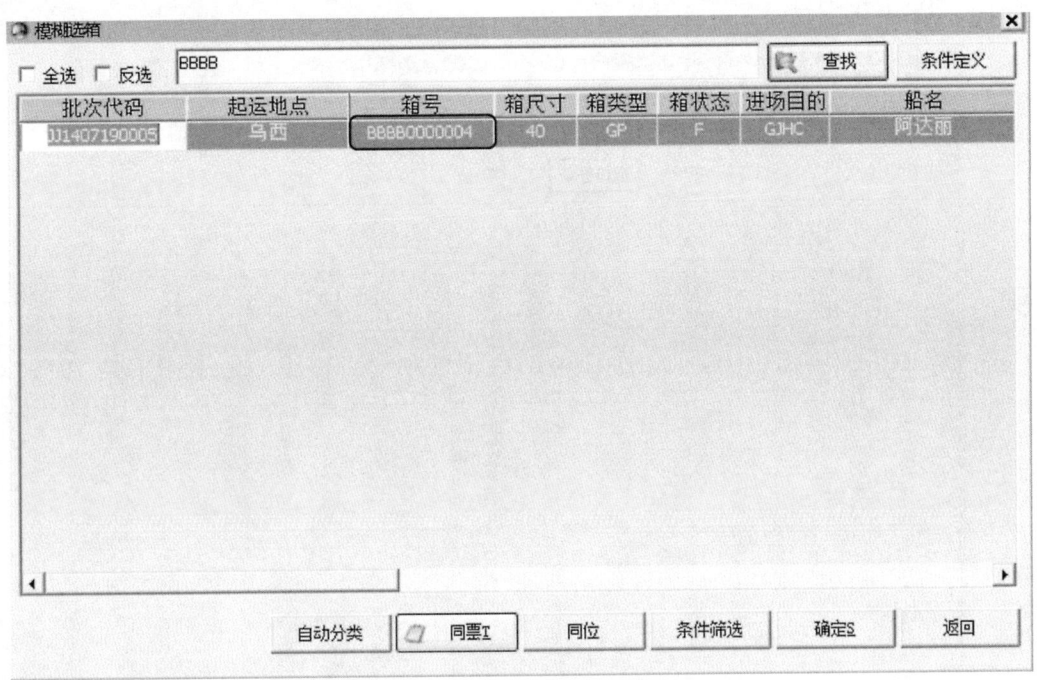

图 4-19 模糊选箱界面

如图 4-20 所示，由于选择"计划到位"则为 40 ft 的集装箱选择 06 贝位。

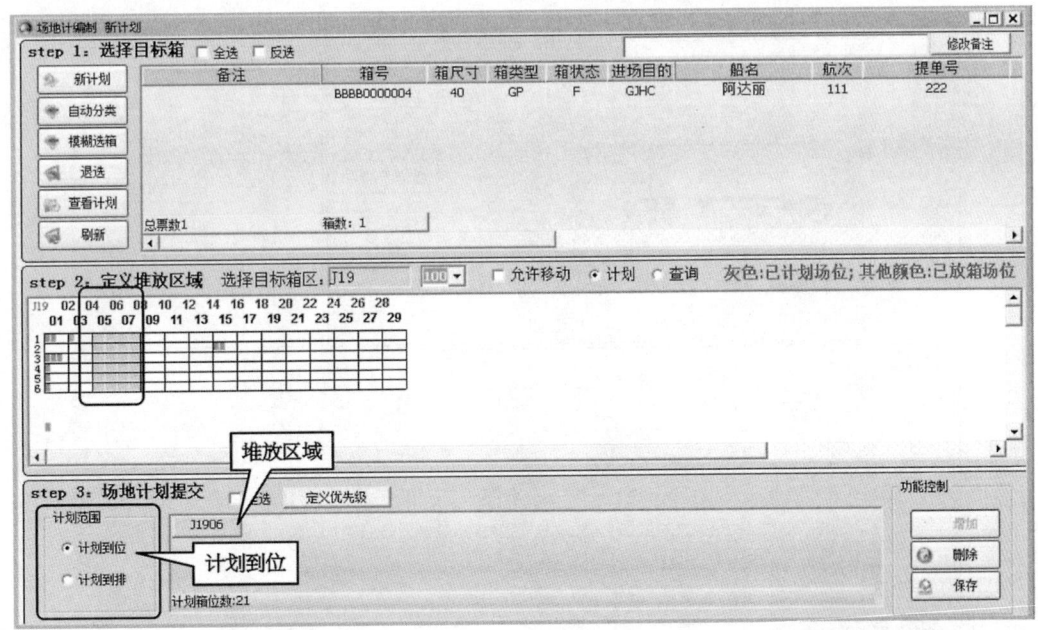

图 4-20 堆放区域选择

3. 道口进场

完成场地策划后进行道口进场作业，在"道口作业"选项卡下选择"进箱进场"即可进入如图4-21所示道口进场界面。"道口进场"操作时需要填写进场集装箱箱号以及相对应的集卡车牌号。

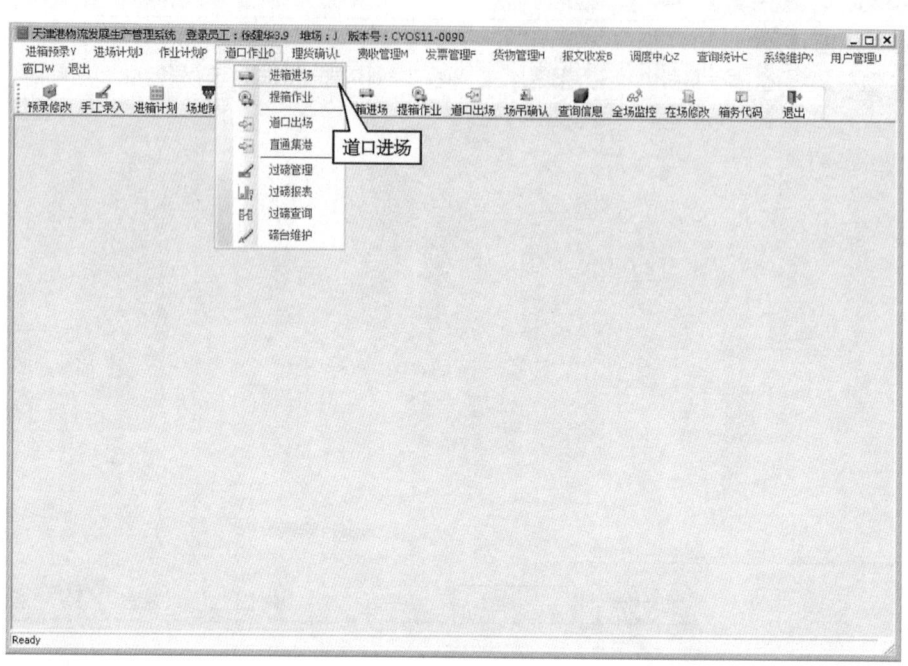

图4-21 堆场生产系统操作界面——道口进场

在"箱号"处输入要进场的集装箱箱号并选择相应的集卡车牌号，显示如图4-22

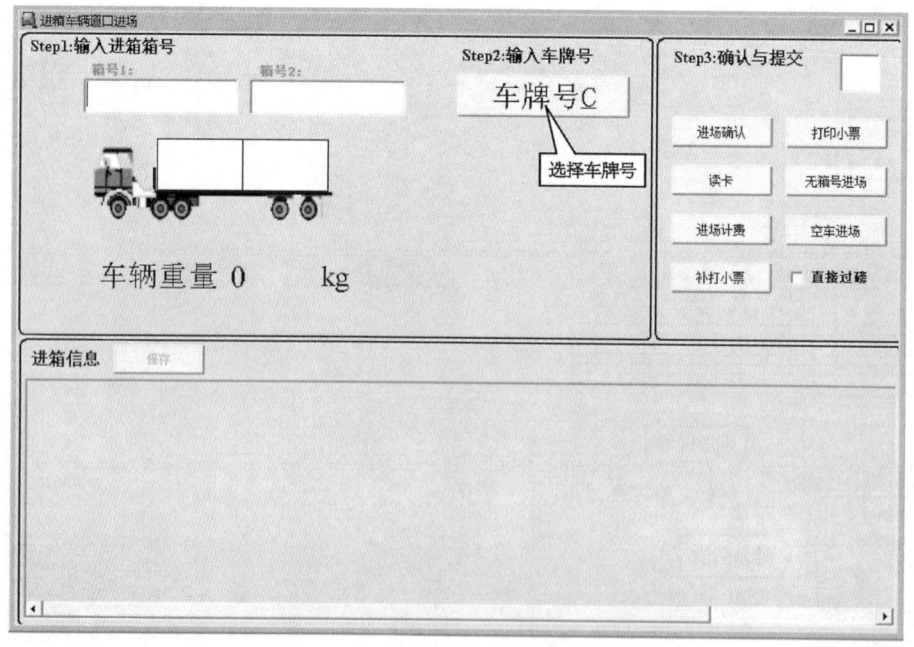

图4-22 道口进场界面

所示界面。选择无误后,单击"进场确认"出现如图4-23所示的集装箱进场检验单以确保进场时集装箱信息相符且箱体状况良好。

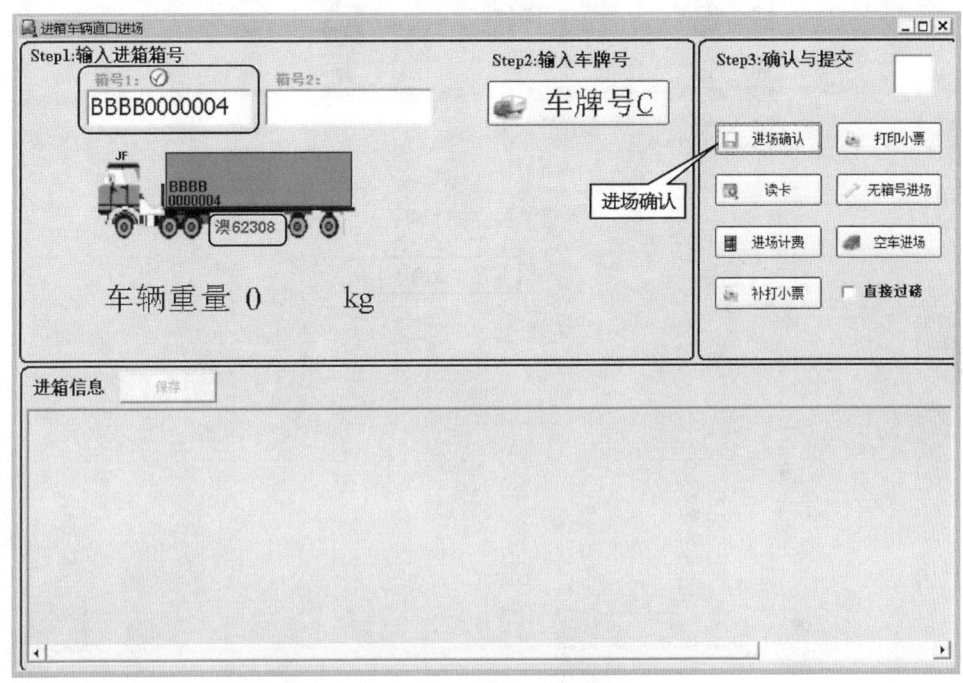

图4-23 道口进场确认界面

如图4-24所示为进场集装箱的相关信息:箱号、堆放堆场、尺寸、箱型、箱体状况与进场状态等主要集装箱信息,即为预录与场地策划的信息。

F 集装箱进场检验单								XH/CYB-24
箱 号	BBBB0000004				进 场	日 期	2014/07/19 19:29:18	
堆 场	J19	06	01	1		车 队	99999	
尺 寸	40′	箱型		普通		收箱人签字		
货 名	BT0							
委托单位	爱天易					备 注		
起运地点	乌西					船 名	阿达丽	
车牌号	澳62308					航 次	111	
铅封号						进场状态	过境装火车/外贸	
箱体状况	一般					提单号	222	

图4-24 集装箱进场检验单

4. 场吊确认

完成道口进场作业后进行卸车场吊确认作业,在"理货确认"选项卡下选择"场吊作业确认"进入如图 4-26 所示的场吊选择界面。进入场吊确认界面后单击"类型"选择场吊作业类型。

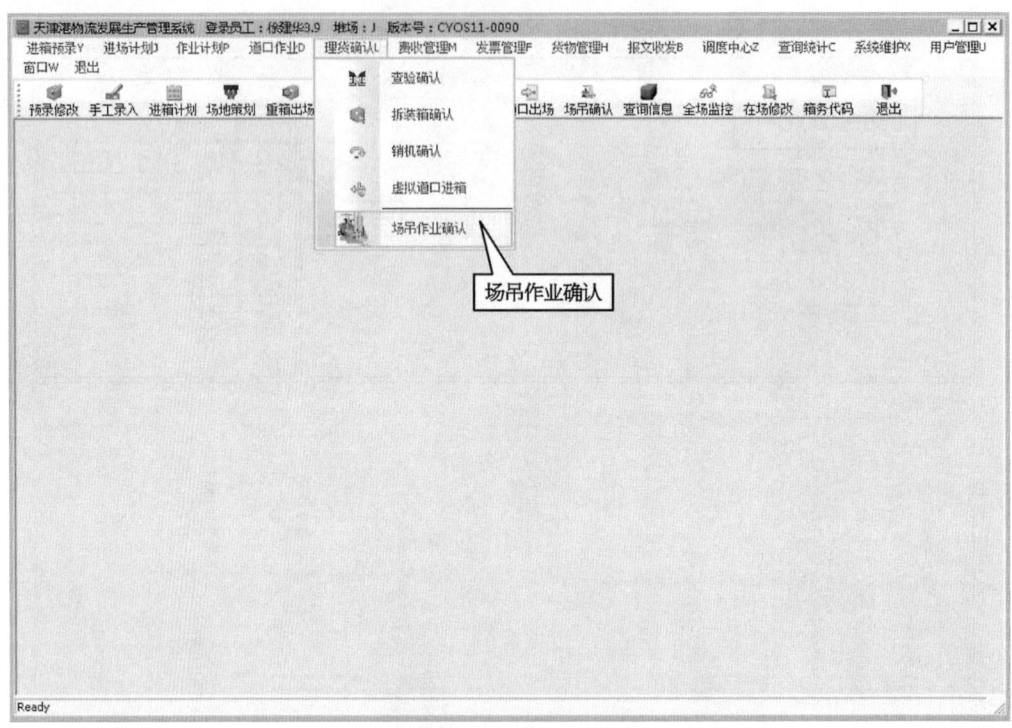

图 4-25　堆场生产系统操作界面——场吊确认

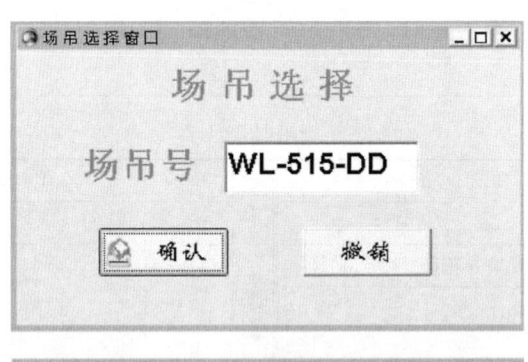

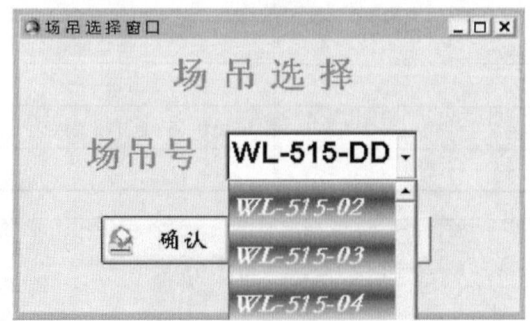

图 4-26　场吊选择界面

如图 4-27 所示为场吊作业类型选择界面，由于进行装火车作业的集装箱必须进行测偏作业，所以场吊确认作业时必须按"进测偏上→进测偏下→进场落位"的顺序进行。如图 4-28 所示为进测偏上作业。图 4-29 和 4-30 所示为进测偏下作业。

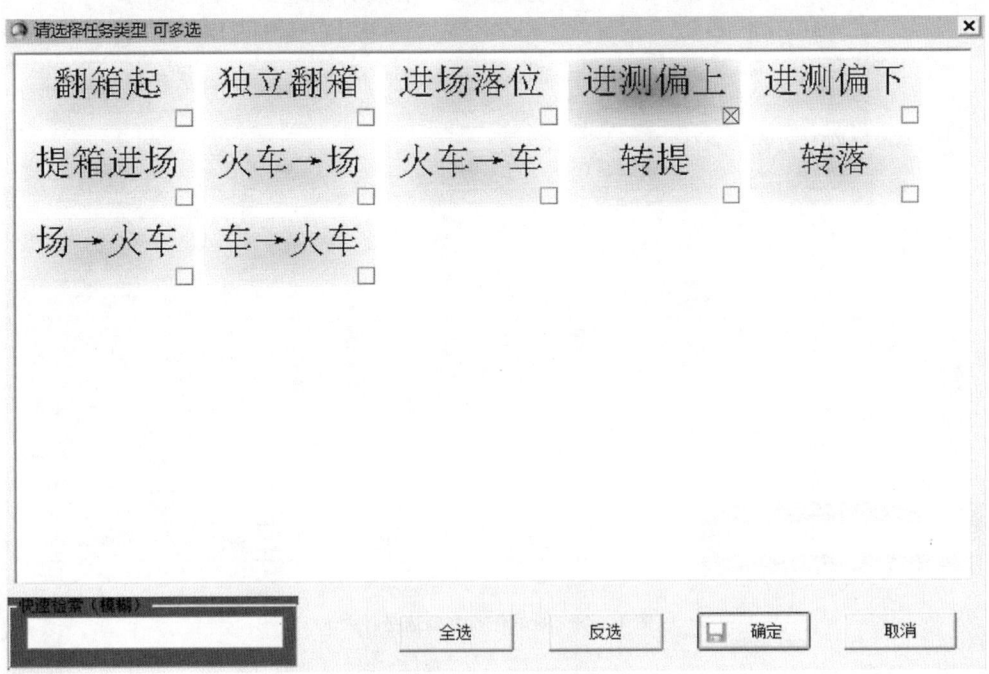

图 4-27　场吊作业类型选择界面

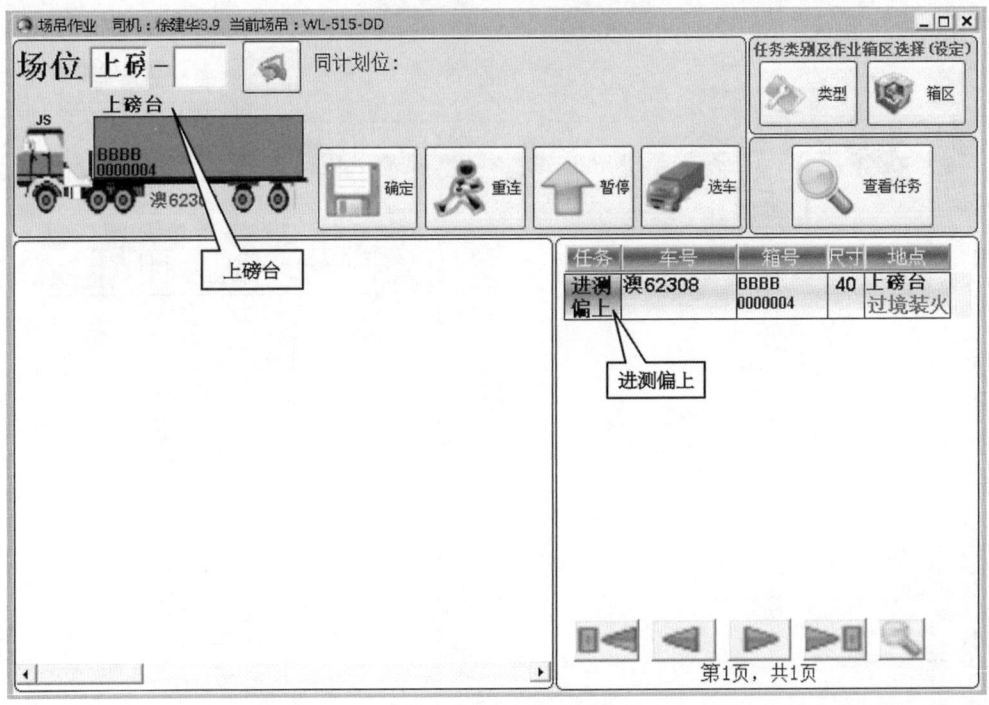

图 4-28　进测偏上作业

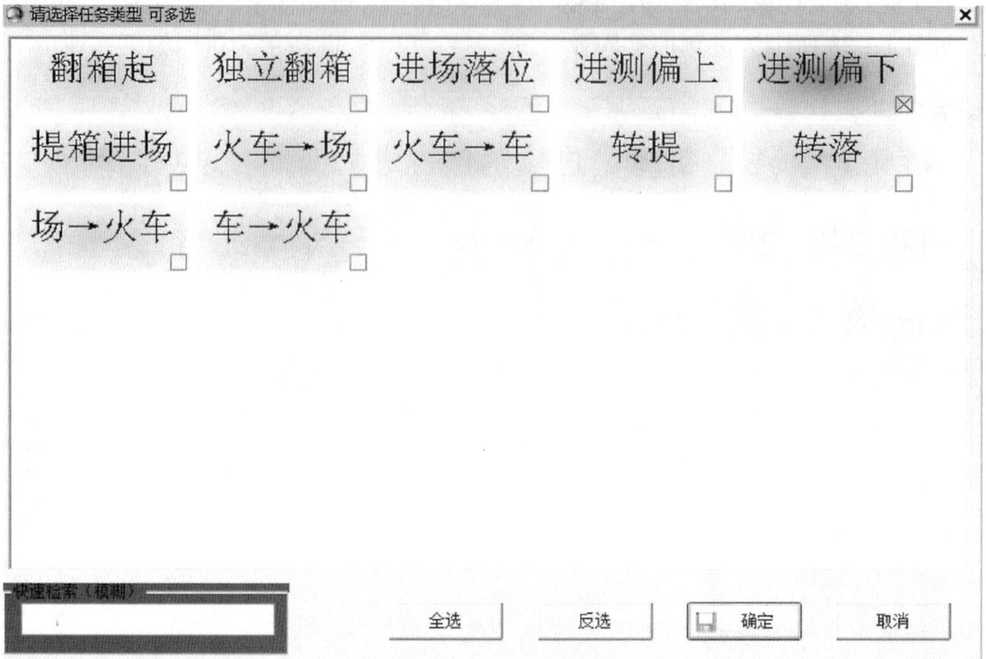

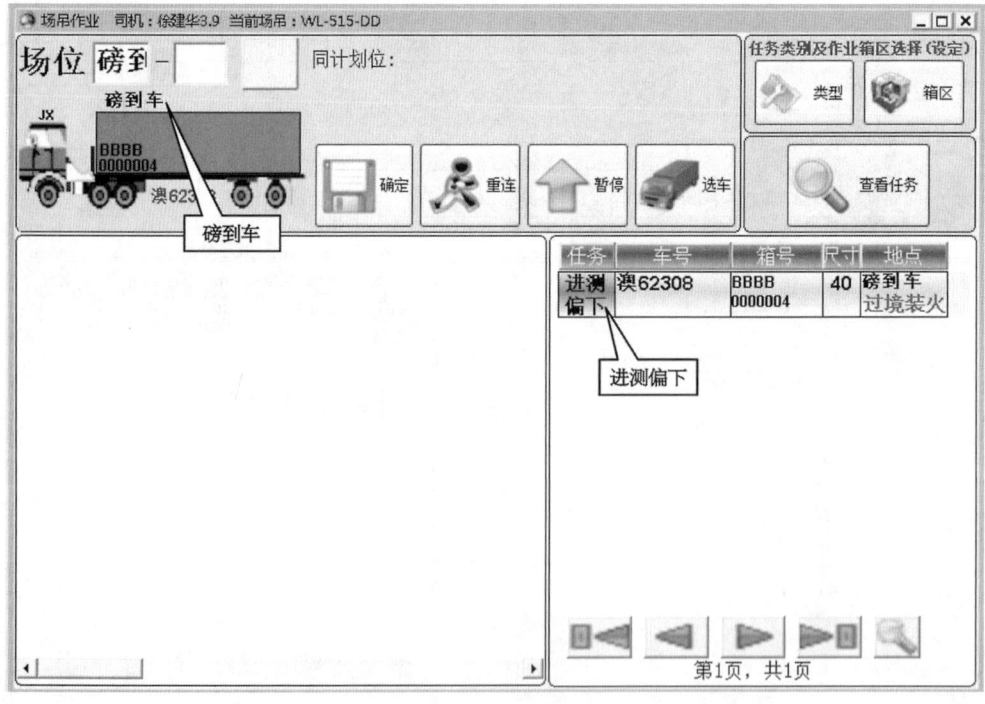

图 4-29 场吊作业类型选择界面

图 4-30 进测偏上作业

测偏通过后集装箱可以进场,即在测偏任务完成后执行进场落位作业任务,如图4-31所示即为进场落位类型选择。

图4-31 场吊作业类型选择界面

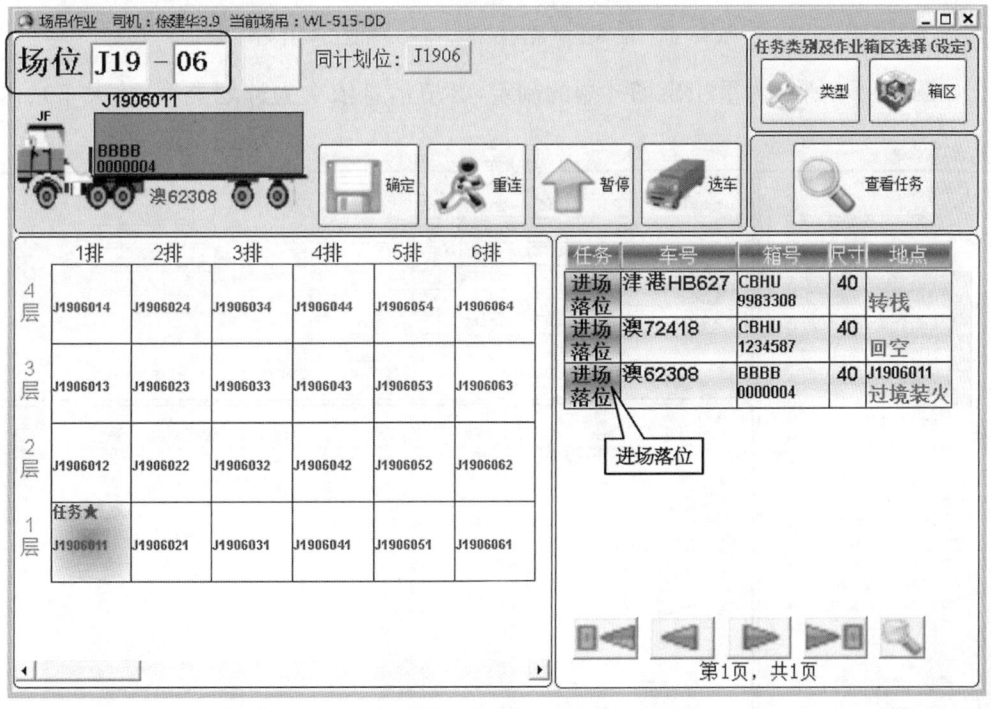

图4-32 进场落位作业

5. 重箱出场计划

场吊作业确认后,集装箱完成进场,之后执行过境装火车任务。首先制定集装箱重箱出场计划,选择"作业计划"选项卡下的"重箱出场计划",如图4-33所示。

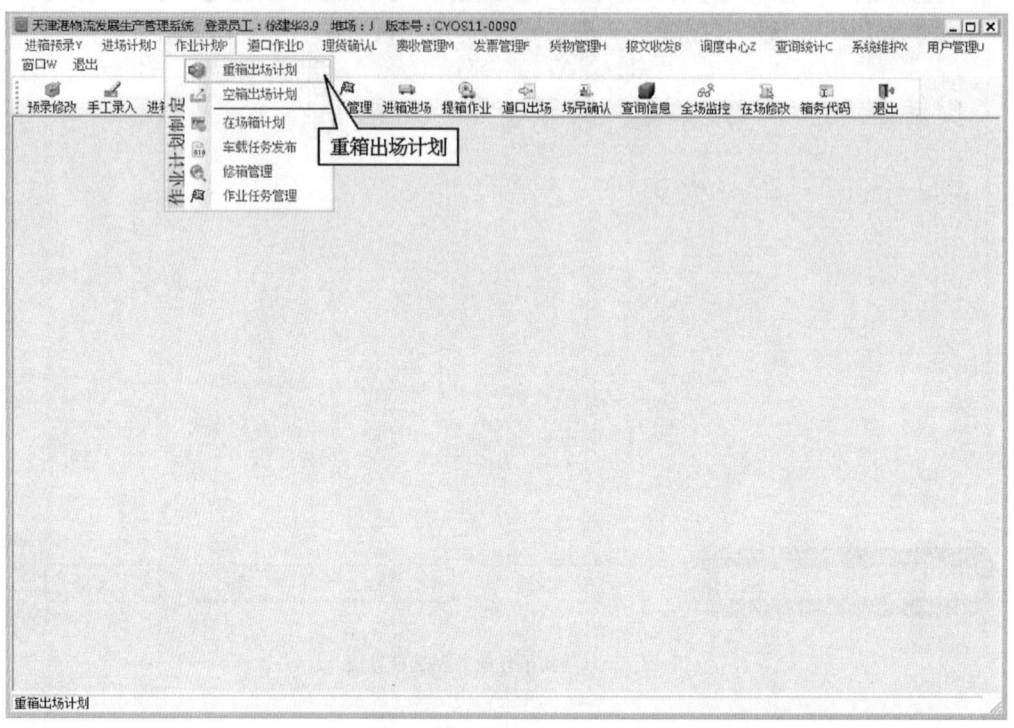

图4-33 堆场生产系统操作界面——重箱出场计划

如图4-34所示为重箱出场计划的制定,必填信息依次为计划类型(装火车)、内外

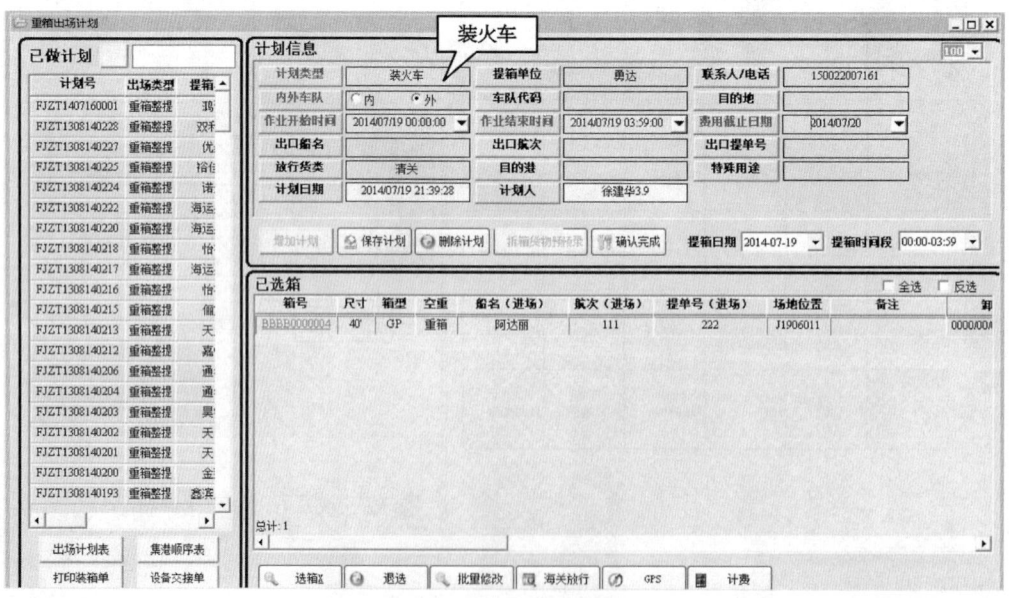

图4-34 重箱出场计划界面

车队、作业开始时间、作业结束时间以及费用截止时间。其中费用截止时间需晚于作业结束时间。填写完毕后单击"保存计划"进入计费界面，选择"现结收讫"后返回如图4-35所示界面，此时界面上显示"现结收讫"字样，即可以进行后续作业任务。此时还可以选择打印出场计划表以及设备交接单等单据。

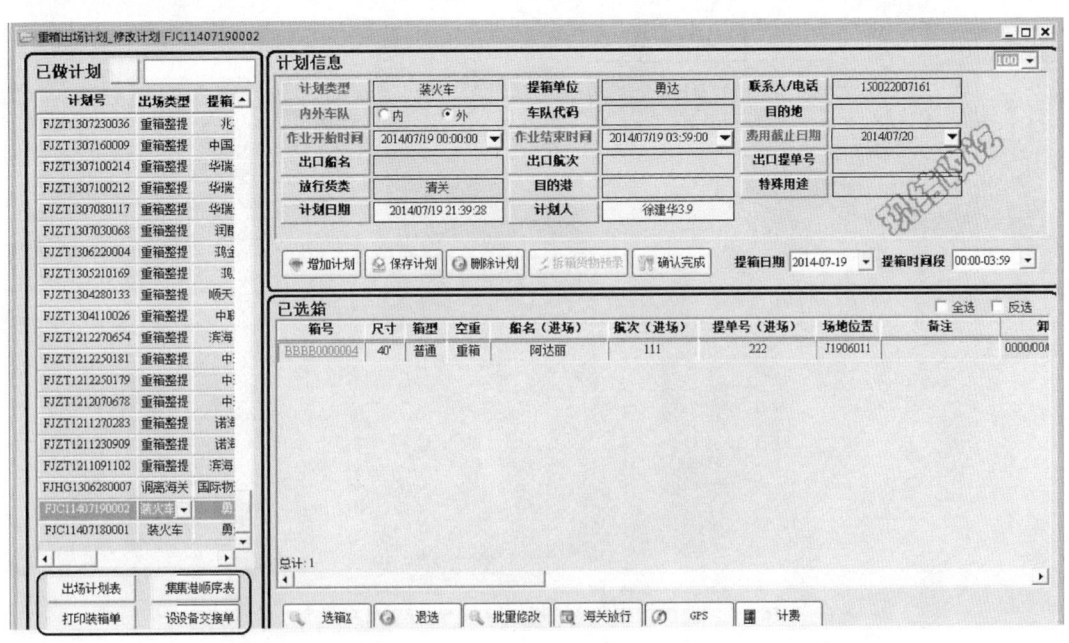

图4-35　现结收讫

6. 车载任务发布

完成集装箱重箱出场计划后开始执行车载任务发布作业，即过境装火车任务发布。如图4-36所示，在"作业计划"选项卡下选择"车载任务发布"。作业计划选项卡下有重箱出场计划、空箱出场计划、在场箱计划、车载任务发布、修箱管理以及作业任务管理等选项。

进入车载任务发布界面后单击"新任务"出现如图4-37所示发布任务类型选择界面。选择"场→火车"作业任务类型，单击确定后进入如图4-38所示的模糊选箱界面，输入对应执行过境装火车作业任务的集装箱箱号即出现对应箱号的集装箱信息，选择发布任务的过境装火车集装箱后，单击"确定"。

单击"确定"后完成车载任务发布即过境装火车（场→火车）任务发布，如图4-39所示即为过境装火车的集装箱信息。

7. 场吊确认

过境装火车任务发布完成后进行装火车场吊确认任务，如图4-40所示即为过境装火车场吊作业任务类型选择。由于集装箱进场后落在堆场内，所以此处选择"场→火车"作业类型。选择完成后单击"确定"。

如图4-40所示即为场吊作业确认界面，如图可知过境装火车的集装箱堆放位置为堆场J19箱区06贝位的第一排第一层。确认集装箱后单击"确定"即完成过境装火车场吊确认操作。

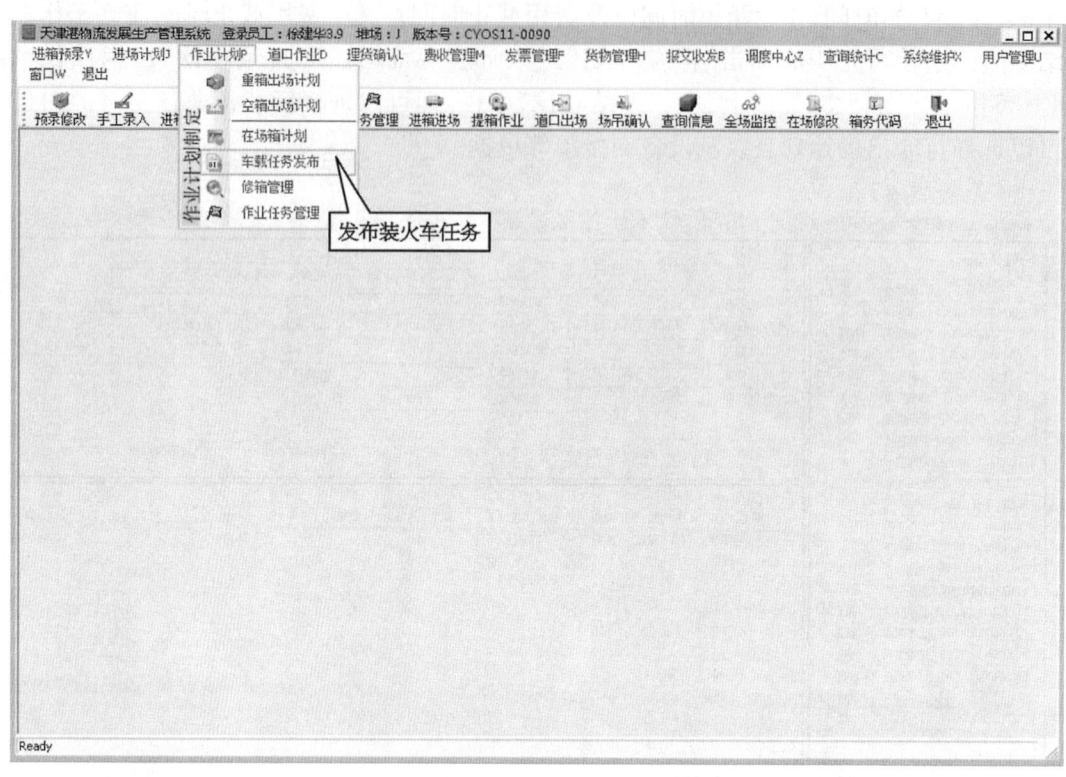

图 4-36 堆场生产系统操作界面——车载任务发布

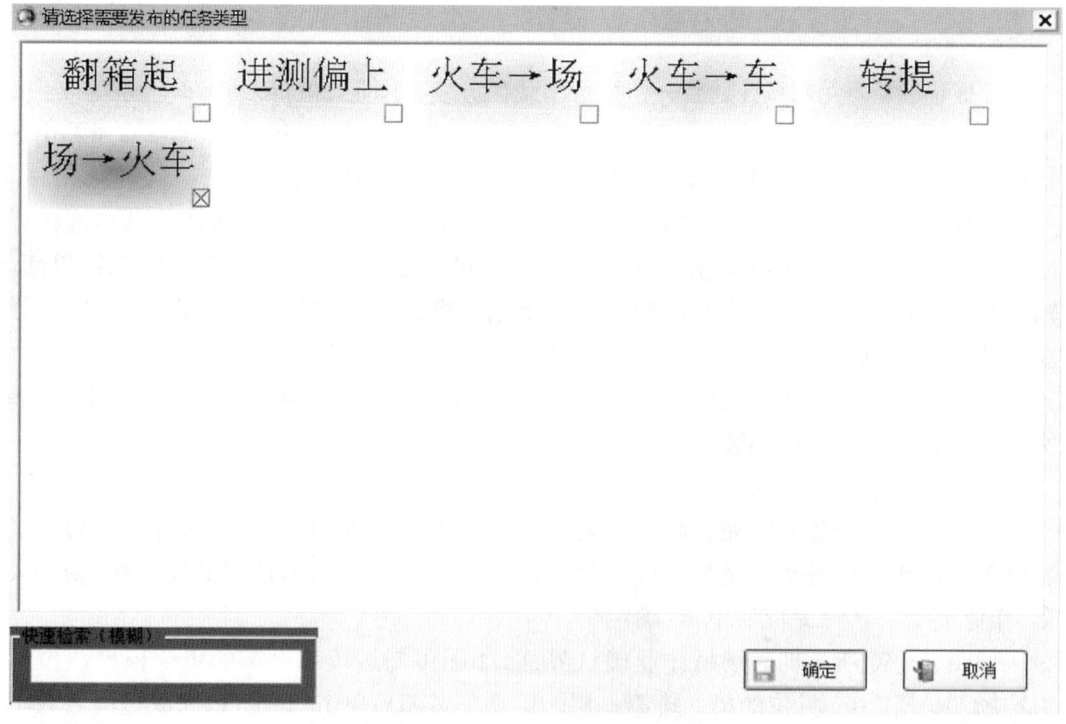

图 4-37 发布任务类型选择

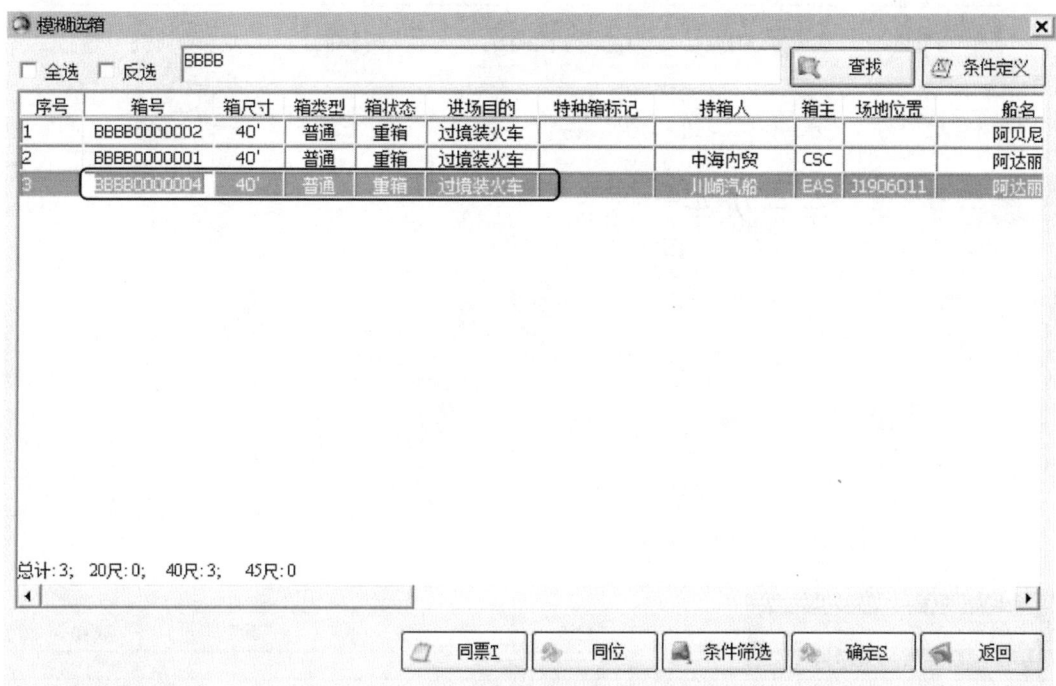

图 4-38 模糊选箱界面

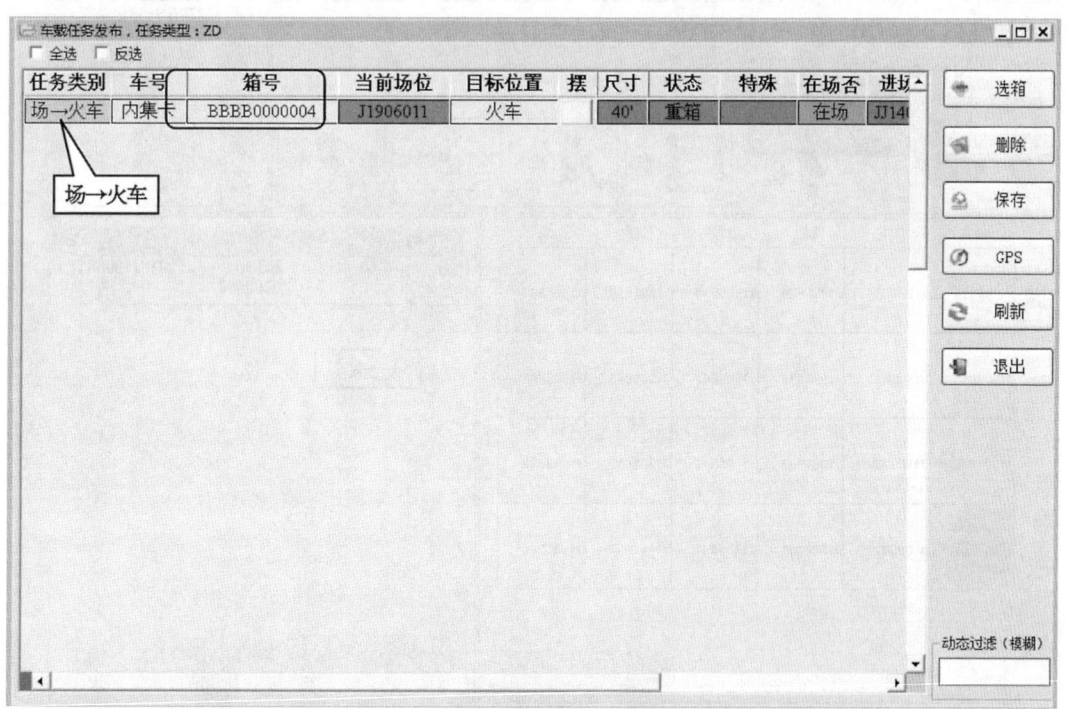

图 4-39 车载任务发布完成

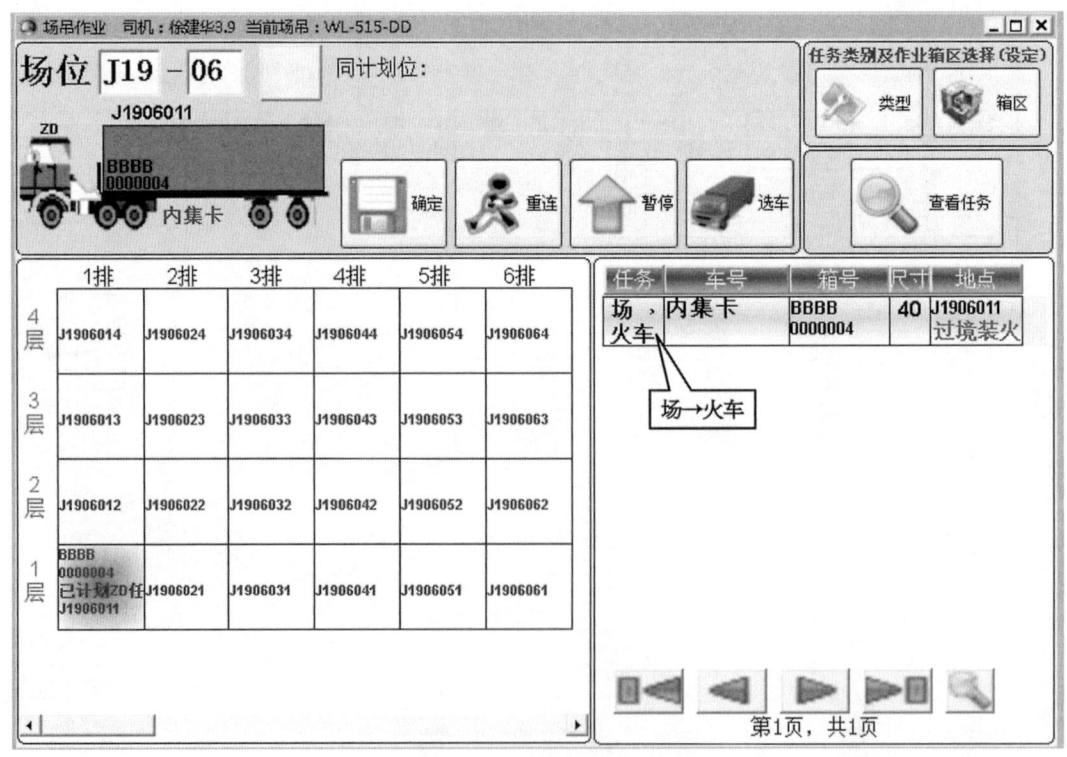

图 4-40 场吊作业任务类型选择

图 4-41 场吊作业确认界面

8. 销机确认

完成过境装火车场吊确认操作后进行销机确认作业，方可完成整个过境装火车作业。在"理货确认"选项卡下选择"销机确认"。如图4-42所示，理货确认选项卡下包含查验确认、拆装箱确认、销机确认、火车进场确认以及场吊作业确认等模块。

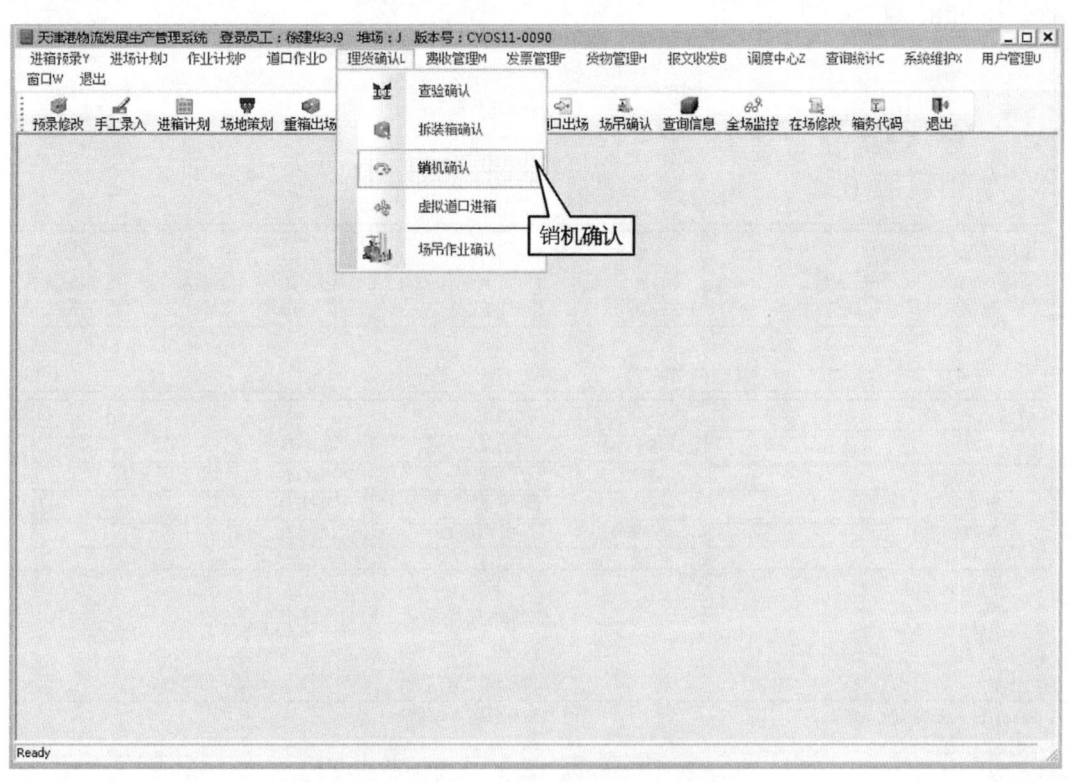

图4-42 堆场生产系统操作界面——销机确认

选择"销机确认"后进入如图4-43所示销机出场界面，可输入相应计划号或执行过境装火车作业的集装箱箱号，由于是火车出场并不是集卡出场，在输入集装箱箱号后不必再选择出场集卡车牌号，而是直接出现"火车"字样，表明该集装箱为装火车出场。

此时，输入界面下方的计划情况界面中将出现过境装火车集装箱的计划号、计划类型、费用截止日期等相关计划信息。并在最下方的单箱信息界面出现过境装火车集装箱的箱号、计划号、所属堆场、尺寸、箱型、箱状态、持箱人、箱主、进箱编号等相关箱信息。

确认信息无误，单击"提箱确认"后出现如图4-44所示对话框，输入对应集装箱过境装火车的火车车皮号。

输入对应火车车皮号后单击"确定"出现"是否打印出门证"的对话框，选择"是"，出现如图4-45所示出门证。

打印完出门证后出现如图4-46所示对话框显示"出场计划已提齐"。此时，即完成过境装火车从集装箱进场到装火车的整个过程。

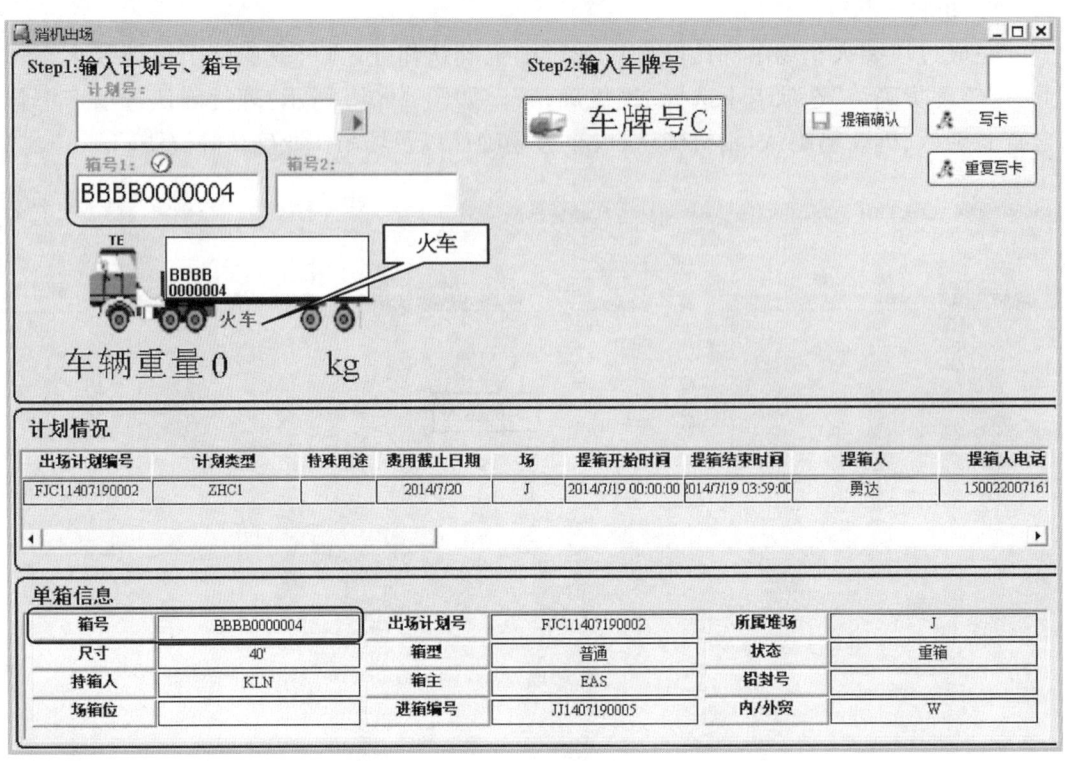

图 4-43 销机出场界面

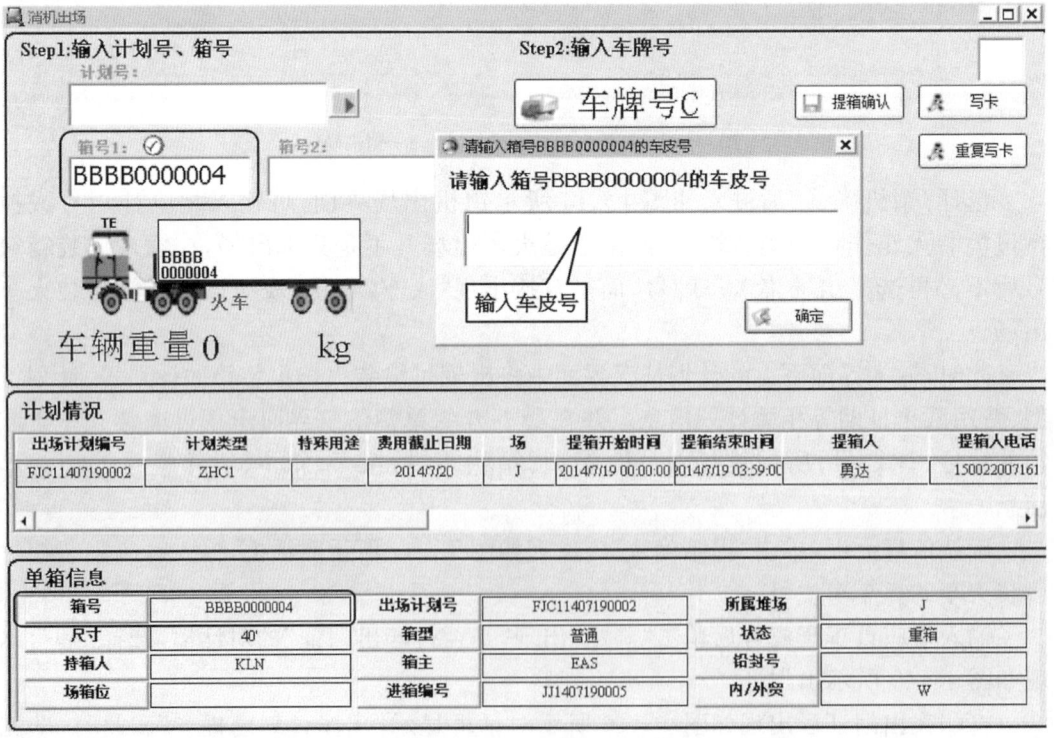

图 4-44 输入车皮号

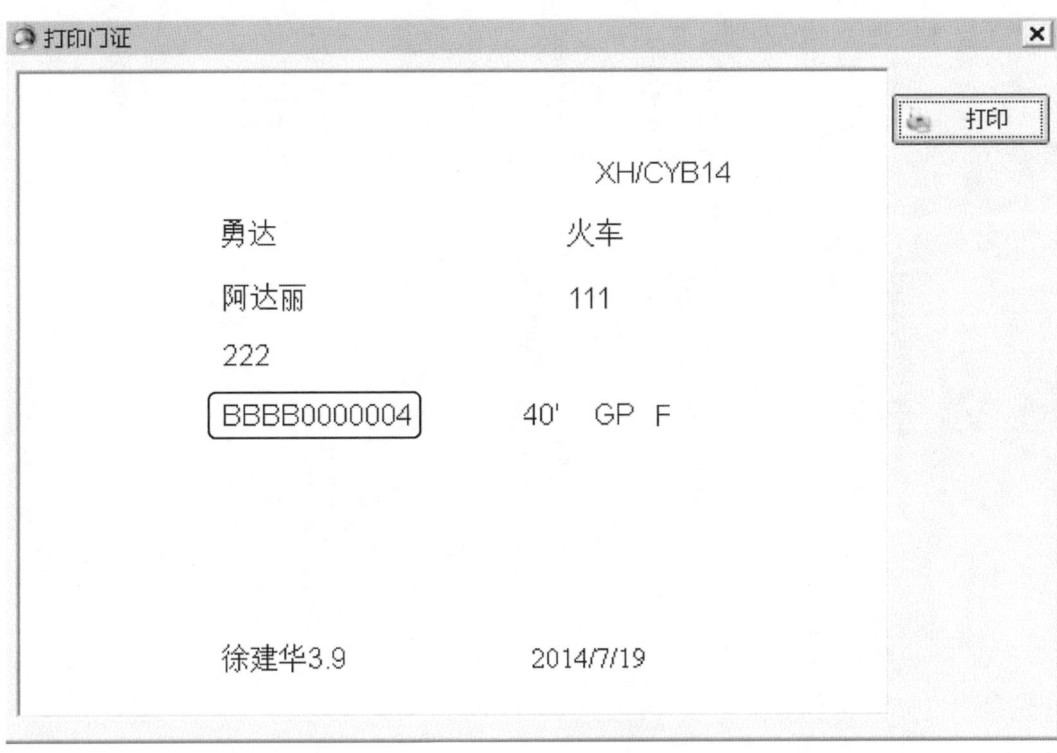

图 4-45 出门证

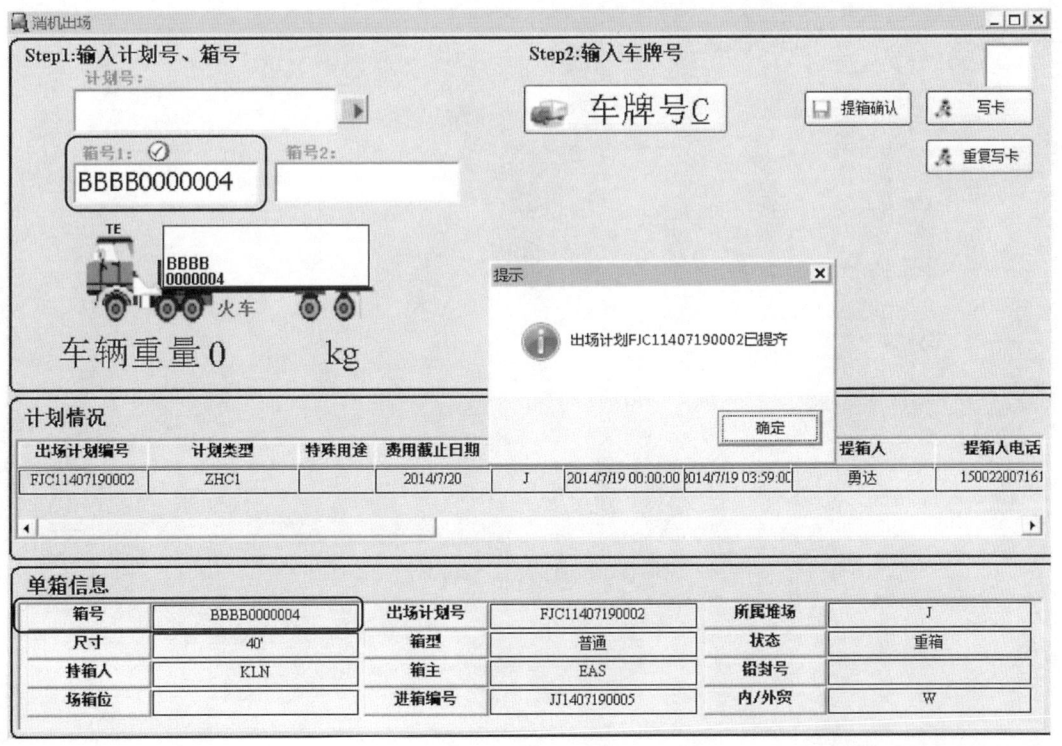

图 4-46 提箱作业完成

第5章

拆箱业务

本章介绍了无水港堆场涉及的相关拆箱业务，对集装箱拆箱过程中的理货、提货等环节进行了分析，对业务流程、相关信息以及相关单据进行了细致阐述，并重点描述了堆场拆提业务数字化管理的思想和操作方法，使读者能够较为形象直观地认识无水港堆场集装箱拆箱业务的数字化运营管理模式和流程。

5.1 拆箱业务概述

5.1.1 拆箱业务定义

堆场拆箱业务是指：根据货主委托，由堆场的拆装箱业务部门或集装箱货运站（Container Freight Station，简称 CFS）将装在同一个集装箱内某个或多个收货人所属货物取出的生产作业过程。

图 5-1 拆箱作业

5.1.2 拆箱业务分类

集装箱到达目的堆场后，根据货主实际需求进行拆箱，并将箱内货物提走。由于集装箱货可分为拼箱货和整箱货，拆箱地点可以在堆场、集装箱货运站或者货主仓库。拆箱货物可以采用车提、装火车、落驳等运输方式，因此，不同的组织流程使得货主提货情况各不相同。

按类别，拆箱业务可以分为拼箱拆箱和整箱拆箱：

① 拼箱拆箱是对拼箱货进行拆箱，指将装在同一个集装箱内多个收货人的物品取出，并交给收货人的作业过程，地点通常在集装箱货运站或者堆场。

② 整箱拆箱是对整箱货进行拆箱，指收货人所接受的货物为整个集装箱内的货物，地点可以在具有拆箱能力的最终客户单位或 CFS 货运站。

按对象，拆箱业务可以分为进口箱拆箱和出口退关箱拆箱：

① 进口箱拆箱是指堆场应货主要求为进口集装箱进行拆箱作业与服务的过程。

② 出口箱拆箱一般是由于某种原因（如货主变更贸易合同或船方爆舱）造成的出口

箱不能运抵码头正常装船,此种情况需要货主进行相应的拆箱提货处理。在无水港,对于出口退关箱,如果发货人暂时不打算出口,并且此时尚未将出口箱运抵至口岸城市,可在无水港海关办理退关等手续,然后委托无水港堆场进行拆箱作业。

按提货运输方式,一般可分为车提、落驳、装火车三种:

在货主提货时,舱单上的交货条款是 CY(堆场)条款,但由于货主没有整车提货的能力或其他原因而向堆场申请在堆场进行拆箱,由货主将集装箱内货物进行改装并提走。

① 拆箱车提是指将集装箱内的货物改装在由货主派来提货的散货卡车上的作业过程。

② 拆箱落驳是指将集装箱内的货物改装在由货主派来提货的驳船上的作业过程。

③ 拆箱装火车是指将集装箱内的货物改装在由货主派来提货的火车上的作业过程。

按流程,拆箱业务可以分为拆箱入库和拆箱直提:

① 拆箱入库是指集装箱拆箱完成后,暂时不需将货物提走,而是存放于仓库指定位置。通常在集装箱码头货运站进行。

② 拆箱直提是指集装箱拆箱完成后,货主直接将所属货物提走而不存入仓库。通常在无水港堆场进行。

按拆箱后的空箱处理方式,拆箱业务可以分为拆箱提货和拆提回本场:

① 拆箱提货(简称:拆提)是指堆场拆箱后,货主将货物和拆箱后的空集装箱一并提走的作业过程。

② 拆提回本场是指堆场拆箱后,货主只将货物提走,而拆箱后的空集装箱需要返回原堆场的作业过程。

5.2　拆箱业务的基本流程

集装箱拆箱业务可分为三大阶段,分别为拆箱业务信息收集与处理阶段、计划调度阶段和实际作业及确认阶段。

图 5-2　拆箱作业三大环节

如图 5-3 所示,对拆箱业务三个环节的主要作业内容进行了介绍。

① 信息收集与处理:该环节是各项业务的准备环节,也是信息系统正常运行的数据基础。在拆箱业务中,要先收集进口舱单中的箱信息和海关放行信息,以得到货主所属货物的相关信息,进而安排堆场拆箱作业。

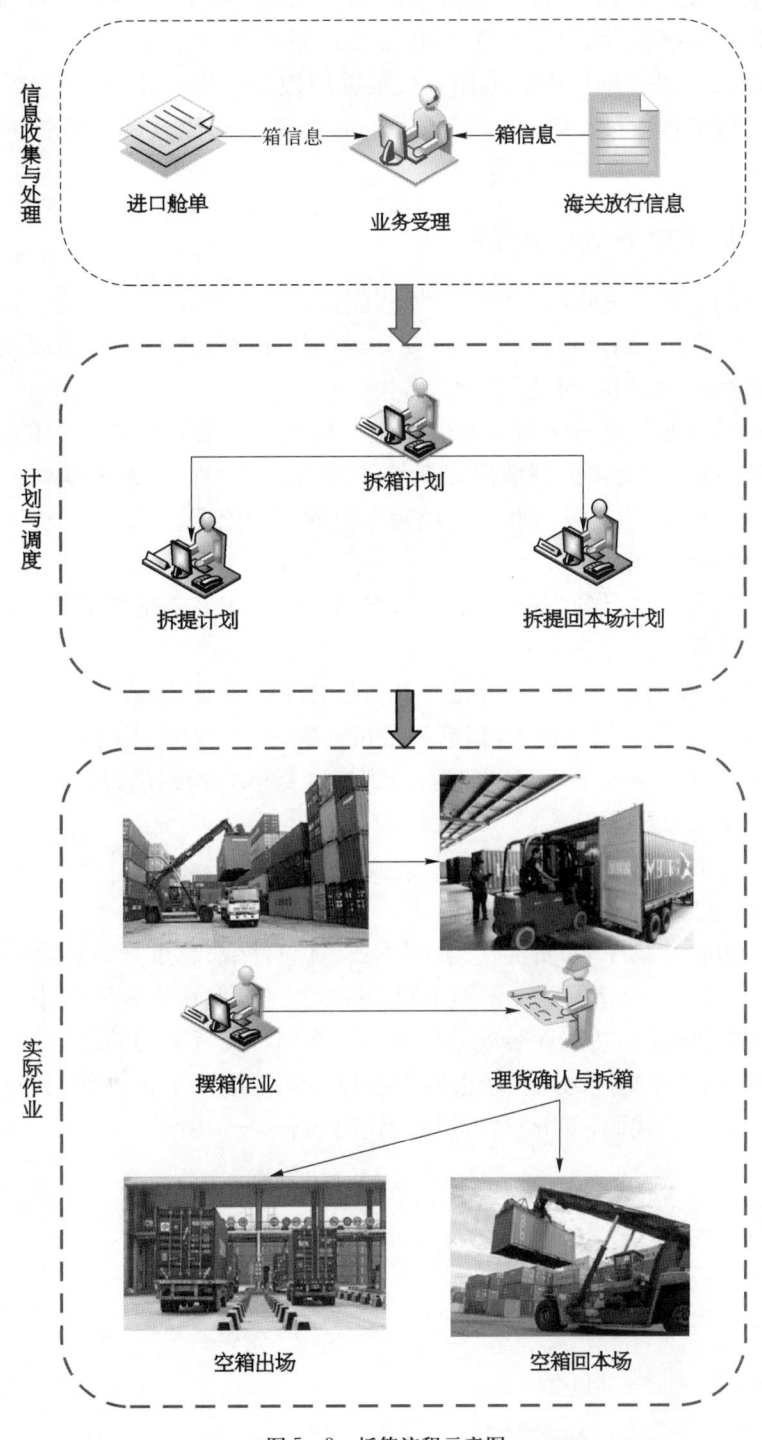

图 5-3 拆箱流程示意图

② 计划与调度：该环节是指堆场拆箱作业的资源分配与流程安排，包括场地和正面吊等相关计划和调度。如果货主需要将货物以及拆箱后的空箱一并提走，则制定拆提计划，即空箱需要制定出场计划。如果拆箱后的空箱属于堆场或者货主将拆箱后的

空箱交由堆场管理,则制定拆提回本场计划,即需要对拆箱后的空箱重新制定堆场内的摆箱计划,将空箱放到堆场合适场位,以供堆场循环使用。

③ 实际作业:是指堆场内的工作人员根据中控的调度安排,在指定拆箱地点进行拆箱作业。在拆箱作业过程中,需要安排理货员对集装箱以及箱内货物进行残损检验等理货确认工作。

5.2.1 拆箱业务信息收集阶段

拆箱业务的信息收集阶段是后续计划调度以及实际作业的准备阶段。无水港堆场作为管理方,在制定拆箱计划之前,必须要知道目标集装箱的提单信息以及箱内货物的具体信息,因此需获取相应的进口舱单。

进口舱单是按照提单号序列编制的船舶所载进口集装箱详细内容的汇总资料,其主要内容有提单信息、货物详细情况以及箱子的信息等。它是无水港堆场安排拆箱或提箱作业的重要单证,也是安排收货人提运作业的原始依据。

1. 进口舱单的内容

进口舱单的内容可以分为提单信息、货物信息以及集装箱信息三部分:

(1) 提单信息

① 提单号。提单号是客户用来提取集装箱的提单的编号,是受理提箱计划的依据。

② 交付条款。集装箱运输中,根据集装箱货物的交接地点不同,整箱货和拼箱货在船货双方之间的交付条款主要有门到门、门到场、门到站、场到门、场到场、场到站、站到门、站到场、站到站 9 种。

③ 装货港、中转港、卸货港。

(2) 货物信息

货物信息包括货物序号、货类代码、唛头数、货总件数、总重量、总体积等信息。

① 货物序号。一般情况下一份提单对应一类货物,但在实际工作中也有一份提单内包含多类货物的情况,货物序号就是用来标识不同种类货物的顺序号。

② 货类代码。货类代码是国家根据货物种类制定的一个标准代码,每类货物都有一个唯一对应的货类代码,部分货物的货类代码如表 5-1 所示。

表 5-1 部分货类代码表

	货类代码	货 物 名 称		货类代码	货 物 名 称
1	01	煤炭及制品	7	013	洗煤
2	011	焦炭	8	015	煤制品
3	012	原煤	9	019	其他未列名煤炭及制品
4	0121	无烟煤	10	022	汽油
5	0122	烟煤	11	023	煤油
6	0123	褐煤			

③ 唛头数。即运输标志,它通常是由一个简单的几何图形和一些字母、数字及简单

的文字组成,其作用在于使货物在装卸、运输、保管过程中容易被有关人员识别,以防错发错运。其主要内容包括收货人代号、发货人代号、目的港(地)名称及件数、批号。

④ 货总件数、总重量、总体积等。指该类货物的总件数、总重量以及总体积。

(3) 集装箱信息

集装箱信息的构成主要包括箱号、尺寸、箱高、箱型等,在进口舱单中一类货物信息往往对应多条集装箱信息。

2. 进口舱单的作用

如图5-4所示,进口舱单是船公司随船的货物数据,可以理解为船公司内部的一份提单,在船舶到达目的港时需要据此向目的港海关申报货物情况。它的货物描述必须与提货人持有的提单一致,否则收货人在目的港难以清关和提货。

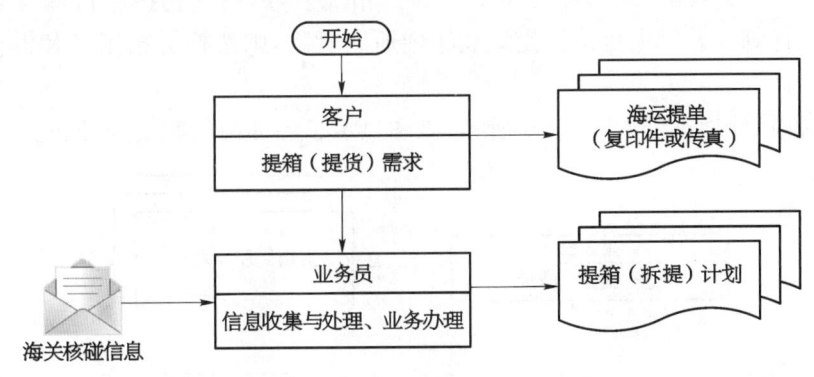

图5-4 信息收集与处理流程

5.2.2 拆箱业务计划调度阶段

在计划调度阶段,计划主要是指由堆场业务受理大厅为货主办理拆箱受理计划的过程,而调度则是指堆场受理拆箱后再由堆场调度员制定具体的拆箱作业计划,即安排具体的拆箱设备、工艺、人员班组以及拆箱作业地点(专门的拆箱箱区)等。

1. 拆箱受理计划

拆箱业务受理的流程大致可分为:信息核对、制定受理计划、结费、开票、打印计划表几个环节,如图5-5所示。

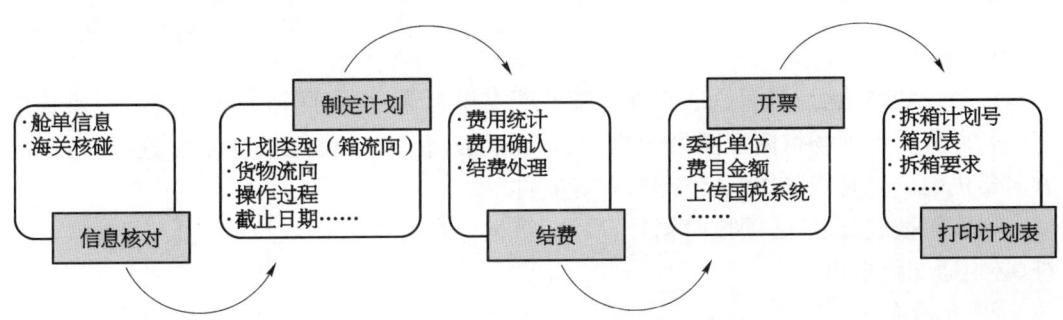

图5-5 拆箱业务受理流程

其中,受理计划制定的内容主要包括箱货分离后箱子的流向和货物的流向以及拆箱作业的相关要求和计划拆箱的截止日期。

① 箱流向：拆提、拆回。

② 货物流向：拆箱入库、拆箱车提、拆箱装火车等。

③ 操作过程：人力、机力等。

④ 截止日期：影响堆存费计算。

2. 拆箱作业计划

拆箱作业计划是由堆场调度员制定的更为具体的拆箱作业过程与资源安排。由于一般情况下都需要将待拆的集装箱放到指定拆箱区进行拆箱作业，因此需要为待拆重箱制定"摆箱计划"。若集装箱内货物需要拆箱入库，则还需要根据货名、货类、数量等，选择安排货物存放位置，并选择拆箱工具和拆箱工艺，编制货物拆箱进库计划，以及相关生产调度计划。若货主直接提走集装箱内所属货物，则选择拆箱工具和拆箱工艺，编制拆箱提货计划。

综上，拆箱计划过程如图 5-6 所示，该图显示了各部门的职责与任务。

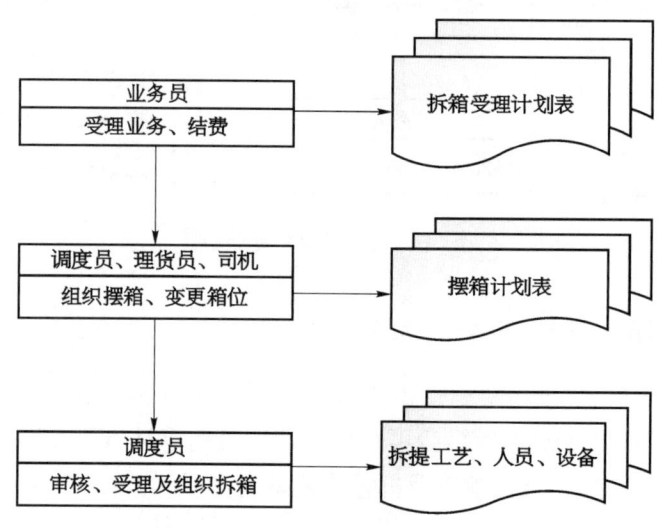

图 5-6 拆提业务计划调度

5.2.3 拆箱业务实际作业阶段

1. 摆箱作业

摆箱计划确认后，调度员通知堆场管理部安排运输、组织摆箱。摆箱时当班班长指定一名理货员到现场指挥正面吊司机、叉车司机摆箱，要尽可能按计划位置摆放，箱门方向要正确。如有特殊作业要求的，做好安排。

集装箱摆放好后，必须核对箱号、尺寸、箱类等有关资料是否与单证上一致，如有不符，必须通知货主更正。

2. 开箱准备

负责装拆箱的理货员将办妥的内、外贸单证交于外理，待货物、货主或货代到场后才能进行拆箱,同时通知外理实时理数以及填写装箱理货计数单等,并在单证上批注拆箱情况。此外,通知调度安排理货员、装卸工人、叉车司机就位作业。

箱门打开前,首先观察箱门有无明显损坏变形、异样以及铅封是否完好。如果发现铅封缺失,或箱体损坏等,必要时应通知船公司派人到场,双方现场观察拆箱过程的实际情况。

通常在开启右门后,需要确认箱内货物堆放情况正常,才能完全开启左箱门,如发现箱内货物有向外倾倒的可能,必须立即采取相应措施做好支撑,防止货物倾出受损、伤人,然后才可完全开启箱门。

3. 拆箱作业

箱门打开后,应先检查货物外包装情况,确认外包装完好,则可以将货物逐件搬移出箱外。

货物搬出后,应核对货名、货物标志规格、件数、单件重量以及体积等货物信息,该信息应与拆箱计划资料核对相符。然后对各票货物分唛点数,分唛进库堆放。如发现货物包装异样,货名、件数、规格等与拆箱计划不符,应立即做好书面记录,必要时拍照存查,并立即通知货主,以界定责任。

拆箱完毕后,货主确认拆箱情况,理货员开具"内部提货凭证"给货主,完成系统录入,并填制"拆装箱作业报告表"。

4. 空箱操作——拆回本场

对于拆回本场业务,空箱需归还至本堆场箱管点或先暂时堆放在堆场,日后再由堆场代为还箱至指定箱管点。

① 检查箱体。集装箱拆空后,堆场管理人员或者货运站人员应该督促工班对集装箱进行基本的清扫,清除空箱原有的标志物,并对集装箱的内表面状况进行检查,对箱体存在的破损、水湿、油污、变形等状况做好记录,及时向箱管点反馈箱体情况信息。

② 归还空箱。拆箱作业完毕,应立即将空箱信息反馈给堆场,及时安排空箱返场,或送还到箱属公司指定的空箱场区。

5. 空箱操作——货主提箱

堆场箱子拆空后,堆场接收空箱信息,如果货主要将拆箱后的空箱提出堆场,则在制定的拆提计划中将包含空箱出场计划,货主持提箱凭证将空箱提走。

① 检查箱体。对于货主提箱,同样需要进行空箱的检查,并记录箱体状况,保证其信息的准确,以便责任的界定。

② 提空箱。理货员根据"拆提(回空)计划表"确定空箱是需要回本场还是货主提走,并指挥正面吊司机进行提箱。货主持提箱凭证到堆场拆箱现场进行提空箱。

6. 货物操作——入库

若货主需要将货物先暂存于无水港堆场仓库或其集装箱货运站内,日后再来提货,则进行货物的入库作业。对于外贸货物,如果未获得海关放行,货主可到海关处申请拆箱入库,如果已经放行则无须此手续即可到堆场申请提货。货主持海关同意的拆箱证明申报拆箱提货(需要海关监拆的应在单据上注明)。对于内贸货物,则可直接申请提货。

堆场拆箱前,业务员编制货物的入库计划,现场打开箱门后,由理货员检查与确认货物的残损情况，如有残损，及时记录并告知货主，以界定责任。货物经过理货确认后，可直接按照计划安排的仓库货位安放。

① 货物入库。入库前，核对货物名称、种类、型号等信息，并清点货物数量；对清点、检查无误的货物进行入库作业，安排现场作业人员和机械将货物拆入仓库存放，并作好检查记录，对货物分类摆放（若需要海关监拆的货物，必须是海关人员在场的情况下，才能进行集装箱货物的开箱拆货入库作业）；填写货物入库总账和分类账。

② 货主提货。对于外贸货物，在报关后，货主持已办结海关和检验检疫手续的提单到堆场业务大厅申请办理提货手续。业务员核对单证后换发提货单，货主持提货单到堆场仓库提货。仓库员根据提货单内容，核对仓库收货记录并核实实际货物，确认无误后安排发货操作（装车、装卡、装船）。

对于内贸货物，货主到堆场业务大厅办理仓库提货业务，然后持仓库提货单到仓库提货，仓库员根据货主提货单内容，确认信息无误后安排发货操作。

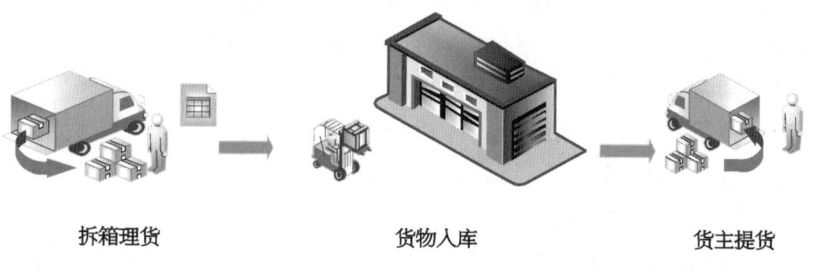

图 5-7　货物入库提货业务流程

7. 货物操作——车提

货物拆箱直提（车提），是指货主将持提货凭证，直接将堆场拆箱后的所属货物提走。

对于外贸货物的拆箱货物直提，货主凭提货单和海关同意的拆箱证明到堆场业务大厅办理箱边提货手续，业务员安排指定的集装箱到拆箱区域进行拆箱。货主持提货凭证到拆箱场地提货。业务组调度派出工班机械进行拆箱作业，并同时核对货物、点数交接，现场调度员指挥堆场作业人员进行货主货物的装车作业。装车完毕后，货主持堆场人员开具的内部提货凭证，换取集装箱货物出门证，提货出门。最后，计费员和统计员在系统中进行本次拆箱提货业务的费用结算。

综上，拆箱提货实际作业流程如图 5-8 所示，该图显示了各部门的职责与任务。

5.2.4　拆箱业务泳道图

无水港堆场拆箱业务详细流程可用泳道图来表述。泳道图是一种 UML 活动图，能够清晰地体现出某个动作发生在哪个部门。泳道图在纵向上是部门职能，横向是岗位（有时候横向上不区分岗位），将模型中的活动按照职责组织起来，方便地描述了企业的各种业务流程，能够直观地描述系统的各活动之间的逻辑关系，利于用户理解业务逻辑。如图 5-9 所示，该泳道图展示了货物集装箱从进入无水港堆场到货主将货物提走的整个详细流程。

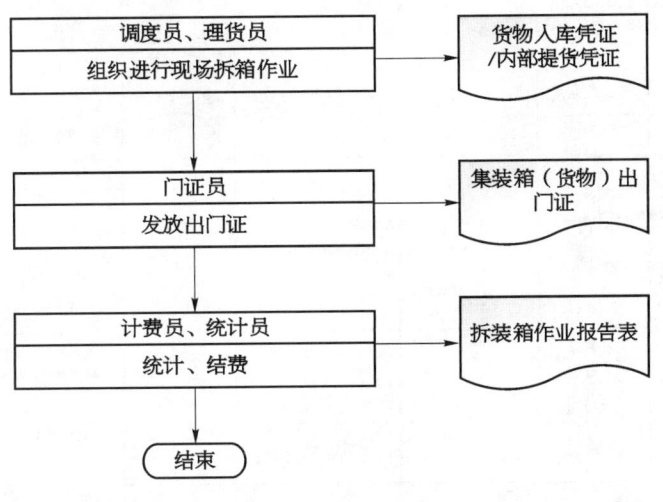

图 5-8 实际作业

① 大厅业务员接到货主拆箱申请后,审核货主提供的提单信息,查询在场箱信息,并根据提货单上的海关放行号进行海关核碰。确认客户提单上的所有所属箱均放行后,根据"交货记录"上的箱号以及拆箱货物的特性及要求安排好位置,然后根据办单的计划号,在电脑上作计划确认,确认时把计划位置填上,并打制拆箱计划。主要包括:计划类型(拆提、拆回)、货物(直提、入库)、操作过程(人力、机力)、收费方式、单位、姓名、电话、截止日期(堆存费日期)、箱号,整箱货物录入(货名、件数、重量、体积、提单号、船名、航次),配货确认货物信息。计划信息确定后则需要由系统进行费用统计,包括堆存费、堆存天数、转栈费、拆箱费、验箱费、回空费、搬移费、吊装费等,计费员收费后为货主打印计划表。

② 业务员在系统中制定摆箱计划,将要拆箱的集装箱安排到拆箱箱区。调度员将摆箱计划交给现场作业人员安排运输、组织摆箱。如需使用内集卡,业务人员发送用车计划给调度中心,由调度中心派车前往执行摆箱任务。理货人员根据调度人员安排指挥摆箱,摆箱完成后,变更系统中的集装箱箱位信息。

③ 调度员审核并组织拆箱作业,安排具体的拆箱工艺和相关人员与设备,并且确认相关注意事项。

④ 调度员根据业务员提供的"拆提(回本场)计划表"安排拆箱作业。理货员根据"拆提(回本场)计划表"指挥装卸工人、叉车司机进行拆箱。拆箱完毕后,货主在"拆提(回本场)计划表"上确认拆箱情况,理货员与客户共同在"货物入库(提货)凭证"上签字确认提货件数后,开具"内部提货凭证"给货主,并填制"拆装箱作业报告表"。

若拆回本场箱,则由拆箱理货员验残,并通知业务员定制摆箱计划。业务员将制定的摆箱计划交由调度员,组织摆箱、安排运输。如需内集卡,业务员向调度中心发布GPS运输计划,由调度中心派车完成作业。现场理货根据调度员的安排指挥摆箱,摆箱完成后变更系统箱位信息。

若需要提空箱,则货主持提箱凭证,将空集装箱提走。业务员制定空箱出场计划,调度员安排现场提箱作业。

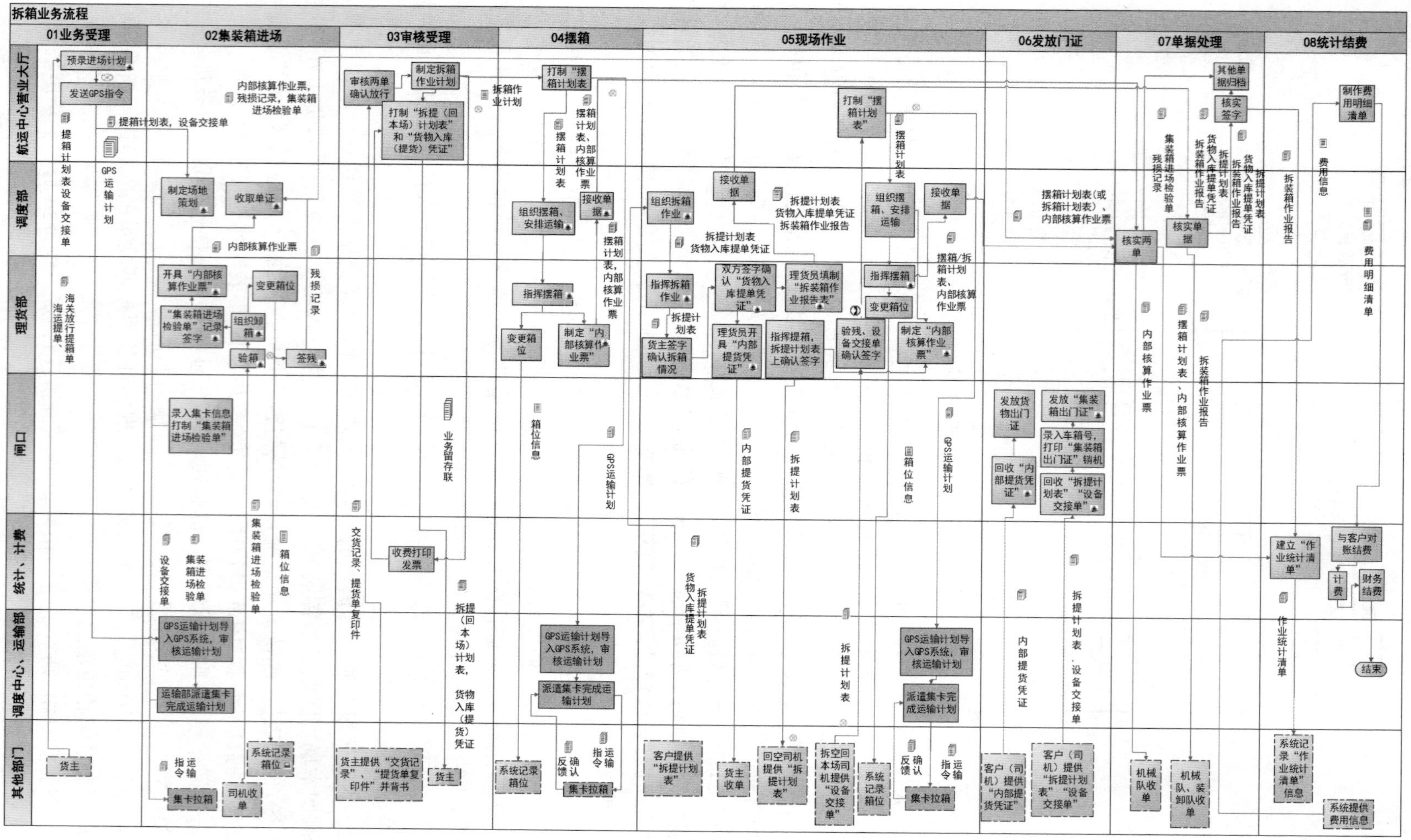

图 5-9 拆箱业务泳道图

⑤ 货主提货后,门证员回收"内部提货凭证"发放货物出门证。提箱后,回收"拆提计划表",核销系统,发放"集装箱出门证"。

⑥ 理货员将"拆提(回本场)计划表"、"货物入库(提货)凭证"以及"拆装箱作业报告表"返调度员。调度员审核后将"拆装箱作业报告表"分发给装卸队、机械队以及业务员,并将"拆提(回本场)计划表"、"货物入库(提货)凭证"返给业务员,业务员审核后将"拆装箱作业报告表"返统计员。

统计员根据"拆装箱作业报告表"建立"作业统计清单"。计费员依据确认完毕的账单明细与作业合同、实际进箱数量核对后,与客户对账,结费。

5.3 拆箱业务相关知识

1. 集装箱场站

在集装箱运输过程中,集装箱货物的交接地点主要有三处,即集装箱堆场、集装箱货运站和收(发)货人工厂或仓库。

集装箱堆场(Container Yard,CY)指设在集装箱码堆场内的货运站(亦称港内货运站)。它是整个集装箱堆场的一个组成部分,它的业务与集装箱堆场类似,承担着收货、交货、拆箱和装箱作业,并对货物进行保管。

集装箱货运站(Container Freight Station,CFS),指为拼箱货装箱和拆箱的船、货双方办理交接的场所,如图5-10所示。

图5-10 集装箱货运站

发货人或收货人工厂仓库(DOOR),指在货主单位内堆场或仓库进行装拆箱货物的场所。

集装箱货运站是集装箱运输关系方的一个组成,在集装箱运输中起到重要作用。它办理拼箱货的交接,接受堆场交来的进口货箱,进行拆箱、理货、保管、最后拨给各收货人的业务。同时也可按承运人的委托进行铅封和签发场站收据等业务。

承运人在一个港口或内陆城市只能委托一个集装箱货运站的经营者并让它代表承运人办理下列主要业务：

① 拼箱货的理货和交换；② 对货物外表检验，如发现有异状时，就办理批注；③ 拼箱货的配箱积载和装箱；④ 进口拆箱货的拆箱和保管；⑤ 代承运人加铅封并签发站收据；⑥ 办理各项单证和编制等。

货运站主要用于拼箱货物的拆箱和装箱。在进口时，把混装的货物从箱中取出，按每个收货单位分开；出口时，把不满一个集装箱的小批零担货物拼装成整箱。因此，在货运站需要进行一般件杂货的装箱、拆箱和保管工作，货运站应配备拆装箱和堆码用的小型装卸机械。货运站的规模应根据拆装箱的比例来确定。

① 设置于集装箱码头内的集装箱货运站。它主要处理各类拼箱货，进行出口货的拼箱作业和进口货的拆箱作业。货主托运的拼箱货，凡是出口的，均先在码头集装箱货运站集货，在货运站拼箱后，转往出口堆箱场，准备装船；凡是进口的，均于卸船后，运至码头集装箱货运站拆箱，然后向收货人送货，或由收货人提货。一般的集装箱码头，均设有集装箱货运站。

② 设置于集装箱码头附近的集装箱货运站。这类集装箱货运站设在码头附近，独立设置，不隶属于集装箱码头。之所以这样设置，一般有两种原因：

第一种是作为集装箱码头的一个缓冲地带，缓解码头的场地紧张。有的集装箱码头业务繁忙，自身集装箱货运站规模有限或堆场紧张；有些拼、拆箱作业就拉到码头外集装箱货运站进行；有些拼箱货卸船后，直接拉到码头外集装箱货运站，可提高码头堆场的利用率。上海与香港由于码头狭小，经常有这类集装箱货运站。

第二种是集装箱码头内不设集装箱货运站，在集装箱码头外设独立的货运站。我国台湾省的一些集装箱码头，存在这样的集装箱货运站。

③ 内陆集装箱货运站。这类集装箱货运站设于内陆，既从事拼箱货的拆箱、装箱作业，也从事整箱货的拆箱、装箱作业。有的还办理空箱的发放和回收工作，代理船公司和租箱公司，作为空箱的固定回收点。内陆的拼箱货或整箱货，可先在这类集装箱货运站集货、装货，然后通过铁路和公路运输，送往集装箱码头的堆场，准备装船。从口岸卸下的进口箱，经铁路和公路运输，到内陆集装箱货运站拆箱，然后送到收货人处。

集装箱铁路基地站或办理站，有的要从事一些拆箱和拼箱的业务，所以通常兼有集装箱货运站的性质。集装箱公路中转站一般都要进行拼箱货的拆装箱，因而均可称为集装箱货运站。

集装箱货运站对整箱货或者拼箱货进行拆箱操作，进行完拆箱操作后，根据货主需求将货物进行车提或者入库，其作业可参考图5-11。进行拆箱计划安排时，装卸区应将下列单证交货运站：① 货运舱单、集装箱清单、特种货清单（为船公司的交货通知）。② 装箱单（为船公司的拆箱指示）。③ 提单副本（为交货时核对提货单的依据）。④ 批注清单（为交货时划分责任的依据）。货运站根据货运及装箱情况，编制拆箱计划，并

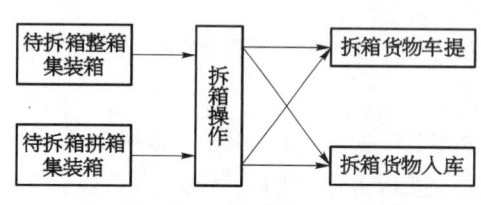

图 5-11 CFS 拆箱业务流程

及时联系收货人,确定提货时间,据以安排拆箱卸货计划。

2. 拆箱理货

拆箱理货指在拆箱作业开始前,向场站索取进口集装箱装箱舱单或者提货单,必要时索取装箱单进行理货。在理货前,必须确认海关已放行或接到海关监管指令后才能进行。理货的主要任务是核对集装箱箱号、检查集装箱箱体是否完好、铅封是否完好,并及时做好记录。

拆箱理货流程主要包含以下几个方面[17]:

① 理货员应对照相应的单证核对箱号、铅封进行理货作业。主要核对货物的标志、件数、包装等,理清数字、分清残损,并做好记录;

② 理货人员应对拆箱集装箱验封。如果发现铅封断失或拆箱单位自行启封、箱内货物数字短少或残损,不得编制集装箱货物溢短/残损单,由拆箱单位自行负责。对船方签认铅封断失的集装箱,不论船方是否负责箱内货物,在启封前,理货人员均应到场验封、理货;

③ 对拼箱货物进行拆箱理货时,理货人员需要认真做好箱内货物的分票,并核对各票货物的标志,理清数字;

④ 在拆箱过程中,如果出现实际货物比进口集装箱舱单(提货单或装箱单)数字有溢短时,应做好相应的溢短记录,有原残的,应做好原残记录;

⑤ 理货结束后,正确编制装/拆箱理货单,注明理货时间、装/拆箱地点及场站人员的签认;

⑥ 对装箱集装箱,在货物装箱后,理货人员应施加铅封。

拆箱理货注意事项:

① 坚持理货人员到场理货,既要求理货人员在拆箱前到达作业现场,拆箱结束后方能离开。

② 为正确判断交接责任,坚持理货人员到场后启封拆箱的规定,必要时对数量短缺、货物有误和有严重残损的集装箱建议拍照及保存原封号作为理赔的依据。

③ 凡对 CY 和 DOOR 交接方式的集装箱,当海关、卫检、动检开箱检验时,要提请有关单位申请重新施封,以防止货物灭失。

④ 要掌握集装箱进口卸船时的箱体残损情况。

⑤ 理货人员应具有货物积载知识和货物装卸知识,以便分清货物致残的原因。

3. 拆箱提货

拆箱提货是指集装货运站从堆场取回重箱后,即可开始拆箱作业;拆箱后,应将空箱退回堆场。收货人前来提货时,货运站应要求收货人出具船公司签发的提货单,经单货核对无误后即可交货,双方应在交货记录上签字。如发现货物有异常,则应将这种情况记入交货记录的备注栏内。

拆箱提货时,货物集散型的内陆港口站,在进口货运中的主要业务与要求一般为:

① 做好提货准备工作。集装箱货运站在船舶抵港前,应从船公司或船代处获得有关单证,包括提单副本、货物舱单、装箱单、货物残损的报告和特殊货物表等。在船舶进港时间、卸船和堆场计划确定后,货运站应与堆场联系,确定提取拼箱集装箱的时间,并

制定拆箱提货计划,做好拆箱提货的准备工作。

② 发出提货通知。货运站应根据拆箱提货计划,及时向各收货人发出提货日期的通知。

③ 从堆场领取载货的集装箱。与堆场联系后,货运站即可从堆场(码头或内陆)领取载货集装箱,并办理设备交接单或内部交接手续。

④ 拆箱交货及还箱。从箱内取出货物,一般按装箱单记载顺序进行,取出的货物应按票堆存。拆箱后应将空箱尽快还给堆场,并办理设备交接单或内部交接手续。货运站代表承运人向收货人交付货物。收货人领货时,应出具船公司或其他运输经营人签发的、海关放行的提货单(交货记录),货运站核对票、货无误后,即可交付货物。交货时,应与收货人在交货记录上签字,如有异常,应在交货记录上注明。

⑤ 收取有关费用。交付货物时,货运站应查核所交付的货物在场站期间是否发生保管、再次搬运等费用,如发生,则应在收取费用后交付货物。

⑥ 制作提货报告与未提货报告。集装箱货运站在货物交付工作结束后,应根据货物交付情况制作交货报告和未交货报告,并寄送给船公司或其他运输经营人,作为他们处理损害赔偿、催提等的依据。

拆箱提货注意事项:

① 理货员根据拆箱作业单证及有关要求进行拆箱,进口拆箱作业时,理货员凭拆箱作业单及交货记录进行作业,并与外理箱边交接计数。作业结束后,在外理计数单上签字交接;

② 退关箱拆箱,理货员根据拆箱作业单进行拆箱作业;

③ 对于拆箱进库的货物,随附收货记录。理货员根据货物特性督促装卸工进行拷关,并仔细清点关件数,详细填写收货记录,并填写桩脚牌,具体内容有实际货位、关号/关件数、合计关号/总件数及货物唛头、货号、货物残损记录及描述等,并装订在每关货物的左侧面上角;

④ 理货员配合仓库报关员进行核查;

⑤ 拆箱车提,理货员在作业结束后,与收货人在交货记录上办理交接。

4. 拆装箱设备

在集装箱货运站进行装箱和拆箱作业时,需要用到小型叉车,如图 5-12 所示。拆装箱是在集装箱内部进行作业,因此其作业条件受到一定限制。拆装箱用叉车具有以下特点:

① 外形尺寸。集装箱拆装箱叉车在高度上要考虑各种集装箱内部高度、开门最小高度、过渡板厚度以及叉车作业安全间隙。

② 自由提升。由于集装箱内部作业高度的限制,要求叉车具有自由提升的性能。

③ 货架侧移。在集装箱内进行装箱和

图 5-12 集装箱拆装箱叉车

拆箱作业，要求叉车具有货架侧移的性能，使叉车在不挪动位置的情况下，货架可以向左右移动一定的距离，通常左右各 100 mm。

④ 货叉侧移。货叉侧移与货架侧移的作用基本相同，不同之处在于货叉可在货架上移动，而货架本身不动。

5. 拆装箱费

拆装箱费的付费人有班轮公司，也有收货人。班轮公司的交付条款为 CFS 的集装箱，堆场应安排拆箱作业，向班轮公司计收拆箱费，但是在收货人提货时就不得再向其重复收费。对交付条款为 CY 的集装箱，若因收货人缺乏拆箱的场地、机械、人力或其他原因请堆场拆箱时，堆场应满足其要求，帮其解决困难，拆箱费向收货人计收。

还有一些集装箱相关的费用，如其他工时费、机械租用费、上下车装卸费、集装箱搬移费、火车驳船装卸费、集装箱清洗费、集装箱制冷费等，均向申请人计收费用。

集装箱在集装箱货运站（或仓库）进行拆、装箱作业，以货物的计费吨按港口拆、装箱包干费的标准，分别向船方（集装箱货运站交付）或货方（应货方要求进行的）计收拆、装箱包干费。

港口拆、装箱包干费的标准：一般货物每计费吨 12.40 元；冷藏货物每计费吨 13.50 元；烈性危险货物每计费吨 18.6 元。

① 拆箱：拆除箱内货物的一般加固，将货物从箱内取出归垛，然后送到货方汽车上（不包括汽车上的码货堆垛）。其他还包括编制单证、联系海关、商检等有关业务，及对空箱进行一般性清扫。

② 装箱：将货物从货方汽车上（不包括汽车上的拆垛）卸到集装箱货运站（或仓库）归垛，然后装箱并对箱内货物进行一般加固。其他包括内容与拆箱相同。

6. 整箱提货作业

整箱提货需要对货主的整箱货制定重箱出场计划，而不需要拆箱。流程如下：

① 提箱计划申请。收货人要求进口集装箱整箱提运，应在提运作业前一天到无水港堆场受理台办理整箱提运作业申请手续。

无水港堆场受理台业务员检查申请人的提货单是否齐全，并按照船名、航次、提单号查询计算机舱单内的箱号、品名、标记、件数。核对无误后，直接在计算机系统中受理计划，同时打印"提箱凭证"并交申请人作为提箱依据。

② 检查口办理提箱手续。在整箱提运当日，货主或内陆承运人凭"提箱凭证"、"出场设备交接单"到无水港堆场办理提箱手续。检查口业务员验收单证，确认无误后，通过计算机打印重箱"发箱凭证"并将其交集卡司机。集卡司机根据"发箱凭证"上集装箱的场箱位，进场提箱。

③ 堆场发箱。集卡司机进入指定堆场后，将"发箱凭证"交予堆场业务员，核对无误后，堆场业务员指挥轮胎吊司机按指定的箱号发箱，并在"发箱凭证"上签字后，将该单据交还给集卡司机。

④ 闸口出场交接。集装箱卡车发车后，集卡司机将集卡驶至出场检查口，并将堆场业务员签过字的"发箱凭证"交给出场检查口业务员，业务员核对箱号、车号后，打印"集装箱出门证"，并在"设备交接单"上交接确认。集卡司机将"集装箱出门证"交予堆场大

门的门卫,将指定的货物提走。

7. 退关箱

退关箱是指由于某种原因,如货主变更贸易合同、船方爆舱等,而造成不能正常装船出运而滞留在码头的集装箱。在无水港,如果发货人暂时不打算出口,可在海关、船代、堆场办妥退关等手续后,委托集装箱卡车司机凭提箱凭证到堆场提运退关箱,检查口业务人员审核提箱凭证和设备交接单后,按提运重箱业务程序操作。

(1) 退关箱转船流程

① 客户(船公司/代理/货主)持撤载联系单或场站收据回执(证明该货所有权)到单证大厅申请办理业务。

② 单证中心审核手续无误后为客户开具"致海关工作联系单"。

③ 客户进行必要信息登记。

④ 客户在海关撤关后持放箱单、"致海关工作联系单"返回单证大厅办理提箱。

⑤ 客户(场站/车队)在 EPC 平台进行大门提箱预约。

⑥ 客户(司机)到堆场提箱。

⑦ 客户(司机)提箱后自检查桥出港。

⑧ 联系相关岗位人员。

(2) 整箱出口退关处理措施[18]

由于退关后处理手续的繁杂,稍有疏忽即可能造成非常被动的货运责任事故,并引起额外的费用支出,因此在发生退关后,货运代理与委托人之间应及时分清责任。货运代理人应在取得托运人的明确指示后,尽量迅速、妥善地处理退关事宜。

整箱退关的原因多种多样,如尚未提取集装箱空箱即退关、已提取空箱但货物尚未装箱即退关、已经装箱但尚未送进港区即退关、已送进港区但尚未报关成功即退关、已经送进港区且已报关成功但因超配或船舶吃水等原因退关等。货运代理人要区别不同的情况,采取不同的应对措施。

① 单证的处理:整箱出口退关的装货单失去配载的作用。货物退关后,货运代理人应及时通知船公司或船代注销退关货物的订舱,以便其注销相应的场站收据等单证。

在货物报关成功前退关的,货运代理人需及时将托运人的报关资料退还托运人;若在货物报关成功后退关的,货运代理人需及时向海关办理退关手续,将注销的报关单及相关单证尽早取回并退还托运人。

委托人提出退关时集装箱设备交接单尚未领取的,则由船公司或船代的现场工作人员予以注销;若集装箱设备交接单已经领取但尚未提取空箱的,则货运代理人要及时通知委托人或空箱提箱人及时返还设备交接单。

② 货物及集装箱设备的处理:已经提取空箱但尚未装箱即退关的,货运代理人需督促托运人或空箱提箱人及时将集装箱空箱还回船公司的无水港堆场。

已装箱但尚未将整箱货物送进港区或船公司集装箱重箱堆场即退关的,货运代理人要及时安排重箱拆箱,货物交还托运人,空箱返还船公司无水港堆场。

重箱进港后退关的,货运代理人需向港区办理申请手续并缴纳相关费用后,安排将重箱拉出拆箱。货物交还托运人,空箱返还船公司无水港堆场。

(3) 还箱注意事项[19]

在接收进口重箱拆空后的还箱时，首先查清船公司的指令和相关的进口资料，如箱号、提单号、船名航次、货物品名、残损记录等。

进场时，首先查看设备交接单上的进场地点是否在本堆场；然后检查集卡车司机所递交的资料是否属于船公司。有些货主自备箱在进口后不应该还给船公司，但可能由于代理与货主之间缺乏沟通，仍将货主自备箱还给船公司，而造成错误还箱，因此还箱时必须把好关，避免日后错上加错，造成船公司将该箱放给其他客户以及其他额外操作造成自己和客户的损失。

单证检查无误后，验箱员对箱体进行检查。在验箱过程中要分清楚责任。通常根据船公司提供的残损资料，以及设备交接单上集装箱码头有签章的批注，货主不负责自然损耗，但应承担对于由于货物性质、积载、装卸、客户责任期间的陆路运输过程中造成的损坏，例如由于货物富含水分箱子内表大面积锈蚀、地板油污、破损、一些新伤等。

5.4 拆箱业务涉及的关键单据

1. 海运提单

海运提单（传真件或复印件）（Bill of Loading-B/L，见图 5-13）是承运人或其代理人应托运人的要求所签发的货物收据（Receipt of Goods），在将货物收归其照管后签发，证明已收到提单上所列明的货物，是一种货物所有权凭证（Document of Title）。提单持有人可据此提取货物，也可以凭此向银行押汇，还可在载货船舶到达目的港交货之前进行转让。它也是承运人与托运人之间运输合同的证明。简而言之，海运提单是用以证明海上货物运输合同、货物已由承运人接管或装船，以及承运人保证据以交付货物的凭证，是国际货运代理人处理的主要业务单证。

提单作用：

① 提单是承运人与托运人之间订立货物运输合同的依据。提单条款及其内容，通常载明了承运人与托运人之间各自享有的权利和承担的义务，是处理当事双方在运输过程中发生纠纷的依据。

② 提单具有货物收据的作用，承运人接管货物或将货物装船后向托运人签发提单，表明承运人已收到提单上所记载的货物，并负有保管的责任。

③ 提单是代表货物所有权的一种凭证，即物权转移凭证。转移提单也就转移了货物的所有权。

提单的分类：

① 按提单的不同抬头划分，可分为记名提单（Straight B/L）、提示提单（Order B/L）、不记名提单（Bearer B/L）。

② 按货物是否已经装船划分，可分为备运提单（Received for Shipment B/L）、已装船提单（On Board or Shipped B/L）。

③ 按提单运输方式不同划分，可分为直达提单（Direct B/L）、转船提单（Trans Shipment B/L）、联运提单（Through B/L）、租船提单（Charter Party B/L）。

ORGINAL
BILL OF LADING

Shipper	Booking No.	B/L No.
	Export Reference	
Consignee (non-negotiable unless consigned to order)	Forwarding agent references	
	Point and Country of Origin of goods	
Notify party	ALSO NOTIFY	

*Precarried by	*Place of Receipt	Onward inland routing
Vessel Voy No. flag	Port of Loading	
Port of Discharge	*Place of Delivery	Delivery status

PARTICULARS FURNISHED BY MERCHANT

MKS & NOS/CONTAINER NOS	NO OF PKGS	DESCRIPTION OF PACKAGES AND GOODS	Measurement(M) GrossWeight(KGS)

Declared values $__________ If Merchant enters value of Goods and pays the applicable ad valorem rate, Carrier 's package limitation shall not apply. See Clause 23 (2)&(3) hereof	Place and Date of Issue
	On Board Date

ITEM NO	CHG	RATED AS	PER	RATE	PREPAID	COLLECT	B/L No
							The receipt, custody, carriage and delivery of the goods are subject to the terms appearing on the face and back hereof and to carrier's applicable tariff. If required by the Carrier, this Bill of Lading duly endorsed shall be surrendered in exchange for the goods or Delivery Order. An endorsement on this Bill of Lading that the Goods are "On Board" shall mean that the Goods are loaded On Board the vessel named in this Bill of Lading, or loaded On Board the facilities of any Underlying Carrier or Sub-Contractor for Carriage in accordance with the terms of this Bill of Lading. IN WITNESS WHEREOF, the undersigned has signed Full set of Bills of Lading, all of the same tenor and date, one of which being accomplished, the others to stand void.

Rate of exchange
Number of Original B(s)/L
Total
Payable at

ble only when used for multimodal or through trans

BY__________
as agent for Yang Ming Marine Transport Corporation, as carrier

图 5-13 提单样张

④ 按提单上有无批注划分，可分为清洁提单（Clean B/L）、不清洁提单（Unclean or Foul B/L）。

⑤ 按签发时间与使用要求划分，可分为倒签提单（Anti-Dated B/L）、预借提单（Advanced B/L）、过期提单（Stale B/L）。

⑥ 按提单的格式不同划分，可分为全式提单（Long Form B/L）、简式提单（Short Form B/L）。

提单正面内容：

① 托运人（Shipper）一般为信用证中的受益人。如果开证人应贸易上的需要，要求做第三者提单（Third Party B/L），也可照办。

② 收货人（Consignee）如果要求记名提单，则可填具体的收货公司或者收货人名称；如果是指示提单，则填为“指示”或者“凭指示”；如果需要在提单上列明指示人，则可

根据不同要求,填"凭托运人指示"、"凭收货人指示"或者"凭银行指示"。

③ 被通知人(Notify Party)是船公司在货物到达目的港时发送到货通知的收件人,有时为进口人。

④ 提单号码(B/L No)一般位于提单的右上角,目的在于方便工作联系和核查。

⑤ 船名(Name of Vessel)应填写货物所装船的船名以及航次。

⑥ 装货港(Port of Loading)应填写实际装船港口的具体名称。

⑦ 卸货港(Port of discharging)应填写货物实际装船港口的具体名称。

⑧ 货名(Discription of Goods)一般在信用证项下的货名必须与信用证上规定的一致。

⑨ 件数和包装种类(Number And Kind of Packages)按照箱子实际包装的情况进行填写。

⑩ 唛头(Shipping Marks)信用证有规定的,应按照规定填写,否则应与发票上唛头一致。

⑪ 毛重,尺码(Gross Weight,Measurement)除了信用证上的特殊规定外,一般以 kg 为单位列出货物的毛重,以 m^3 为单位列出货物的体积。

⑫ 运费和费用(Freight and Charges)一般有预付和到付两种方式。

⑬ 提单的签发、日期和份数提单必须由承运人或者船长或其代理签发,并应明确地表明签发人身份。

提单背面条款:

① 定义条款(Definition Clause)主要是对"承运人"和"托运人"等之间的关系进行约束。

② 管辖权条款(Jurisdiction Clause)在提单发生争执时,按照法律,给予某个法院审理和解决案件的权利。

③ 责任期限条款(Duration of Liability),一般情况下,海运提单规定承运人的责任期限是从货物装上船起至卸离船舶为止。集装箱提单则是从承运人接受货物至交付指定收货人为止。

④ 包装和标志(Packages and Marks)是指托运人对货物提供妥善包装和正确清晰的标志。若标志不清而导致额外的费用,该费用由货方负责。

⑤ 运费和其他费用(Freight and Other Charges)若为预付,则在装船时进行支付;若为到付,则在交货时一并支付。

⑥ 自由转船条款(Transshipment Clause)是指承运虽然签发了直达提单,但由于客观需要仍可自由转船,而无须经过托运人同意。

⑦ 错误申报(Inaccuracy in Particulars Furnished by Shipper)指当承运人在装运港或者目的港查核托运人申报的货物数量、重量、尺寸等内容时,如果发现不符实际,可收取运费罚款。

⑧ 承运人责任限额(Limit of Liability)指承运人对货物灭失、损坏等损失的赔偿额度不超过若干金额。

⑨ 共同海损(General Average,GA)规定了发生海损时的理算规则。

⑩ 美国条款(American Clause)规定往来美国港口货物的运输只能适用美国1936年海上货物运输法。

⑪ 舱面货、活动物和植物(On Deck Cargo, Live Animals and Plants)指明了对此三种货物运输等作业环节的规定，由托运人承担风险。

2. 设备交接单

设备交接单(Equipment Receipt,见图5-14样张)是集装箱进出港区、场站时用箱人、运箱人与管箱人或其代理人之间交接集装箱及其他机械设备的凭证，并具有管箱人发放集装箱凭证的功能。当在无水港堆场或货运站借出或者收回集装箱或机械设备时，由堆场或者货运站制作设备交接单，经双方签字后，将其作为设备交接的凭证。

图5-14 设备交接单样张

设备交接单主要内容有：船名、航次、持箱人、提单号、箱号、箱型、尺寸、提箱人、提箱点、交接时的状况、进出场的目的、损坏记录等。

集装箱设备交接单分进场和出场两种，交接手续均在堆场大门口办理。出堆场时，堆场工作人员与用箱人、运箱人就设备交接单上的以下主要内容共同进行审核：用箱人名称和地址，出堆场时间和目的，集装箱箱号、规格、封志号以及是空箱还是重箱，有关机械设备的情况是正常还是异常等。进堆场时，堆场的工作人员与用箱人、运箱人就设备交接单上的以下主要内容共同进行审核：集装箱、机械设备归还日期、具体时间及归还时的外表状况，集装箱、机械设备归还人的名称和地址，进堆场的目的，整箱货交箱货主的名称和地址，拟装船的船次、航线、卸箱港等。第一张交接单背面印有交接使用条款，主要内容是集装箱设备在货方试用期中产生的费用以及对有设备及所装货物发生损坏、灭失的责任划分，以及对第三者发生损害赔偿的承担。设备包括集装箱、底盘车、台车及电动机等。交接单分"进门"和"出门"两种。各有三联，分别为管箱单位（或船公司）留底联，堆场联，用箱人、运箱人联。

出场集装箱设备交接单的主要内容：提箱（用箱人和运箱人）；发往地点；用途（出口载货、修理、进口重箱等）；集装箱号、封号（铅封号、关封号）；集装箱尺寸、类型；集装箱所有人；提离日期；提箱运载工具牌号；集装箱出场检查记录（完好或损坏）。

进场集装箱设备交接单的主要内容：送箱人；送箱日期；集装箱号、封号；集装箱尺寸、类型；集装箱所有人；用途：a. 返还重箱；b. 出口集装箱，此时需登记该集装箱发往的时间、地点（航次、时间）；送箱运载工具牌号；集装箱进场检查记录。

集装箱交接地点应详细认真进行检查和记录，并将进出场集装箱的情况及时反馈给集装箱代理人，积极配合集装箱代理人的工作，使集装箱代理人能够及时、准确地掌握集装箱的利用情况，及时安排集装箱的调运、修理，追缴集装箱延期使用费，追缴集装箱的损坏、灭失费用等工作。

设备交接单使用时，应按照有关"设备交接单"制度规定的原则进行。设备交接单制度应严格要求做到一箱一单、箱单符合、箱单同行。用箱人、运箱人凭设备交接单进出港区、场站，到设备交接单指定的提箱地点提箱，并在规定的地点还箱。与此同时，用箱人必须在规定的时间、地点将箱子和机械设备以交付时状态还给管箱人或其代理人。对集装箱的超期使用或租用，用箱人应支付超期使用费；对使用或租用期间发生的任何箱子及设备的灭失和损坏，用箱人应承担赔偿责任；对相应费用标准也应作出明确的规定。

进口重、空箱出场"设备交接单"的流转：

① "设备交接单"由管箱单位（船代）填写有关栏目后，交用箱人或运箱人。

② 由用箱人、运箱人填写出场"设备交接单"有关栏目，经港区检查桥时交检查桥管理员。

③ 港区检查桥检查箱号、封号、检查箱体，如发现与单证不符或箱体残损，在"设备交接单"上注明，并填上出场时间。用箱人、运箱人和检查桥人员共同在"设备交接单"上签字。第一联交船代，第二联检查桥留底，第三联用箱人运箱人留用。检查桥每天将"设备交接单"船代留底联汇总，第二天交船代，一天一清。

空箱进场"设备交接单"的流转：

① 进口重箱拆空后，要严格按照船代指令将空箱返回到指定堆场，收箱堆场凭货主或运箱人进场"设备交接单"收箱。如发现箱体状况与记录不符，应在"设备交接单"上注明。

② 空箱进堆场时，堆场亦凭用箱人，运箱人进场“设备交接单”收箱，如发现箱体状况与记录不符，在“设备交接单”上注明。

③ 进场“设备交接单”经交接双方签字，第三联交用箱人、运箱人，第二联堆场留底，第一联交船代，一天一清。

④ 进口重箱从港区拖至另一堆场等待拆箱，仍按本流转程序执行。

出口重箱进入港区，“设备交接单”的流转：

① 由用箱人、运箱人持船代签发的进场“设备交接单”，并在“设备交接单”填写箱号，运载工具牌号及时间。

② 用箱人、运箱人凭进场“设备交接单”在港区检查桥交箱。检查桥核查箱号，铅封号，检查箱体，如发现残损，在“设备交接单”上注明，交接双方在“设备交接单”上签字。第三联交用箱人、运箱人，第二联检查桥留底，第二天将第一联汇总交船代，一船一清。

3. 提货单

提货单(Delivery Order，D/O，见图 5－15 样张)又称小提单。收货人凭正本提单或

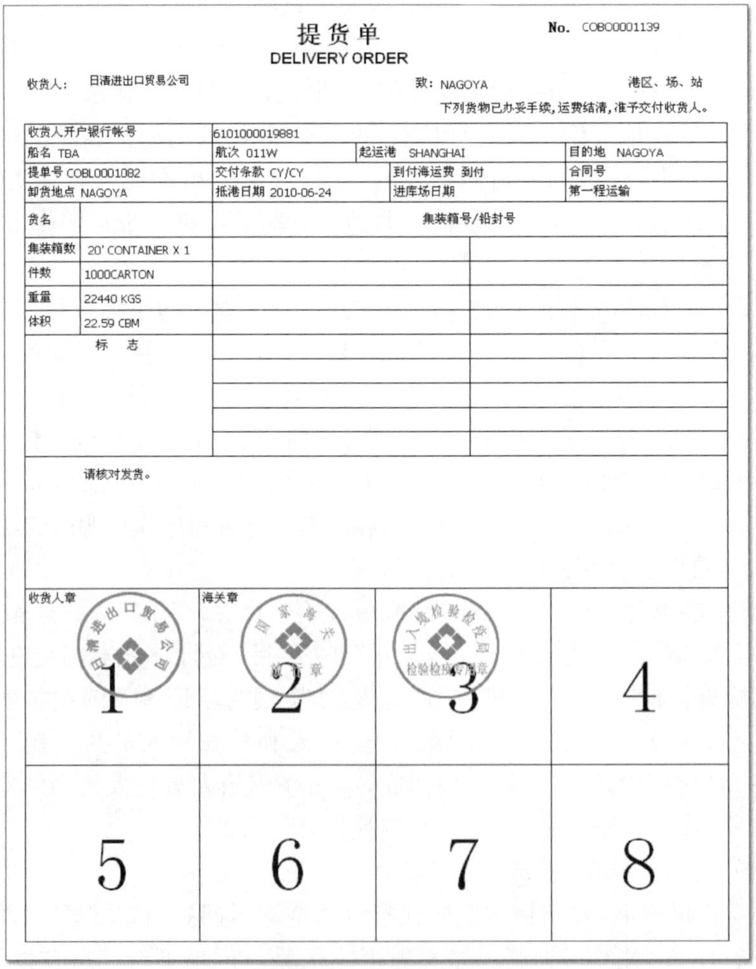

提货单 DELIVERY ORDER　　No. COBO0001139

收货人：日清进出口贸易公司　　致：NAGOYA　　港区、场、站

下列货物已办妥手续，运费结清，准予交付收货人。

收货人开户银行帐号	6101000019881		
船名 TBA	航次 011W	起运港 SHANGHAI	目的地 NAGOYA
提单号 COBL0001082	交付条款 CY/CY	到付海运费 到付	合同号
卸货地点 NAGOYA	抵港日期 2010-06-24	进库场日期	第一程运输

货名		集装箱号/铅封号
集装箱数	20' CONTAINER X 1	
件数	1000CARTON	
重量	22440 KGS	
体积	22.59 CBM	
标志		

请核对发货。

收货人章 1	海关章 2	3	4
5	6	7	8

图 5－15　提货单样张

副本提单随同有效的担保向承运人或其代理人换取的,可向港口装卸部门提取货物的凭证。发放小提单时应做到:① 正本提单为合法持有人所持有;② 提单上的非清洁批注应转上小提单;③ 当发生溢短残情况时,收货人有权向承运人或其代理获得相应的签证;④ 运费未付的,应在收货人付清运费及有关费用后,方可放小提单。

提货单样单参见图 5-15,是收货人向装卸区域或货运站提货的凭证,也是船公司对装卸区域或者货运站交箱交货的通知。

4. 集装箱进场检验单

"集装箱进场检验单"用于集装箱进场时的检验,其主要内容有箱号、堆场位置、箱尺寸、箱型、货名、委托单位、起运地点、进场日期、车队、车牌号、铅封号、箱体状况、船名、航次、进场状态、提单号等信息,其中进场状态有普通进重/外贸。集装箱进场时,需对其箱号、封号、箱体残损情况进行检验,如发现与单证不符或箱体残损需记录在"集装箱进场检验单"上,或者填写残损记录单。并对有问题的集装箱进行相应的后续工作流程。该单据样张见图 5-16。

集装箱进场检验单				
				XH/CYB-24
箱　号		进场	日　期	
堆　场			车　队	
尺　寸		箱型	收箱人签字	
货　名				
委托单位			备　注	
起运地点			船　名	
车牌号			航　次	
铅封号			进场状态	
箱体状况		提单号		

图 5-16　集装箱进场检验单样张

5. 特殊转栈申请表

该申请表用于特殊货物的转栈申请,包括了货物的转栈顺序、船名、航次、箱号、提单号、尺寸、箱型、场位、重量、提货人、残损情况等记录。业务员根据特殊转栈申请记录,对特殊货物依次进行转栈作业安排。该单据是转栈作业的凭证,样单见图 5-17。

6. 摆箱计划表

当堆场内由于拆装箱业务、集装箱回空等业务需求,需要将集装箱摆放到相关堆存区域时,需要由业务员制定"摆箱计划表",以便确定作业顺序以及摆箱位置。样单内容详见第 3 章 3.4 节的集装箱摆箱顺序表。

7. 拆提(回本场)计划表

当货主需要办理拆箱业务时,需要由业务员制定"拆提计划表"。如果拆箱后集装箱需要返回堆场,则业务员需要制定"拆提(回本场)计划",其主要内容包括:提箱人、计

	天津港集装箱码头有限公司（四港池）转栈顺序表										(QR7.5-03-7)
2014 09:57				验证码：						第 页	
序号	船名	航次	箱号	提单号	尺寸	箱型	场位	重量	提货人	残损	

共计 箱 20尺： 箱 40尺： 箱 其他： 箱

图5-17 集装箱转栈顺序表

划号、堆场名称、船名航次、提单号、箱号、尺寸、重量、场位、进场日期、天数、进场、内外贸、验箱、抵港时间、计划数、制表人、制表日期、放行货类，内容需要客户和理货员签字。样单如图5-18所示。

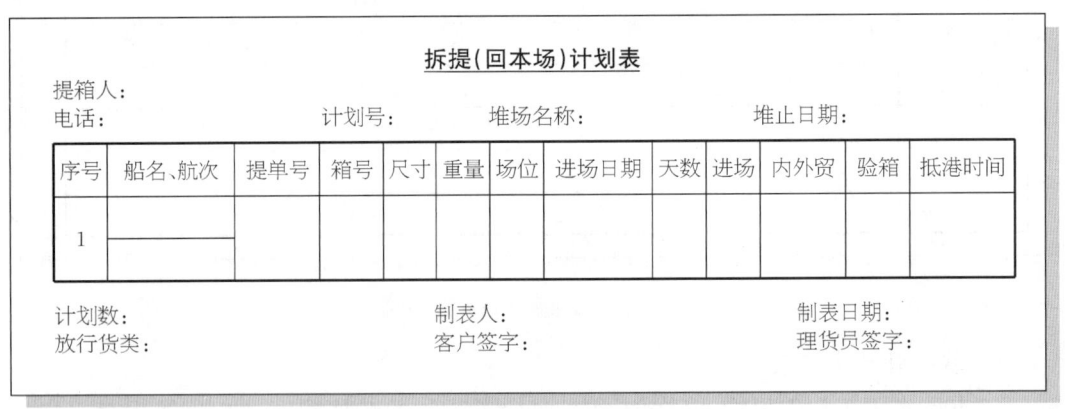

图5-18 拆提（回本场）计划表

8. 货物入库（提货）凭证

当货主需要办理拆箱业务时，业务员除了需制定"拆提（回本场）计划表"外，还要开具货物入库（提货）凭证。该凭证用于货物的入库作业和货主提货凭证。其主要内容包括：货物单证号、计划号、船名、航次、提单号、货名、预录件数、预录重量、预录体积、包装、委托单位、交付条款、货物性质、辅助作业、唛头、备注、危险品注意、入库记录和出库记录、入库日期、填发人等。入库记录中包括了入库时间、卸入件数、包装、累计件数、理货员，出库记录中包括了出库时间、提取件数、包装、提取累计件数、结存件数、理货员、提货人签章。当现场拆箱作业完成，并且货主与理货员均在"货物入库（提货）凭证"上签字后,理货员需开具"内部提货凭证",该凭证用于货主提货。样张如图5-19所示。

天津港物流发展有限公司　　XH/CYB05
货物入库(提货)凭证

单证号			计划号					
船　名			航　次		提单号		货　名	
预录件数			预录重量		预录体积		包　装	
委托单位			交付条款		货物性质		辅助作业	
唛　头								
备　注								
危险品注意								

入库记录					出库记录						
月	日	卸入件数	包装	累计件数	理货员	月	日	提取件数	包装	提取累计件数	结存件数	理货员	提货人签章

入库日期：　　　　　　　　　　　　　　　填发人：

图 5-19　货物入库(提货)凭证样张

9. 提箱凭证

当现场拆箱作业完成,并且货主与理货员均在"货物入库(提货)凭证"上签字后,理货员需开具"提箱凭证",该凭证表示可以对该集装箱进行提箱作业,用于提箱,其主要内容包括：箱号、堆场场箱位、尺寸、箱型、货名、委托单位、起运地点、车牌号、铅封号、箱体状况、进场日期、车队、收箱人签字、船名、航次、进场状态、提单号。样张如图5-20所示。

提 箱 凭 证　　　　　　　　XH/CYB-24

箱　号			进场	日　期	
堆　场				车　队	
尺　寸		箱　型		收箱人签字	
货　名					
委托单位			备　注		
起运地点			船　名		
车牌号			航　次		
铅封号			进场状态		
箱体状况			提单号		

图 5-20　提箱凭证

10. 集装箱(货物)出门证

当货主提货出场时,提货出场则用"内部提货凭证"换取"货物出门证",若是集装箱出场则用"提箱凭证"换取"集装箱出门证"。"内部提货凭证"如图 5-21 所示,该凭证用于货物或者集装箱出场凭证,货物内部出场凭证主要内容包括:货名件数、包装类型、船名航次、提单号、提货原因、提货单位、提货车牌号、提货司机及其联系方式。该证需要理货员签字后有效,分为白、粉两联,提货司机用白联向堆场门证员换取"货物出门

天津港物流发展有限公司
内部出场凭证   0004377

堆场名称: 年 月 日

货 名	件 数	包装类型	船名航次	提单号

提货原因	(1) 拆箱直提 (2) 出库提货 (3) 装箱后余货出场 (4) 其他	备注:

提货单位		提货车牌号		提货司机签字, 联系电话	

堆场门证员凭此证(需理货员签字),放行出场并开具出港门证。   作业管理员签字:

(白)提货司机用于换取正式门证(粉)本单位留存

图 5-21 内部出场凭证

天津港货物出门证   No.1001404

提货单位		提货人	
运输单位		车 号	
船 名		提单号	

货物名称	数 量	包 装

理货员		签证人		单位盖章	

二○一三年第十二次印刷

三联 局门卫

注:门证必须填写准确齐全   年 月 日

图 5-22 货物出门证

证"。"货物出门证"样单如图 5-22 所示。"集装箱出门证"样单如图 5-23 所示。

天津港集装箱出门证			No.0129451	
提箱单位		姓　名		
运输单位		汽车牌照号		
船　　名		提单号		航次
集装箱号		尺　寸		空／重
备　　注	(1) 重箱为 F、空箱为 E； (2) 无签证人签字无效； (3) 门证必须填写准确齐全。	单位盖章		
签证人：			年　月　日	

三联 局门卫

图 5-23　集装箱出门证

11. 拆装箱作业报告表

当完成拆箱作业后,现场理货需填制"拆装箱作业报告表",用于拆装箱作业情况记录。该表分为四联,一联交给装卸队,二联交给业务组,三联交给机务部,四联交给统计员。统计员根据"拆装箱作业报告表"建立"作业统计清单"。

拆装箱作业报告表样单如图 5-24 所示,其主要内容包括：提单号、仓单记录、操作

天津港物流发展有限公司拆/装箱作业报告表							TJGWL/QR0906	
航名/航次：							年 月 日 点至	
提单号／仓单记录	集装箱号	封号	货名	件数	包装	重量	20'/40'	
操作方法						队组		
备注			机械					
处理		库场员			工作地点			

三作业完毕连同明细单及时返业务。
二认真填写一表不能报多票。
此表一式四联 一联交装卸队 二联交业务三联交机务部 四联交统计员

图 5-24　集装箱拆装箱作业报告表

方法、组队、机械、处理、库场员、工作地点。仓单记录包括集装箱号、封号、货名、件数、包装、重量、箱型,并记录了拆装箱作业的作业日期。

12. 作业统计清单

作业统计清单用于作业完毕后的统计结费。由统计员根据作业过程及单据汇总制定作业统计清单,对作业过程各阶段的作业完工情况的动态数据进行收集、整理、汇总和分析。

5.5 拆提业务的数字化运营管理

本节以具体案例讲解无水港堆场拆提业务中相应的操作步骤,并在堆场生产管理系统上进行详细的操作与说明,使读者能够更好地理解和把握堆场系统的作业流程,真正掌握系统的操作步骤。

根据拆箱后的箱子去向,可以分为拆提和拆回业务,即拆箱后的空箱也由集卡运出闸口,或者拆箱后的空箱再一次摆箱,放回空箱堆场管理区。而整箱提货无须拆箱环节,只需要制定重箱出场计划,进行重箱整箱出场即可。

首先,在系统中手工录入两个重箱,箱号分别为"CNHU3203732"和"CBHU3203733"。具体预录操作方法见第3章数字化运营管理3.5.1进箱预录。将系统中箱号为"CNHU3203732"的箱子进行拆提业务,箱号为"CBHU3203733"的箱子进行拆回业务。

① 箱号为"CNHU3203732"的箱子的拆提业务相应任务如下:

任务一:拆箱作业计划的制定。货主提箱计划属于重箱出场计划,因此在重箱出场计划中选择其出场类型为拆提类型并补全其他相关计划信息。

任务二:拆箱及确认。包括摆箱计划制定,现场车队对箱子进行转提和转落,现场拆箱后进入系统进行理货确认。

任务三:空箱出场。拆箱完成后的空集装箱提出堆场,由货主进行处理。

② 箱号为"CNHU3203733"的箱子的拆回业务相应任务如下:

任务一:拆箱作业计划的制定。货主提箱计划属于重箱出场计划,因此在重箱出场计划中选择其出场类型为拆回类型并补全其他相关计划信息。

任务二:拆箱及确认。同样包括摆箱计划制定,现场车队对箱子进行转提和转落,现场拆箱后进入系统进行理货确认。

任务三:空箱回本场。拆箱完成后的空集装箱再次安排到本堆场空箱管理区。

5.5.1 拆箱计划

当货主或者货主委托其他人计划提箱时,需要做重箱出场计划。若需要拆箱,则进行集装箱的拆箱作业。首先对箱子"CBHU3203732"进行拆提作业。选择"重箱出场计划",跳出"重箱出场计划"窗口,如图5-25所示。在计划类型选项里选择"拆提"类型。

拆提操作过程:

① 计划信息定义区的填写。在计划信息定义区,选择计划类型为重箱整提、填写提箱单位、联系人电话、内外车队选择、作业开始时间和结束时间、费用截止日期。其中作业开始时间和结束时间的输入是在下拉窗口按钮 提箱日期 ▼ 和 提箱时段 ▼ 中

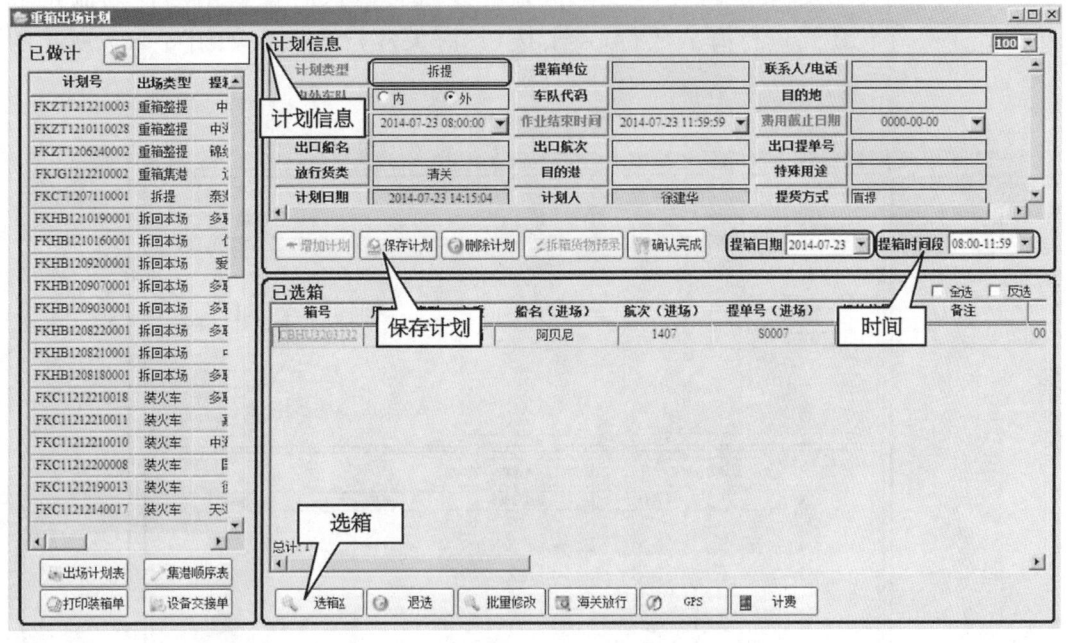

图 5-25 拆提计划

选择,提箱日期可以选择,提箱时间段尽量在做计划的时间之后。

② 选择箱子。点击已选箱定义区内的按钮"选箱",弹出下图 5-26 所示界面,并进行箱子的查询选取。此处选取实验箱子"CBHU320372",点击"确认"。

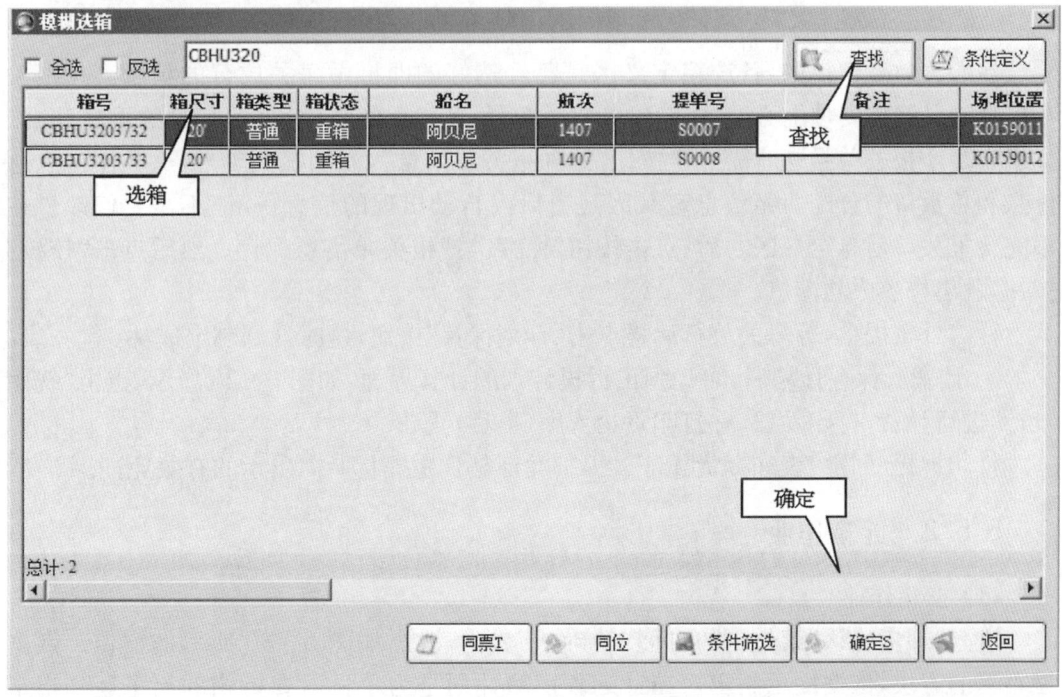

图 5-26 选箱界面

③ 保存计划。如果是内贸,点击"保存计划"即可,这时重箱出场计划制定成功。如果是外贸还要进行海关放行,点击按钮"海关放行",跳出如图5-27所示的窗口。

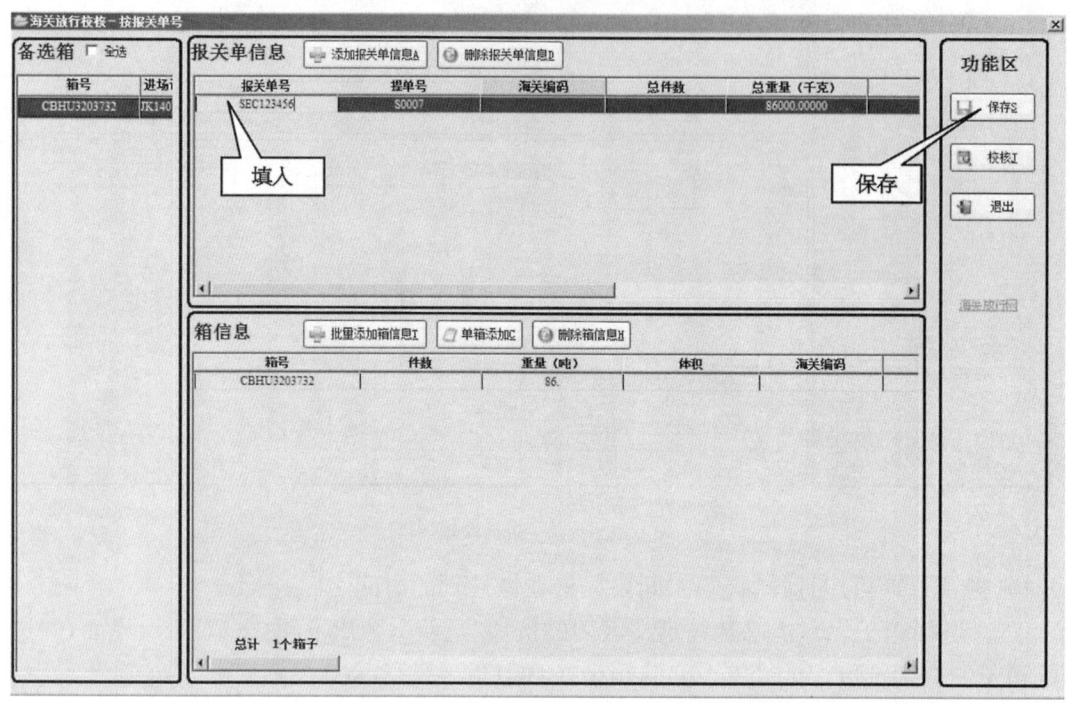

图5-27 海关放行

在海关放行窗口内,备选箱定义区是已经选好的即将做海关放行的箱子。在报关单信息定义区需要填上必要的信息,如报关单号、此提单的总件数(个)、总的重量(kg)。如果有多个报关单号这时需点击按钮"添加报关单信息",添加报关单号,这是需注意总件数和总重量的分配。箱信息定义区是窗口内自动出现的信息,一般不需要修改。在填完整报关单信息定义区之后,点击按钮"保存",把报关单信息保存。然后点击"校核"按钮,跳出校核成功窗口。

针对外贸提单,等海关放行后再点击"计划保存"按钮,这时计划制定成功。

④ 计费。保存计划后,自动弹出拆提计划的计费界面,如图5-28所示,点击"费用统计"进行计费,打印发票,并打印货物入库(提货)凭证。

打印拆提(回空)表和提货凭证。提货凭证是货主提货所需出示的有效凭证。

5.5.2 拆箱作业

(1) 摆箱作业

进入"理货确认"菜单下的"拆装箱确认"界面,跳出如图5-30所示的窗口。点击摆箱下的方块,依据提示制定摆箱计划。摆箱计划是为了将需要拆箱的箱子运到指定的拆箱区域,以便进行拆箱作业。

图 5-28 费用统计

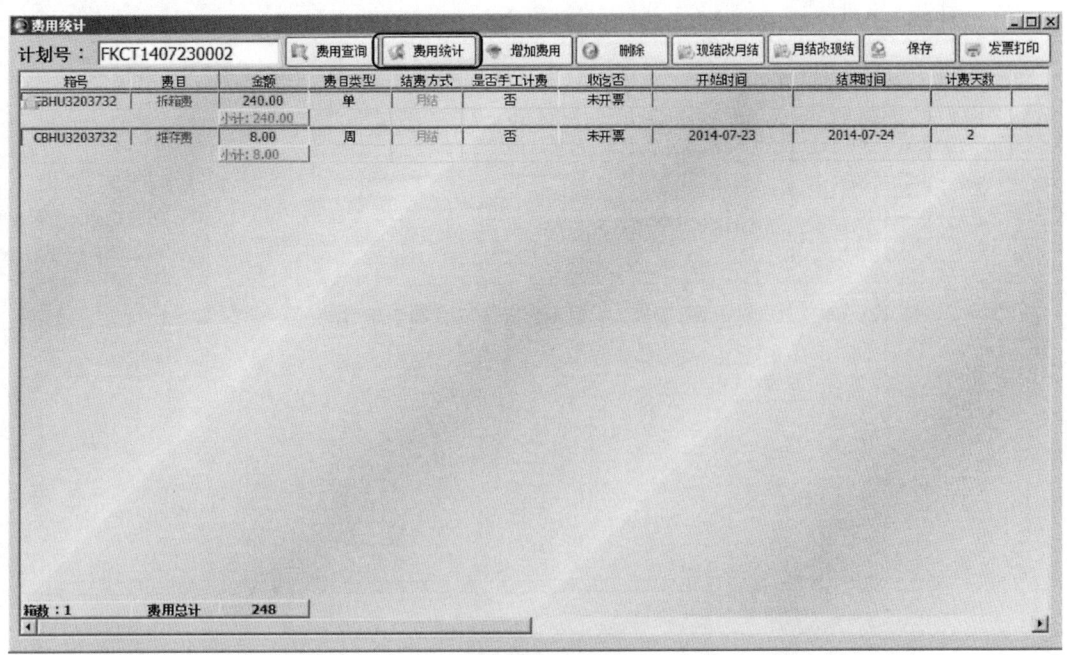

图 5-29 直提货物界面

(2) 拆箱理货确认

摆箱计划制定完成后,调度员安排车辆对需要拆箱的集装箱进行转提和转落。作业完毕后,需要进行拆箱理货确认。即在图 5-31 所示拆箱理货确认界面,填入相关货物信息并保存,完成拆箱理货确认。

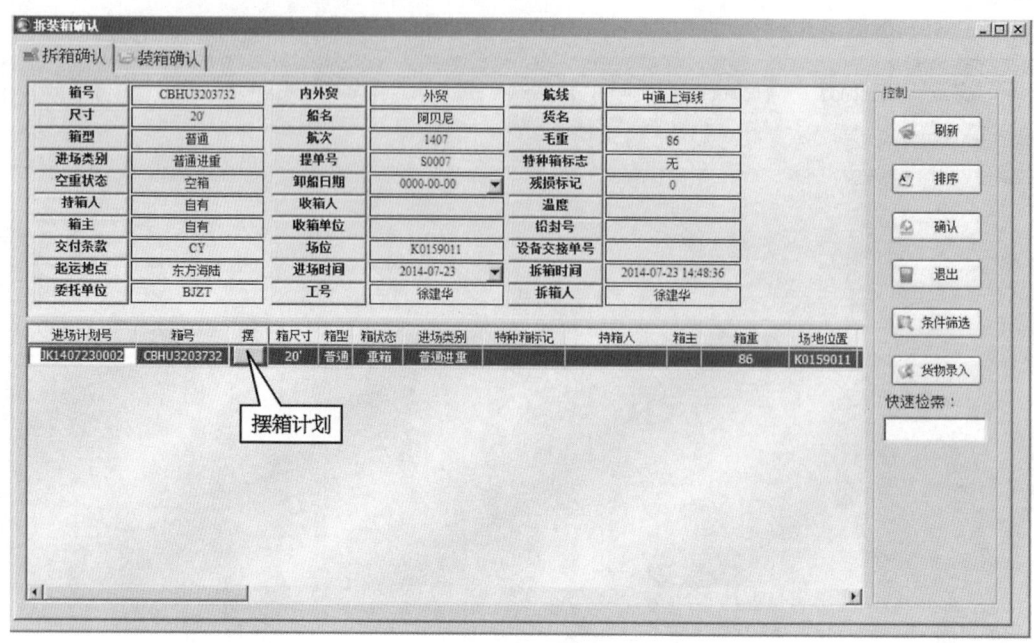

图 5-30 摆箱计划

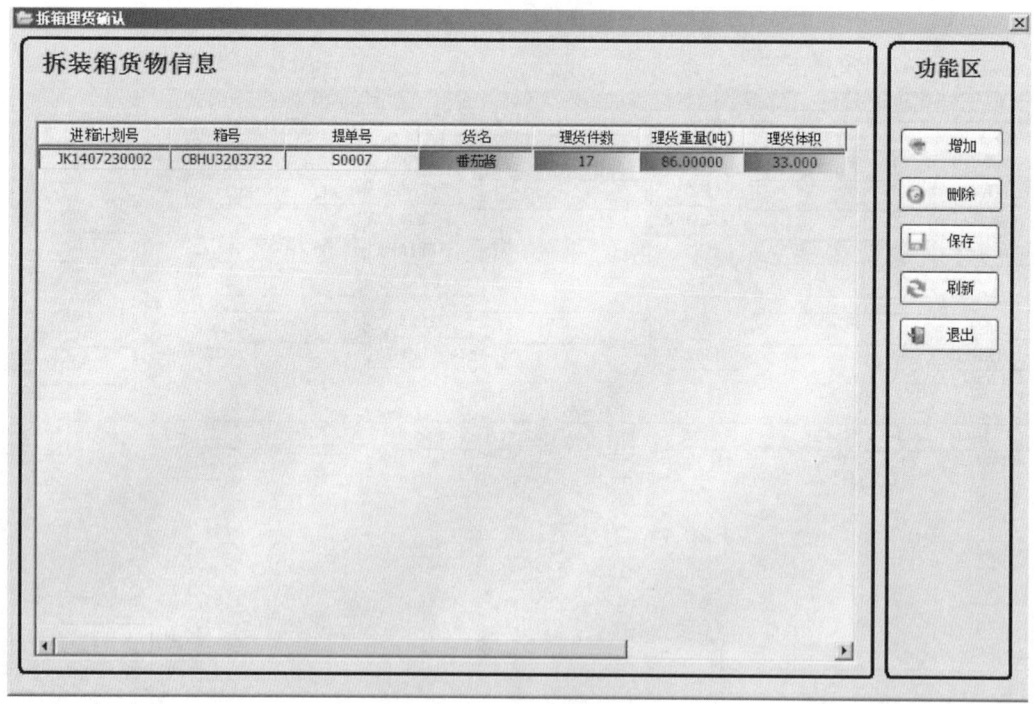

图 5-31 拆箱理货确认

5.5.3 空箱处理

首先,提箱车辆闸口进场,选择出场计划号和车牌号,并提箱确认,打印进场小票,即"提箱单"。

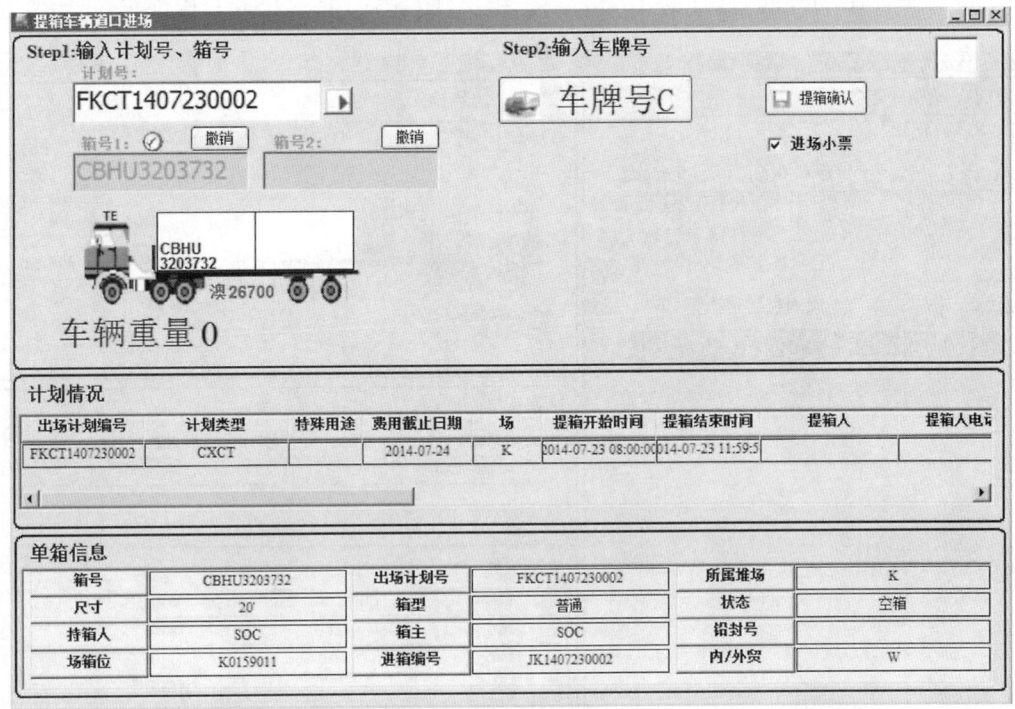

图 5-32 进场提箱

然后,进行提箱确认,即现场场吊司机确认箱子已经被集卡提走。

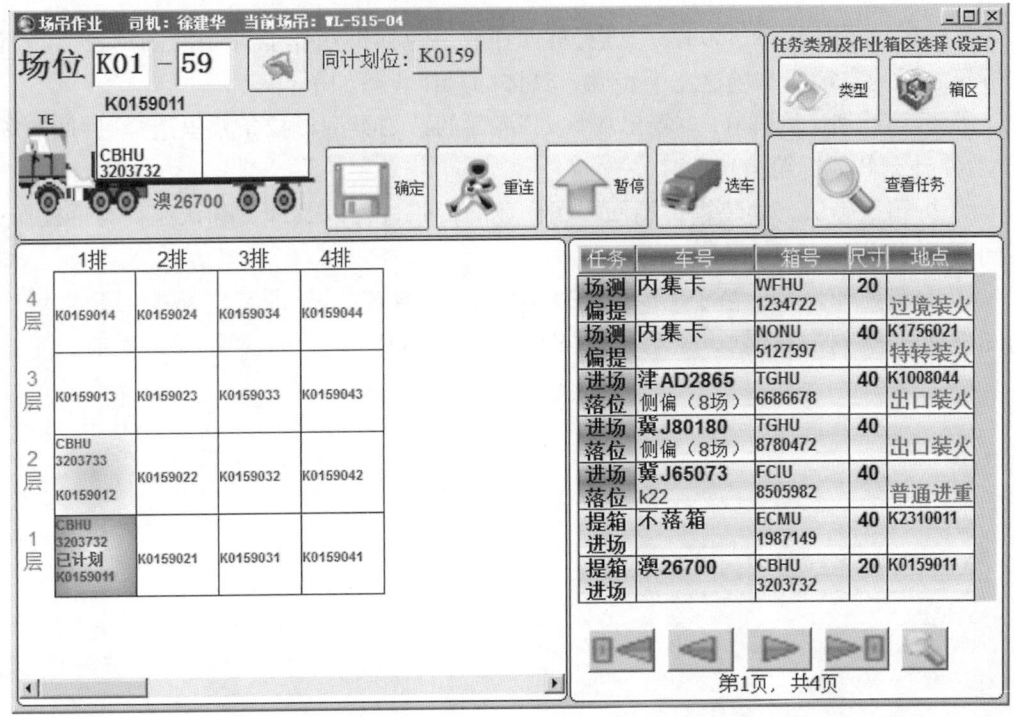

图 5-33 提箱确认

进入闸口出场界面,选择要出场的集装箱,打印"出门证",并将空箱提走。

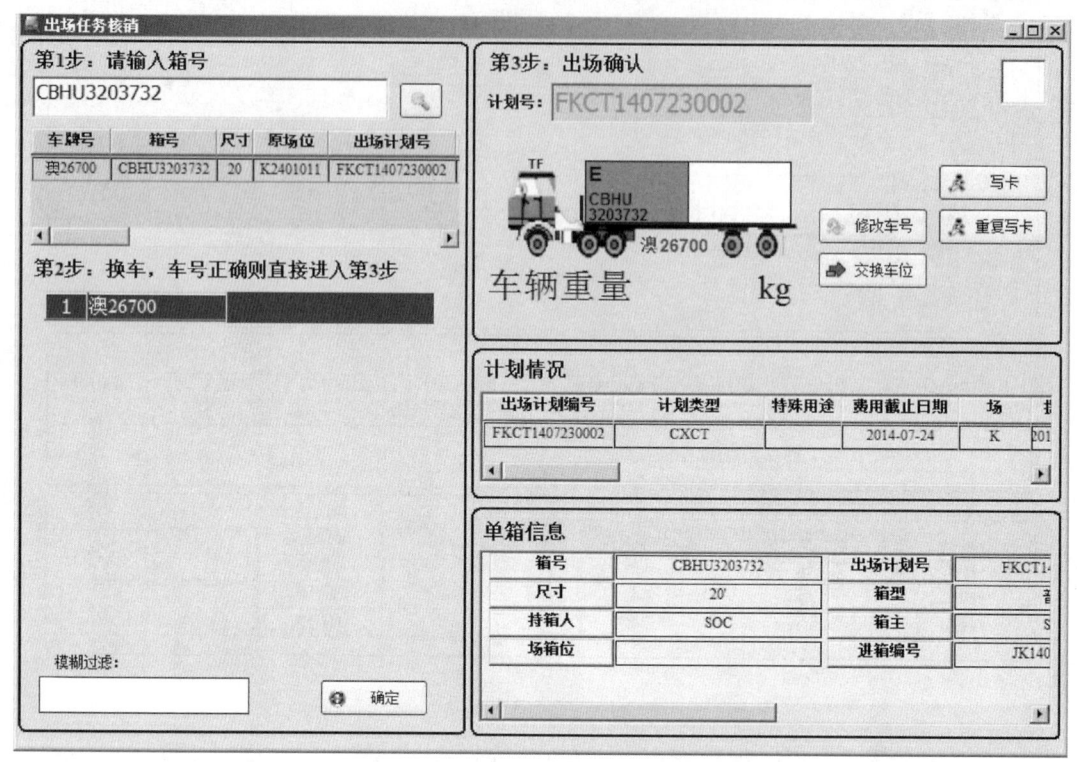

图 5-34 空箱出场

然后对箱子"CBHU3203733"进行拆回作业。包括拆箱作业计划的制定、拆箱确认和拆箱之后的空箱回本场这三个步骤。具体的操作步骤如下：

① 拆箱计划。同样在"重箱出场计划"界面的计划类型下拉条幅里选择"拆回本场"类型,并补充其他拆箱信息。

② 拆箱及确认。集装箱拆箱回本场作业的拆箱过程以及理货确认流程与拆提作业相同,详细操作步骤见 5.5.2 所述。

③ 空箱处理。对于箱子 CBHU3203733,需要拆回本场,即将空箱摆回到堆场中,通知理货员进行摆箱计划。摆箱计划与上述操作相同。

第6章

装箱业务

本章对无水港堆场中的装箱业务进行了详细介绍，同时对其业务流程、信息的收集、相关知识以及相关单据进行了细致阐述，并重点展示了堆场装箱业务的数字化管理思想和操作方法，使读者能够较为形象直观地认识无水港堆场集装箱装箱业务的数字化管理模式和流程。

6.1 装箱业务概述

6.1.1 装箱业务定义

一般情况下，拆装箱业务均在集装箱后方堆场或者集装箱货运站（Container Freight Station,CFS）进行。根据货物种类不同，所用包装不同，拆装箱作业的作业方法和要求也不尽相同。装箱业务，顾名思义是指堆场或者集装箱货运站根据作业要求与合适的方法将一个或者多个货主的货物装入集装箱的过程。如图6-1所示为叉车对罐装货物进行装箱作业。

图6-1 罐装货物的装箱作业

6.1.2 装箱业务分类

装箱业务按类别，可以分为整箱装箱和拼箱装箱。

① 整箱（Full Container Load,FCL）是指以箱为单位托运的集装箱。通常在货主有足够货源装载一个或者数个集装箱时采用整箱。

② 拼箱（Less Container Load,LCL）是指在货主托运的数量不足整箱的小票货运时，根据货类性质和目的地进行分类整理，把去向同一目的地的不同货主的货物集中到一定数量并拼装入箱。

按流程，可以分为货到入库装箱和货到直接装箱。

① 货到入库装箱是指货主将货物送至集装箱货运站仓库，当堆场安排到指定装箱场地装箱后，仓库业务员开具"货物内部提货凭证"，将货物运至装箱场地，并按照装箱作业标准进行装箱。

② 货到直接装箱指货主直接将货物运送至指定装箱场地进行装箱。

按目的,可以分为普通装箱、装火车装箱和集港装箱。

① 普通装箱指货物装箱完成后,暂时不为其安排集疏运任务,而堆存于无水港堆场内。

② 装火车装箱指货物装箱完成后,及时为该集装箱安排装火车任务。

③ 集港装箱指货物装箱完成后,及时为该集装箱安排后续集港任务。

按地点,可以分为产地装箱和中转站装箱。

① 产地装箱指船公司为了给货主提供方便,对于较大宗货物或者有特殊要求的货主,可以提供产地装箱服务。简而言之,即船公司把空箱运至托运人的仓库或工厂将货物装箱后,直接将集装箱运至堆场。

② 中转站装箱指托运人将货物发运到船公司指定的集装箱中转站,由中转站负责将货物依次装入集装箱。这时,托运人要经常到现场查看装货情况,防止短装或装错,即"监装"。

6.2 装箱业务基本流程

堆场装箱业务主要包含三大阶段,分别为装箱业务的信息收集与处理、计划调度和现场实际作业,如图6-2所示。

图6-2 装箱业务三阶段

图6-3对装箱业务三个环节的主要作业内容进行了介绍。

信息收集阶段是装箱业务顺利开展的前提,是信息化管理的数据基础。装箱业务计划前,需要收集出口装箱委托书、装箱单及集装箱设备交接单,如果需要调箱,则需要调箱单,如果涉及危险品还需要危险品说明书,包括了货物、集装箱以及堆场场地等信息,以便安排出口装箱。

计划调度阶段是对堆场装卸作业的资源分配与流程安排。业务员根据装箱申请,制定货物入库计划、装箱场地计划、机械作业计划和作业工班计划;货主和堆场相关人员根据收货计划对到达的货物进行确认;堆场中控调度员安排相关装箱业务人员和作业机械。

实际作业指现场工作人员根据中控的调度安排进行实际装卸作业。根据装箱计划,堆场调度员安排和指挥现场作业人员进行装箱作业及确认工作,并根据指令将所装重箱返回。其业务有堆场摆箱作业或外调箱进场摆箱;空箱进场后业务员受理装箱收货业务、现场装箱、开具装箱作业报告单以及作业统计与计费。

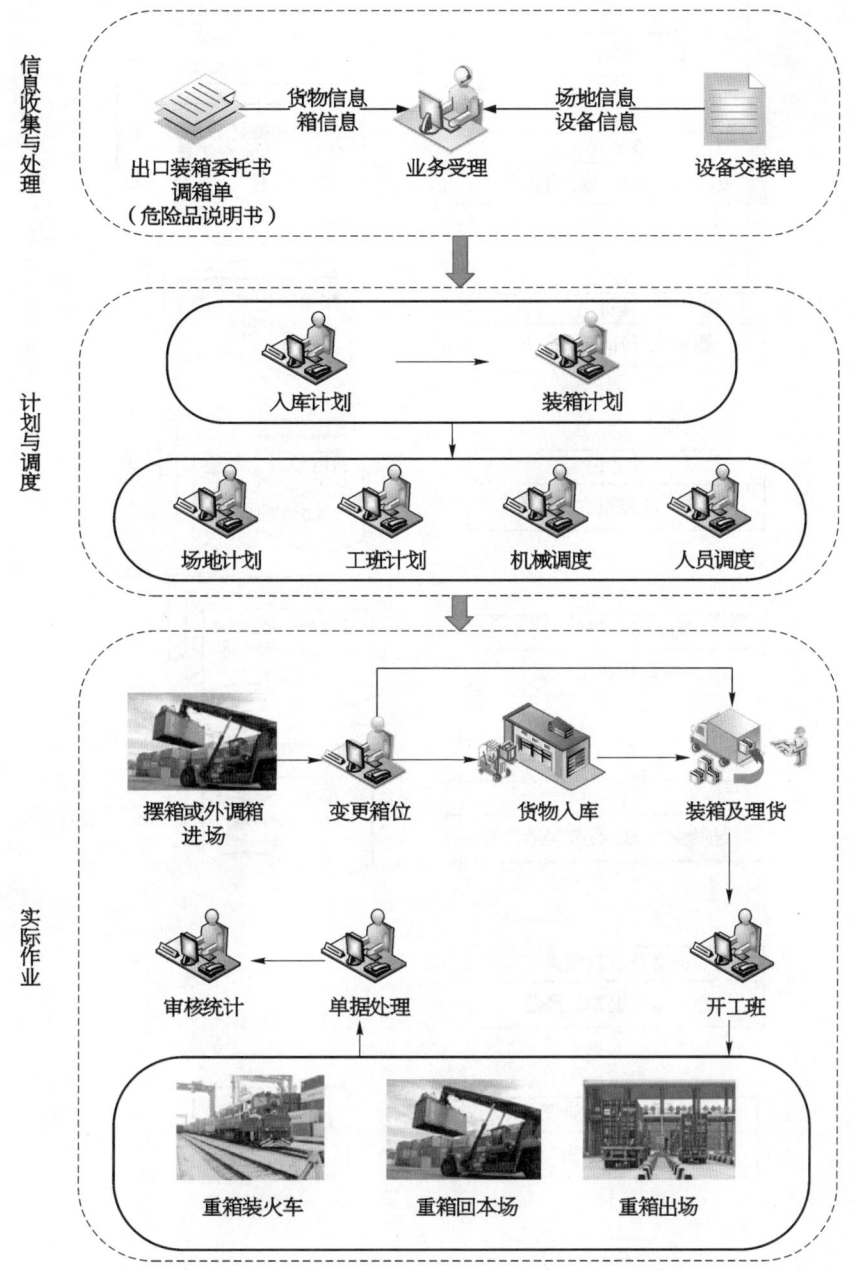

图 6-3 装箱流程示意图

装箱过程中各部门职责与工作如图 6-4 所示。

6.2.1 装箱业务信息收集阶段

装箱业务的信息收集阶段是后续计划调度以及实际作业的准备阶段。集装箱堆场作为管理方,在制定装箱计划之前,必须要知道装箱货物的具体信息和待装箱的箱信息,才能按照货主要求进行装箱业务的办理。因此,堆场业务人员需要从货主提供的

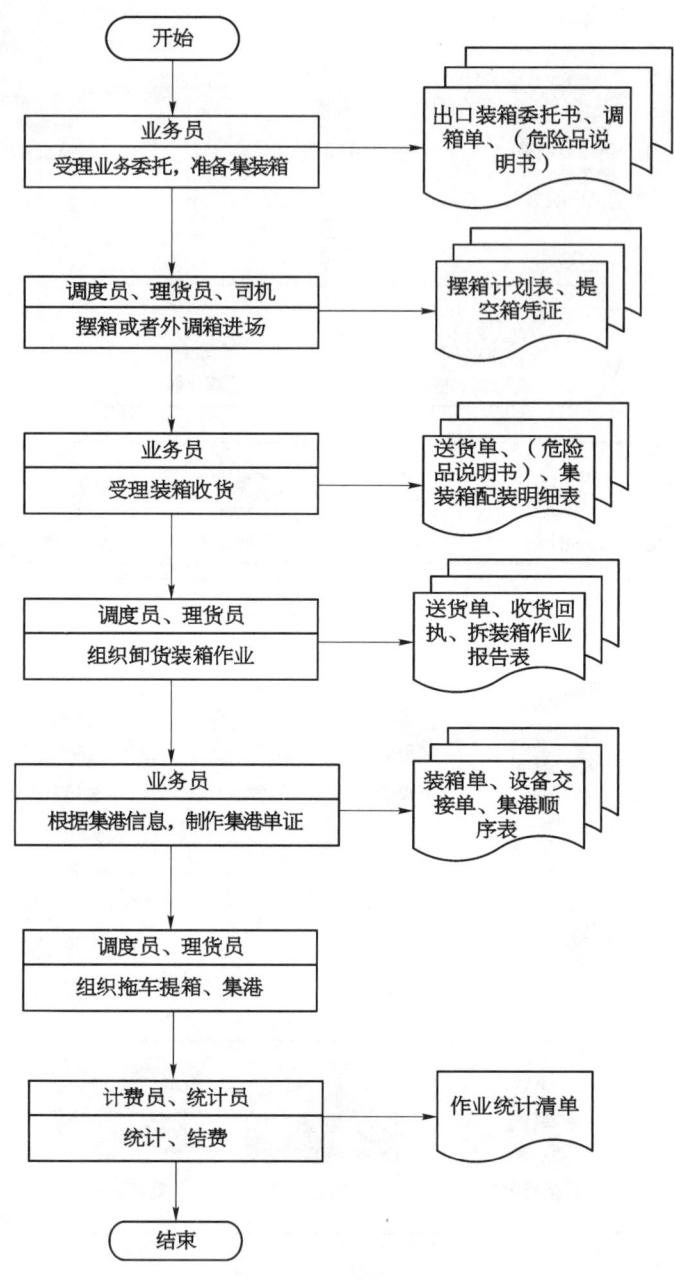

图 6-4 装箱作业流程

"出口装箱委托书"、"装箱单"、"调箱单"、"危险品说明书"以及"设备交接单"中获取要装箱的货物具体信息和箱子的信息等,从而接受装箱委托,并将货主提供的货物信息录入系统。上述单据详细内容见 6.4 节。

6.2.2 装箱业务计划调度阶段

在计划调度阶段,计划主要是指由集装箱堆场业务受理大厅为货主办理装箱受理计划的过程,而调度则是指堆场受理装箱后再由堆场调度员制定具体的装箱作业计划,即安排具体的装箱设备、工艺、人员班组以及装箱作业地点等。

1. 装箱委托业务受理

业务员根据货主送货时间通知箱管员进行摆箱。如果货主不用在场箱而用自备箱，则需要安排外调箱进场，业务员组织外勤人员押箱换单；换单后注明提箱要求，并将提箱凭证交给调度员。

2. 摆箱或外调箱进场

（1）摆箱流程

如果货主货物还未送至堆场，业务员则需要根据当前可装箱的集装箱进行备箱。备箱是在选取堆场空箱中若干无残损的集装箱用以装货，由于这些集装箱通常堆存于普通堆场，而不在装箱区域内，因此需要对这些集装箱进行摆箱，即把所选集装箱从普通堆场转移到装箱箱区。

业务员根据系统中的空集装箱，划定备箱，制作"摆箱计划表"，其主要内容有箱种、制表人、制表日期、箱号、起始场位、目的场位以及摆箱指令。堆场理货和调度完成摆箱，并制作"内部核算作业票"，给调度审核，并最终交给业务员。

（2）外调箱进场调度

如需外调箱，业务员组织外勤人员押箱换单，并将提箱凭证交给调度员（外调箱进场流程参见图6-5）。箱管员制作"摆箱计划表"，交调度员安排调度。调度员根据"摆箱计划表"安排摆箱。理货员指挥正面吊司机、拖车司机进行摆箱作业，作业完毕在业务系统中变更场位。

6.2.3 装箱业务实际作业阶段

1. 装箱收货业务

如果在堆场直接装货则送货司机直接到现场找调度员，进行集装箱的收货业务。如需入库的按照货物入库业务流程入库进仓。如为危险品装箱则要特别标明，并随附"危险品说明书"。

堆场收货流程：

① 业务员审核送货司机"送货单"，制定"集装箱配装箱明细表"，将对应铅封交由送货司机。

② 送货人将货物运送至集装箱装箱堆场。现场调度员核对"集装箱装配明细表"提供的委托代理、装配编号、装配货名、包装类型、送货单位及送货车号等信息，并通知司机和理货员收货。

③ 理货员根据收货记录要求及货物具体特性监督装卸工及叉车司机按照有关货运质量标准进行卸货作业，并填写收货记录，具体内容有实际货位、关号/件数、对应关货物尺寸、合并关号/合计件数及货物唛头、货号、货物残损记录集描述等，卸货结束后，理货员在收货记录上与送货人办理交接。

④ 核查收货记录上的卸货件数及货物唛头和有关残损记录，确认无误后，将收货记录的回执联盖章或签字交送货人。

货物进仓流程：

① 送货人将货物送至集装箱堆场或者货运站仓库。仓库根据送货单送提供的委托代理、进仓编号、进仓简述、进仓货名、包装类型、送货单位及送货车号等信息进行受理，根据进仓编号情况及库内货位情况，合理安排进仓预定货位。

② 理货员根据收货记录要求及货物具体特性监督装卸工及叉车司机按照有关货运质量标准进行卸货作业，并填写收货记录，具体内容有实际货位、关号/件数、对应关货物尺寸、合并关号/合计件数及货物唛头、货号、货物残损记录集描述等，卸货结束后，理货员在收货记录上与送货人办理交接。

③ 核查收货记录上的进仓件数及货物唛头和有关残损记录，确认无误后，将收货记录的回执联盖章或签字交送货人。

④ 仓库管理员核对进仓编号、总关数/总件数及对应货位。

2. 外调箱进场

装箱所需要的集装箱可以是本堆场的箱子，也可以是货主自己的箱子，如果货主要求场站外调集装箱，那么场站应安排相应的外调箱进场计划。外调箱进场作业泳道图如图 6-5 所示。

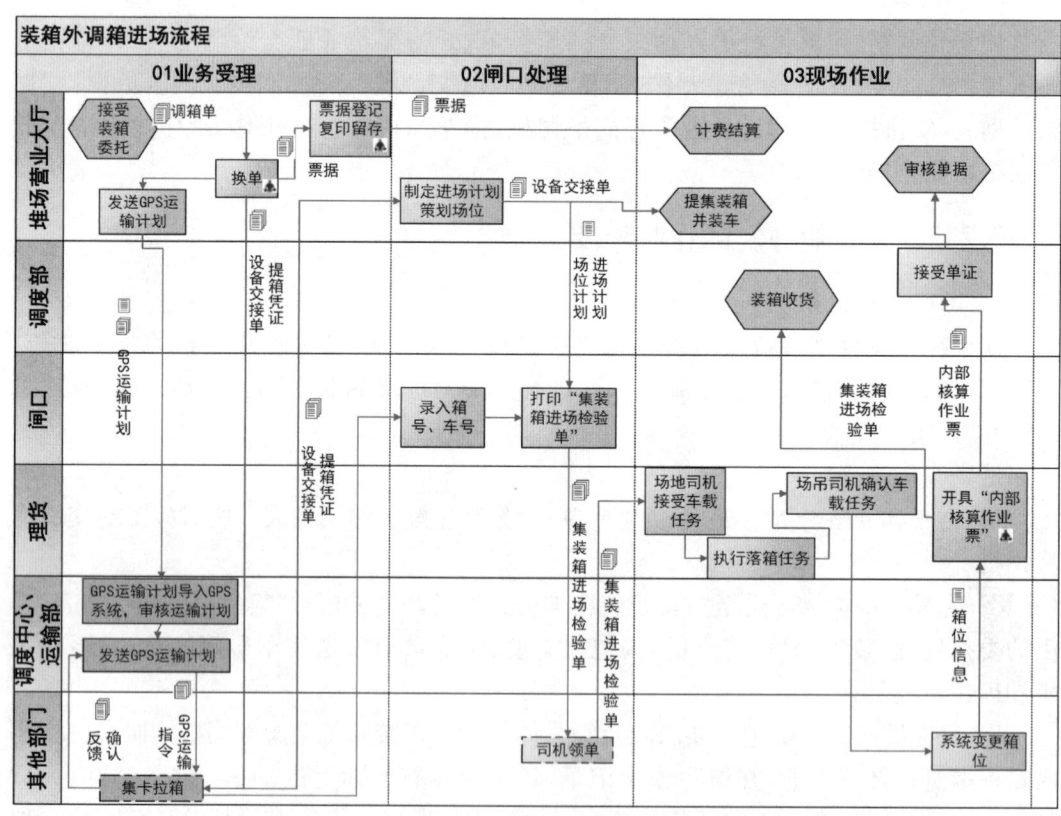

图 6-5　外调箱进场流程图

业务员向调度指挥中心发送 GPS 运输计划，调度员联系调度中心派车，并将提空箱凭证或者"提箱单"交由拖车司机进行提箱。拖车司机根据调度员提供的外调空箱提箱凭证提箱，在提箱堆场按照提箱要求仔细验箱（特别要验残损及油污、气味等），确保符合要求。

提箱后持单证进堆场询问报箱号,业务员做进场计划。拖车司机运箱进入检查桥,卡口管理员录入箱号、车号打印"集装箱进场检验单"交与拖车司机落箱。场吊司机在车载终端上接收相应的落箱任务并执行落箱作业,作业完成后在车载终端上进行确认,系统自动变更集装箱场位。

外调箱的作用是在配箱时,如果是本场箱,那么就具体落实到本场已经备好的集装箱空箱,即具体到某一集装箱。如果是外调箱,那么在配箱的时候,就具体落实到该外调箱,同时在调度员处,应当有理货员给予的"集装箱进场检验单",用来后续调度的审核。

3. 现场装箱作业

空箱到位且货物到位(货物送达堆场或者堆场仓库)后,如果货物进仓,业务员需要仔细核查该装箱单对应进仓编号货物的进仓件数、货号、唛头等与装箱单数据一致性,按照清单要求制定"集装箱配装箱明细表",其内容含船名/航次、提单号、中转港箱号/封号、进仓编号、应装件数、装箱要求等。

堆场业务员需要在堆场业务管理系统中进行相应操作,首先确认装箱过程中是人工作业还是机力作业,再录入"出口装箱委托书",从已经摆好的集装箱中选择出集装箱,完成配箱工作,并根据箱数给予司机铅封,同时在业务系统录入该铅封号,并打印出"集装箱配装箱明细表",并将"集装箱配装箱明细表"、"送货单"以及对应的铅封一一装订好,交调度员。在货物出库时,仓库要出具一份"货物出库提货凭证"。

调度员根据装箱单证要求详细了解装箱货物的特征、货物的积载因素,及时安排装箱理货员、装卸工、叉车司机以及相关人员到位,并合理准备装箱作业,如为危险品作业需在装箱前组织召开现场会议,明确相关注意事项。并把"送货单"和"集装箱配装装箱明细表"交给理货安排装箱。

理货员根据"集装箱配装明细表"及"送货单"指挥装卸工及叉车司机,安排货物运输并负责监管现场装箱作业。

装箱完毕,理货员要求送货人在"集装箱配装箱明细表"上签字确认,并按照货主要求开具"收货回执"给送货司机,确认货物已经装好。现场作业人员通过信息系统将集装箱货物装配信息给业务员(也可把"集装箱配装箱明细表"直接给业务员),业务员查询当前船公司的预配舱单的网站,要求船公司上的预配舱单与"集装箱配装箱明细表"一致,如果核对检查信息一致,业务员把运抵报文("集装箱配装箱明细表"的信息)发给海关,同时与"出口装箱委托书"进行核对。

4. 开工班

堆场装箱作业完毕后,理货员在系统中确认装箱,并开具"拆装箱作业报告单",主要内容有船名航次、提单号、装箱箱号、铅封号、货名、件数、包装、重量、箱型、尺寸、操作方式、理货签字、机械司机签字、库场员、工作地点等。

5. 单据处理

开具的"拆装箱作业报告单"和"集装箱配装箱明细表"都给调度员进行合计。调度员审核后,给统计员和机械队。另外一份给业务员处理。统计员收到上述单证后,制作"作业统计单"。业务员根据已经装货作业情况,进行费用统计结算。

6. 审核统计

统计员根据"内部核算作业票"与系统核对数量,如不符则与当事人核实,并要求当事人改正。并根据"拆装箱作业报告单"建立"作业统计清单"。如果是月结方式结费,业务员提供与客户确认完毕的账单明细给计费员,计费员依据确认完毕的账单明细与作业合同,实际进箱数量核对后,与客户对账,开具发票并结费。对于前面已经押箱的、司机提供堆场盖章的"设备交接单"来退费。

综上所述,装箱业务基本流程泳道图如图6-6所示。

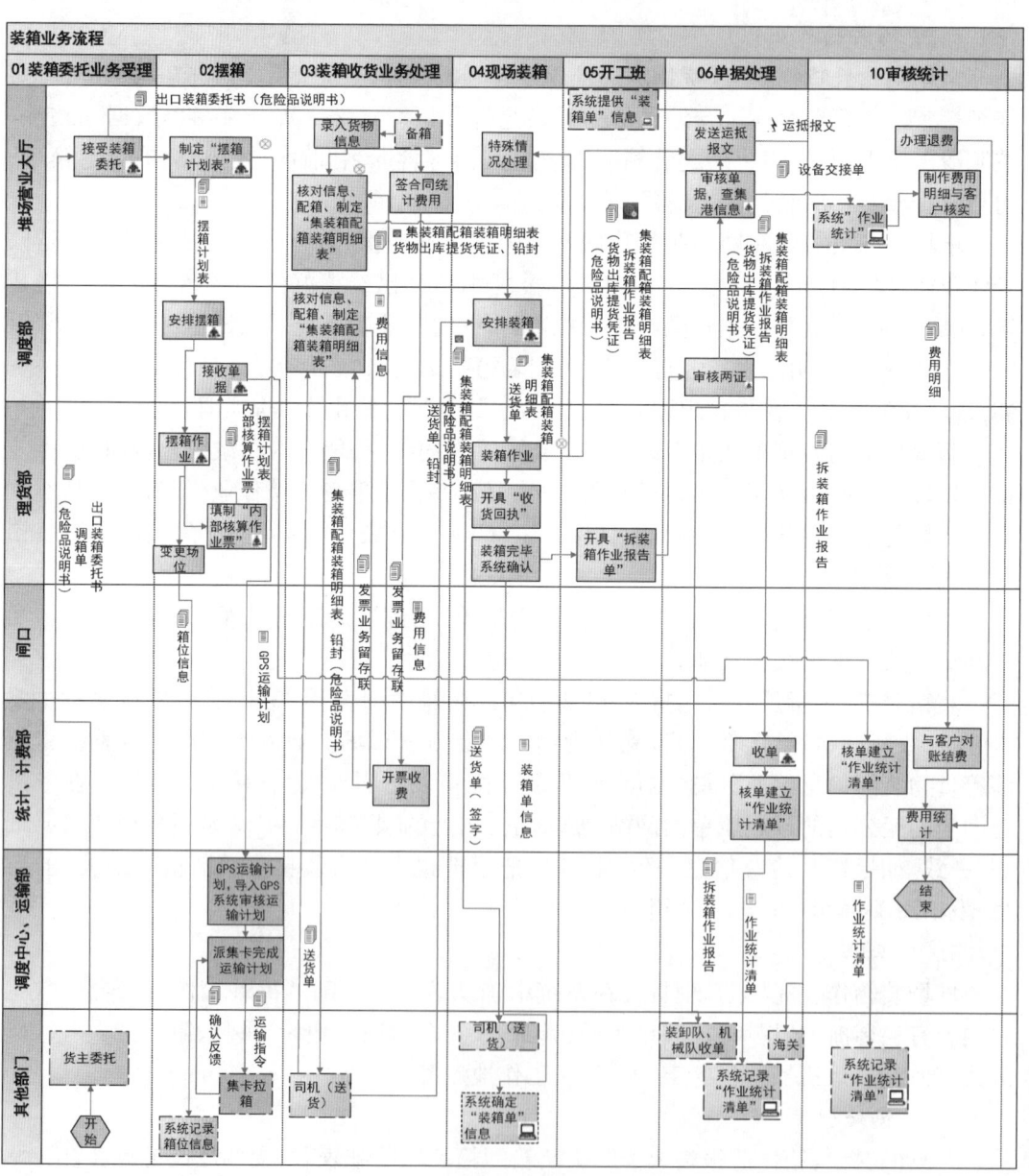

图6-6 装箱业务流程图

装箱完成后,重箱通常不继续放在装箱区域,而通常是根据货主提供的集港信息,对要出口的货物进行集港计划安排。对于无水港堆场,由于其"一关三检"业务的便捷性,货物装箱后同样可以提前集港,然后陆运或者内河运输至沿海港口进行出口装船,同时避免了以往的二次集港作业。

6.3 装箱业务相关知识

6.3.1 集装箱类别

集装箱有多种分类方法,按集装箱的用途不同分类如下:

① 干货集装箱(Dry Container)是最普通的集装箱,主要用于运输一般杂货,适合各种不需要调节温度的货物使用的集装箱,一般称通用集装箱(General Propose Container,GP)。

② 散货集装箱(Bulk Container)是用以装载粉末、颗粒状货物等各种散装货物的集装箱。

③ 罐式集装箱(Tank Container,TK)是用以装载液体货物的集装箱。这类集装箱专门装运各种液体货物,如食品、酒类、药品、化工品等。

④ 冷藏集装箱(Reefer Container,RF)是一种附有冷冻机设备,并在内壁敷设热传导率较低的材料,用以装载冷冻、保温、保鲜货物的集装箱。冷藏集装箱一般保持箱内温度在 $-25 \sim +25$ ℃。

⑤ 牲畜集装箱(Pen Container)是一种专门设计用来装运活牲畜的集装箱,有通风设施,带有喂料和除粪装置。

⑥ 敞顶集装箱(Open-Top Container,OT)是用于装载玻璃板、钢制品、机械等重货,可以使用起重机从顶部装卸,开顶箱顶部可开启或无固定箱面的集装箱。

⑦ 框架集装箱(Frame Track Container,FR)是以箱底面和四周金属框架构成的集装箱,适用于长大、超重、轻泡货物。

通用集装箱以装运贵重、易碎和怕湿货物为主,如家电、仪器、仪表、小型机械、玻璃陶瓷、建材、工艺品、文化体育用品、医药、卷烟、酒、食品、日用品、化工产品、针纺织品、小五金和其他适合集装箱运输的货物。

专用集装箱分别用于特殊性质的液体、汽车或需要通风、冷藏等货物运输。

集装箱装载货物必须符合集装箱规格和装载要求。比较常见的集装箱规格见表 6-1。

表 6-1 常见集装箱规格

长	宽	高	体 积	TEU
20 ft(6.1 m)	8 ft(2.44 m)	8.5 ft(2.59 m)	1 360 ft^3(39 m^3)	1
40 ft(12.19 m)	8 ft(2.44 m)	8.5 ft(2.59 m)	2 720 ft^3(77 m^3)	2

(续表)

长	宽	高	体　积	TEU
45 ft(13.72 m)	8 ft(2.44 m)	8.5 ft(2.59 m)	3 060 ft^3(87 m^3)	2.25
48 ft(14.63 m)	8 ft(2.44 m)	8.5 ft(2.59 m)	3 264 ft^3(92.4 m^3)	2.4
53 ft(16.15 m)	8 ft(2.44 m)	8.5 ft(2.59 m)	3 604 ft^3(102.1 m^3)	2.65

6.3.2 集装箱货物装箱方式

根据集装箱货物装箱数量和方式可分为整箱货装箱和拼箱货装箱两种。

(1) 整箱货装箱

整箱货(Full Container Load,FCL)一般是指货主自行将货物装满整箱后,以箱为单位托运的集装箱,即一个集装箱只装同一个货主的货物。除一些较大货主自己备有集装箱外,一般都是由承运人或集装箱租赁公司租用到一定的集装箱。空箱运到工厂或者仓库后,在海关人员的监督下,货主把货装入箱内、加锁、铅封后交由承运人并取得站场收据,最后凭收据换取提单或运单。因此,整箱货可以在货运站进行装箱,也可以在货主单位进行装箱。整箱货装箱方式通常在货主有足够货源装载一个或者数个整箱时采用。

(2) 拼箱货装箱

拼箱货(Less Than Container Load,LCL)与整箱货相对而言,指装不满一整箱的小票货物。这种货物,通常是由承运人(或代理人)分别揽货并在集装箱货运站或内陆站集中,而后将两票或两票以上的货物拼装在一个集装箱内,同样要在目的地的集装箱货运站或内陆站拆箱分别交货。对于这种货物,承运人(或代理人)要负担装箱与拆箱作业,装拆箱费用仍向货主收取。承运人对拼箱货的责任,基本上与传统杂货运输相同。拼箱货装箱方式在货主托运数量不足装满整箱时采用。

6.3.3 集装箱货的装箱技术

随着集装箱运输的不断发展,不同种类、不同性质、不同包装的货物都有可能装入集装箱内进行运输。同时,随着从事集装箱运输的管理人员以及操作人员不断增多,为确保货运质量的安全,做好箱内货物的积载工作是很重要的。许多货损事故的发生都是装箱不当所造成。货物在集装箱内的堆装、系固等工作看起来似乎比较简单,但由于集装箱货物在整个运输过程中可能涉及多种运输方式,特别是海上运输区段风险更大,货损事故难免发生。货物在箱内由于积载、装箱不当不仅会造成货损,还会给集装箱箱体,运输及装卸机械等设备造成损坏,甚至人员伤亡。

在进行集装箱货物装箱前,首先应根据所运输的货物种类、包装、性质、体积、重量和运输要求,选择合适的集装箱。但所选集装箱应符合以下基本条件:

① 箱子的尺寸符合 ISO 标准;

② 箱况良好,箱子的各个部位都是根据 IICL 验箱标准严格检验通过;

③ 箱子各焊接部位牢靠,箱门正常开关270°,铅封可正常施放;

④ 箱子内部适货、清洁、干燥、适于装货、不漏水、不漏光;

选用集装箱时,主要考虑的是根据货物的不同种类、性质、形状、体积、重量,以及运输要求采用其合适的箱子。首先要考虑的是在集装箱限定的载重量内货物是否装得下,其次再考虑在经济上是否合理,与货物所要求的运输条件是否符合。

1. 货物装箱时的作业方法和注意事项

集装箱货物的现场装箱作业,通常有三种方法:全部用人力装箱;用叉式装卸车(铲车)将货物搬进箱内再用人力堆装;全部用机械装箱,如货板(托盘)货用叉式装卸车在箱内堆装。第三种方法是最理想、装卸效率最高、发生货损事故最少的。但即时全部采用机械装箱,若装载时忽略了货物特性和包装状态,或者由于操作不当等原因,也往往会发生货损事故。特别是在内陆地区装载的集装箱,由于装箱人不了解海上运输时集装箱的状态,其装载要求不符合海上运输的要求,从而引起货损事故的发生,这种实例有许多。

① 不同包装的件杂货混装在同一箱内时,应根据货物的性质、重量、外包装的强度、货物的特性等情况,将货物区分开。将包装牢固、重件货装在箱子底部,包装不牢、轻货则装在箱子上部;不同形状、不同包装的货物尽量不装在一起;液体货和清洁货尽量放在其他货物下面;从包装中会渗漏出灰尘、液体、潮气、臭气等的货物,最好不与其他货混装在一起,若必须混装,则就要用帆布、塑料薄膜或者其他衬垫材料隔开;对于凸出或者带有尖角的货物,要将其保护起来,不使其损坏其他货物。

② 货物在箱子内的重量分布应均衡稳定,做好绑扎和衬垫。如箱子某一部位装载的负荷过重,货物在箱子里的移动,都会使箱子底部结构、侧板发生弯曲或破损。在吊机和其他机械作业时,箱子可能会发生倾斜,致使作业不能进行。此外,在海上或陆上运输时,货物的移动都可能会造成安全事故。尤其在装圆形货物时,如卷钢,绑扎、衬垫的质量是货物安全运输的必要前提;装载货板货时要确切掌握集装箱的内部尺寸和货物包装的外部尺寸,以便计算装载件数,达到尽量减少弃位、多装货物的目的。

③ 在进行货物堆码时,则应根据货物的包装强度,决定货物的堆码层数。另外,为使箱内

图6-7 罐状货物的捆扎装箱

下层货物不致被压坏,应在货物堆码之间垫入缓冲材料;用人力装货时要注意包装上有无"不可倒置"、"平放"、"竖放"等装卸指示标志。要正确使用装卸工具,捆包货物禁止使用手钩。

④ 用叉式装卸车装箱时,装箱操作将受到机械的自由提升高度和门架高度的限制。在允许的情况下,叉车装箱可一次装载两层,但上下应留有一定的间隙。如果条件不允许一次装载两层,则在箱内装第二层时,要考虑到叉式装卸车的自由提升高度和叉式装

卸车门架可能起升的高度。此时,门架起升高度应为第一层货高减去自由提升高度。一般普通起重量为 2 t 的叉式装卸车装卸,其自由提升高度为 50 cm 左右。而全自由提升高度的叉式装卸车只要在箱内高度允许的情况下,就不受门架起升高度的影响,从而可以方便地堆装两层货物。此外,还应注意在货物下面铺有垫木,以便使货叉能顺利抽出。

⑤ 货物的装载要严密整齐,货物之间不应留有空隙,这样不仅可充分利用箱内容积,也可以防止货物相互碰撞而装成损坏;货物与货物之间,也应加隔板或隔垫材料,避免货物相互擦伤、沾湿、污损,尤其对容易散捆和包装脆弱的货物,要使用衬垫或者在货物间插入胶合板,以防止货物在箱内移动。

图 6-8 叉式装卸车装箱作业

图 6-9 箱状货物的衬垫与绑扎装箱

⑥ 在目的地拆箱时,由于对箱口附近的货物没有采取系固措施,可能会发生货物倒塌,造成货物损坏和人员伤亡事故。因此在装箱完毕,关箱门前应采取系固措施,防止箱口附近货物倒塌。

⑦ 应使用清洁、干燥的垫料(如胶合板、草席、缓冲器材、隔热板等),如使用潮湿的垫料,就容易发生货损事故。

⑧ 应根据货物的不同种类、性质、包装,选用不同规格的集装箱,选用的箱子应符合国际标准,经过严格的检查,并具有检验部门发放的合格证书。

2. 特殊货物的装箱要求

(1) 超尺度和超重货的装箱

所谓超尺度和超重是指装箱货物的尺度超出了国际标准箱的尺寸,或者箱内的货物总重量,包括衬垫、绑扎及一些可移动的属具重量,超过了国际标准集装箱的最大载货重量而不能装载的货物。能装载超尺度的集装箱一般指那些不全固定封闭的集装箱,比如开顶箱、框架箱、平板箱。超尺度的集装箱也称 OOG(Out of Gauge)。

集装箱船的箱格结构和装卸集装箱的机械设备是根据集装箱标准来设计的。因此,如果货物的尺寸、重量超过了这一标准,则无论是对于集装箱船的积载和集装箱的装卸作业,都会造成一定的困难。但从另一个方面来说,由于集装箱运输的不断发展,货主方面不断提出使用非标准集装箱的要求,这就迫使有关方面研究如何运输这些超限货和超重货的方法来满足货主的要求。通常情况下,超高、长、宽的货物往往是一些大型的工程类机械设备,如图6-10所示。

图6-10 超高、长、宽货物装箱

图6-11 超高货集装箱装卸

① 超高货:通常,标准集装箱的内高,即20 ft和40 ft的标准集装箱内高为2 393 mm左右。如货物超过了这一高度,则属于超高货。超高货运输所用的集装箱有开顶箱、框架箱、平板箱等。超高货的装载运输,对内陆运输、车站、码头、装卸机械、船舶装载等带来许多问题。影响较大的是船舶的积载和码头集装箱的装卸作业。由于集装箱堆场和车站使用的是装卸机械设备,如装卸桥、跨运车、龙门吊等都是按标准集装箱设计的,没有考虑超高货装载的特殊情况,因此无法利用专用吊具装卸超高较严重的集装箱。如对超高货进行装卸,必须在装卸机械上临时安装一定的附属工具才能进行装卸,如图6-11所示。另外,还会影响到船舶积载。

集装箱船积载超高货箱时,如果货物高度超过顶侧梁最上端所在的平面,该箱上面就不能再积载任何集装箱。如果重量较轻的话,且在舱内积载时超高尺寸距舱盖有安全距离时,可以放在最上一层,如果重量较重,且在舱内超高尺寸距舱盖不足安全距离,必须放在较下面的层时,则必定会造成亏舱。集装箱船设计高度一般是以8 ft 6 in的高度为标准,而IC型集装箱通常的高度为8 ft,因此,在舱内装载8 ft高的集装箱时,舱内垂直方向将留有一定的空隙。如舱内堆6层高,则会出现6×6 in=3 ft的空隙。

② 超长、宽货:关于集装箱运输下允许货物在横向、纵向突出的距离,首先是受到集装箱船箱格结构和集装箱箱位之间距离的限制。不能再船舱内积载,在甲板上积载时,一般靠倍位的外侧上层积载,同时在超长、宽的方向相邻的位上不能再积载集装箱。因此,超长、宽货也尽量积载在上层,减少占用的舱位,以降低海运费和减少亏舱。在陆上运输时,其超宽的限制不如超高那样严格。关于装卸机械对超宽的限制则根据所使用的机械设备种类而定,如跨运车,一般对每边超宽10 cm以内的集装箱可从底盘车上卸下,但如超过了10 cm,跨运车则无法作业。

③ 超重货:集装箱装卸货物的重量和箱子自重的总重是有限制的,根据集装箱出厂时的数据,每一批生产的集装箱或多或少都会有点差异。一般而言,20 ft箱子总重为24 000 kg,最大载货重21 800 kg,40 ft箱子总重为30 480 kg,最大载货重为26 780 kg。

所有的与其有关的运输工具和装卸机械基本上都是根据这一总重来设计的。因此,应注意在装箱完毕后,其总重量不能超出上述规定的数值,否则,会影响集装箱的安全运输。

(2) 液体货的装箱

散装的液体货可以利用罐式集装箱运输,这样可以节约大量的包装费用和装卸费用。采用罐式集装箱运输液体货物时应注意下述情况:

① 罐集装箱本身结构、性能、箱内面的涂料是否满足货物的运输要求;

② 查明集装箱的容量和所允许的载重量的比例与货物比重是否接近一致,当货物比重较大装载半罐的情况下,在装卸和运输过程中有损罐的危险;

③ 查明排罐时否具有必要的设备,这些设备是否适用于箱子的阀门等,检查安全阀是否有效;

④ 了解货物的特性,在运输和装卸过程中是否需要加温,以及装卸地是否具有蒸汽源和电源。

(3) 冷藏货的装箱

冷藏集装箱所装载的货物可分为冷却货物(Chilled Cargo)和冷冻货物(Frozen Cargo)两种。前者是指一般选定不冻结的温度,或是货物表面有轻微冻结的温度,其温度范围在 $-11 \sim 1℃$,冷却货物的目的是为了维持货物的呼吸和防止箱内出汗,比如一些新鲜蔬菜、水果。后者是指将货物冷冻起来运输,其温度范围通常在 $-20 \sim -11℃$ 不等,比如肉类、鱼类。

对冷藏货物在运输途中应保持的温度,货主在托运时在相关的单据上都有明确说明,承运人在运输过程中应严格尽保管、照料之责,保证温度在所要求的范围之内。双方都应保管好有关该票货物在运输途中所需要的文件,以便就温度问题引起的纠纷时有据可依。

冷藏货载装箱前,对集装箱和货物都应进行检查。对以下事项需特别注意:检查冷冻装置的启动、运转、停止,同时做好装修前的预冷工作;检查通风孔开、关状态;冷冻机的排水管是否堵塞;集装箱本身的气密性;冷藏货是否达到规定的稳定;装箱时,应注意货物不要堵塞冷气通道,天棚部分留有一定间隙;装载期间,冷冻装置应停止运转。

(4) 动植物的装箱

动植物的检疫应根据出口国的规定进行。同时,一些国家规定动植物的进口一定要经过检疫人员的检查,并得到许可后才能进口,如得不到许可,则会强制处理,如杀死、烧毁等。

动植物检疫的对象通常是牛、马、羊、猪和经屠宰后的皮、毛、肉等。运输该类货物的集装箱有两种,一种是非密闭性的,另一种是密闭性的。

装箱时应根据具体的动植物情况,注意集装箱的适货性、装箱时的环境,货物所需的备料,活动物的饲料、饲养槽、水槽等,货物的装箱量等。

(5) 散装货的装箱

用集装箱装载运输散装货可节省包装费用和装卸费用。散货集装箱主要用于装载运输小麦、麦芽、谷物、树脂、铅粉、矿砂、矿石等,在该类货物装箱时应注意:装卸地的装卸设施;箱型的选定及清扫;防止因货物的自然特性而造成的货损、箱损;装箱时箱子应清洁、干燥、无味等。

(6) 危险品的装箱

① 不符合包装要求的危险货物,或已有破损、渗漏情况的不得装入箱内;

② 危险货物的任何部分不得突出到箱外,装箱后箱门应完全密闭;

③ 不应将危险货物与不相容的物质装载同一箱内,除特殊情况由主管当局同意者且根据《国际海运危险货物规则》的隔离要求进行隔离;

④ 危险货物只有按照规定包装后才能装载集装箱运输,某些干燥的散货危险货,可装载该种货物运输的特种集装箱内;

⑤ 液体货物和非冷藏的压缩气体的装载应得到主管部门的批准;

⑥ 箱内的货物和其他任何物质的包件必须固定;

⑦ 当一票危险货物只构成集装箱内所装货物的一部分时,最好将其装载在箱门附近;

⑧ 对托运人来说,应在货物托运单上或单独的申报单上保证所托运的货物已正确申报货名、加以包装、做出标志,并具有适运的条件;

⑨ 负责将危险货物装入集装箱的工作人员,应提交"集装箱装运危险货物装箱证明书",以证实已正确装箱并符合以下规定:

集装箱清洁、干燥、适合装货;集装箱内未装入不相容的货物;所有包件都经过外部破损检查,装入箱内的包件是完好的;检查外部有无所装内容的破损、撒漏或渗漏迹象,一旦发现有破损、撒漏或渗漏的集装箱,在未加以修理和将容器移走前,都不予承运;所有包件都已恰当地装入集装箱并加以牢固;集装箱及其包件都有正确的标记、标志;对集装箱内所装的每一票货物,已经收到其根据《国际危规》所要求的危险货物申报单。

⑩ 装有危险货物的集装箱,应在箱体外表贴有规格不少于 250 mm×250 mm 的《国际危规》类别标牌,至少有 4 幅这种标牌,并将其贴在箱体的前、后、左、右侧面醒目位置。集装箱一经认为无危险性,所有危险标志应立即从箱体上除去。装载危险货物的集装箱卸空后,应采取措施保证集装箱没有污染,而使集装箱不具有危险性。

(7) 各种车辆的装箱操作

集装箱内装载的车辆有小轿车、小型卡车、各种叉式装卸车、推土机、压路机和小型拖拉机等。杂货集装箱只能装载一辆小轿车,因此箱内将产生很大的空隙。如果航线上有回空的冷冻集装箱或动物集装箱,则用来装小轿车比较理想,因为冷冻集装箱或动物集装箱的容积比较小,可以更有效地利用集装箱的箱容。而对于各种叉式装卸车、拖拉机、推土机及压路机等特种车辆的运输,通常采用板架集装箱来装载。

图 6-12 车辆部件装箱

6.3.4 集装箱货物交接方式

1. 按类别分的货物交接方式

按照集装箱货物类型可分为以下 4 种货物交接方式：

① 整箱交、整箱接（FCL/FCL）。货主在工厂或仓库把装满货后的整箱交给承运人，收货人在目的地同样以整箱接货，即承运人以整箱为单位负责交接。货物的装箱和拆箱均由货主负责。

② 拼箱交、拆箱接（LCL/LCL）。货主将不足整箱的小票托运货物在集装箱货运站或内陆转运站交给承运人，由承运人负责拼箱和装箱（Stuffing，Vanning）并将其运到目的地货运站或内陆转运站，由承运人负责拆箱（Unstuffing，Devanning）。拆箱后，收货人凭单据接货。货物的装箱和拆箱均由承运人负责。

③ 整箱交、拆箱接（FCL/LCL）。货主在工厂或仓库把装满货后的整箱交给承运人，在目的地的集装箱货运站或内陆转运站由承运人负责拆箱后，各收货人凭单接货。

④ 拼箱交、整箱接（LCL/FCL）。货主将不足整箱的小票托运货物在集装箱货运站或内陆转运站交给承运人。由承运人分类调整，把同一收货人的货集中拼装成整箱，将其运到目的地后，承运人以整箱交箱，收货人以整箱接箱。

上述各种交接方式中，以整箱交、整箱接的效果为最好，也最能发挥集装箱的优越性。

2. 按地点分的货物交接方式

集装箱货物的交接根据贸易条件所规定的交接地点的不同，可归纳总结为以下 9 种交接方式：

① 门到门交接（Door to Door）。托运人负责装箱并在其工厂或仓库整箱交货，海上承运人在托运人工厂或仓库整箱接货，负责运抵收货人工厂或仓库整箱交货，收货人在其工厂或仓库整箱接或并负责拆箱。门到门交接方式，承运人对箱内货物不承担责任。

② 门到场交接（Door to CY）。托运人负责装箱并在其工厂或仓库整箱交货，海上承运人在托运人工厂或仓库整箱接货，负责运抵装货港集装箱堆场整箱交货，收货人负责在卸货港集装箱堆场整箱提货并拆箱，空箱在规定限期内交至海上承运人指定的堆场。

③ 门到站交接（Door to CFS）。托运人负责装箱并在其工厂或仓库整箱交货，海上承运人在托运人工厂或仓库整箱接货，负责运抵卸货港集装箱装箱货运站拆箱按件交货，收货人负责在卸货港货运站按件接货。

④ 场到门交接（CY to Door）。托运人负责装箱并运至装货港集装箱堆场整箱交货，海上承运人在装货港集装箱堆场整箱接货，负责运抵收货人工厂或仓库整箱交货，收货人在其工厂或仓库整箱接或并负责拆箱。

⑤ 场到场交接（CY to CY）。托运人负责装箱并运至装货港集装箱堆场整箱交货，海上承运人在装货港集装箱堆场整箱接货，负责运抵装货港集装箱堆场整箱交货，收货

人负责在卸货港集装箱堆场整箱提货并拆箱,空箱在规定限期内交至海上承运人指定的堆场。

⑥ 场到站交接(CY to CFS)。托运人负责装箱并运至装货港集装箱堆场整箱交货,海上承运人在装货港集装箱堆场整箱接货,负责运抵卸货港集装箱装箱货运站拆箱按件交货,收货人负责在卸货港货运站按件接货。

⑦ 站到门交接(CFS to Door)。托运人负责将货物运至海上承运人指定的装货港集装箱货运站按件交货,海上承运人在装货港集装箱货运站按件接货并装箱,负责运抵收货人工厂或仓库整箱交货,收货人在其工厂或仓库整箱接或并负责拆箱。

⑧ 站到场交接(CFS to CY)。托运人负责将货物运至海上承运人指定的装货港集装箱货运站按件交货,海上承运人在装货港集装箱货运站按件接货并装箱,负责运抵装货港集装箱堆场整箱交货,收货人负责在卸货港集装箱堆场整箱提货并拆箱,空箱在规定限期内交至海上承运人指定的堆场。

⑨ 站到站交接(CFS to CFS)。托运人负责将货物运至海上承运人指定的装货港集装箱货运站按件交货,海上承运人在装货港集装箱货运站按件接货并装箱,负责运抵卸货港集装箱装箱货运站拆箱按件交货,收货人负责在卸货港货运站按件接货。

其中门到门运输方式在整个运输过程中,完全是集装箱运输,并无货物运输,最适宜整箱交、整箱接。门到场站运输方式中,由门到场站为集装箱运输,由场站到门是货物运输,适宜于整箱交、拆箱接。场站到门运输方式中,由场站到门为集装箱运输,由门到场站是货物运输,适宜于拼箱交、整箱接。场站到场站运输中,除中间一段为集装箱运输外、两端的内陆运输均为货物运输,适宜于拼箱交、拆箱接。另外,也有人提出,交界地点应当将船舷或吊钩也算在内,因此还有门到钩、场到钩等方式,但这种方式很少出现。

6.3.5 装箱理货

货主、船方或者场站方可以委托理货公司负责装箱业务的理货,以确保货物的准确装箱。理货公司接受装箱理货业务后,首先应了解谁是委托方,即是代表船方还是代表其他委托方参加装箱理货,以便确定是否需要制作"装箱单"。理货公司根据装箱业务的具体情况,确定采用派人定点,还是随时派人的办法,并通知装箱单位,同他们建立必要的业务联系。

1. 装箱理货准备

理箱作业前,装箱理货人员应向有关方索取"集装箱装配明细表",根据"出口舱单"和代理公司提供的"装货清单"对装配明细表进行核对,检查这些单证上记载的内容是否一致。

2. 装箱理货程序[20]

装箱理货人员根据"集装箱装配明细表",向装箱单位索取装箱资料,包括"装货单"、"箱号清单"等,仔细核对"集装箱装配明细表",确认需装箱数和"箱号清单"上提供的箱数是否相符。当发现不一致时,应联系装箱单位及时查明原因。然后,理货人员按

"装货单"提供的货物标志、货物件数,与装箱单位工作人员点交点接,在箱边理清装箱件数,剔除残损货物。

① 根据"集装箱装配明细表"核对装箱货物的标志、件数、包装、重量、目的港等内容是否相符合,不相符的不能装,待联系发货单位处理后再装船。

② 严格执行箱边理货,逐件进行检查与核对,做好件数的记录,剔除残损货物。

③ 指导现场工作人员装箱积载,充分利用箱容,保障货物安全。

④ 在装箱理货过程中,要准确计算箱内货物的重量,保证 20 ft 箱的最大总重量(货重和集装箱自重)不得超过 20 320 kg,40 ft 箱的最大总重量不得超过 30 480 kg,以确保运输和装卸的安全。

⑤ 装箱完毕后,由理货员对集装箱施加铅封,并在理货单上填写铅封号。集装箱施封后,如有关单位需要对集装箱再次施加铅封,则两个铅封号均记录于同一理货单上。

⑥ 理货人员根据每箱理货结果,编制"装箱理货单",并与装箱单位的工作人员办理交接手续。

3. 装箱作业时清点装箱件数的方法

(1) 接受委托,以第三者身份参加装箱理货

通常情况下,事先编制好"装箱单",理货人员应根据"装箱单"相关内容,逐一圈销已装入集装箱内的货物。工班结束时,理货员应及时编制"装箱理货单",经发货人签认后,办妥货物交接手续。

(2) 代表船方装箱理货

理货员应根据"场站收据"相关内容,划关计数。工班结束时,应编制"装箱理货单",同发货人办妥交接手续,并在此基础上,编制"集装箱装箱单"。

4. 理货结束工作

编制"集装箱装箱单"时,要贯彻按货物拼箱的先后顺序来排列"装货单"号的原则,以便为卸货港拆箱时提供方便。

理货公司要安排人员整理现场提供的"装箱理货单"和"集装箱装箱单",根据装箱单批注"装货单",并把全部程序纳入集装箱的理箱工序,有机结合装箱和理箱两道工序。

6.4 装箱业务涉及的关键单据

1. 出口装箱委托书

业务员受理货主提供的"出口装箱委托书"和"调箱单"接受装箱委托。如属于危险品装箱的则需要根据货主提供"危险品说明书"确认能否接受委托。业务员主要的工作就是把这些信息录入到系统当中去。

出口装箱委托书样单如图 6-13 所示,其主要信息:船名、航次、箱型、尺寸、箱数、箱主、提单号、品名—货名、件数、重量、体积、目的港、开船日期、送货日—可缺、送货地址—就是本堆场、联系人、联系人电话、联系人传真号码。

天津港物流发展有限公司
Tianjin Port Logistics Development Co., Ltd.

拖 车 委 托

TO: _____
FM: _____

船名航次: _____   品 名: _____

提单号: _____   件数: _____

目的港: _____   体积: _____

中转港: _____   毛重: _____

开航时间: _____   箱型箱量: _____

请贵公司以进舱编号 _____ 于 __ 年 __ 月 __ 日 _____ 时 __ 分之前去以下地址拖货:

地址:

我司操作联系人:
如有疑问,请与我公司联系,"多谢合作"

图 6-13 出口装箱委托书

2. 调箱单

"调箱单"主要信息和"出口装箱委托书"一致,主要信息:目的港、发货港、船名、航次、提单号、重量、体积、箱量、尺寸、品名,用于接受货主的装箱委托,其样单如图 6-14 所示。

3. 危险品说明书

在接受货主的货物托运委托时,如属于危险品装箱的则需要根据货主提供"危险品说明书"确认能否接受委托。业务员主要的工作就是把这些信息录入到系统当中去。

危险品说明书样单如图 6-15 所示,其主要信息包括:联合国编号、正确的海运运输名称、主危险品类别、包装类别、CAS 化学注册号码、品名、分子式、性能、包装、运输注

```
                    BOOKING ACKNOWLEDGEMENT

        TO: BOOKING PARTY         :
            PORWARDER             :
            CONTACT PERSON        :
            SHIPPER               :
            CONTACT PERSON        :
            BOOKING NUMBER        :
                                  :
            INTENDED VESSEL/VOYAG :
            INTERNAL REFERENCE
            PLACE OF RECEIPT
            PORT OF LOADING       :                    ETD:
            PORT OF DISCHARGE     :                    ETA:
                                  :
            DESPATCH QUANTITY
            FCL   QTY   EMPTY   SIZE/TYPE

            COMMODITY             :
            CARGO NATURE          :
            DESPATCH INFORMATION
            SEQ  SIZE/TYPE  QTY  C/M  STUFFING    EMPTY RELEASE
                                      DATE  TIME  DATE   TIME

            CARRIER NAME          :
            RETURN TERMINAL       :

            CUTOFF DATE/TIME      :
            ADDRESS               :

        REMARKS

        如需提取空箱,请凭此单到以下地址换单。
        换单地址:
        邮编:
        电话:
                    ┌─────────────────────────────────────┐
                    │请核对传真资料是否正确,如有错漏请致电: │
                    │装载货物请勿超出箱体标注重量,否则责任自负│
                    └─────────────────────────────────────┘
```

图 6-14 调箱单

意事项、包装破裂或散落时的处理方法、急救措施。

4. 摆箱计划表

如果货主还未将货物送达,业务员往往要根据当前可以装箱的集装箱进行备箱,即在空箱当中划出一些无残损的集装箱,准备用来装货,由于这些集装箱一开始是放在普通堆场,不在装箱区间,所以需要对这些集装箱进行摆箱,把这些集装箱从普通堆场转移到装箱区,从而完成备箱。因此,业务员根据系统中的空集装箱,划定备箱,制作一个"摆箱计划表"。

危险品货物说明书
DESCRIPTION FOR DANGEROUS MATERIALS
1. 联合国编号： 2. 正确的海运运输名称： 3. 主危险品类别： 4. 包装类别： 5. CAS化学注册号码：
品名：　　　　　　　　　　　　　　分子式：
6. 性能：
7. 包装：
8. 运输注意事项：
9. 包装破裂或散落时处理方法：
10. 急救措施：

图 6-15　危险品说明书

"摆箱计划表"主要信息包括：箱种、制表人、制表日期、箱号、起始场位、目的场位，摆箱指令——例如：海丰 20GP*30 从 J18-25、J17-03 摆出放到装箱场。样单详见第 3 章 3.4 节内容。

5. 送货单

送货司机来到堆场后，提交"货联系单"（又称：送货单），业务员根据"送货单"上的信息，根据箱数给予司机铅封，同时在业务系统录入该铅封号，并打印出"集装箱配箱装箱明细表"。主要信息是：船名、航次、提单号、货名、件数、重量、体积、目的港、卸货港、操作过程、委托单位。

6. 集装箱配装明细表

装箱过程中，有"人力、机力"的选择，业务员录入"出口装箱委托书"后，从已经摆好的集装箱中选择出集装箱，完成配箱工作。当司机在堆场提交"送货单"等单证后，业务员根据箱数给予司机铅封,同时在业务系统录入该铅封号,并打印出"集装箱配箱装箱明细表"。如果货物是在本仓库的货物,则由仓库出具"货物出库提货凭证",该凭证作用与"送货单"一样。最后,把"货物出库提货凭证"或"送货单"连同"集装箱配箱装箱明细表"交给理货安排装箱。

集装箱货物装箱明细主要列明该集装箱中所装货物的详细信息,装箱明细与装箱单信息应该相互对应。其样单及内容说明详见第4章4.4节。

7. 收货回执

堆场收到货主的货物装箱完毕后,理货员要求送货人在"集装箱配装箱明细表"上签字确认,并按照货主要求开具"收货回执"给送货司机,证明货物已完好装入集装箱。收货回执如图6-16所示。

```
                    收 货 回 执

    _____公司:
        贵公司从        至        的装货及装箱情况需与您确定,请注意一下说明并填写回执以便我司
        作业。

    1. 汽车散货装车请严格控制装货数量,不要多装错装,对委托件数以外的货物我司所派车辆有权
       拒装。

    2. 为减少因装卸给货物带来的损失,请随身附带包装袋10~20个以备用。

    3. 请严格按照回执时间进行装货,对因装货造成的车辆压车超过24小时,我司有权向贵公司收取
       压车费用。

                              回  执

    请装货车辆于□白天(8点到6点)    □晚上(17点到24点)   □全天至我公司堆场装收货物。

                                                              盖章
                                                              日期
```

图6-16 收货回执

8. 拆装箱作业报告单

当完成拆装箱作业后,现场理货需填制"拆装箱作业报告表",用于拆装箱作业情况记录。该表分为四联,一联交给装卸队,二联交给业务组,三联交给机务部,四联交给统计员。统计员根据"拆装箱作业报告表"建立"作业统计清单"。计费员依据确认完毕的账单明细与作业合同、实际进箱数量核对后,与客户对账,结费。

拆装箱作业报告单主要内容包括:提单号、仓单记录、操作方法、组队、机械、处理、库场员、工作地点,并记录了拆装箱作业的作业日期。仓单记录包括集装箱号、封号、货名、件数、包装、重量、箱型。

天津港物流发展有限公司拆/装箱作业报告表

TJGWL/QR0906

航名/航次：　　　　　　　　　　　　　　　　年　月　日　点至

第四联

仓单记录 / 提单号	集装箱号	封号	货名	件数	包装	重量	20'/40'
操作方法				队组			
备注				机械			
处理		库场员			工作地点		

三作业完毕连同明细单及时返业务。
二认真填写一表不能报多票。
此表一式四联一联交装卸队二联交业务三联
交机务部四联交统计员。

图 6-17　集装箱拆装箱作业报告表

9. 集港顺序表

集港顺序表用于集装箱货物的集港作业，即由集装箱堆场专车或者专业车队携带入港证件将不同集装箱按照其船名航次输送到相应的码头前方堆场，等待装船。集港计划一般在船开前一到两天，不可随意打乱集港计划，否则会产生较多的额外费用。集装箱出口一般在相应船舶到港前 3 到 5 天开始集港。集港计划的指定是由业务员查询当前由港务局提供的“集港信息”制定“集港计划”，并选箱确定箱号。然后向调度指挥中心发送 GPS 运输计划并根据“集港计划”和所选箱号，打制“集港顺序表”和“设备交接单”。

集港顺序表主要内容包括：计划号、集港时间、船名航次、制表日期、集装箱箱号、集装箱尺寸、提单号、目的地、集装箱重量、集港场位以及内外集卡。其样单详见第 3 章 3.4 节。

10. 设备交接单

相关内容详见第 5 章 5.4 节。

11. 装箱单

装箱单是发票的补充单据，它列明了信用证(或合同)中买卖双方约定的有关包装事宜的细节，便于国外买方在货物到达目的港时供海关检查和核对货物，通常可以将其有关内容加列在商业发票上，但是在信用证有明确要求时，就必须严格按信用证约定制作。

因缮制的出口公司不同，它包括的内容也大不相同，但主要包括：包装单名称、编号、日期、唛头、货名、规格、包装单位、件数、每件的货量、毛净重以及包装材料、包装方式、包装规格及签章等。

装箱单(Packing List)：在中文“装箱单”上方的空白处填写出单人的中文名称地

址,"装箱单"下方的英文可根据要求自行变换。

出单方(Issuer):出单人的名称与地址。在信用证支付方式下,此栏应与信用证受益人的名称和地址一致。

受单方(To):受单方的名称与地址。多数情况下填写进口商的名称和地址,并与信用证开证申请人的名称和地址保持一致。在某些情况下也可不填,或填写"To whom it may concern"(致有关人)。

发票号(Invoice No.):填发票号码。

日期(Date):"装箱单"缮制日期。应与发票日期一致,不能迟于信用证的有效期及提单日期。

运输标志(Marks and Numbers):又称唛头,是出口货物包装上的装运标记和号码。要符合信用证的要求,与发票、提单一致。

包装种类和件数、货物描述(Number and Kind of Packages, Description of Goods):填写货物及包装的详细资料,包括:货物名称、规格、数量和包装说明等内容。

填写货物的毛重、净重,若信用证要求列出单件毛重、净重和皮重时,应照办;按货物的实际体积填列,均应符合信用证的规定。

自由处理区:自由处理区位于单据格式下方,用于表达格式中其他栏目不能或不便表达的内容。

装箱单的流转:当发货人或其代理人装箱完毕缮制此单后,留下装箱人留底联,其余四联(堆场联、理货联、船公司联、船代理联)均在随出口重箱送进港方码头堆场时递交港口经营人。港方留下码头堆场联作为船舶积载草图的依据,将其他三联按船舶航次统一集中后分别转交理货和承运人或其代理人。承运人或其代理人再将此单递送卸货港承运人或其代理人,作为日后拆箱依据。

装箱单特点:

① 为了保持与发票一致,在号码和日期两栏与发票完全相同。

② 一般不显示收货人、价格、装运情况,对货物描述一般都使用统称概述。

③ 装箱单着重表现货物的包装情况,从最小包装到最大包装的包装材料、包装方式一一列明。

④ 装箱单的制作要以信用证、合同、备货单、出货单为凭据。

⑤ 如果信用证上要求在装箱单上填写一些特殊条款,应照办。

集装箱货物装箱单样单及说明详见第4章4.4节内容。

12. 作业统计清单

作业统计清单用于作业完毕后的统计结费。由统计员根据作业过程及单据汇总制定作业统计清单,对作业过程各阶段的作业完工情况的动态数据进行收集、整理、汇总和分析。

6.5 装箱业务的数字化运营管理

堆场能够为货主办理收货、装箱业务,该业务需要在对应的堆场数字化管理系统中

进行装箱作业管理。本案例中是以集港为目的的装箱业务,其主要任务包括:

① 空箱装箱计划。堆场接收货物后,业务员根据货物特性,安排堆场合适的空箱,并制定摆箱计划,将空箱摆至装箱区。如果货主需要用自己的箱子,则制定外调箱进场计划。本案例中直接对本对场中集装箱进行计划。

② 装箱理货确认。现场装箱完毕,在信息系统中必须对装箱的货物信息进行核对,确认信息正确。

③ 重箱提箱出场。装箱完毕的集装箱通常不放于装箱区,而进行集港业务。无水港堆场可将重箱利用车辆提出堆场,运输至装火车区域或者直接运至指定的港口集港堆场。

6.5.1 空箱装箱计划制定

点击系统界面上作业计划菜单下的"空箱出场计划",弹出如图 6-18 所示窗口。把空箱计划类型选为装箱类型(可选择整箱装箱、拼箱装箱、换装装箱,在此处选择整箱装箱),将相关内容填写好,保存并确认完成。然后进行选箱,选中要装箱的空箱。

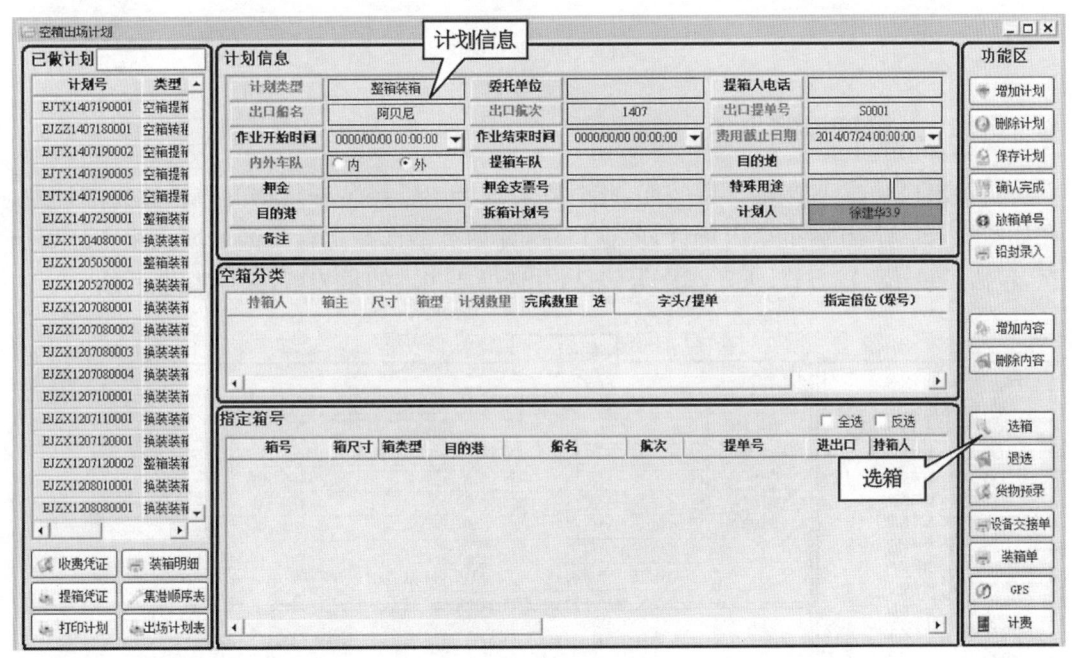

图 6-18 空箱计划

6.5.2 装箱理货确认

在空箱装箱计划完成后,需要进行理货确认。进入系统的拆装箱确认界面,如图 6-19 所示,则进行装箱确认,点击"确认"按钮,并在弹出的界面中填入货物信息,并点击"摆箱",将计划好的空箱摆箱至装箱区,待现场装箱完毕后,核对装箱货物信息,如果信息正确,装箱确认成功。

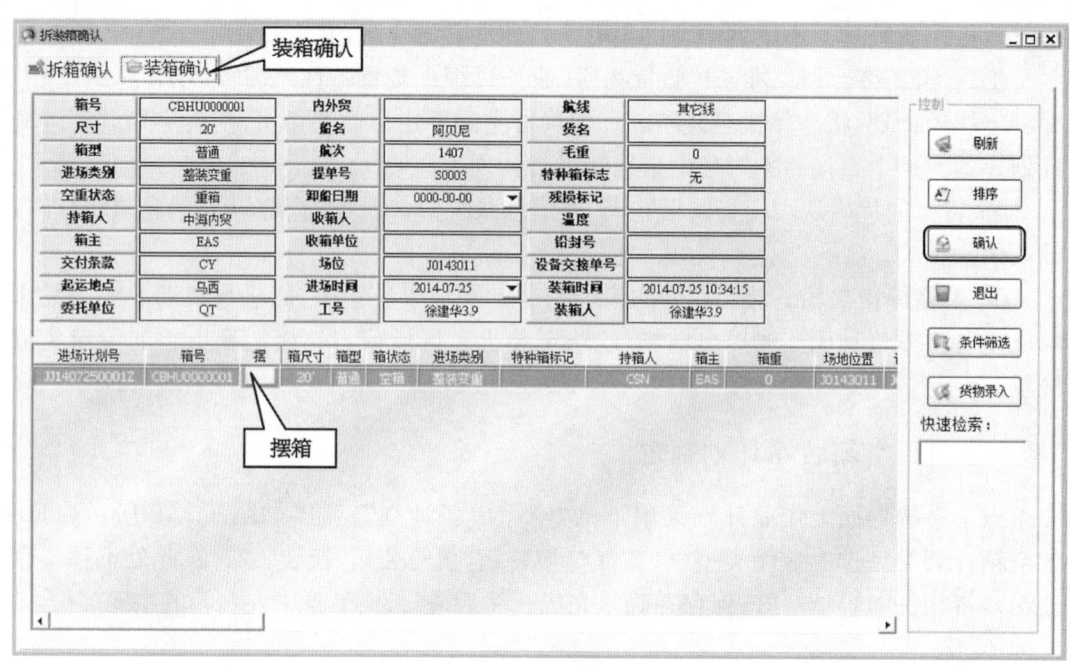

图 6-19 装箱确认

6.5.3 重箱提箱出场

货物出口时,需要集港等待装船,此时则对堆场内已经装好货物的重箱做集港计划。在如图 6-20 所示的"重箱出场计划"窗口中,计划类型选择重箱集港。填入相应计划信息,包括集装箱运输方式、火车车次等信息,并选择要集港的集装箱,保存集港计划。

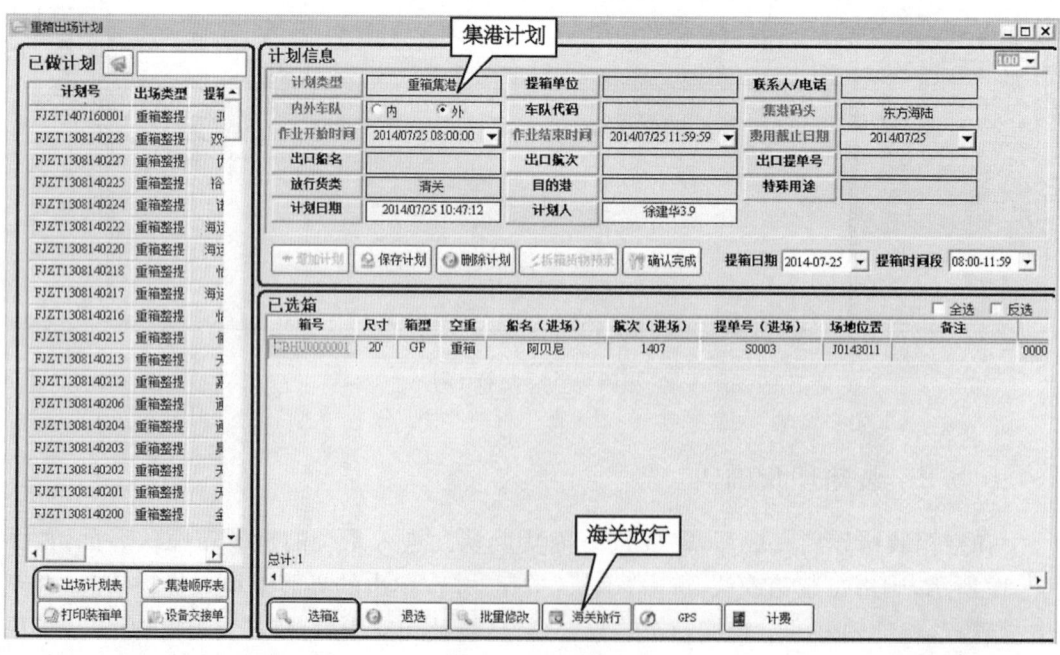

图 6-20 集港作业

做完的计划都在已做计划定义区显示。下方可以计划刷新,点击按钮"计划刷新",如果要查询某一计划,点击"计划查询"按钮,跳出检索条件窗口,具体操作见上面几章的条件检索操作。当提箱人来付钱提箱时,需打印出厂计划表,点击"出场计划表"按钮,进行打印。如果要打印集港顺序表,可点击"集港顺序表"按钮。也可以根据业务需求打印装箱单、设备交接单等单据。

(1) 计划信息区

如果做完一条计划之后,继续做另外一条计划,这时点击"新增计划"按钮,重新增加一条计划。也可以删除一条计划,不过这时需注意的是当一条计划的费用已经统计成功后,此时需先删除费用后再删除此项计划。

(2) 已选箱定义区

这里存放所有已经选择好的箱子。如果选择了错误的箱子或者误选了箱子,需要把这样的箱子进行退选,这是点击"退选"按钮。当对选择的箱子进行批量修改时,点击"批量修改"按钮,弹出如图 6-21 所示的窗口。在窗口里可以对卸船日期、起运地点、内外贸、火车次数进行多行修改。最后点击"确定"按钮,完成多行修改操作,点击"取消"按钮,关闭多行修改窗口。

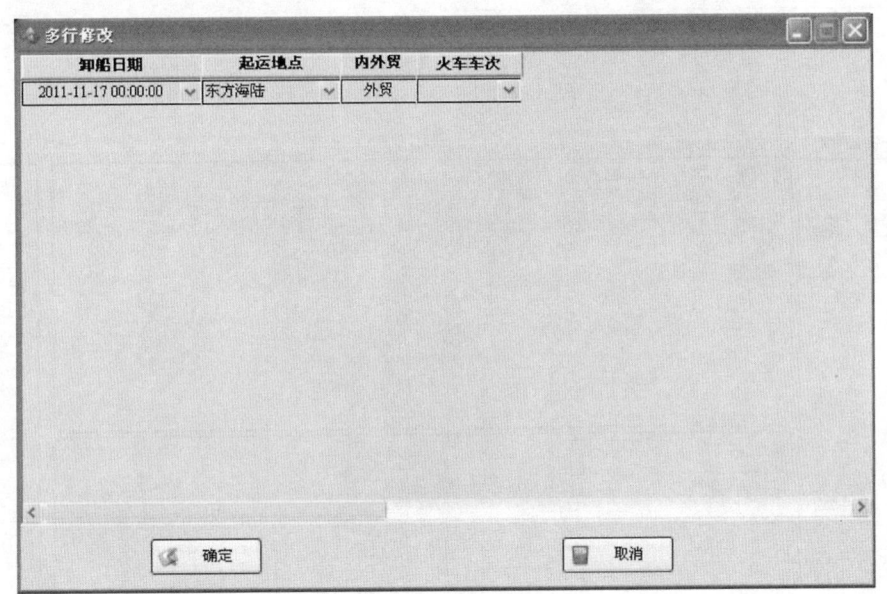

图 6-21 批量修改

当计划类型是集港(内车队运输)时,这时保存了计划之后,还需要点击"GPS"按钮,把计划发送到调度中心,让调度中心安排车辆进行运输抵港。或者安排内车队运输,直接进行装火车作业,由火车运输至港口码头堆场进行集港。

保存后,依据提示进行费用统计,如图 6-22 所示。

如果是外贸货物,还需要先确定海关放行,如图 6-23 所示。再保存计划,才能成功制定计划。海关放行之前必须确认货物已经办好报关报检手续,否则无法进行海关放行,也不能制定集装箱的集港计划。

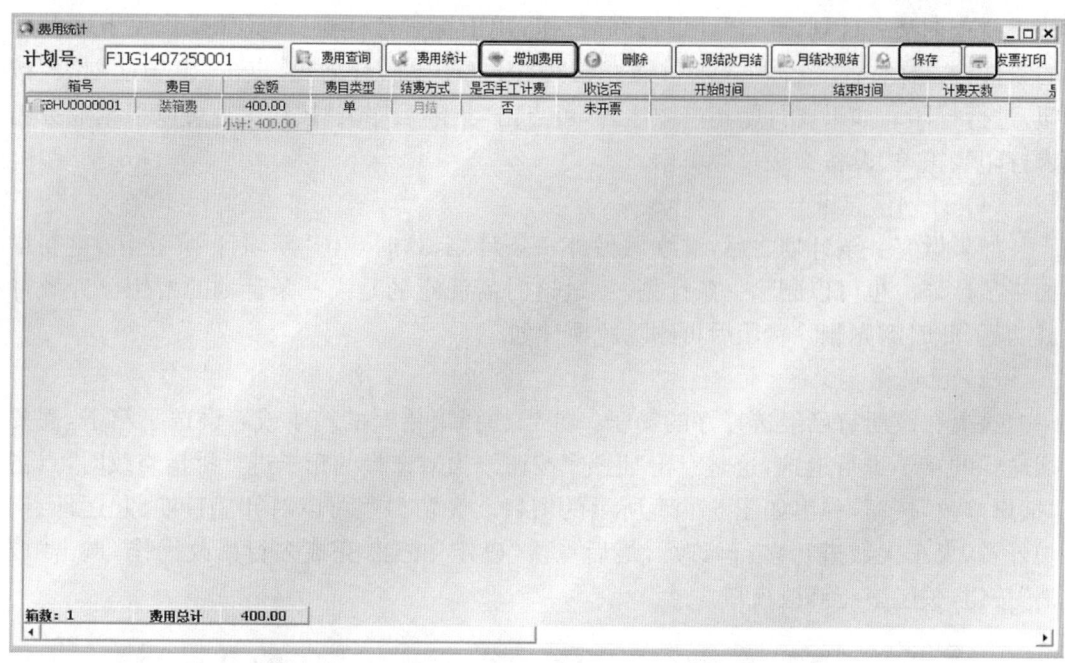

图 6-22 费用统计

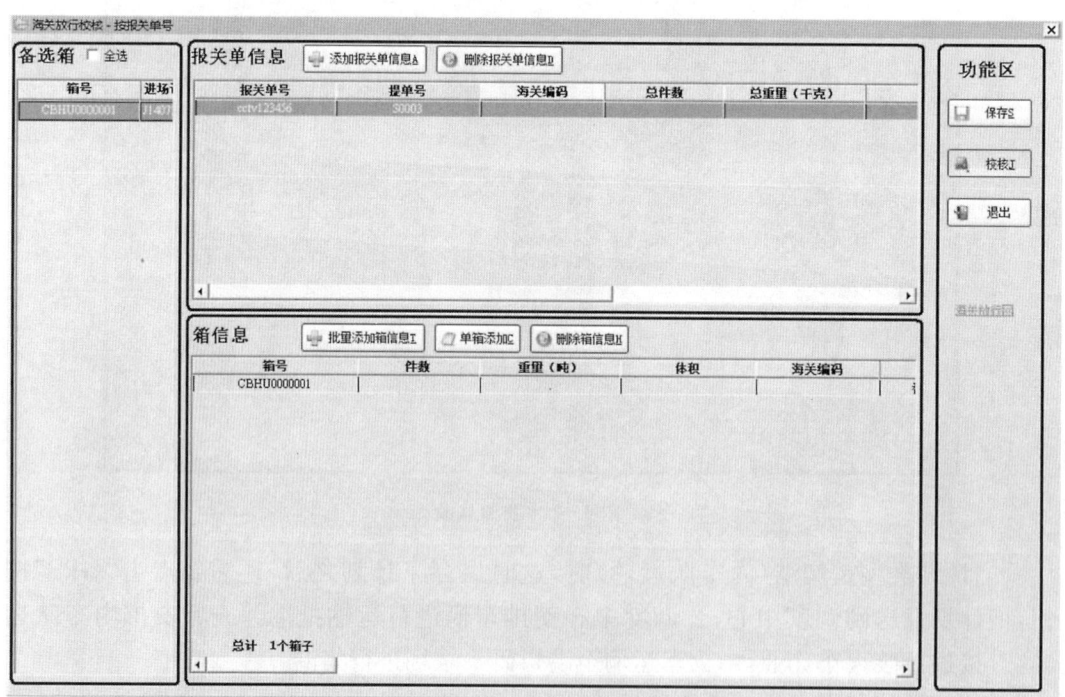

图 6-23 海关放行

集港计划制定好后,道口车辆进场提箱,将集港箱运送至火车边或者直接运输至港口堆场。车辆进场需打印进场小票即"提箱凭证"后,再进场提箱,如图 6-24 所示。

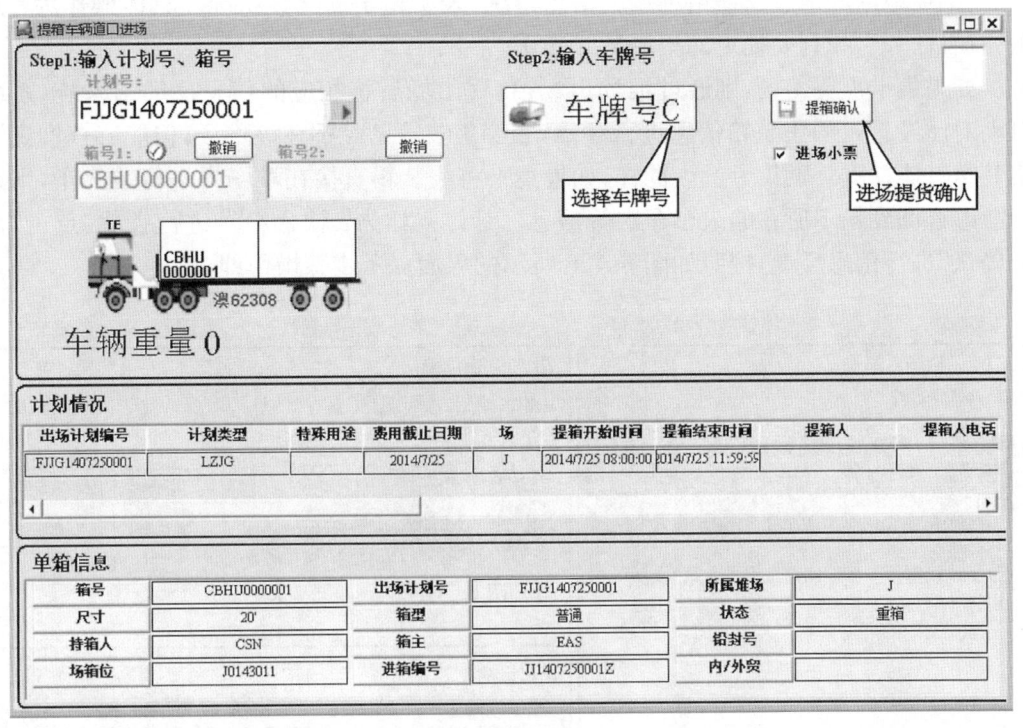

图 6-24 车辆进场

车辆进入场地后,与场吊进行交接确认,如图 6-25 所示。场吊将集港箱放在集卡

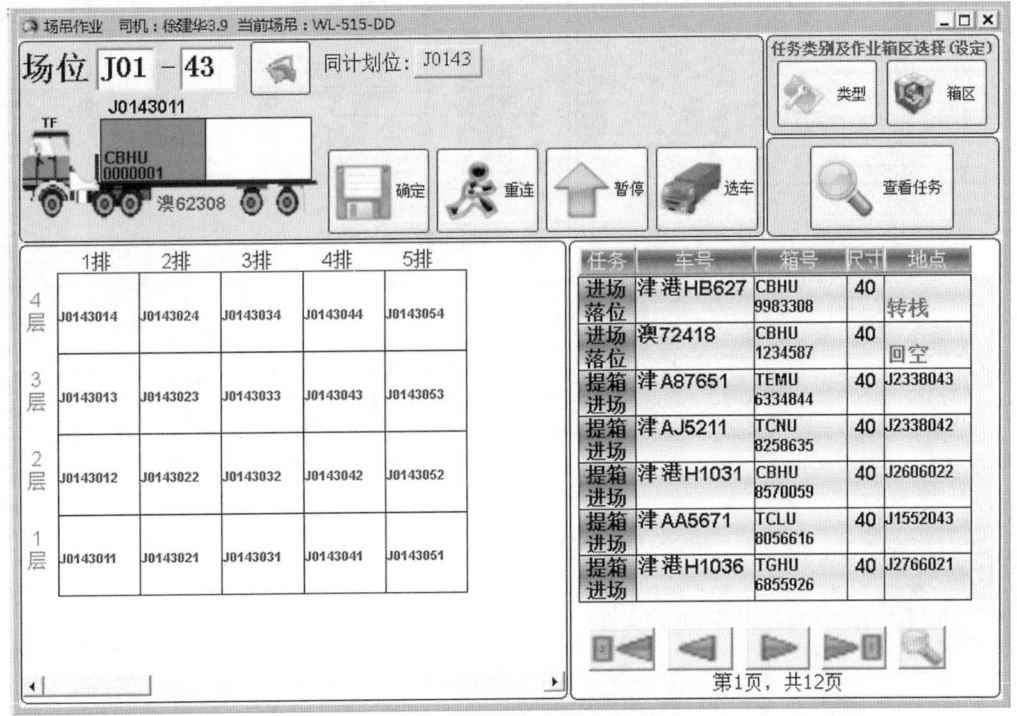

图 6-25 场地确认

上后,把场地内的信息反馈给堆场的信息系统,表明箱子的交接状况。具体操作为:点击"查看任务",找到要提走的集港箱并确认。

如果集卡需要出场,则通过堆场出场道口,出场后将相应的信息反馈回系统,系统自动对已经提走的集装箱信息进行注销,表明集装箱已经不在该堆场,但能够查询到该集装箱具体在哪一辆集卡上。同样,如果集卡将集装箱直接在堆场内进行装火车,则系统能够查询到箱子所在的火车车次等信息。具体操作为:输入箱号进行查找,点击"出场确认"进行信息反馈,按照如图6-26所示的界面提示步骤操作即可。

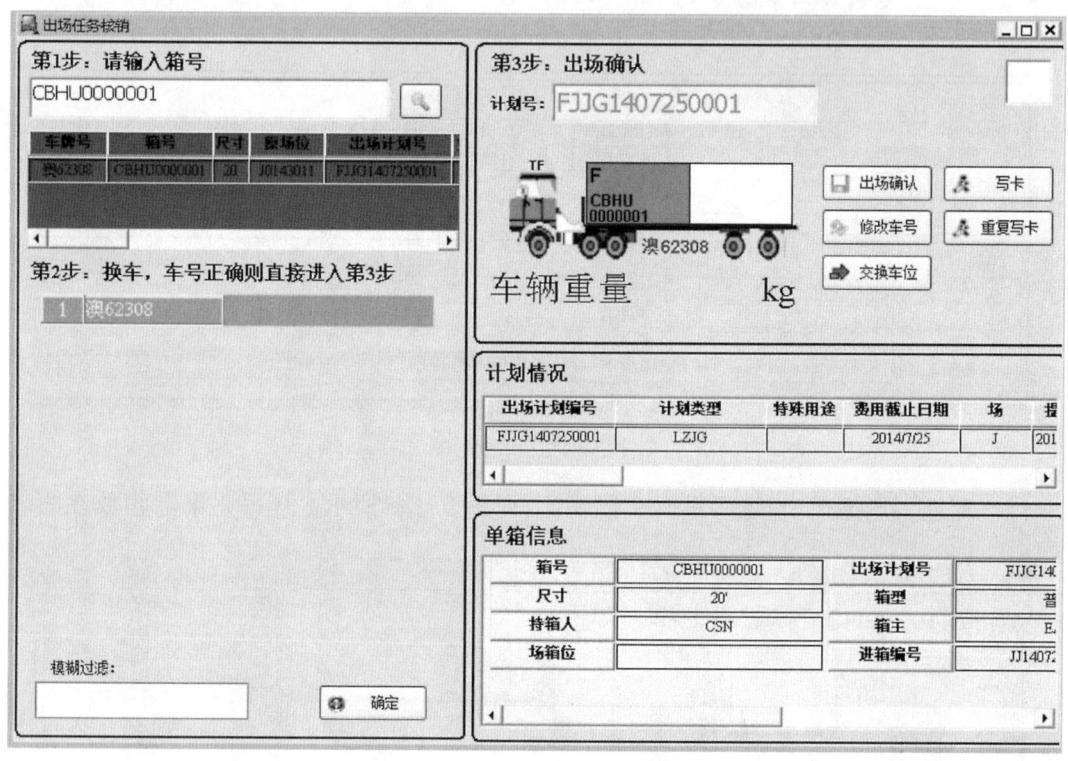

图6-26 道口出场

第7章

空箱进场业务

本章介绍了无水港堆场所涉及的相关空箱进场业务。对集装箱空箱进场业务中的进口空箱进场作业和回空箱进场作业进行分析，对业务流程、相关信息以及相关单据进行了细致阐述，并重点描述了空箱进场业务数字化管理的思想和操作方法，使读者能够较为形象直观地认识无水港堆场空箱进场业务的数字化运营管理模式和流程。

7.1 空箱进场业务概述

无水港空箱业务是集装箱调运和箱务管理的一个主要组成部分。集装箱所有人（即集装箱箱主）一般为船公司、集装箱租赁公司或货主。目前全球大部分集装箱属于船公司，也有一部分集装箱属于专门从事集装箱租赁的集装箱租赁公司。集装箱是船公司和集装箱租赁公司的重要资源。货主或其他的集装箱用箱人需要使用集装箱时需要向集装箱箱主租赁集装箱，并用集装箱进行货物运输。在集装箱运输过程中，普遍存在以下两个问题：

① 集装箱用箱人位于全球各地，而集装箱箱主如何以最小的成本将集装箱空箱交给集装箱用箱人。

② 集装箱用箱人使用集装箱进行货物运输，集装箱会随货物一起被运到全球各地。货主提走货物后，集装箱仍然留在目的港，空箱应如何调运才能满足需求且提高利用率。

以上两个问题是集装箱调运和箱务管理研究的重要课题。集装箱调运和箱务管理中，让集装箱堆场充当集装箱"空箱管理员"的角色，对于解决以上两个问题具有重要意义。在货物的目的地，集装箱堆场可以收取、存储和管理货主提货后留下的空箱。对于集装箱用箱人，可以在就近的集装箱堆场获取空箱。集装箱堆场可以实现就地还箱和租箱的功能，提高空箱的就地利用率，减少空箱无效运输，从而减少集装箱运营成本。由此可见，集装箱堆场在集装箱调运和箱务管理中起到了重要作用。而无水港集装箱堆场更接近集装箱用箱人和目的地，所以无水港集装箱堆场扮演的"空箱管理员"角色则显得尤为重要。

为扮演好集装箱"空箱管理员"这个角色，无水港把空箱业务作为一项重要业务来开展，为集装箱箱主和用箱人提供方便快捷的服务。无水港空箱业务主要包括空箱的进场、堆存和出场。无水港通常把空箱业务分为空箱进场业务和提空箱业务。空箱进场业务包括空箱进场和堆存，提空箱业务即是空箱出场，如图7-1所示。空箱进场业务的空箱来源主要是集装箱箱主进口空箱和货主提货后还箱。提箱业务中提箱人主要是集装箱箱主和集装箱用箱人。无水港集装箱堆场作为一个空箱存储地，如何使空箱的进箱量和出箱量在某种程度上保持平衡，这也是集装箱调运和箱务管理研究的重要课题。

无水港空箱业务从码头后方堆场空箱业务中吸取了很多成熟的操作和管理的经验，目前大多数无水港空箱业务包括空箱运输、空箱进场、空箱验箱、记录集装箱损坏情况、规划落箱场地、卸箱、堆存、核对箱信息、车辆进场提箱、装箱、出场检验等操作。操作的详细分类如图7-2所示。

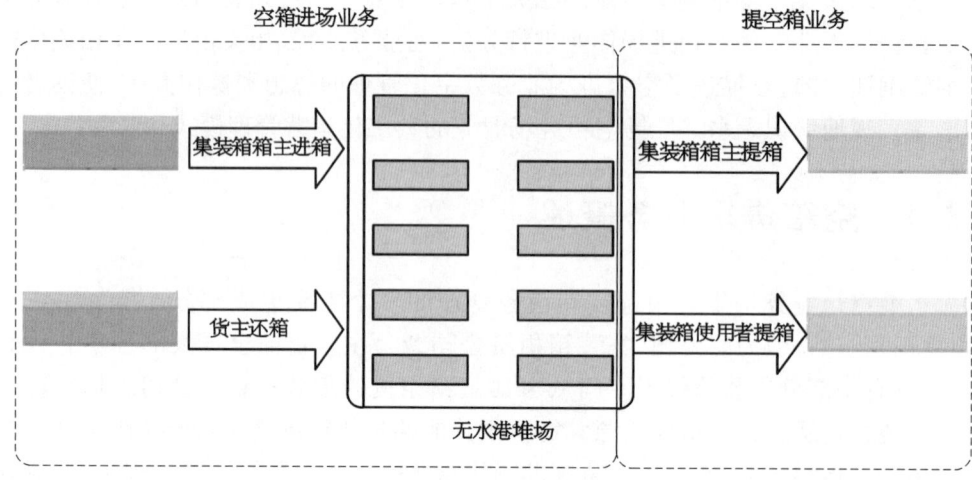

图 7-1 无水港空箱业务图

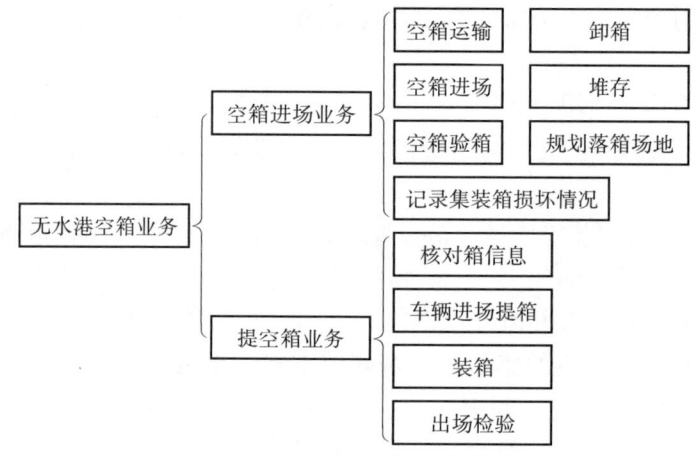

图 7-2 无水港空箱操作分类图

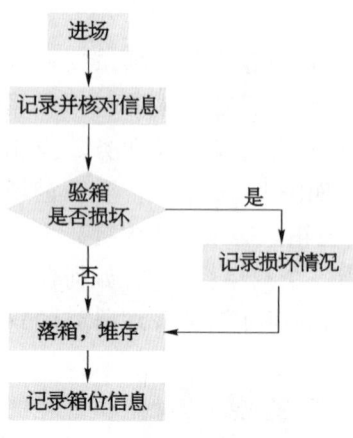

图 7-3 空箱进场简要流程图

高效的、标准化的业务流程和操作可以提高无水港的空箱业务运营效率,为箱主和集装箱用箱人提供更好的服务。本章对无水港空箱业务中的空箱进场业务进行详细的介绍。在第 8 章对提空箱业务作详细的介绍。

空箱进场业务是对需要在堆场进行堆存的集装箱空箱进行进场和堆存操作。空箱会通过堆场派车提取空箱或货主派车还箱等方式将空箱运到集装箱堆场,在堆场完成道口进场、核对集装箱信息、检验集装箱损坏程度、记录集装箱损坏情况、安排落箱场地、卸箱、堆存并记录箱位等操作。空箱进场业务的基本流程如图 7-3 所示。

在无水港空箱进场业务中,根据空箱的来源不同可以分为进口空箱和回空箱,空箱的来源不同也会导致空箱进场业务的不同,因此空箱进场业务分为进口空箱进场业务和回空箱进场业务。进口空箱进场业务和回空箱业务解释如下:

① 进口空箱进场业务:由于集装箱用箱人的空箱需求量增大或者货主的还箱量减少,导致无水港堆场的空箱存储量无法满足集装箱用箱人的需求,需要集装箱箱主调运部分集装箱作为补充。也有可能集装箱箱主出于空箱资源分配战略考虑,会将部分空箱调运到无水港堆场。从无水港的角度看,这些空箱都属于进口空箱。箱主调运空箱时,通常只通过船舶运抵集装箱码头,后续的空箱运输、进场和堆存工作都会交给无水港来完成。因此,无水港进口空箱进场业务还会涉及派车到码头提空箱等作业。进口空箱进场业务一般箱量大、进场集中,最后所有的费用都向船公司/箱经营人结算。

② 回空箱业务:回空箱通常是指货主提走货物后,货主与集装箱箱主联系,按照箱主安排将空箱返还到箱主指定的无水港堆场。回空箱业务通常是由外来车辆运箱进场。回空箱业务是零星的进场,不仅可以统一向船公司结费,而且也可以向集卡司机进行零星的结费处理。

7.2 空箱进场业务基本流程

7.2.1 进口空箱进场业务基本流程

1. 进口空箱进场业务流程图

(1) 进口空箱进场基本步骤

和无水港的其他业务一样,无水港进口空箱业务的操作从宏观上可以分为数据收集、计划调度、执行作业三大环节,如图7-4所示。

① 数据收集:在无水港进口空箱业务开始时,需要获取箱主(这里的箱主是船公司)提供的进口空箱信息,包括分箱单、靠泊时间和卸船时间等。获取这些信息后,无水港可以将这些信息预录到自己的信息系统里,方便后面的操作使用这些信息。

② 计划调度:按照无水港的操作规范,集装箱进场前都要先作进场计划,进口空箱进场也不例外。先对需要进场的空箱做进口空箱进场计划,同时还要为进场的集装箱安排堆放的场地,即进行场地策划。此外,箱主不能自行将集装箱送到无水港堆场,所以需要无水港安排车辆到指定地点提空箱。

③ 执行作业:空箱进场进过道口时,需要对箱信息进行核对后才能进场。进场还需进行验箱,做好损坏记录后,才按照制定的箱位进行落箱,记录实际的箱位。

(2) 进口空箱进场业务详细作业流程图

上述的进口空箱进场基本步骤介绍了进口空箱进场的大致流程。图7-5是进口空箱进场业务详细作业流程图——泳道图。泳道图中可以看到进口空箱进场每一步的详细操作和流程。可以很好地反映在进口空箱进场过程中,无水港各部门所完成的操作及其它们之间的相互关系,也能看到进口空箱进场中所有表单的流转。

2. 进口空箱进场业务流程说明

凭船公司提供的"空箱提货单"(又称"分箱单"、"交货记录",该单据同时附带有一

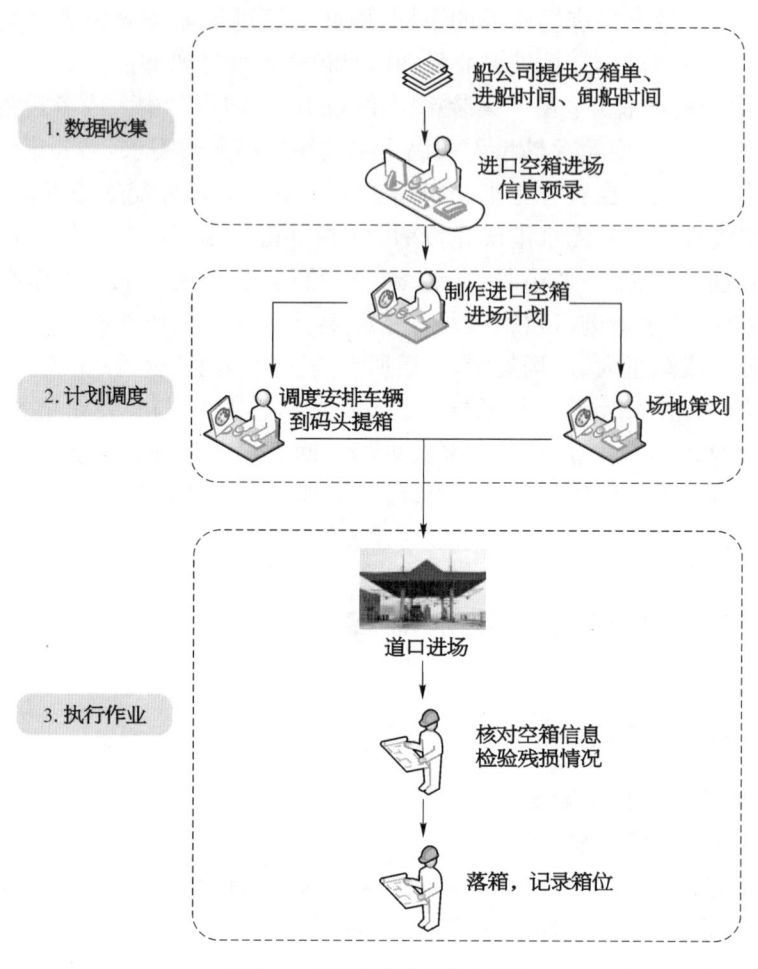

图 7-4 进口空箱进场基本步骤

份电子记录,由船公司将电子版本发送给堆场业务员),业务员委派外勤员向码头公司申报提箱计划,根据码头的"提箱计划表"(主要信息:船名、航次、提单号、20 ft 箱数量、40 ft 箱数量、提箱码头、提箱时间)和船公司提供的"空箱提货单"进行进场计划录入(进场计划信息包括:船名、航次、提单号、20 ft 箱数量、40 ft 箱数量、提箱码头、提箱时间)和进场堆存计划(包括:箱号、计划堆存位、尺寸、类型等信息)。箱管员根据提箱计划(进场计划)向调度中心提出用车需求。同时,业务员把船公司提供的"空箱提货单"和码头开具的"提箱计划表"给运输部,由运输部交给拖车司机,拖车司机把单据交给码头,运回集装箱。道口理货员核对集装箱信息,打制"集装箱进场检验单"(主要信息包括:箱号、堆场、尺寸、货名、委托单位、起运地点、车牌号、铅封号、箱体状况、进场日期、进场车队、收箱人签字、备注、船名、航次、提单号)交拖车司机落箱。理货员根据"集装箱进场检验单"与实际箱信息进行核对,向业务员系统录入箱位。进场作业完毕,理货员根据"集装箱进场检验单"开具"内部核算作业票",如有残损,则在"集装箱进场检验单"上写明残损情况。

理货员将"集装箱进场检验单"、"内部核算作业票"交还给调度员审核,审核无误后调

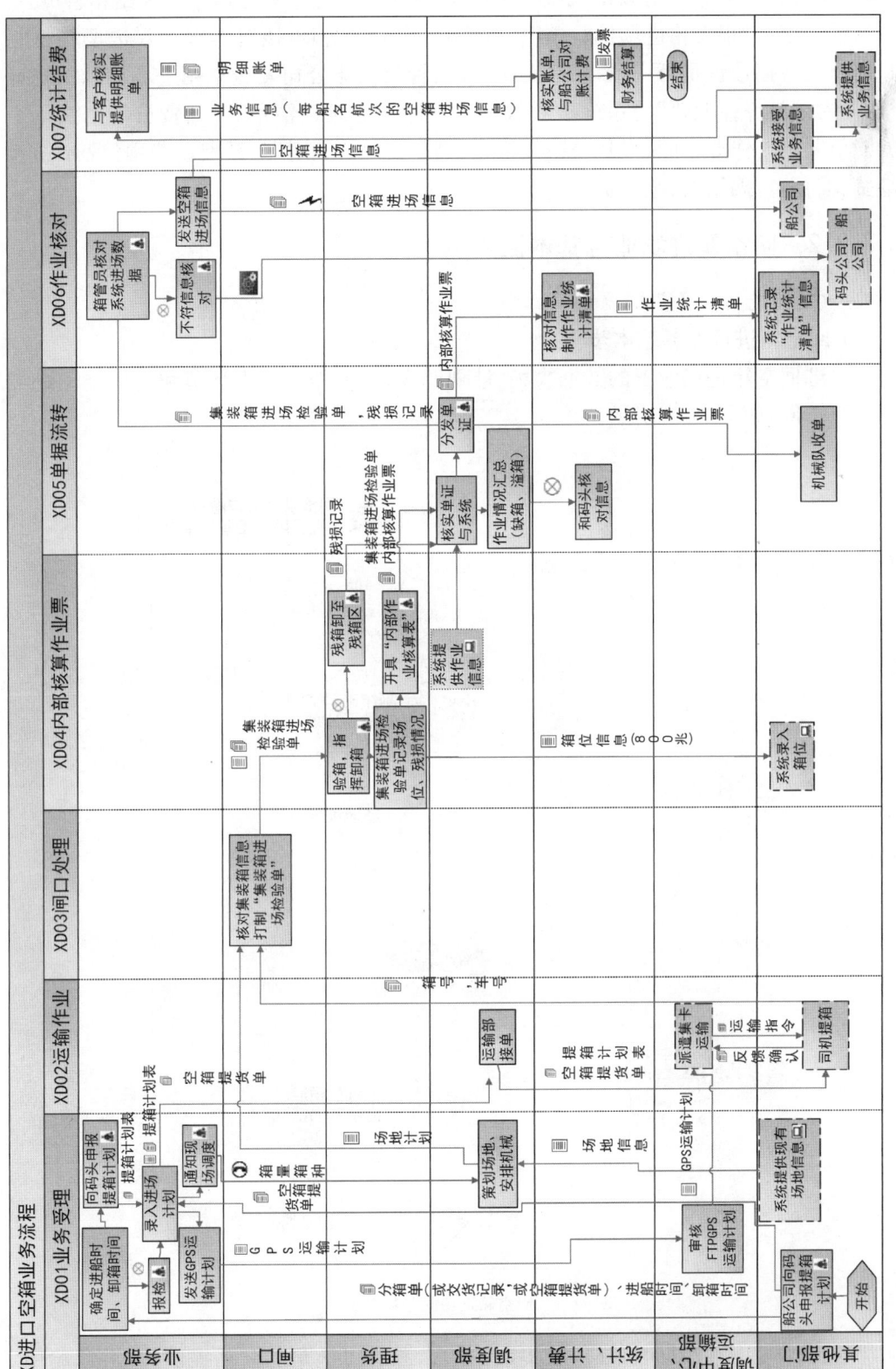

图 7-5 进口空箱进场业务详细作业流程图

度员将"内部审核作业票"分发给机械队、统计员,将"集装箱进场检验单"交还给箱管员。

箱管员根据"集装箱进场检验单"核对系统进场数据,再核对本次实际进场箱型箱量与船公司单据数据是否一致,核对无误后,箱管员向船公司发送空箱进场信息。统计员根据"内部核算作业票"与系统核对数量,出具"作业统计清单"。计费员依据确认完毕的账单明细与作业合同、实际进箱数量核对后,与船公司对账,结费。费用包括:空箱集港费、堆存费、捣箱费、包干费。

7.2.2 回空箱进场业务基本流程

1. 回空箱进场业务基本流程

(1) 回空箱进场业务基本步骤

无水港回空箱进场业务的数据收集、计划调度、执行作业三大环节和进口空箱进场业务有所不同,如图7-6所示。

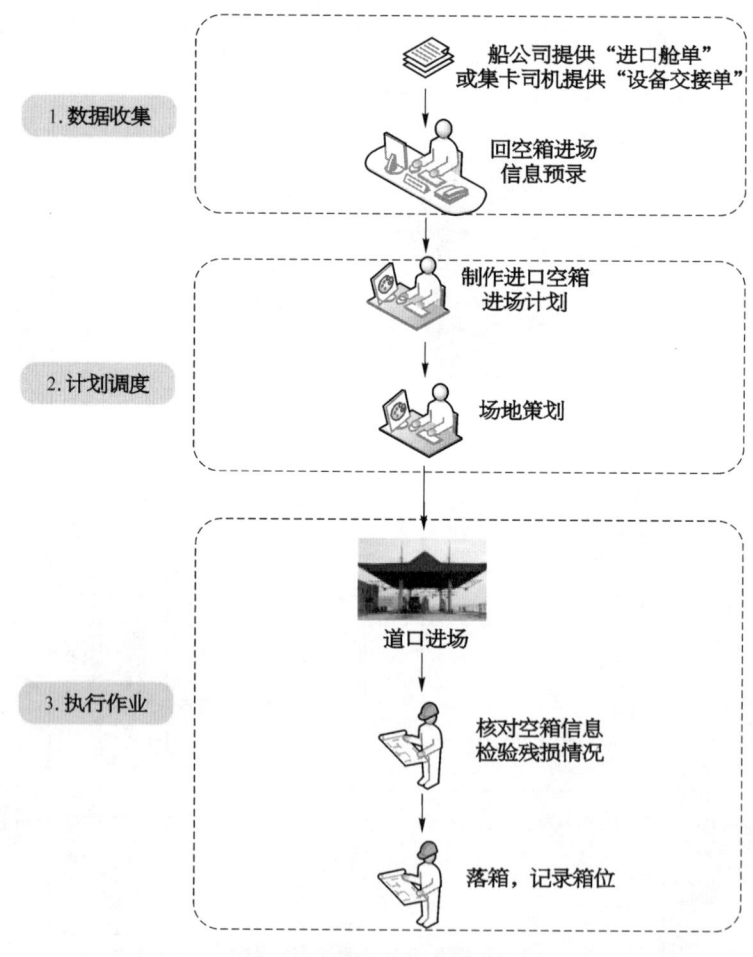

图 7-6 回空箱进场业务基本步骤

① 数据收集:在数据收集时,收集数据的来源有可能是船公司提供的"进口舱单"或者由拖车司机提供"设备交接单"。同时需要先将这些信息录入无水港自己的系统

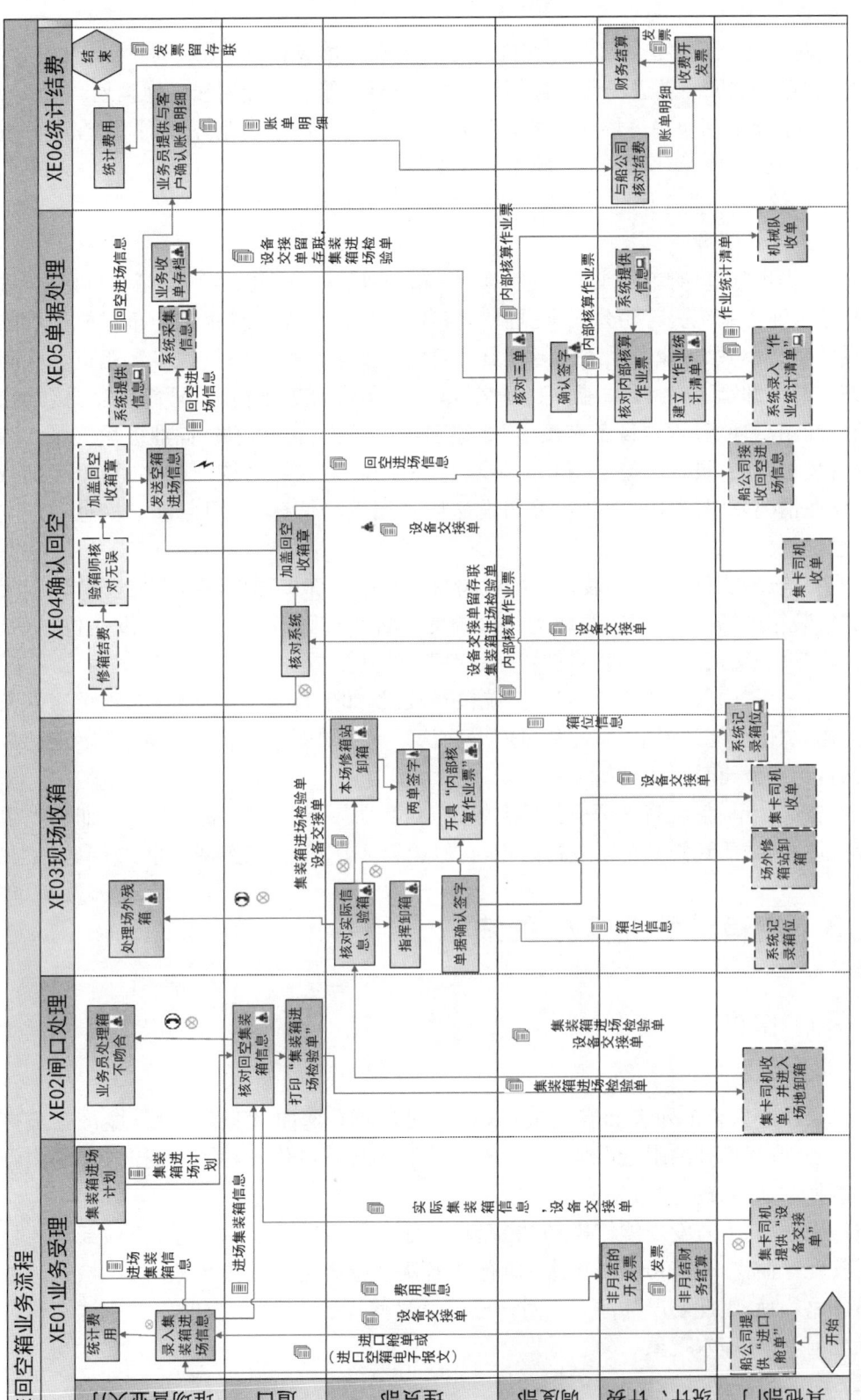

图7-7 回空箱进场业务详细作业流程图

内,方便后面使用这些信息。

② 计划调度:回空箱一般由货主自己送到无水港堆场,所以无水港不需要自己派车运输集装箱。在回空箱进场业务计划调度中,只有空箱进场计划和场地策划。

③ 执行作业:回空箱进场业务的执行作业和进口空箱进场业务相同,包含道口进场、核对箱信息、验箱、作损坏记录、落箱和记录箱位。

(2) 回空箱进场业务详细作业流程图,如图7-7所示。

2. 简要流程说明

船公司提供"进口舱单"(主要信息:箱号、箱型、尺寸、计划箱位),由箱管员根据"进口舱单"录入业务系统。若船公司未提供"进口舱单",则由箱管员根据拖车司机提供的回空"设备交接单"录入业务系统。门证员核对回空集装箱信息,打出"集装箱进场检验单"交拖车司机卸箱。理货员根据"设备交接单"、"集装箱进场检验单"核对信息,并指挥卸箱。卸箱后理货员在"设备交接单"上签字,留存一联返箱管员,向业务系统录入箱位。箱管员根据的"设备交接单"和"集装箱进场检验单"核对系统,与船公司相互确认实际的作业情况,结算费用,并向船公司发送回空箱进场信息,该回空进场信息和进空进场信息是一样的。

作业完毕,理货员根据"集装箱进场检验单"开具"内部核算作业票"并连同"设备交接单"、"集装箱进场检验单"转交调度员。调度员将"内部核算作业票"分发给机械队、统计员,将"设备交接单"、"集装箱进场检验单"转给业务员。

统计员根据"内部核算作业票"与系统核对数量,如不符与当事人核实,要求当事人改正,并建立"作业统计清单"。计费员依据确认完毕账单明细与作业合同、实际进箱数量核对后,与船公司对账,结费。

在设备交接单、集装箱进场检验单上签字,其实在最下方进行签字即可。如果发生集装箱损坏,则需要到修箱箱区进行修箱,在修箱箱区修好后,加盖回空章。

7.3 空箱进场业务相关知识

7.3.1 空箱验箱

(1) 外部检查

首先要检查集装箱外表面有何损伤,如发现表面有弯曲、凹痕、褶痕、擦伤等痕迹时,则应在这些损伤处的附近严加注意,要尽量发现其破口位置,并在该损伤处的内侧也要特别仔细地检查。

在外板连接处,若发现铆钉松动和断裂,要检查是否发生漏水现象;箱顶部分要检查有无气孔等损伤,若箱顶上有积水,则有破损就会造成货物污损事故,而且检查时往往容易忽略箱顶,因此要严加注意。对于已进行过修理的部分,检查时应特别注意检查其现状如何,有无漏水现象。

(2) 内部的检查

人进入箱内,把箱门关起来,检查箱子有无漏光处,这样就能很容易地发现箱顶和箱壁四周有无气孔,箱门能否严密关闭。检查时要注意箱壁内衬板上有无水湿痕迹,如发现有水迹时,则在水迹四周要严加检查,必须追究产生水迹的原因。对于箱壁或箱底板上突出的钉或铆钉头,内衬板的压条曲损,应尽量设法除去或修补,若无法除去或修补,应用衬垫物遮挡起来,以免损坏货物。若箱底捻缝不良,则在底盘车上雨中运行时,从路面上溅起来的泥水会从底板的空隙中渗进箱内,污染货物,检查时应予以注意。

(3) 箱门的检查

要检查箱门能否顺利关闭,关闭后是否密封;门周围的密封垫是否紧密,能否保证水密;检查箱门把手是否灵便,箱门能否完全锁上。

(4) 附件的检查

要检查固定货物时用的系环、孔眼等附件安装状态是否良好,板架集装箱上的立柱是否备齐,立柱插座有无变形。开顶集装箱上的顶扩伸弓梁是否齐全,有否弯曲变形,还应把板架集装箱和开顶集装箱上使用的布篷打开,检查其有无破损,安装用的索具是否完整无缺。另外,还要检查通风集装箱上的通风口能否顺利关闭,其储液槽和放水龙头是否畅通,通风管、通风口有否堵塞等。

(5) 清洁状态的检查

检查集装箱内有无垃圾、恶臭、生锈,有无被污脏,是否潮湿,若这些方面不符合要求就应向集装箱提供人提出调换集装箱,或进行清扫、除臭作业。如无法采取上述措施时,则箱内要铺设衬垫或塑料薄膜等以防货物污损。特别要注意的是集装箱用水冲洗以后,从表面上看好像已经干燥,但箱底板和内衬板里面却含有大量水分,这是造成货物漏损的重要原因之一,因此要确保集装箱干燥。

7.3.2 空箱堆放

(1) 空箱堆放规则

空箱在堆场堆放时,一般根据集装箱尺码的不同以及箱型的不同,按不同的持箱人分开堆存。空箱堆放高度可以比重箱高一些,重箱堆放高度不高于4层,而空箱堆放高度可以为6层,甚至更高。

(2) 空箱堆放设备

空箱的堆放和重箱不同。空箱可以比重箱堆放得更高,所以需要能够堆放得更高的专用空箱起重机,例如空箱堆高机,如图7-8所示。空箱堆高机虽然没有重箱起重机那样大承载能力,但是比重箱起重机操作灵活,高效快捷。最重要的是能够完成6层以上的集装箱空箱堆放。

图7-8 空箱堆高机

7.4 空箱进场业务涉及的关键单据

空箱进场业务相关单据包括设备交接单、内部核算作业单、集装箱进场检验单等。

集装箱进场时由道口理货员根据集卡上的集装箱箱号、车号打印“集装箱进场检验单”并交给拖车司机进行落箱作业，现场理货员也要根据“集装箱进场检验单”进行实际箱号、车号的核对作业。现场理货员指挥进箱落位后在“集装箱进场检验单”填入实际场箱位后交给业务员。

如图 7-9 所示为某港口集装箱堆场的集装箱进场检验单，其主要内容包括：箱号、场箱位信息(进场转栈箱场地策划中的预选箱区)、箱型(区分特种箱与普通箱)、箱尺寸(长度尺寸，区分 20 ft 箱与 40 ft 箱)、货名、委托单位、起运地点、车牌号、铅封号、箱体状况(是否有残损)、进场日期、进场作业车队(区分内车队与外车队，内车队收费将高于外车队)、收箱人签字、船名、航次、进场状态(转栈、普通进箱、集港等)、提单号以及制表人。其中进场状态转栈，场箱位如“J01 46 01 1”表示 J01 箱区，第 46 贝位，第 01 排第 1 层(注：此时为预选箱区)。

集装箱进场检验单 制表人

<table>
<tr><td>箱　　号</td><td colspan="4"></td><td rowspan="4">进
场</td><td>日　　期</td><td colspan="2"></td></tr>
<tr><td>堆　　场</td><td></td><td></td><td></td><td></td><td>车　　队</td><td colspan="2"></td></tr>
<tr><td>尺　　寸</td><td></td><td>箱 型</td><td colspan="2"></td><td rowspan="2">收箱人签字</td><td rowspan="2" colspan="2"></td></tr>
<tr><td>货　　名</td><td colspan="4"></td></tr>
<tr><td>委托单位</td><td colspan="4"></td><td colspan="2">备　　注</td><td></td></tr>
<tr><td>起运地点</td><td colspan="4"></td><td colspan="2">船　　名</td><td></td></tr>
<tr><td>车 牌 号</td><td colspan="4"></td><td colspan="2">航　　次</td><td></td></tr>
<tr><td>铅 封 号</td><td colspan="4"></td><td colspan="2">进场状态</td><td></td></tr>
<tr><td>箱体状况</td><td colspan="2"></td><td colspan="2">提单号</td><td colspan="3"></td></tr>
</table>

图 7-9　集装箱进场检验单

7.5 空箱进场业务数字化运营管理

本节主要对无水港空箱进场业务从信息收集、信息处理以及空箱进场作业资料统计的全过程进行了介绍，为了使读者能够更好地理解和把握本堆场系统的作业流程，真正掌握本系统的操作步骤，下面以具体案例讲解集装箱堆场空箱进场作业中相应的操作步骤，力求把各个细节和容易误操作的地方完整清晰地呈现给读者。

由于空箱进场业务中进口空箱业务和回空箱进场业务的作业有所不同，所以本节在介绍空箱进场业务时会展示进口空箱业务和回空箱进场业务两个案例。

7.5.1 进口空箱进场业务数字化运营管理案例

进口空箱进场业务数字化运营管理案例介绍一个进口空箱的进场过程，演示从船公司获取空箱进场信息到空箱进场完成落箱的整个过程的数字化运营管理操作。本案例需要完成如下任务：

任务一：预录空箱进场信息及制作空箱进场计划。

任务二：进行场地策划。

任务三：车辆调度。

任务四：空箱闸口进场。

任务五：进场卸箱。

任务六：进场作业监控和在场信息查看。

（1）预录空箱进场信息及制作空箱进场计划

无水港堆场业务员根据码头的"提箱计划表"和船公司提供的"空箱提货单"进行进场空箱信息的录入。在无水港管理信息系统中，为进场空箱信息预录提供了多种录入方式，其中包括手工录入、通过 Excel 导入和 EDI 导入。选择何种录入方式与获取的进场箱信息数据来源有关。

① 手工录入方式需要单个信息手动输入，录入速度慢，效率低。但如果信息是来自纸质单据等零散的数据，手动录入方式更加容易操作，非常灵活，运用最为广泛。

② Excel 导入方式可以对录入信息进行批量导入，录入速度快，效率高。如果对方提供完整的电子数据信息，例如录入信息的 Excel 文档等。将电子数据整理符合系统要求的 Excel 文档，然后通过 Excel 导入方式进行批量导入。Excel 导入方式对信息数据的要求比较高，灵活性不高。

③ EDI 导入需要对方提供通用的 EDI 报文才能使用，导入速度非常快，效率高，人工操作少，正确性高。但 EDI 导入需要数据交互双方在数据交互方面深入合作，对信息数据格式的限制很大。

这里选择手工录入方式进行进口空箱进场信息的预录。如图 7-10 所示，在信息系统的主窗口的"进箱预录"中选择"手工录入"。进入图 7-11 所示的手工录入窗口。

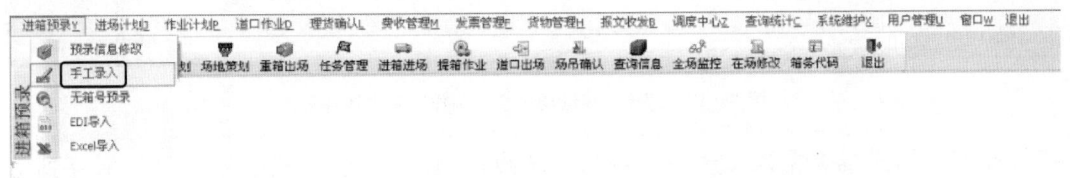

图 7-10 进箱预录菜单图

空箱进场信息手工预录和制作空箱进场计划是同时完成的，所以在预录信息时其实就是在做进箱进场计划，每次预录也有计划号（进箱进场计划号），如图 7-12 所示。

① 如果是制定新计划，则选择"新计划"，正确填写每个集装箱的信息。其中"箱状

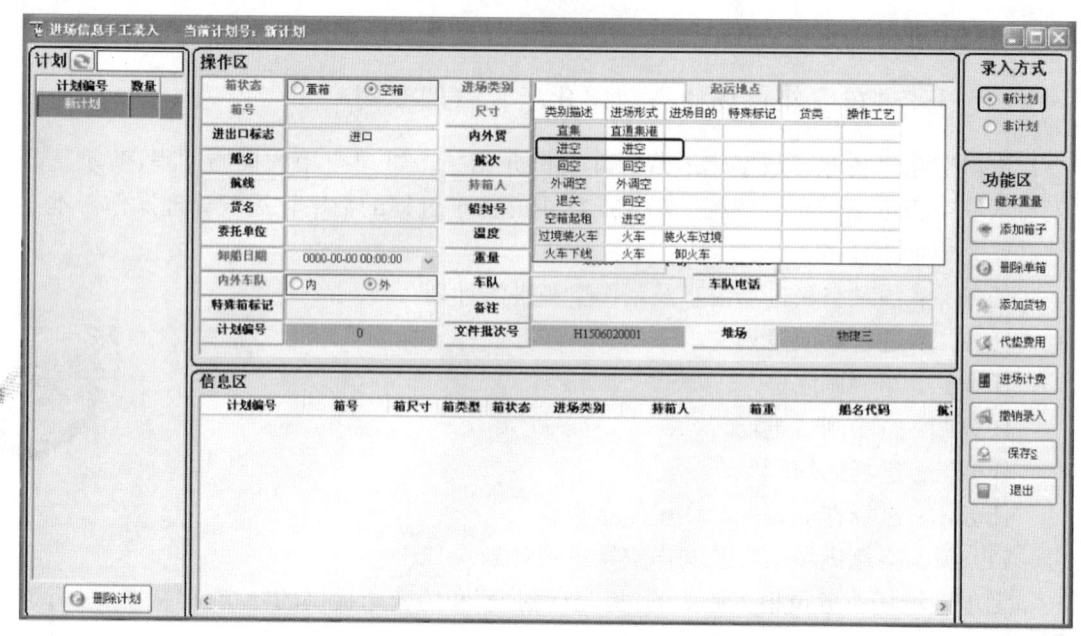

图 7-11 预录空箱进场信息及制作空箱进场计划

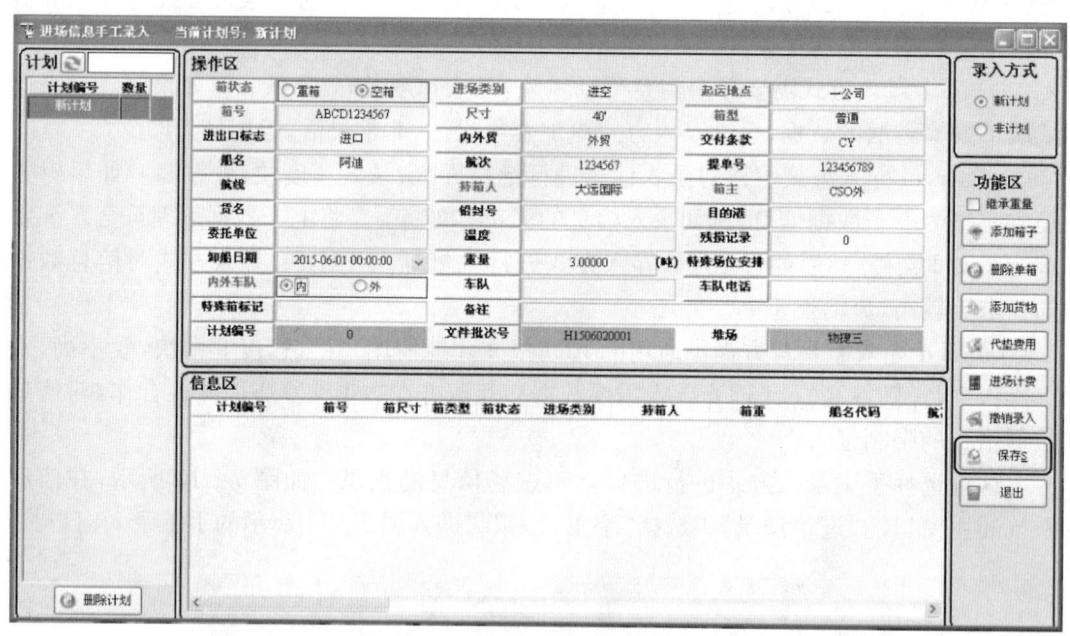

图 7-12 预录空箱进场信息及制作空箱进场计划

态"为"空箱",进场类型为"进空"。填写完毕点击"保存",进场集装箱信息就保存到信息系统,同时也生成了新的进场计划和计划号。

② 如果已经有空箱进场计划,需要将集装箱添加到原有的计划里。直接选择原有的计划(如图 7-13 所示),再选择"添加箱子"。此时窗口已经有一部分信息,业务员只需修改部分信息,从而减少业务员工作量。点击"保存"完成集装箱添加。在手工预录界面里还可以完成删除单箱、进场计费等操作,这里不做详细介绍。

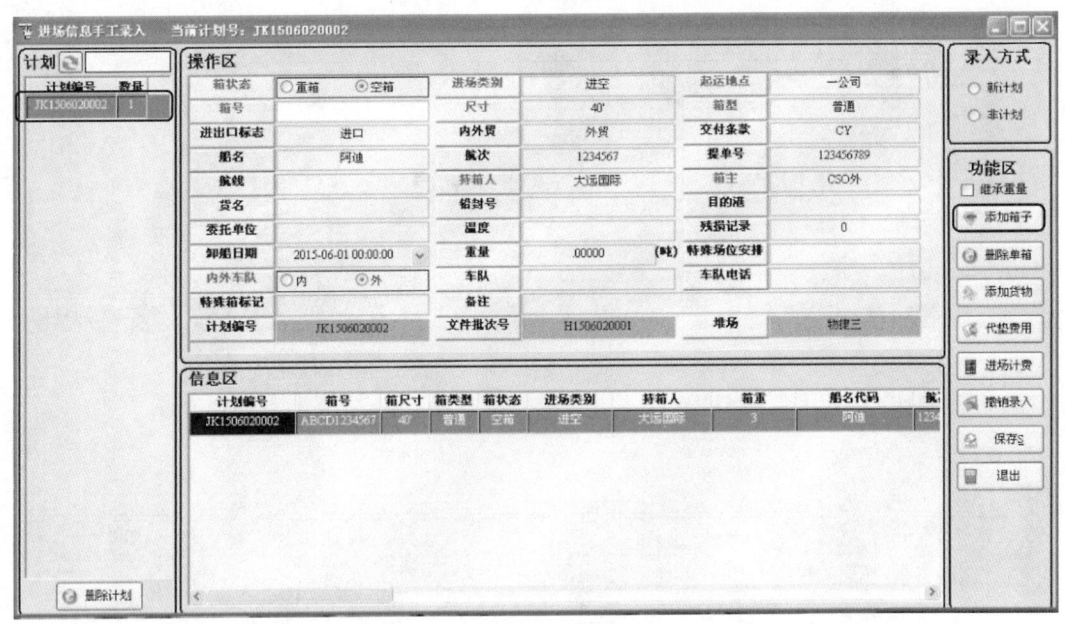

图 7-13 向原计划内添加空箱

(2) 进行场地策划

产生新的集装箱进场计划后,调度部门要为集装箱进场计划中的集装箱作场地策划,为即将进场集装箱预先安排堆放的位置。如图 7-14 至图 7-18 所示进行场地策划。在无水港信息系统主窗口的"进场计划"菜单里选择"场地计划",如图 7-14 所示,进入图 7-15 所示的场地策划的主窗口。选择新计划,然后通过模糊选箱、自动分类等方式选取需要进场的集装箱,如图 7-16 所示为模糊选择的窗口,输入部分箱号或计划号的信息就可以查找需要的集装箱,同时还可以选择与给集装箱同票或同位的集装箱,选择集装箱并点击"确认"。

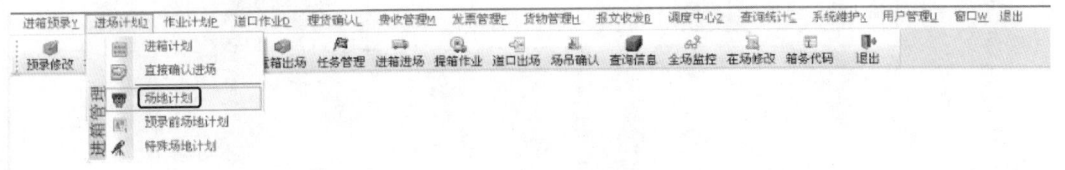

图 7-14 进场计划菜单图

完成选箱,开始进行场地策划。返回场地策划主窗口,选择目标箱区,如图 7-17 所示的箱区列表。选择一个堆放空箱的箱区,在该箱区内选择可以堆放集装箱的箱位,如图 7-18 所示,在系统里可以通过可视化界面看到实际箱区的箱位使用情况,不同的颜色表示不同的使用类型和堆放高度等信息,这里不做详细的介绍。在可以先划定一个堆放区域,系统会在该区域安排一个具体的箱位,如图 7-18 所示。如果知道堆放位置,也可以通过手动输入箱位的方式来确定箱位。集装箱进场后会优先选择堆放在这些箱位。如果出现其他情况,可以现场处理,另选箱位堆放集装箱。所以场地策划的箱位不一定是进场集装箱的实际的堆存箱位,策划的场地只是起到一个引导和统一规划的作用。

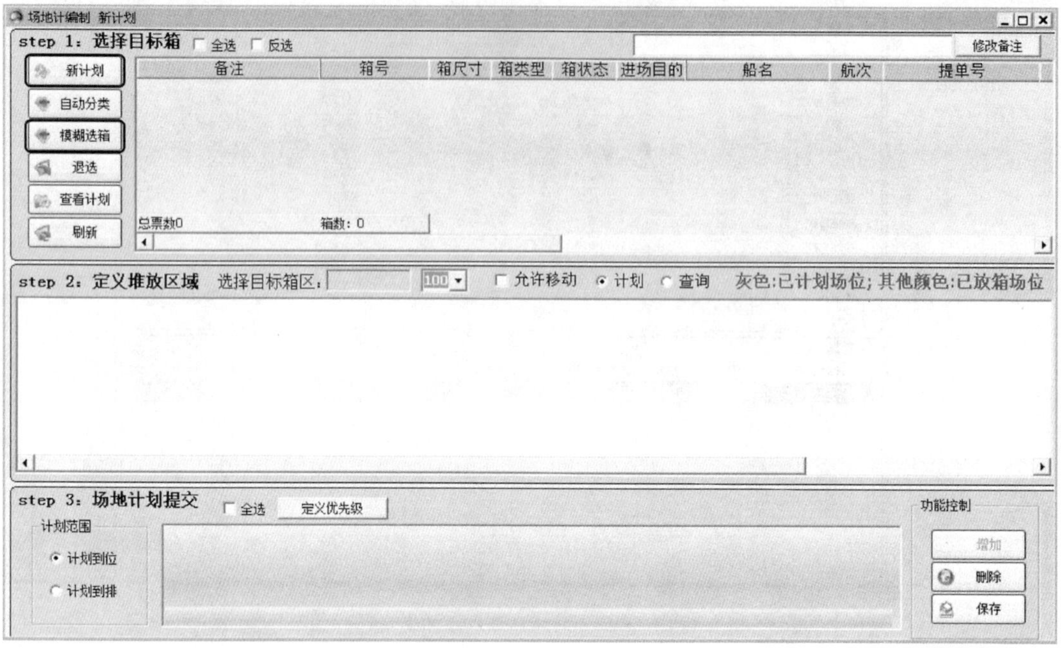

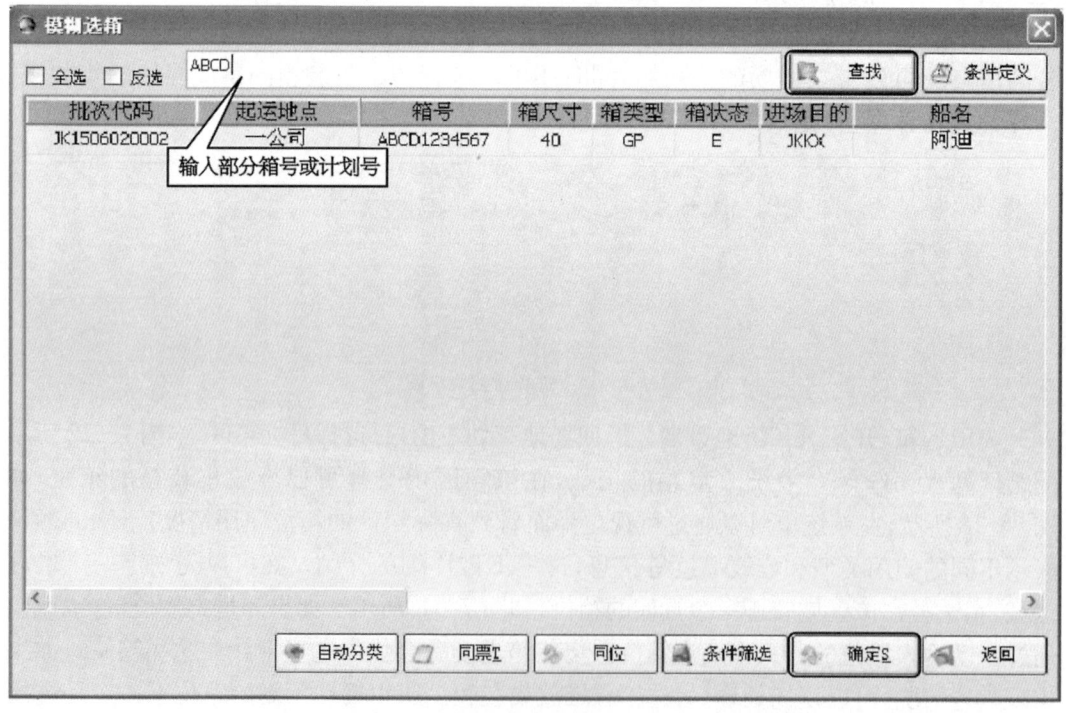

图 7-15 场地策划主窗口

图 7-16 场地策划模糊选箱

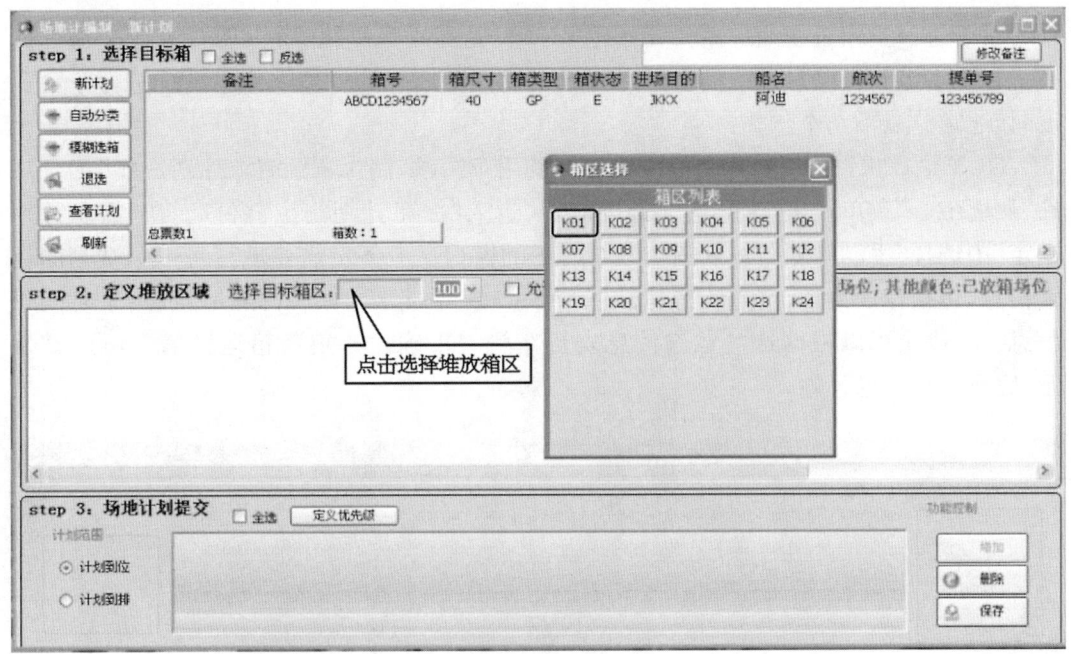

图7-17 场地策划选择箱区

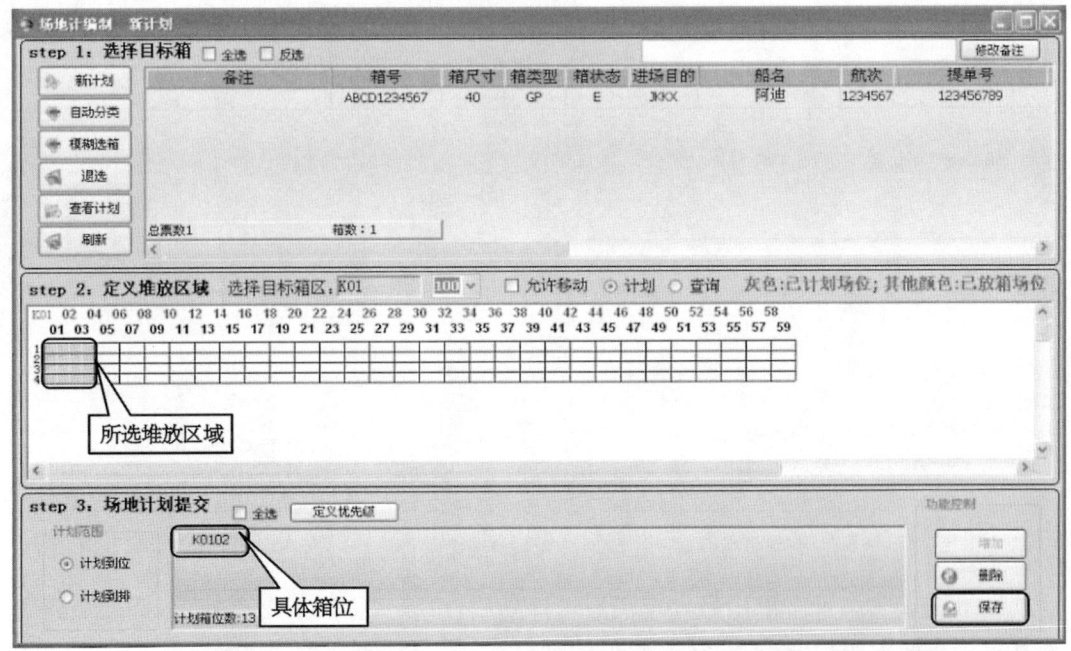

图7-18 场地策划选择箱位

(3) 车辆调度

由于进口空箱进场业务需要无水港安排车辆到码头提箱,所以需要进行车辆的调度。在无水港管理信息系统内也可以完成车辆调度信息的处理。信息系统进行车辆调度时,通常分以下两个步骤:

① 车辆需求计划:业务部门根据业务的用车需求,制作车辆需求计划。如图7-19在"调度中心"菜单栏里选择"运输计划制定"进入"派车计划制定"窗口。在"派车计划制定"中选择"手动计划",进入图7-20所示的窗口。业务员需要填写每一个空箱的运输信息,包括作业类型、空重状态、集装箱尺寸、数量、起运地点、目的地点、用车时间等信息。调度员可以根据这些运输信息安排车辆。正确输入集装箱运输信息,点击"确定"完成车辆需求计划。

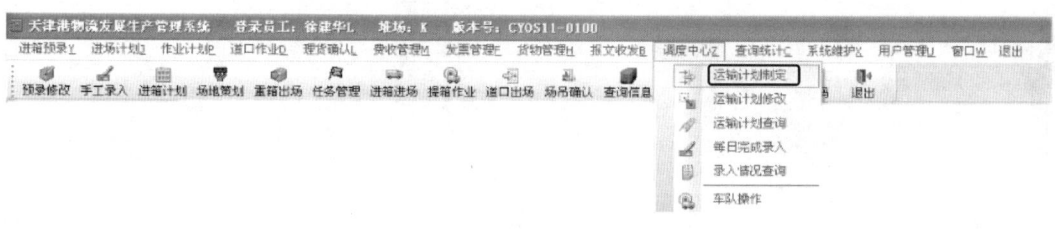

图7-19 调度中心菜单栏

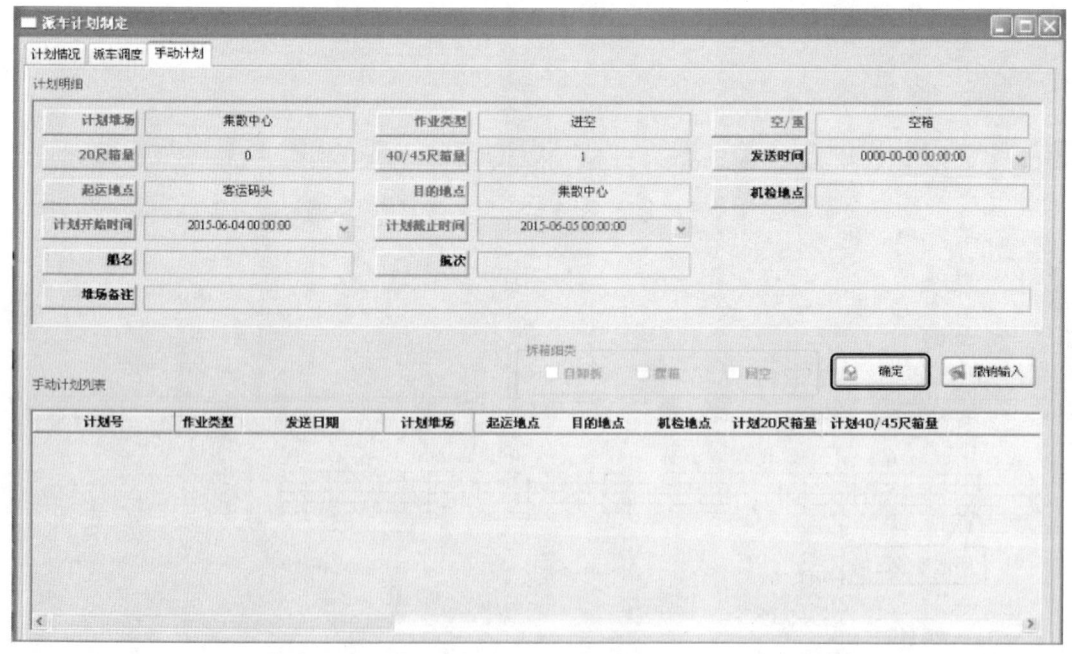

图7-20 车辆需求计划

② 派车计划:业务部门做好车辆需求计划后,意味着提出了用车需求,调度员就需要针对用车需求进行派车,即制定派车计划。在"派车计划制定"中选择"计划情况"查看现有的车辆需求计划,如图7-21所示。选择一个计划,自动跳转到"车辆调度"窗

口,如图 7-22 所示。点击"增加车辆"来增加和选择车队。点击"完成调度"后,车辆调度信息保存到系统。车队可以通过该系统查看自己的运输任务,按时到码头完成提箱进场作业。

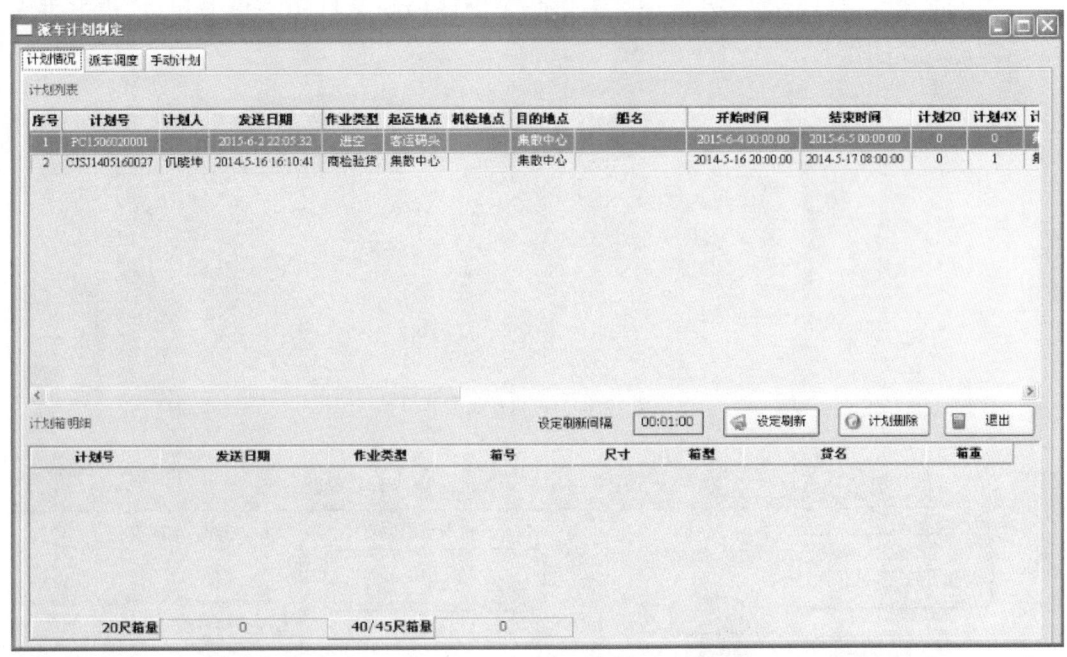

图 7-21 查看车辆需求计划

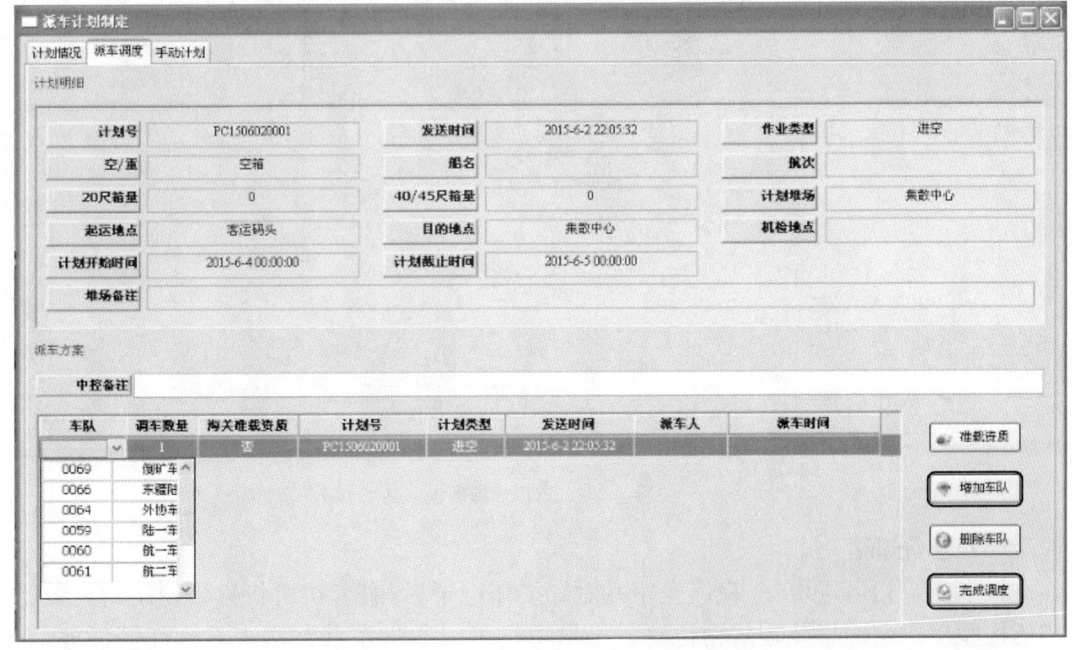

图 7-22 派车计划

(4) 空箱道口进场

集卡司机到码头提箱,并运到无水港堆场。进入堆场进场道口时需要进行进场确认,在管理信息系统的"道口作业"选择"进箱进场",如图 7-23 所示。图 7-24 为道口业务员系统操作界面。输入车牌号和集装箱号,并核对集装箱信息,然后点击"进场确认",空箱进场的信息就会录入系统。将集装箱进场检验单打印给集卡司机,集卡进入堆场进行后续的作业。

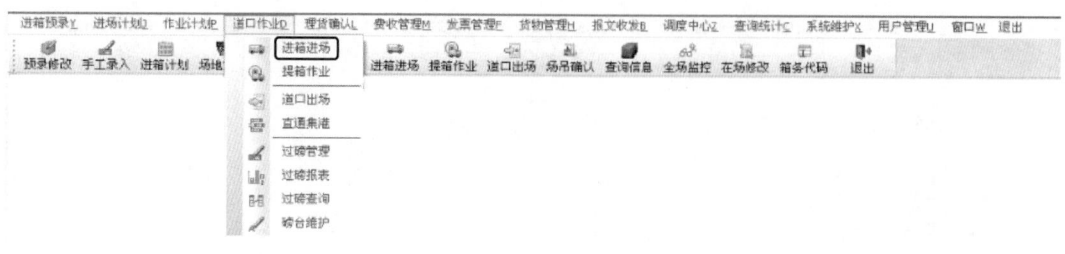

图 7-23 道口作业菜单

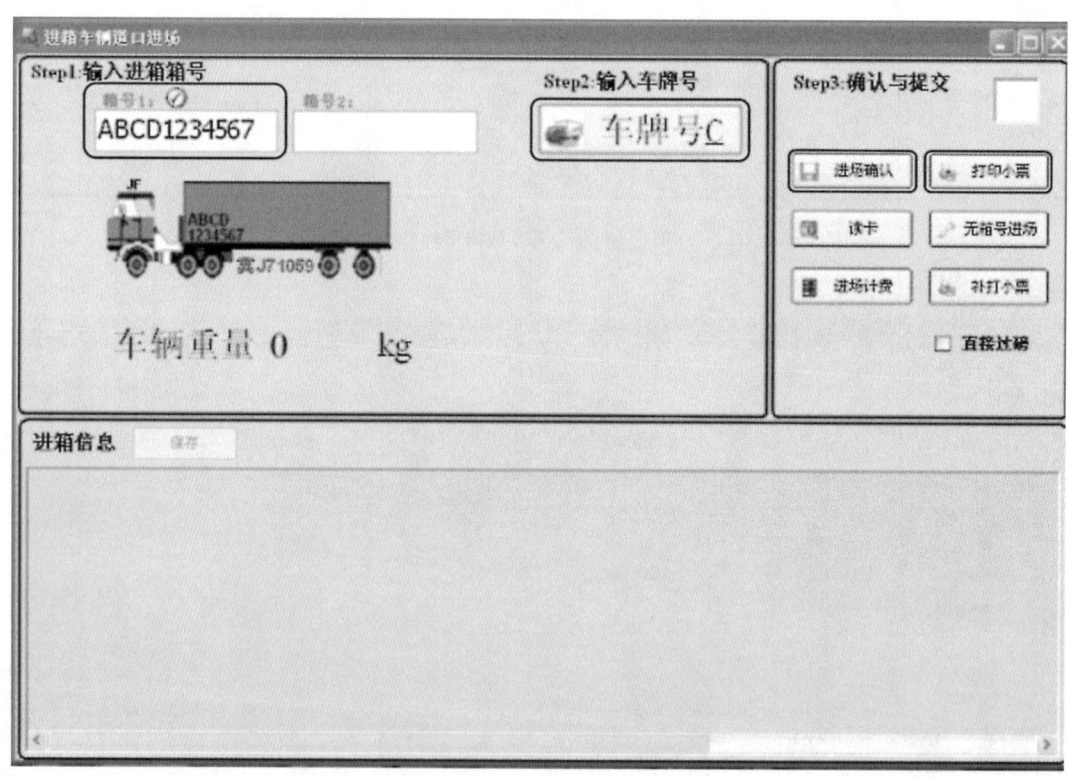

图 7-24 道口进场确认

(5) 进场卸箱

集卡将空箱运进堆场,完成验箱并做好损坏记录后,集卡司机将集装箱运到集装箱进场检验单指定的集装箱落箱位置。场吊司机可以通过车载终端查看到卸箱任务,如图 7-25 所示,在理货确认菜单栏里选择"场吊作业确认",进入场吊车载终端界面,如

图7-26所示。场吊司机可以按照作业类型或自己的作业箱区来查看作业任务。每选择一个装卸任务,车载终端上会显示集卡、集装箱和对应的箱位,如图7-27所示。友好的可视化界面有助于场吊司机方便准确的操作。场吊到达作业地点将集装箱卸到系统指定的位置,也可以根据实际情况选择落箱位置,落箱确认后,箱位信息会自动录入系统,如图7-28所示。

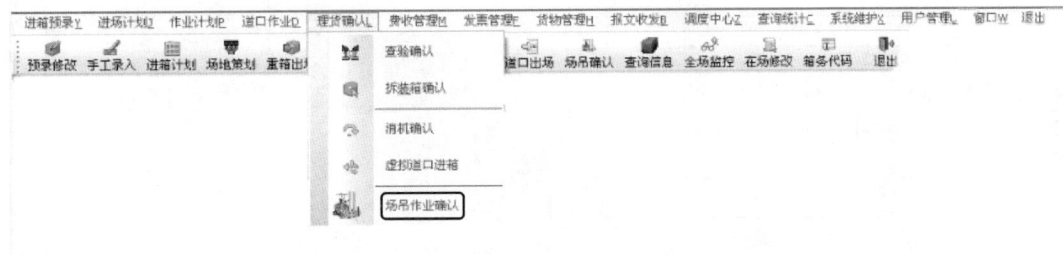

图7-25 理货确认菜单栏

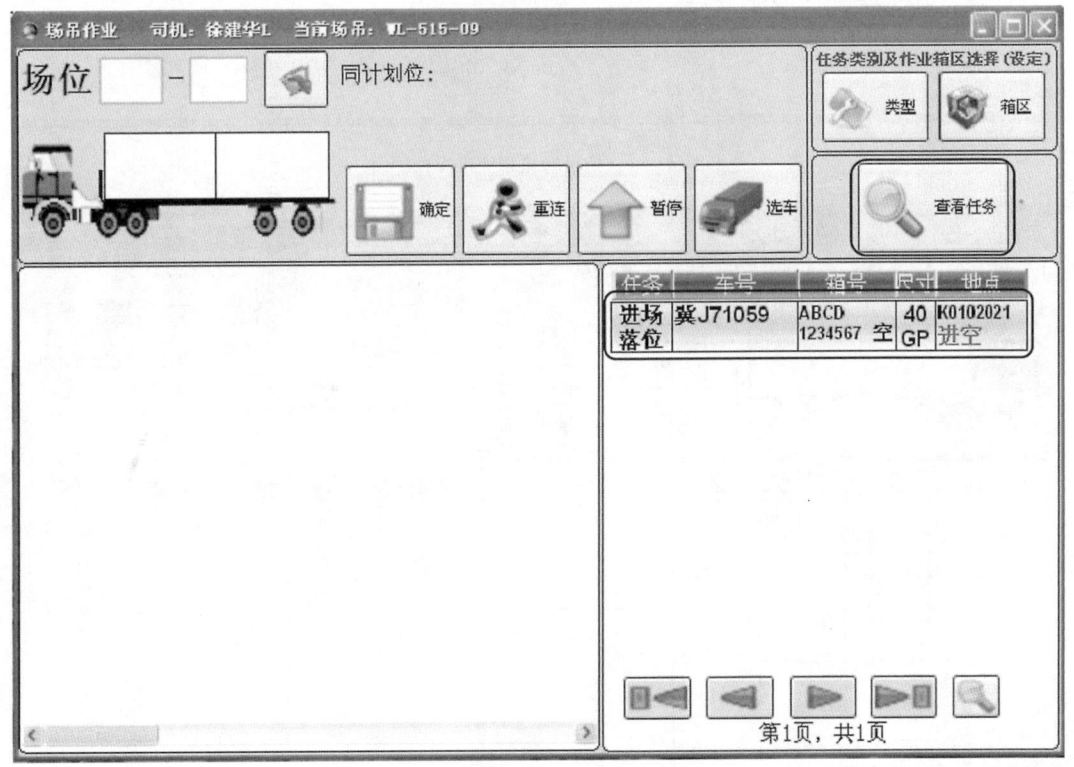

图7-26 场吊车载终端查看任务

落箱完毕,整个进口空箱进场即完成。进口空箱进场所产生的费用会定期统一和箱主进行结算。

(6) 进场作业监控和在场信息查看

在进箱进场过程中,业务员可以通过无水港信息系统对进箱进场过程进行监控。

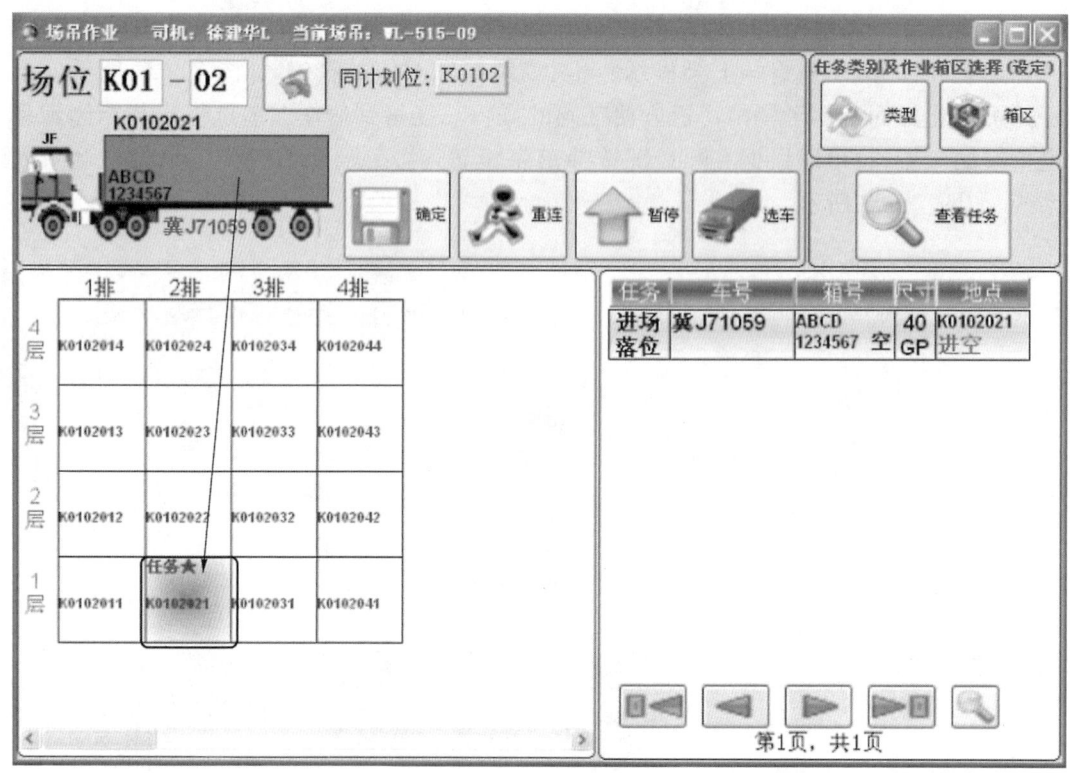

图 7-27 场吊卸箱箱位可视化界面

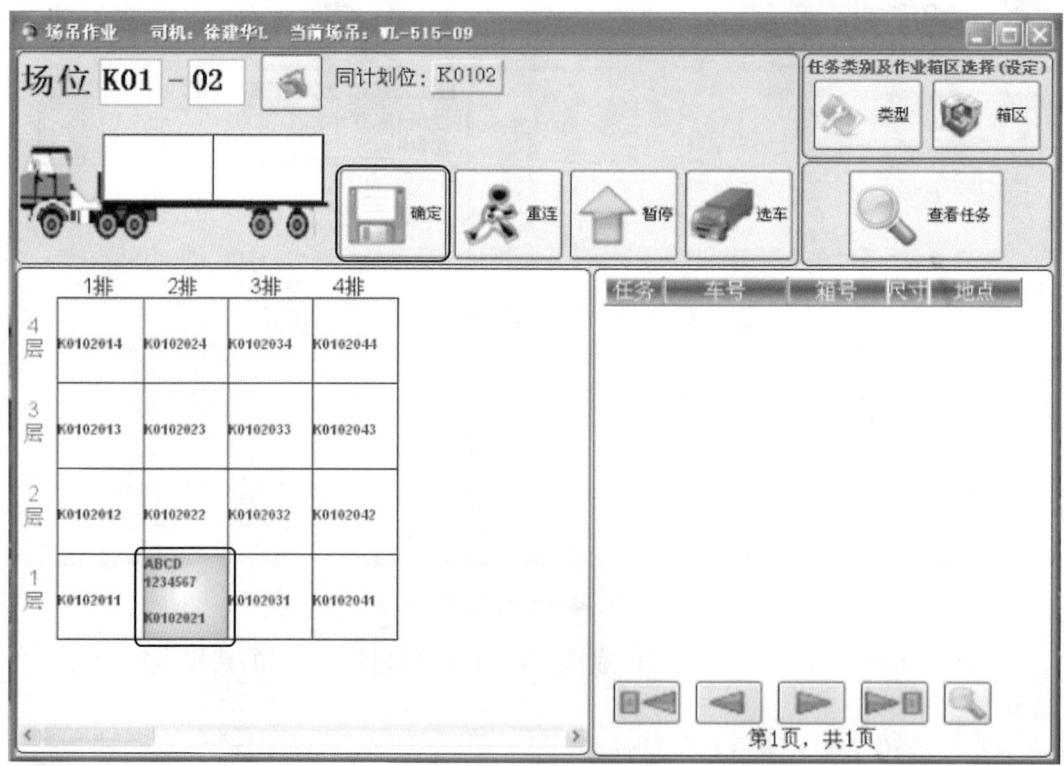

图 7-28 场吊卸箱确认界面

如图7-29所示,在系统"查询统计"菜单的"计划进度监控"中选择"进箱计划进度"进入图7-30所示窗口。在图7-30所示窗口中可以对所有进场集装箱进行监控。选择其中一个计划,进入如图7-31所示的窗口,对计划内所有集装箱的进场信息及物流状态进行查看。进场作业监控有助于业务员实时了解集装箱当前所处状态,更好地进行作业控制。此外,还可以为客户提供详细的集装箱进场信息,提高客户体验。

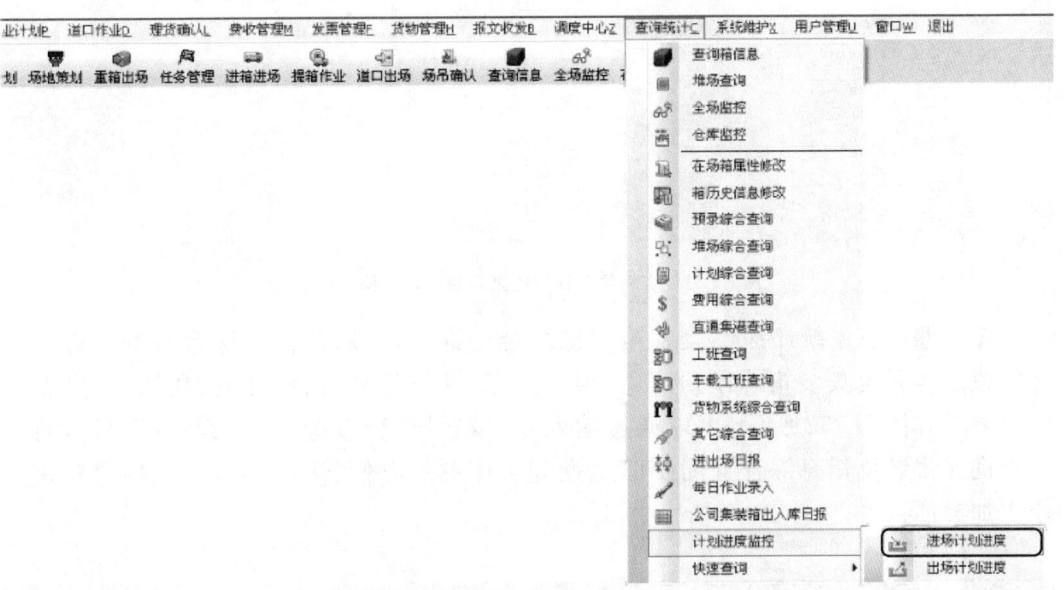

图7-29　查询统计菜单栏

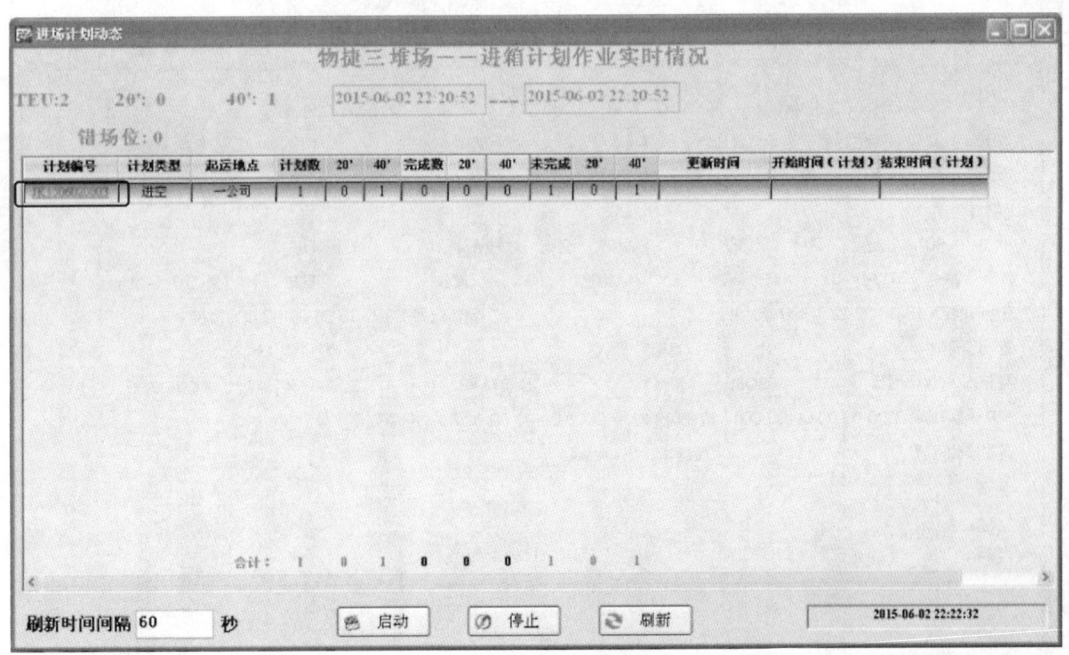

图7-30　查看所有进场箱信息

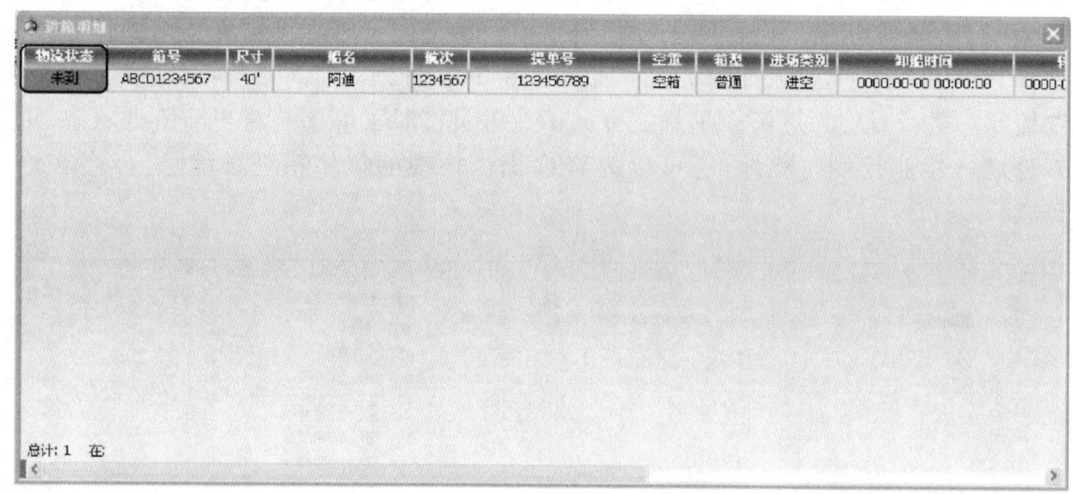

图7-31 查看单个计划内进场箱信息及物流状态

无水港信息系统还提供集装箱信息综合查询平台，通过信息综合查询可以查看并修改录入系统集装箱的在场信息、预录信息、在场计划、出场计划、货物信息、费用记录等。如图7-32所示，可以通过输入完整箱号进行查询或输入部分箱号进行模糊查询。集装箱信息综合查询使信息查询工作更加方便、快捷、全面，也使得管理工作更加灵活。

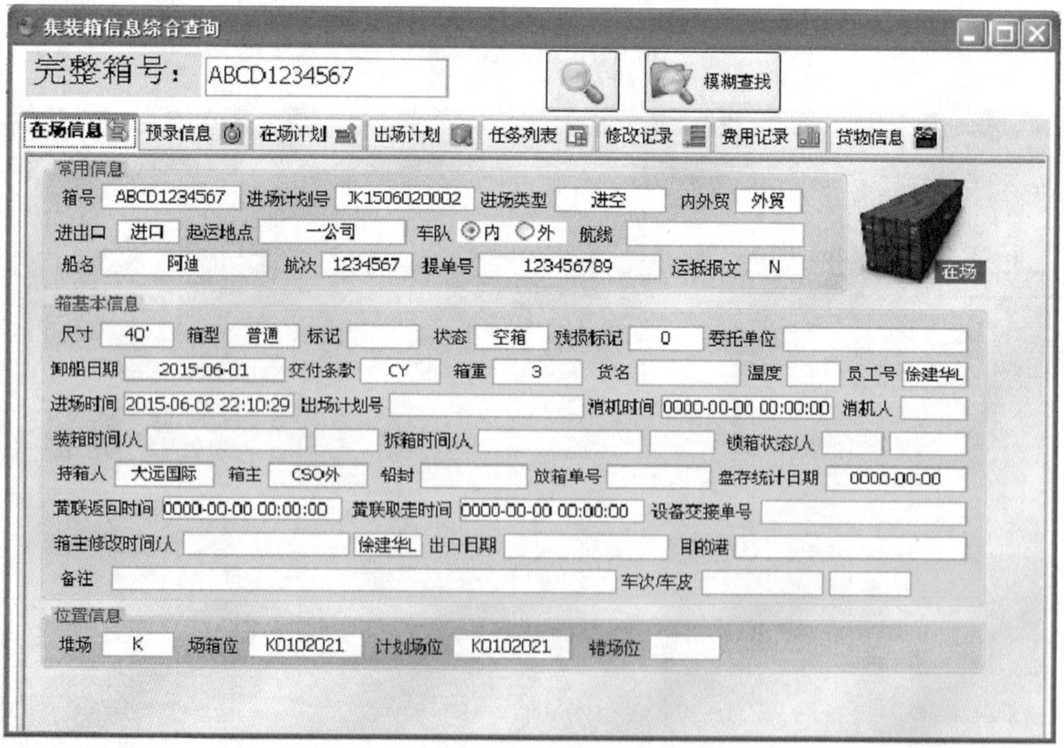

图7-32 集装箱综合信息查询

7.5.2 回空箱进场业务数字化运营管理案例

回空箱进场业务数字化运营管理案例介绍一个回空箱的进场过程,演示从货主运空箱到无水港,在堆场业务大厅空箱进场信息登记到空箱进场完成落箱的整个过程的数字化运营管理操作。本案例需要完成如下任务:

任务一:预录空箱进场信息及制作空箱进场计划。

任务二:进行场地策划。

任务三:空箱闸口进场。

任务四:进场卸箱。

(1) 预录空箱进场信息及制作空箱进场计划

无水港堆场业务员根据进口司机提供的"集装箱设备交接单"进行进场空箱信息录入。和进口空箱信息预录一样,回空箱信息预录可以通过手工录入、Excel 导入和 EDI 导入等方式进行。这里选择手工录入方式进行进口空箱进场信息的预录。如图 7-33 所示,在信息系统的主窗口的"进箱预录"中选择"手工录入",进入手工录入窗口。

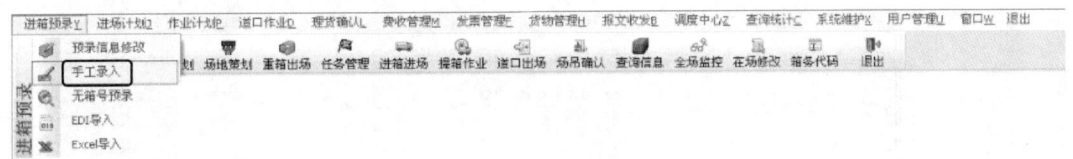

图 7-33 进箱预录菜单图

空箱进场信息手工预录和制作进箱进场计划是同时完成的,所以在预录信息时其实就是在做进箱进场计划,每次预录也有计划号(进箱进场计划号,如图 7-34 所示的界面)。

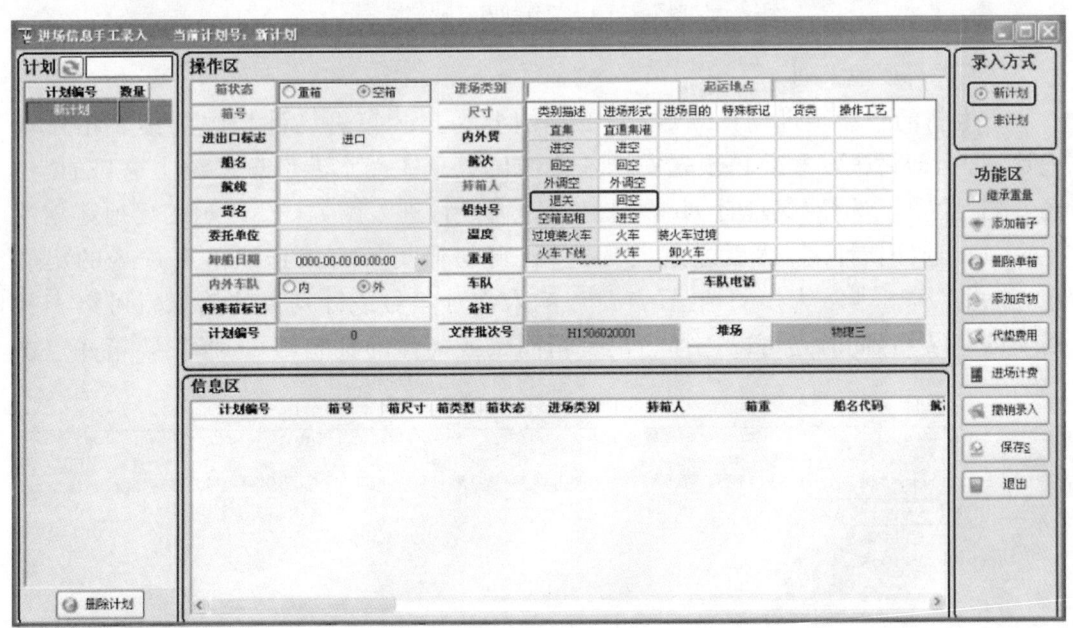

图 7-34 预录空箱进场信息及制作空箱进场计划

① 如果是制定新计划,则选择"新计划",正确填写每个集装箱的信息。其中"箱状态"为"空箱",进场类型为"回空"。填写完毕点击"保存",进场集装箱信息就保存到信息系统,同时也生成了新的进场计划和计划号。

② 如果已经有空箱进场计划,需要将集装箱添加到原有的计划里。直接选择原有的计划(如图7-35所示),再选择"添加箱子"。此时窗口已经有一部分信息,业务员只需修改部分信息,从而减少业务员的工作量。点击"保存"完成集装箱的添加。在手工预录界面里还可以完成删除单箱、进场计费等操作,这里不做详细介绍。

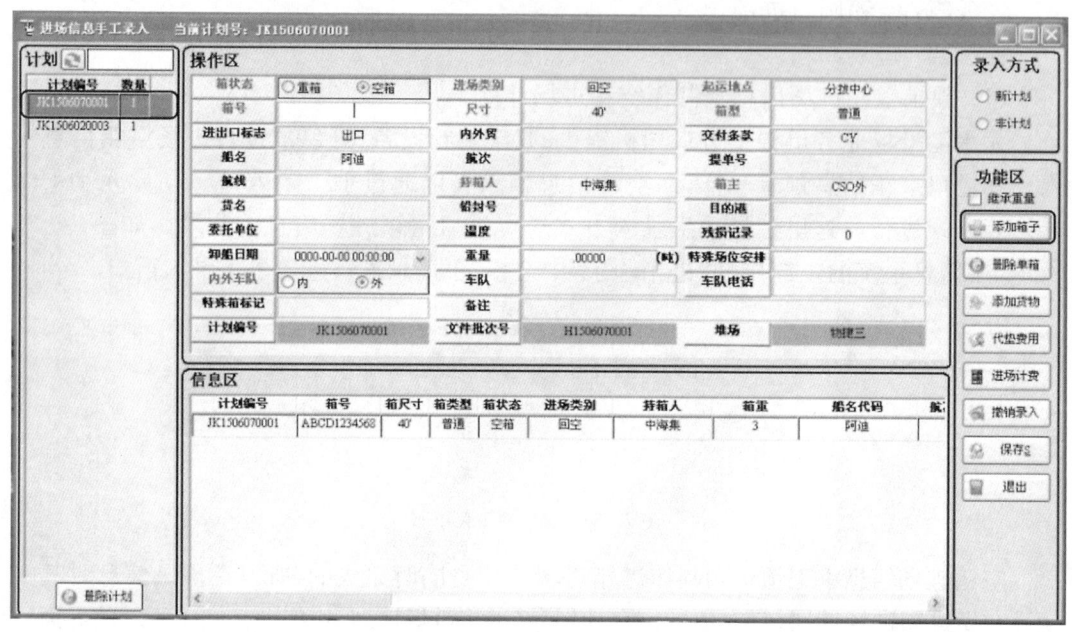

图7-35 向原计划内添加空箱

(2)进行场地策划

产生新的集装箱进场计划后,调度部门要为集装箱进场计划中的集装箱作场地策划,为即将进场集装箱预先安排堆放的位置。在无水港信息系统主窗口的"进场计划"菜单里选择"场地计划",如图7-36所示,进入图7-37所示的场地策划的主窗口。选择新计划,然后通过模糊选箱、自动分类等方式选取需要进场的集装箱,如图7-38所示为模糊选择的窗口,输入部分箱号或计划号的信息就可以查找需要的集装箱,同时还可以选择与集装箱同票或同位的集装箱,选择集装箱并点击"确认"。

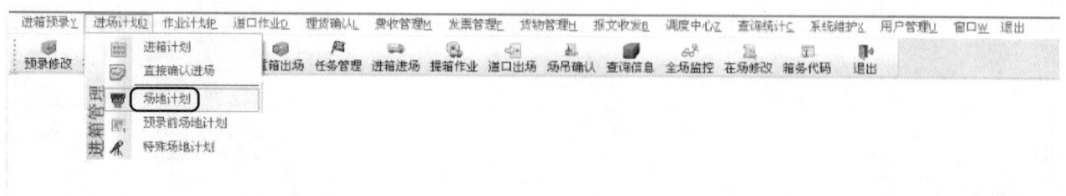

图7-36 进场计划菜单图

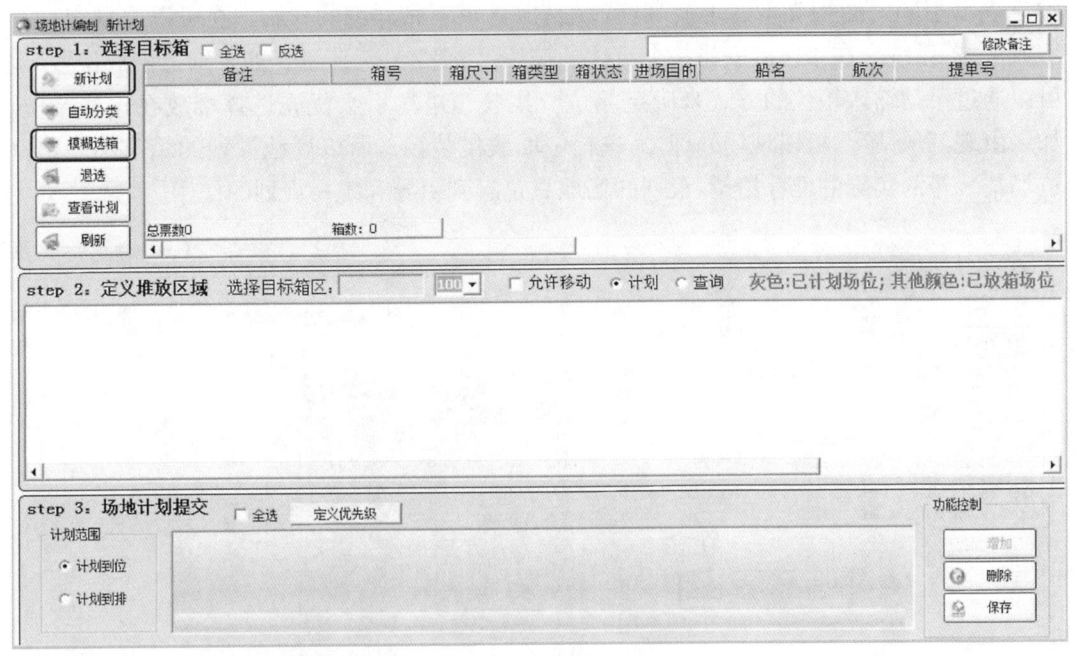

图 7-37 场地策划主窗口

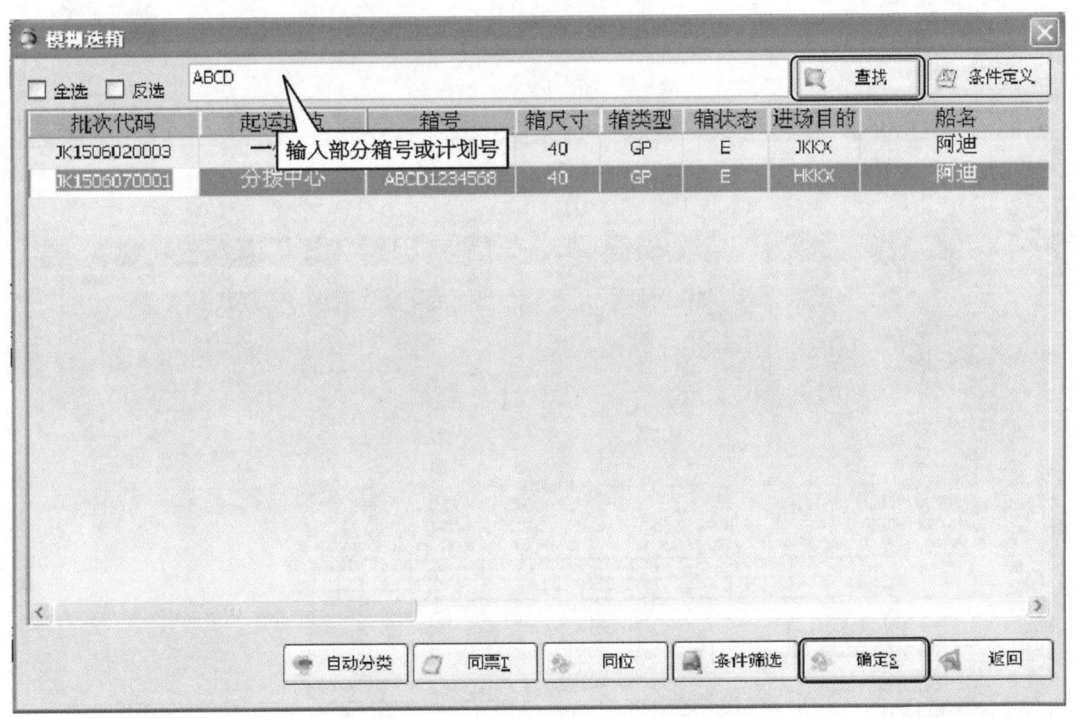

图 7-38 场地策划模糊选箱

完成选箱,开始进行场地策划。返回场地策划主窗口,选择目标箱区,如图 7-39 所示的箱区列表。选择一个堆放空箱的箱区,在该箱区内选择可以堆放集装箱的箱位,如图 7-40 所示,在系统里可以通过可视化界面看到实际箱区的箱位使用情况,不同的颜色表示不同的使用类型和堆放高度等信息,这里不做详细的介绍。在可以先划定一个堆放区域,系统会在该区域安排一个具体的箱位,如图 7-40 所示。如果知道堆放位置,也可以通过手动输入箱位的方式来确定箱位。集装箱进场后会优先选择堆放在这些箱位。如果出现其他情况,可以现场处理,另选箱位堆放集装箱。所以场地策划的箱位不一定是进场集装箱的实际的堆存箱位,策划的场地只是起到引导和统一规划的作用。

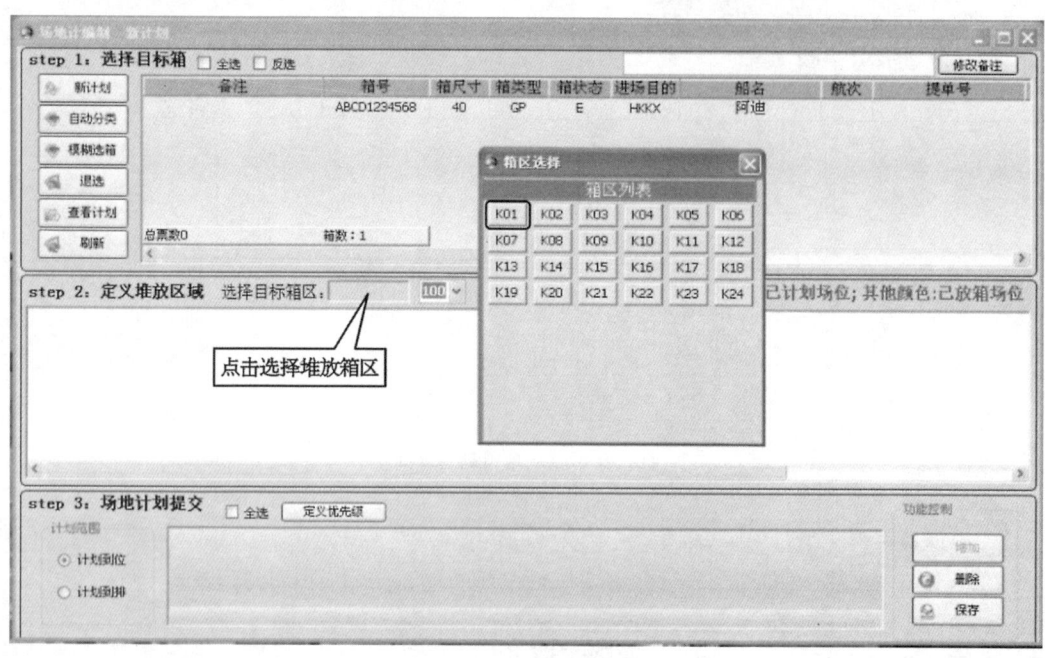

图 7-39 场地策划选择箱区

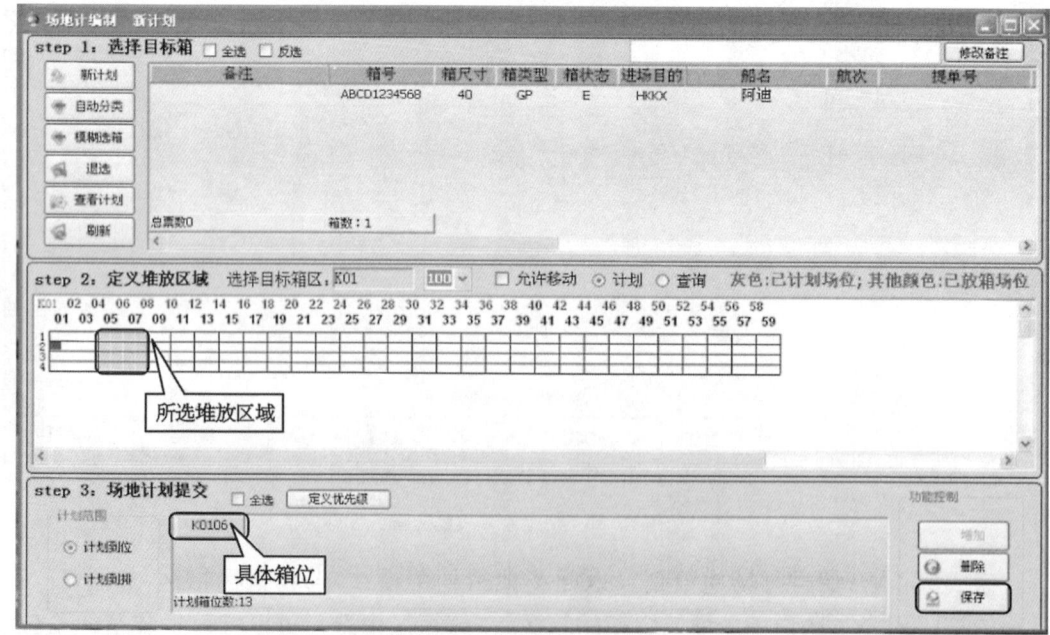

图 7-40 场地策划选择箱位

(3) 空箱道口进场

集卡司机在业务大厅办理好回空箱进场的相关手续后,将集装箱从堆场进场道口进入堆场。进入堆场进场道口时需要进行进场确认,在管理信息系统的"道口作业"选择"进箱进场",如图7-41所示。图7-42所示为道口业务员系统操作界面。输入车牌号和集装箱号,并核对集装箱信息,然后点击"进场确认",空箱进场的信息就会录入系统。将集装箱进场检验单打印给集卡司机,集卡进入堆场进行后续作业。

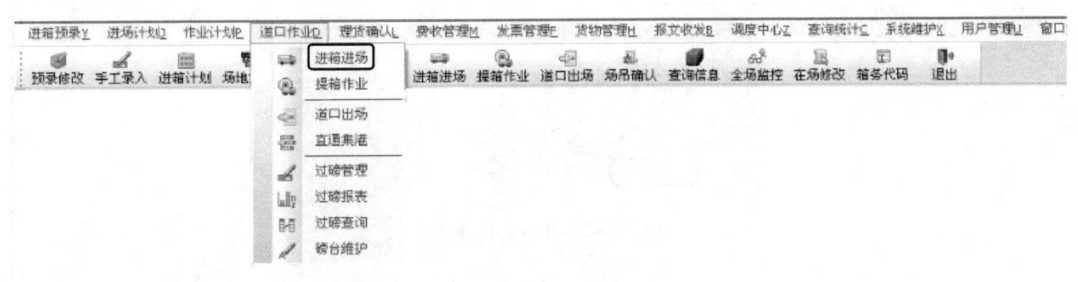

图7-41 道口作业菜单图

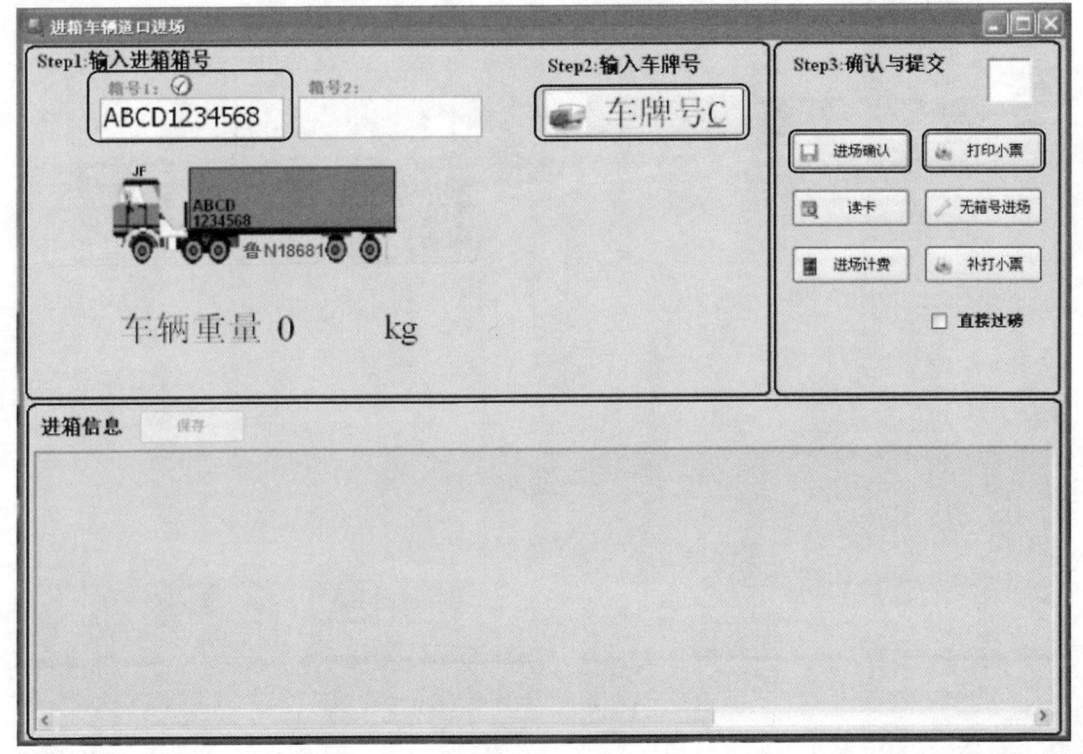

图7-42 道口进场确认

(4) 进场卸箱

集卡将空箱运进堆场,需要完成验箱并做好损坏记录之后,才能进行卸箱作业。集卡司机将集装箱运到集装箱进场检验单指定的集装箱落箱位置。场吊司机可以通过车载终端查看到卸箱任务,如图7-43所示,在理货确认菜单栏里选择"场吊作业确认",进入场吊车载终端界面,如图7-44所示。场吊司机可以按照作业类型或自己的作业箱区来查看作业任务。每选择一个装卸任务,车载终端上会显示集卡、集装箱和对应的箱位,如图7-45所示。友好的可视化界面有助于场吊司机方便准确地操作。场吊到达作业地点将集装箱卸到系统指定的位置,也可以根据实际情况选择落箱位置,落箱确认后,箱位信息会自动录入系统,如图7-46所示。

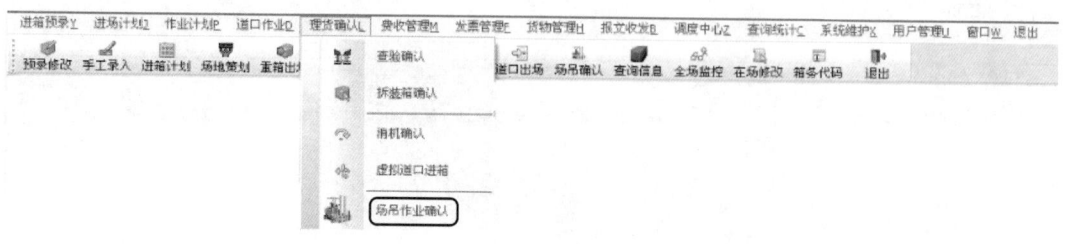

图7-43 理货确认菜单栏

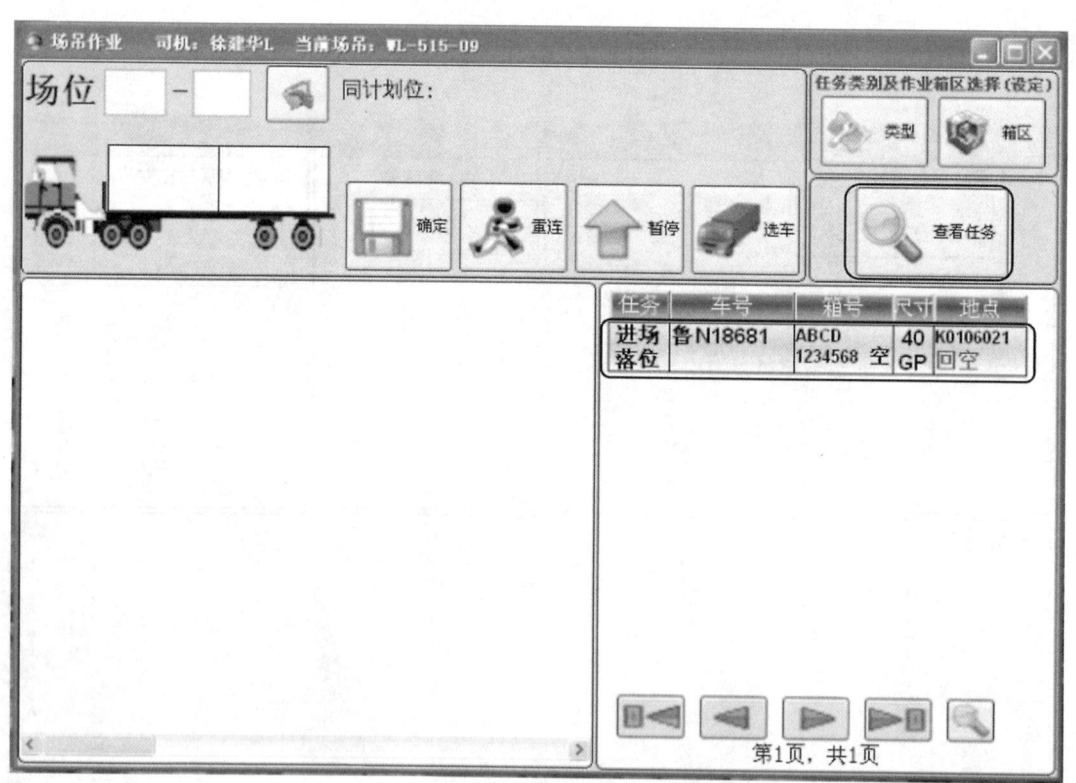

图7-44 场吊车载终端查看任务

落箱完毕,集卡从出场道口出场,整个回空箱进场完成。进口空箱进场所产生的费用可以定期统一与箱主进行结算,也可以与集装箱使用人单独结算。和进口空箱进场一样,回空箱进场时也可以对空箱进场的信息和状态进行监控,通过信息综合查询平台查看并修改录入系统集装箱的在场信息、预录信息、在场计划、出场计划、货物信息、费用记录等。

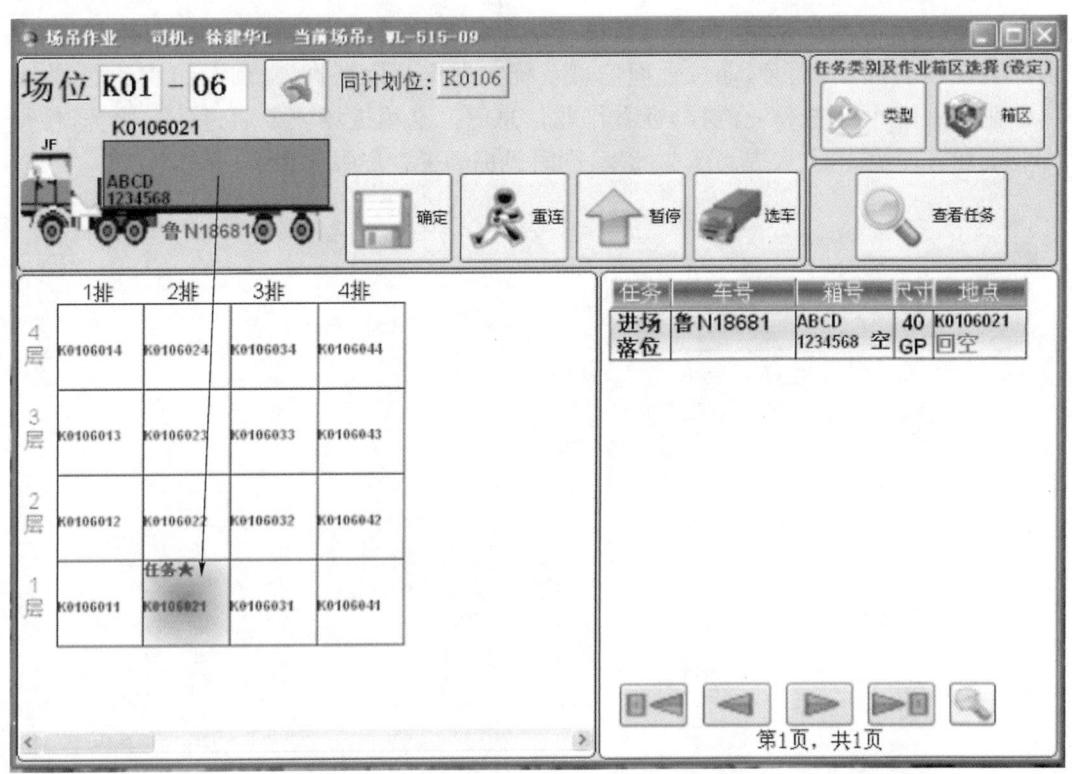

图 7-45 场吊卸箱箱位可视化界面

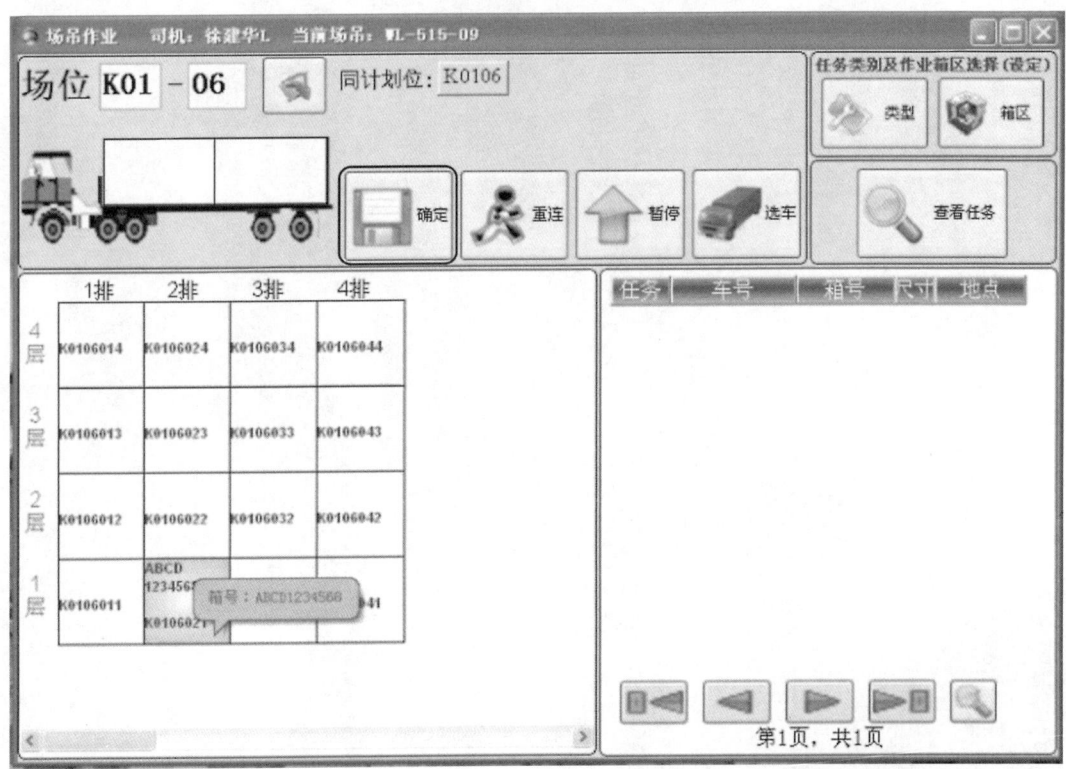

图 7-46 场吊卸箱确认界面

从上述进口空箱进场业务和回空箱进场业务的数字化运营管理案例可以看出,无水港实现数字化运营管理,通过管理信息系统实现作业信息收集、制定作业计划、为现场作业提供信息、监控作业流程、查看作业信息等。空箱进场业务通过信息服务,使得作业更加方便快捷,大大提高作业效率,同时也提高了客户服务水平。

第8章

提空箱业务

本章将对无水港空箱业务中的提空箱业务(空箱出场业务)进行详细介绍。对空箱出场业务流程、相关信息以及相关单据进行细致阐述,并重点描述空箱出场业务数字化管理的思想和操作方法,使读者能够较为形象直观地认识无水港堆场提空箱出场业务的数字化运营管理模式和流程。

8.1 提空箱业务概述

本书第7章对无水港空箱业务进行介绍时,阐述了无水港空箱业务分为空箱进场业务和提空箱业务。空箱进场业务对应空箱的进场和堆存,提空箱业务对应空箱的出场,如图8-1所示。

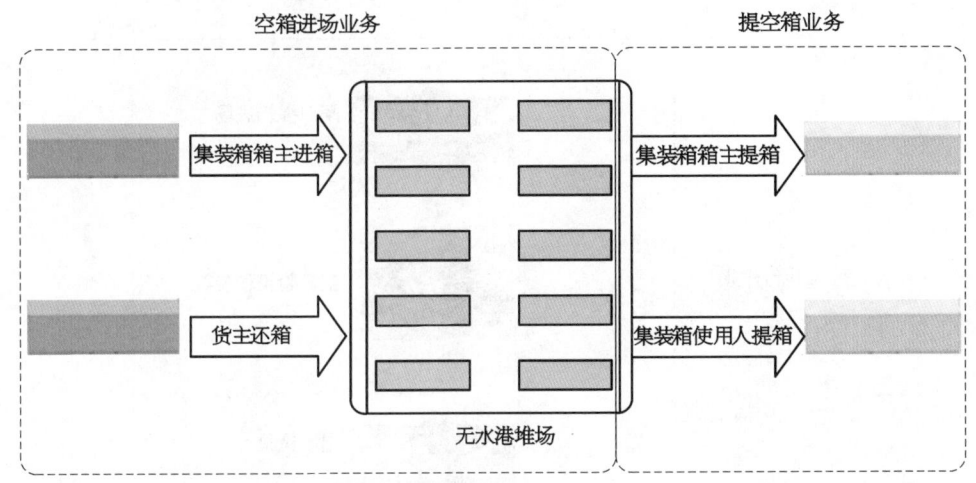

图8-1 无水港空箱业务图

到无水港提空箱的提箱人有集装箱箱主和集装箱用箱人,其中集装箱用箱人占大部分。集装箱用箱人需要与集装箱箱主联系,办理好集装箱租赁手续。用箱人持空箱提箱单和集装箱设备交接单到无水港堆场提空箱。在提空箱的过程中,需要完成提空箱信息收集、制定空箱出场计划、集卡进场提箱、装箱、提箱人验箱、提箱出场检验等操作。

无水港作为"空箱管理员",不是集装箱租赁的当事人,并不参与集装箱箱主和用箱人集装箱租赁事宜。无水港是受集装箱箱主委托管理空箱,在集装箱箱主和用箱人集装箱租赁中起到集装箱设备交接的作用。因此,在无水港提空箱业务中,无水港需要对集装箱箱主负责,把集装箱空箱正确地交给租箱人,并向箱主反馈提箱情况。此外,无水港还要尽可能地为空箱提箱人提供更加方便快捷的提箱服务。

8.2 提空箱业务基本流程

1. 提空箱业务流程图
(1) 提空箱业务基本操作步骤
和无水港的其他业务一样,无水港提空箱业务的操作从宏观上可以分为数据收集、计划调度、执行作业三大环节,如图 8-2 所示。

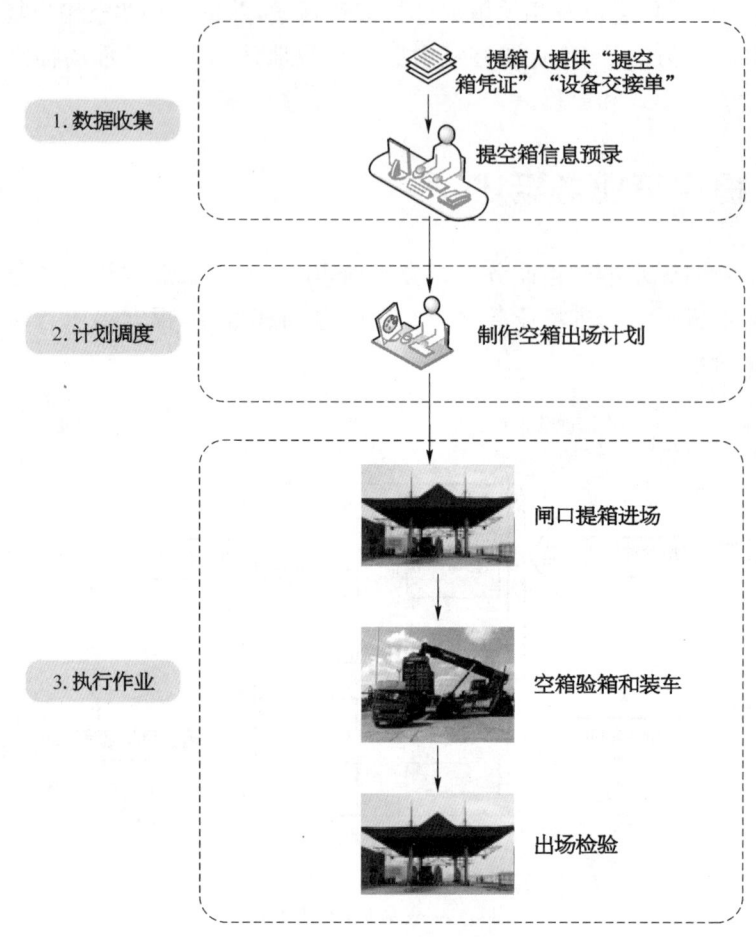

图 8-2　进口空箱进场业务基本操作步骤

① 数据收集:无水港提空箱业务的信息收集大部分在业务大厅进行。提箱人持空箱提箱单和集装箱设备交接单到无水港业务大厅办理提箱业务,业务员查看并核对相关信息后,将提空箱信息录入无水港信息系统,完成信息的收集。

② 计划调度:按照无水港的操作规范,集装箱出场前都要先制作出场计划,空箱出场也不例外。要先完成空箱出场计划,提箱人才能进场提箱和出场。

③ 执行作业:提空箱业务的执行作业主要有提箱人的集卡道口进场信息核对、场吊装箱、提箱人检验空箱损坏情况和提箱道口出场检验等。

(2) 提空箱业务详细操作流程图

上述提空箱基本步骤介绍了进口空箱进场的大致流程。图 8-3 是提空箱业务详细作业流程图——泳道图。泳道图中可以看到提空箱每一步的详细操作和流程。可以很好地反映在提空箱过程中,无水港各部门所完成的操作及其他们之间的相互关系,也能看到提空箱中所有表单的流转。

2. 提空箱业务流程说明

箱管员受理提箱人的"提空箱凭证"(主要信息包括:船名、航次、提单号、箱型、尺

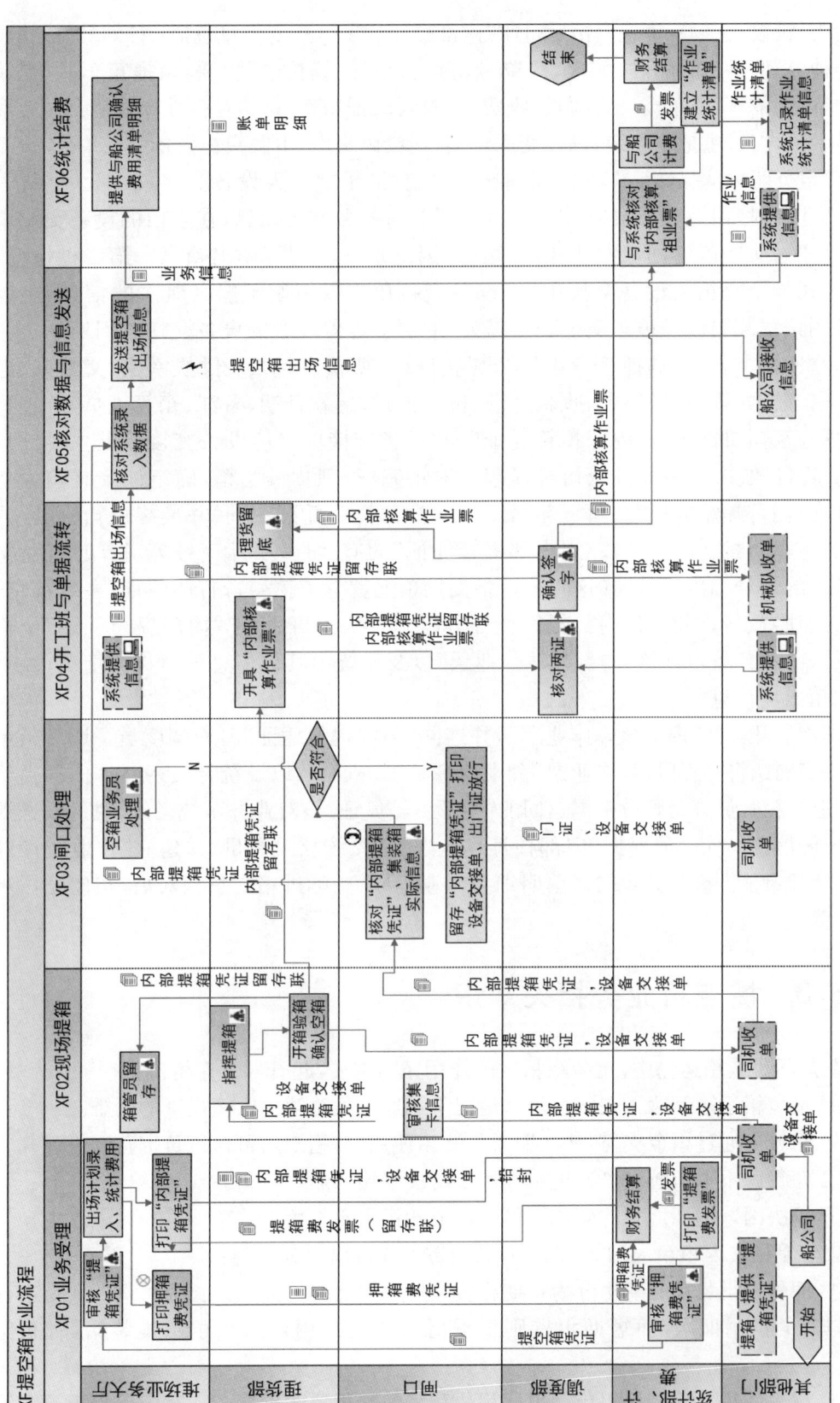

图 8-3 提空箱业务详细操作流程图

寸、抬头、箱数、金额),审核合格后打印"内部提箱凭证"(主要信息包括：计划号、提箱日期、箱种、箱型、尺寸、船名、航次、提单号、箱主、箱号、场位、用箱要求、提箱车队、提箱人、理货、制单人,该单据一式两联)收费,同时收取押箱费(这里是指堆场替船公司收取的押箱费),当货主把空箱装货后,变成重箱,交给码头后,由码头在设备交接单(该设备交接单也分两种情况。第一种情况,船公司没有给予提箱人设备交接单,那么提货人来办理业务时,由业务员根据"提空箱凭证"上的船名航次信息,在空白的设备交接单上打印船名航次信息,但是不用确定箱号,因此也就不用打印出箱号。第二种情况,是船公司给予提箱人设备交接单,该设备交接单上仅填制了船名航次的信息)上盖章,说明该集装箱已经被运至集装箱码头,货主拿着盖好章的设备交接单回堆场进行冲账,拿回抵押款,开具押箱费用的结算凭证(主要信息包括：付款单位、交款人、电话、船名、航次、提单号、箱数、收款金额、付款方式、退款日期、备注、箱管人员)。理货员根据拖车司机提供的"内部提箱凭证"和"设备交接单"(该设备交接单上主要信息包括：船名、航次),指挥机械司机提箱。提箱完毕,理货员验箱,确定该集装箱为空箱,并在"内部提箱凭证"上写上箱号,留存"内部提箱凭证"一联并最终返箱管员,另一联交拖车司机。门证员核对"内部提箱凭证"的有效性、实际箱号等,打印"设备交接单"上的箱号和出场日期(这时该设备交接单上就有了箱号),打印门证(主要信息：箱号、尺寸)放行,同时将"内部提箱凭证"收回留存,工班后,把"内部提箱凭证"交给业务员,由业务员根据该"内部核算作业票"以及系统内其他信息核对作业情况,编制"提空箱出场信息"。

理货员开具的"内部核算作业票",并连同"内部提箱凭证"转交调度员。调度员审核后签字确认将"内部核算作业票"分发给理货员、机械队以及统计员,并将"内部提箱凭证"返给箱管员。箱管员根据返回的"内部提箱凭证"核对业务系统录入数据,发送提空箱出场信息。统计员根据"内部核算作业票"与系统核对数量,并建立"作业统计清单"。计费员依据确认完毕的账单明细与作业合同、实际进箱数量核对后,与船公司对账,结费。

8.3 提空箱业务相关知识

在国际集装箱运输中,集装箱租赁的作用尤为重要,起着如下作用：
① 集装箱运输经营人在资金短缺情况下可通过租箱解决巨额投资的困难。
② 租箱人通过租金支付,从而取得集装箱使用权,租期内可自行负责营运管理。
③ 在货源不平衡航线可通过单程租赁解决空箱回运。
④ 解决因季节性货源的变化而可能造成的供求不平衡。
集装箱租赁因租箱人的需求不同,其租赁方式可以分为三类：
① 期租。集装箱的期租分为长期租赁和短期租赁两种方式。长期租赁一般是指有一段较长的租用期限,而短期租赁则根据所需要的使用期限来租用集装箱,时间比较短。
② 程租。集装箱的程租包括单程租赁和来回程租赁两种方式。其中单程租赁多用

于同一条航线上来回程货源不平衡的情况,即从起运港至目的港单程使用集装箱;来回程租赁则通常用于来回程有较平衡货运量的航线。

③ 灵活租赁。集装箱的灵活租赁方式在费用上类似于长期租赁,在使用上与短期租赁相似,可灵活使用。这种租赁方式租期通常为一年。在集装箱货运量大,经营航线较多且来回程货运量不平衡的情况下,采用这种租赁方式能比较容易适应变化,是一种很有价值的租赁方式。

8.4 提空箱业务涉及的关键单据

(1) 内部提箱凭证

内部提箱凭证是堆场内部进行提箱作业时所使用的单据,在堆场提箱时,需要提箱人以提箱凭证为依据,同时也是堆场工作人员确认提箱的依据,如图8-4所示。

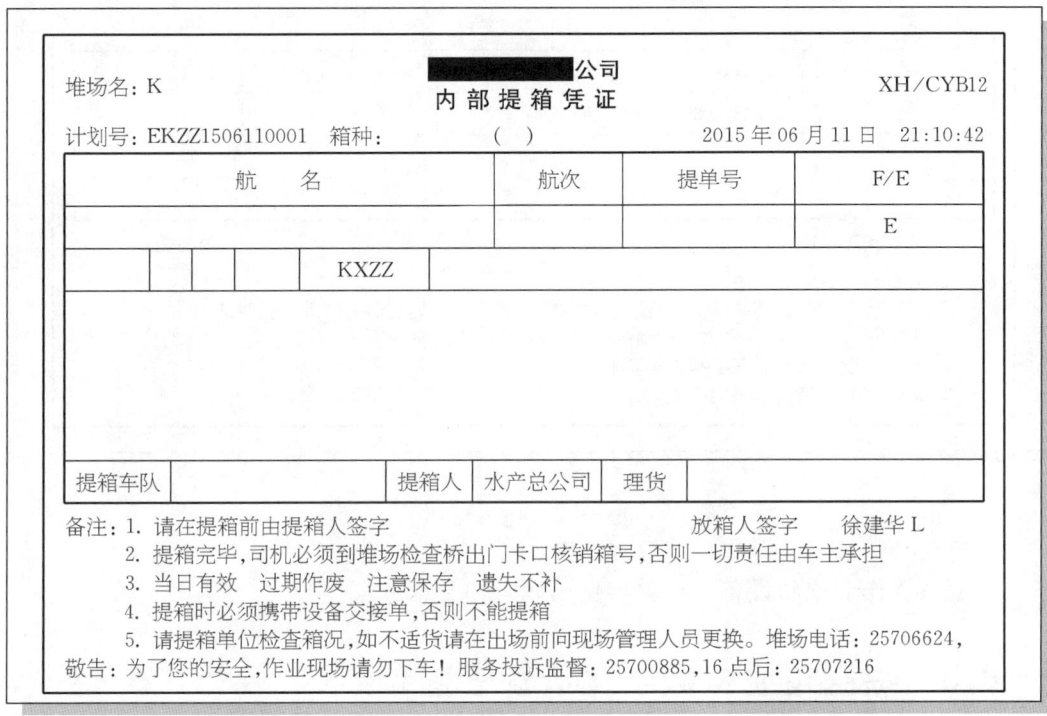

图8-4 内部提箱凭证

内部提箱凭证的流转:大厅业务员在得到司机"提箱费发票"后,打印"内部提箱凭证",并在其上加盖公章交给司机。司机持该单证进场后,理货员根据该单证上所指定的场箱位或者指定的箱号进行提箱作业。如果该单证上没有具体落实到某个集装箱,那么理货就将实际装车的集装箱信息填写到"内部提箱凭证"上,然后由提箱人、理货员在该单证上签字确认。然后由理货员把该单证交给司机和现场调度员。司机在出门时,该单证的其中一联会被道口理货员收回。调度员将该单证和内部核算作业票核对是否一致,从而确认作业是否准确,确定后返还给大厅业务员。业务员核对信息的准确性,最后存档在大厅。

（2）押箱费凭证

押箱费是指集装箱的用箱人缴纳的押金,还箱时会退还。押箱费凭证是用箱人缴纳押箱费时箱主提供的缴纳押箱费凭证。主要信息包括：付款单位、交款人、电话、船名、航次、提单号、箱数、收款金额、付款方式、退款日期、备注、箱管人员,样单如图 8-5 所示。

██████公司预收款结算凭证

NO. EKZZ1506110001　　　2015 年 06 月 11 日

付款单位	水产总公司	交款人		电话	28236627
船名/航次		提单号		箱数	0/2/0
集装箱箱　号	ABCD1234568, ABCD1234567				
收款金额	小写 ¥5,000.00 大写 伍仟元整	付款种类	现金	结算记录	退款日期　　退款结算方式
备注					领款人签字

箱管　徐建华 L　　　　收款人　007K　　　　财务盖章

1. 自交付之日起七天后,开船五日后退款。
2. 此联需箱管员签字并随付《退款凭据》经主管经理签字后到财务办理退款手续。
3. 此凭证一式贰联,一联本公司财务存查,一联付款人退款凭据。
4. 此凭证财务收费后签字并盖章有效。
5. 阿航船公司集装箱在出口 10 天内(包括出口当日)退费,延期每日收取 20 元滞纳金。

图 8-5　押箱费凭证

内部核算作业票和设备交接单参见第 3 章相关章节。

8.5　提空箱业务数字化运营管理

本章无水港提空箱业务数字化运营管理的介绍将以实例的形式进行说明,实例介绍集装箱用箱人和箱主办理好相关租赁手续后,从持集装箱空箱提箱单到无水港堆场提箱开始到提空箱出场整个过程的数字化运营管理操作方式和业务流程。实例需要完成如下任务：

任务一：制作空箱进场计划。

任务二：提空箱集卡道口进场。

任务三：提空箱装箱。

任务四：提空箱出场信息核对。

(1) 制作空箱出场计划

集装箱用箱人在租赁集装箱前,先要和集装箱箱主办理好相关租赁手续,拿到集装箱空箱提箱单后再到相应的集装箱堆场提空箱。集装箱用箱人持集装箱空箱提箱单到无水港堆场提箱时,先到无水港业务大厅办理相关手续。无水港业务员根据提箱人提供的提空箱凭证在堆场管理信息系统内对提空箱信息做相应的提箱计划。如图8-6所示,在无水港管理信息系统的"作业计划"菜单栏里选择"空箱出场计划",进入图8-7所示"空箱出场计划"窗口。

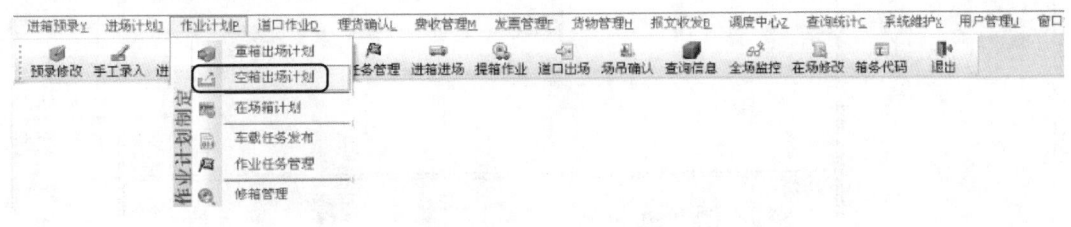

图8-6 作业计划菜单栏

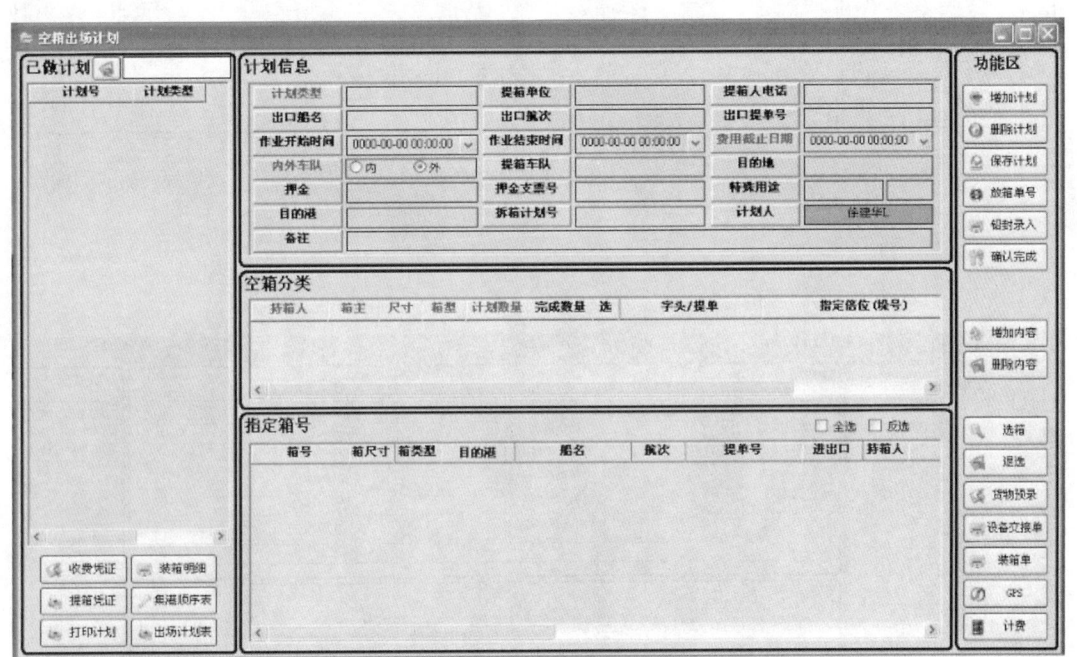

图8-7 空箱出场计划窗口

制作空箱出场计划需要完成基本信息填写和选箱两步操作。如图8-8所示,增加一个新的计划,在新计划中完成相关信息的填写。选择空箱出场计划的类型,可供选择的类型很多,本案例属于空箱转租类型。继续完成其他信息的填写,如图8-9所示。

大多数出场集装箱的基本信息都已经在无水港管理信息系统里,所以对于出场计划的集装箱,可以在系统内通过选箱来获取出场集装箱信息。在图8-9所示的窗口中选择"选箱",进入图8-10所示的选箱窗口。可以通过输入部分箱号进行模糊查询需要的空箱。选择需要的集装箱后点击"确定"返回空箱出场计划窗口。

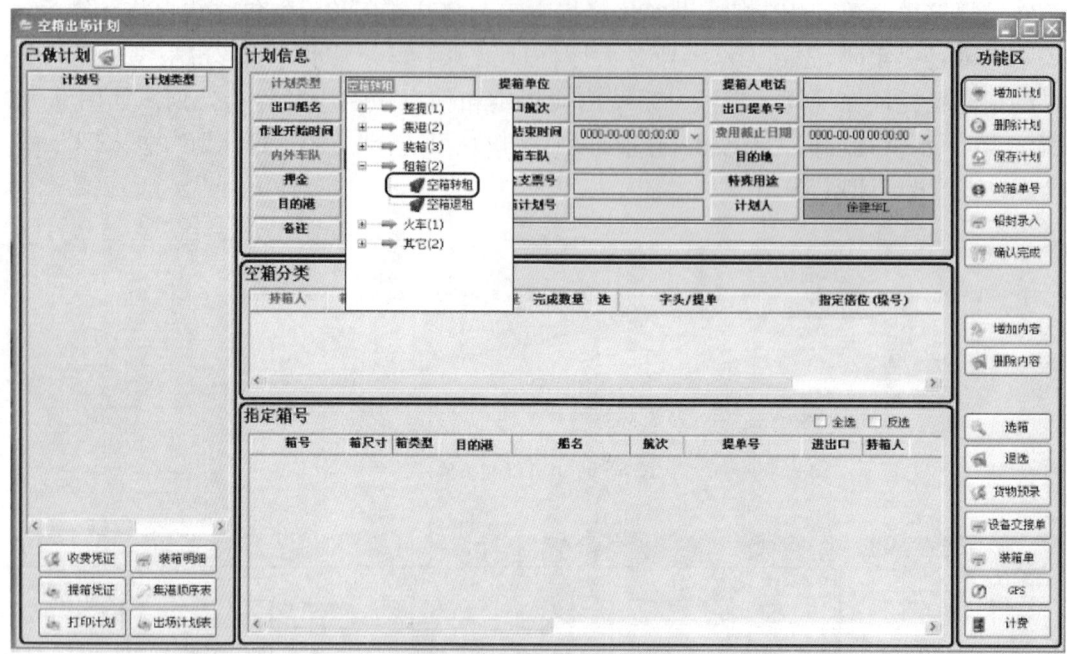

图 8-8 空箱出场计划类型选择

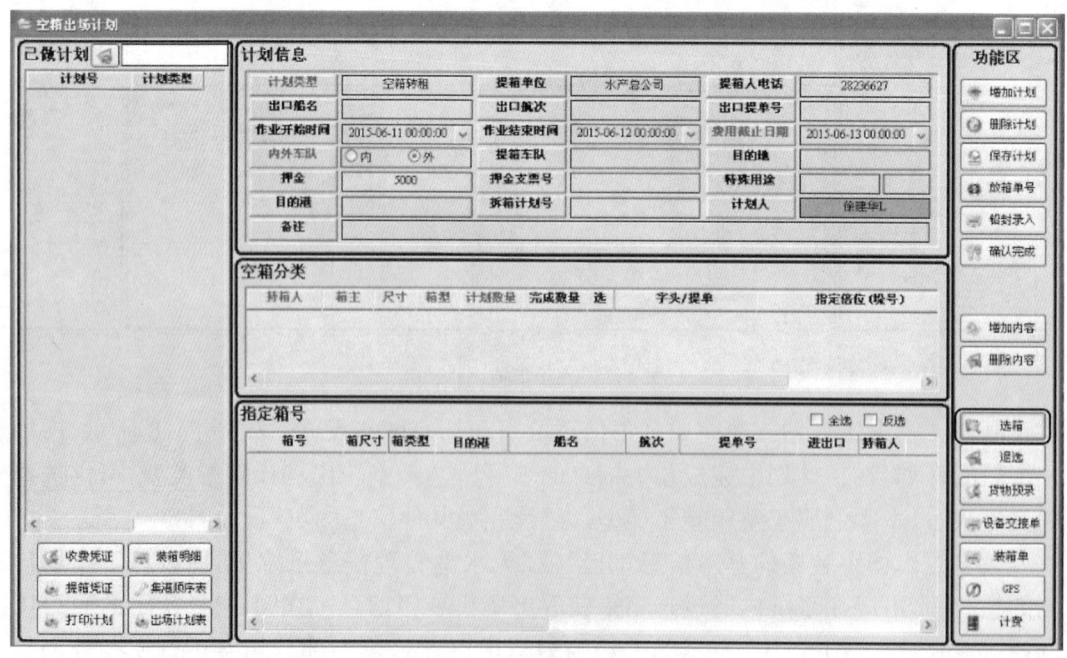

图 8-9 空箱出场计划信息填写

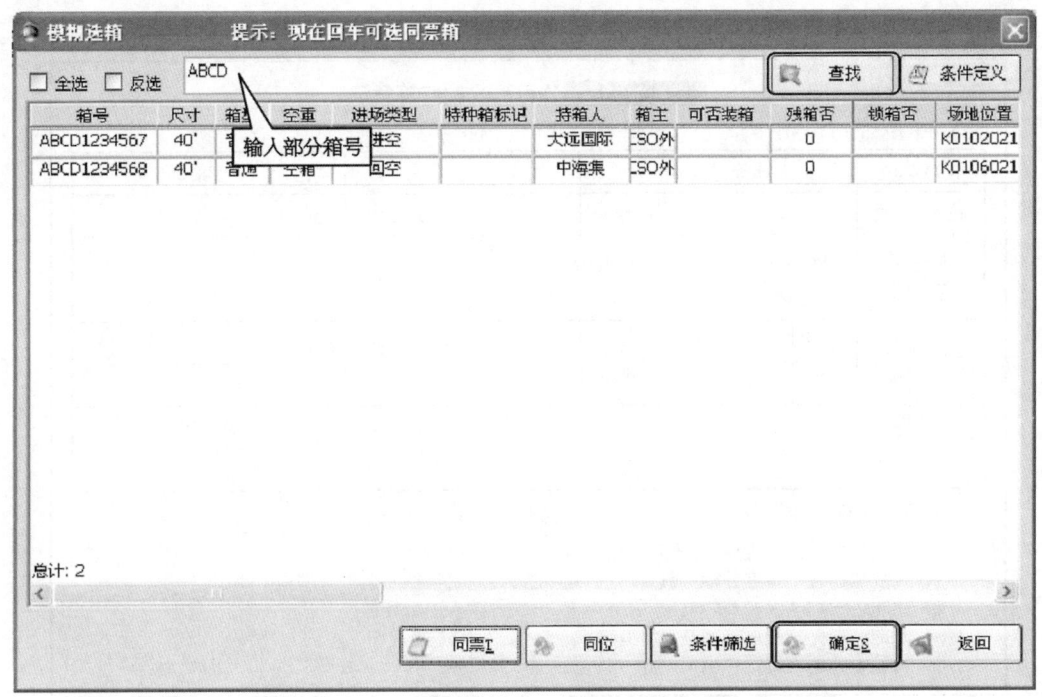

图 8-10 选箱窗口

如图 8-11 所示，选好箱，保存计划，生成新的空箱出场计划。同时，业务员可以在空箱出场计划中打印押箱费凭证给提箱人，如图 8-12 所示。提箱人持押箱费凭证到缴费处缴费盖章后，业务员打印内部提箱凭证，如图 8-13 所示，提箱人凭内部提箱凭证到堆场提箱。

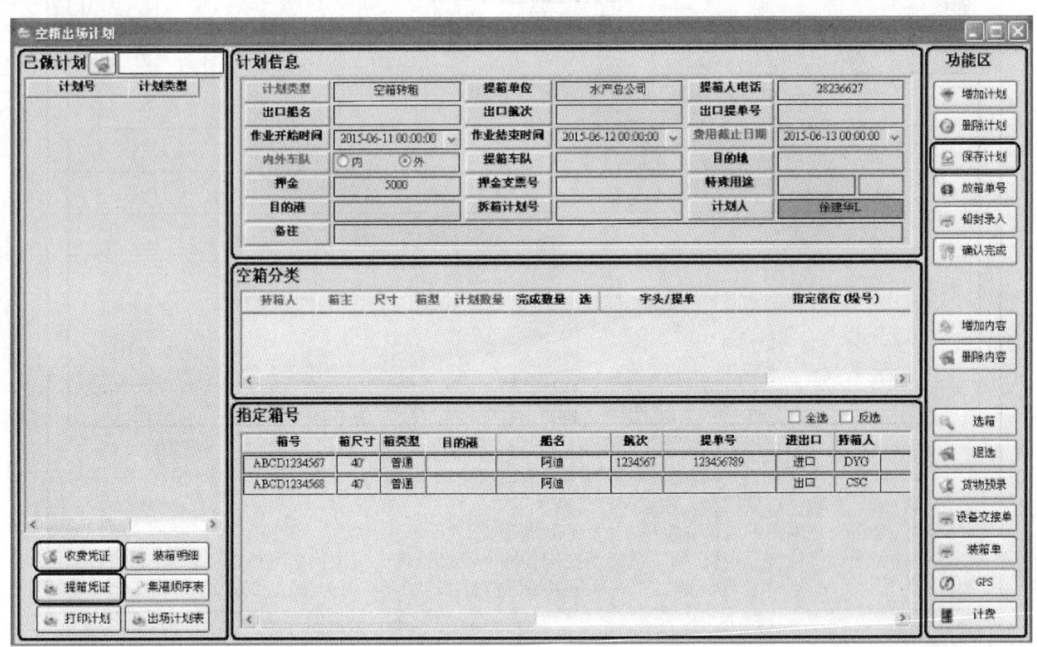

图 8-11 完成空箱出场计划

▇▇▇▇▇▇▇公司预收款结算凭证

NO. EKZZ1506110001　　　　2015 年 06 月 11 日

付款单位	水产总公司		交款人		电话	28236627
航名/航次			提单号		箱数	0/2/0
集装箱箱号	ABCD1234568, ABCD1234567					
收款金额	小写	￥5,000.00	付款种类	现金	结算记录	退款日期 / 退款结算方式
	大写	伍仟元整				
备注					领款人签字	

　　箱管　徐建华 L　　　　　　收款人　007K　　　　　　财务盖章

1. 自交付之日起七天后, 开船五日后退款。
2. 此联需箱管员签字并随付《退款凭据》经主管经理签字后到财务办理退款手续。
3. 此凭证一式贰联, 一联本公司财务存查, 一联付款人退款凭据。
4. 此凭证财务收费后签字并盖章有效。
5. 阿航船公司集装箱在出口 10 天内(包括出口当日)退费, 延期每日收取 20 元滞纳金。

图 8-12　押箱费凭证

▇▇▇▇▇公司 内部提箱凭证

XH/CYB12

堆场名: K

计划号: EKZZ1506110001　箱种: (　)　2015 年 06 月 11 日　21:10:42

航　名			航次	提单号	F/E
					E
		KXZZ			

| 提箱车队 | | 提箱人 | 水产总公司 | 理货 | |

备注: 1. 请在提箱前由提箱人签字　　　　　　　　放箱人签字　徐建华 L
　　　2. 提箱完毕, 司机必须到堆场检查桥出门卡口核销箱号, 否则一切责任由车主承担
　　　3. 当日有效　过期作废　注意保存　遗失不补
　　　4. 提箱时必须携带设备交接单, 否则不能提箱
　　　5. 请提箱单位检查箱况, 如不适货请在出场前向现场管理人员更换。堆场电话: 25706624,
敬告: 为了您的安全, 作业现场请勿下车! 服务投诉监督: 25700885, 16 点后: 25707216

图 8-13　内部提箱凭证

(2) 提空箱集卡道口进场

提箱集卡司机持内部提箱凭证从进场道口进场,集卡通过堆场道口时提供内部提箱凭证给道口工作人员,工作人员需要进行提箱进场确认。道口工作人员在堆场管理信息系统"道口作业"菜单栏(图8-14所示)里选择"提箱作业",进入图8-15所示的"提箱车辆道口进场"窗口。

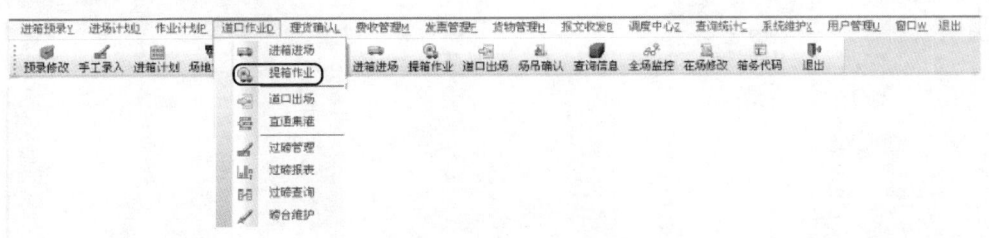

图8-14 道口作业菜单栏

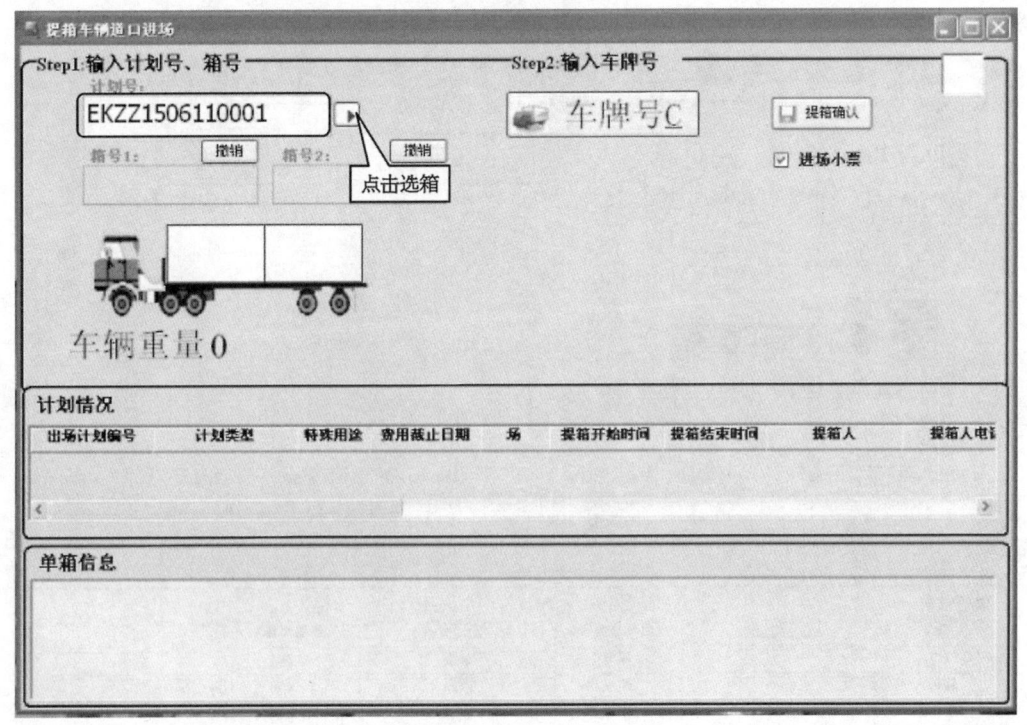

图8-15 提箱集卡道口进场窗口

道口工作人员在图8-15所示的窗口中输入内部提箱凭证上的计划号,查看并选箱,如图8-16所示。选择集装箱后,还要选择车牌号。核对信息无误后,点击"提箱确认"并打印进场小票(如图8-17所示)交给集卡司机。

(3) 提空箱装箱

进场小票上有所提空箱所在场位,提箱人按照指定的位置到达空箱堆放的位置。同时场吊司机通过车载终端查看到作业任务和位置。如图8-18所示,在理货确认菜单栏里选择"场吊作业确认",进入场吊作业窗口,如图8-19所示。场吊司机可以查看自己当前的作业任务并选择作业任务。

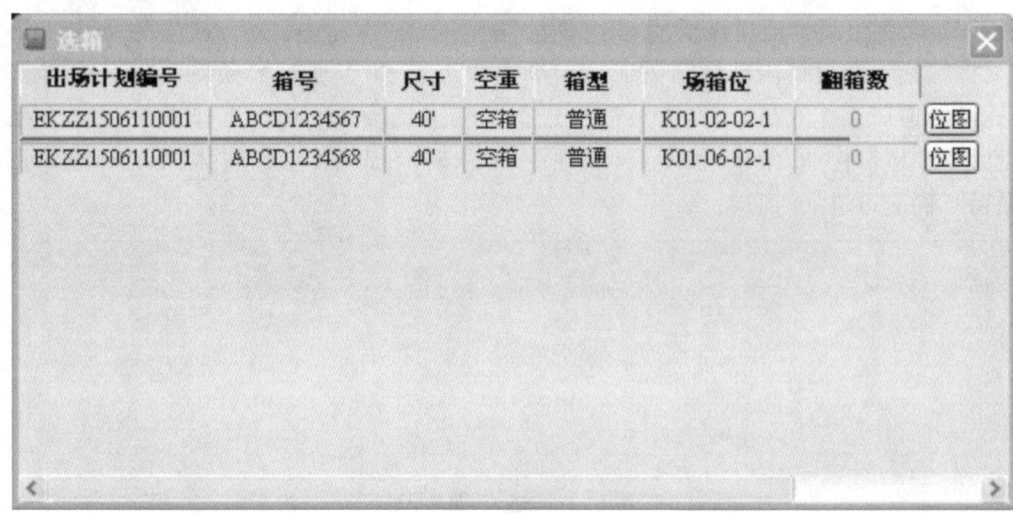

图 8-16 提箱集卡道口进场选箱

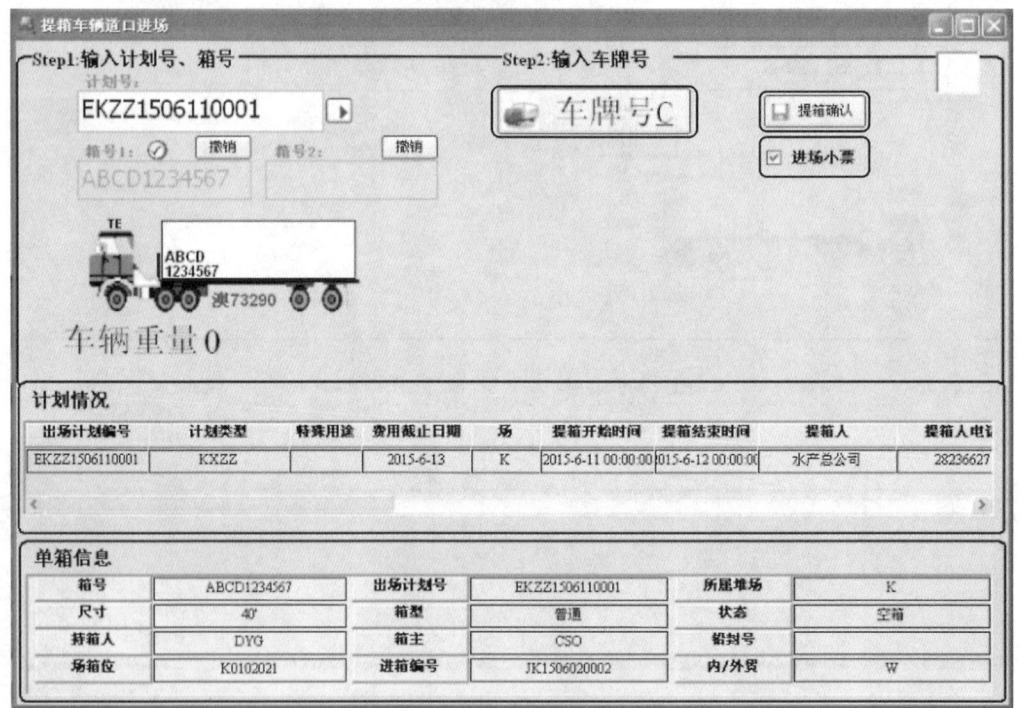

图 8-17 提箱集卡道口进场确认

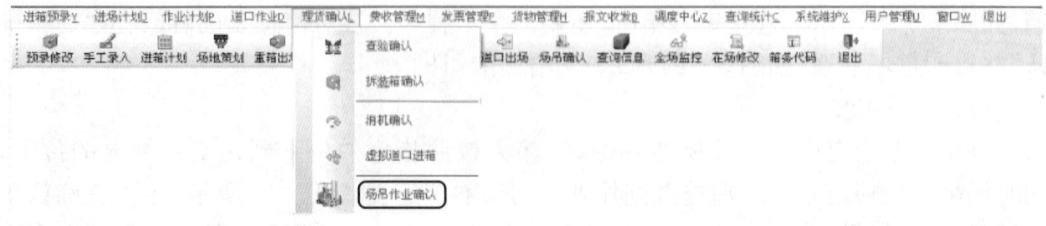

图 8-18 理货确认菜单栏

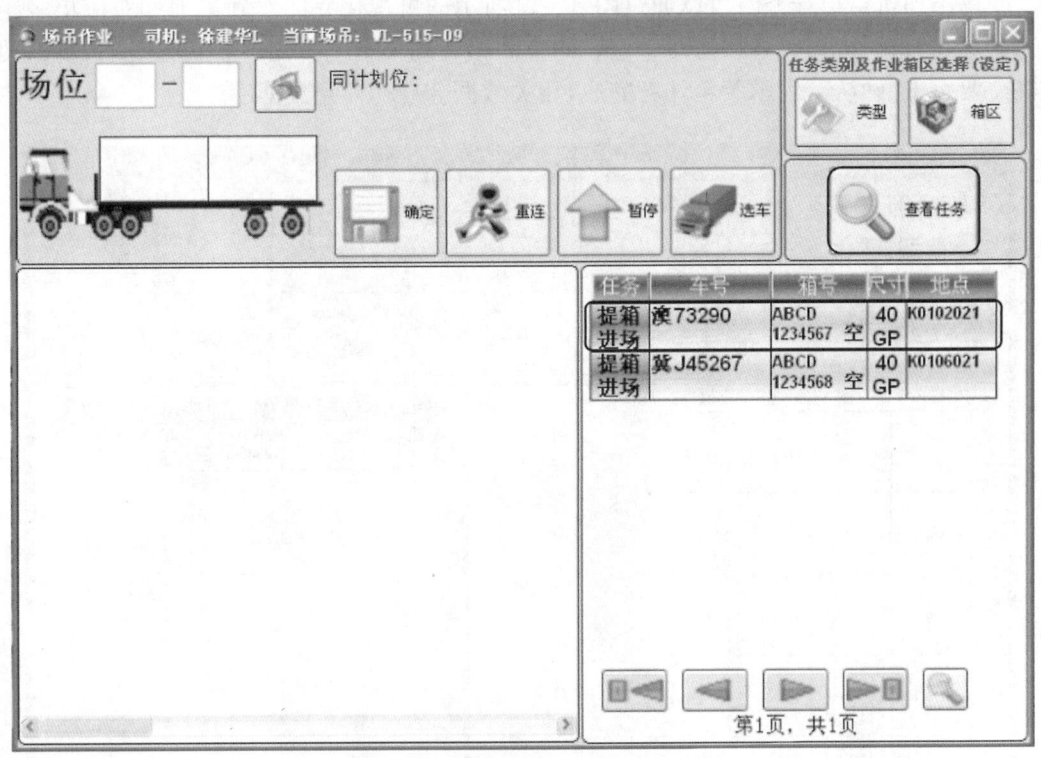

图 8-19 场地司机查看作业任务

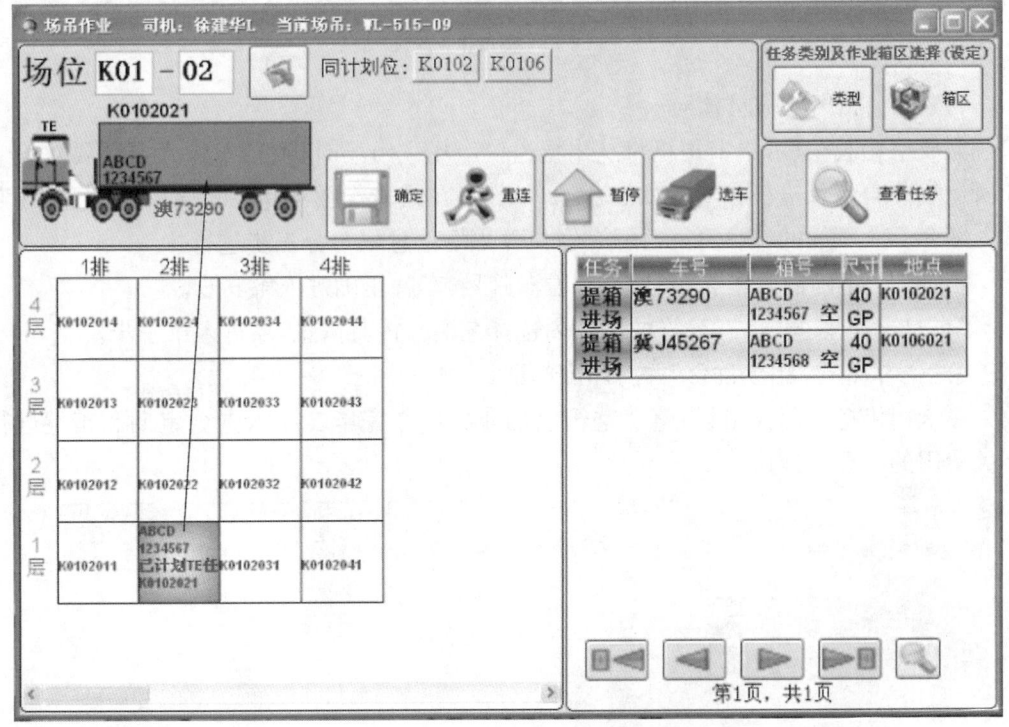

图 8-20 场吊作业可视化界面

场吊司机执行任务时可以通过图 8-20 所示的可视化界面看到集卡和对应集装箱的信息,场吊司机可以直接将对应位置的集装箱装到集卡上。完成装箱任务后,场吊司机需要点击"确认",表示装箱任务完成,相关数据会自动存到数据库。

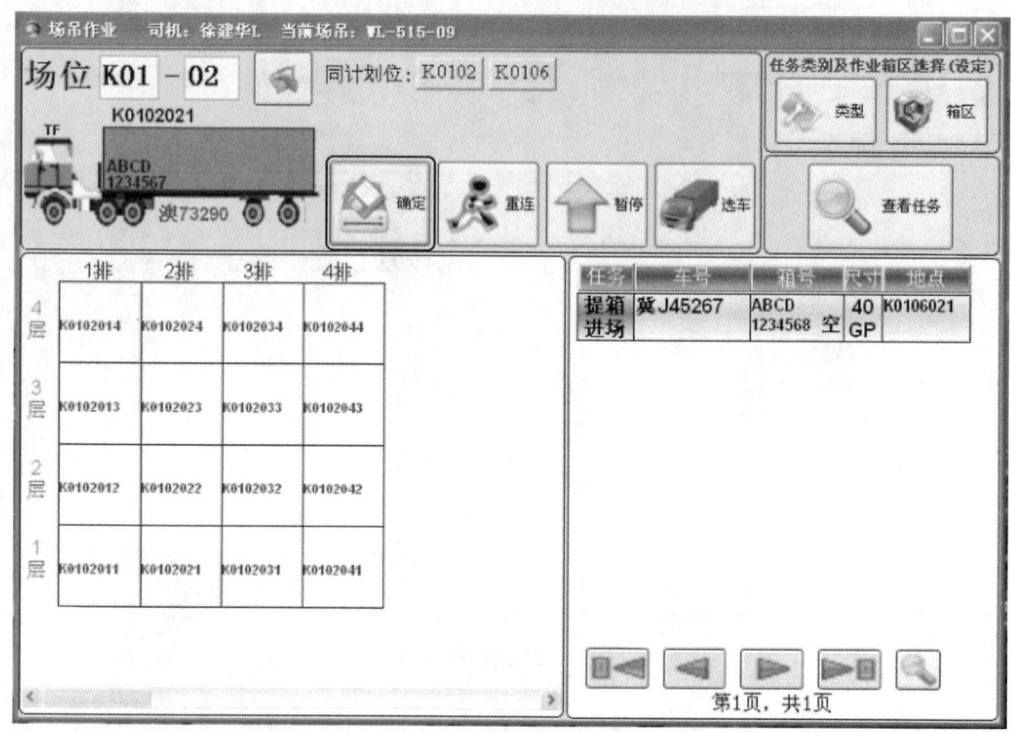

图 8-21 场吊作业确认

(4) 提空箱出场信息核对

完成空箱装车后,集卡司机将从出场道口出场。出场时,道口工作人员还要对集卡和所运集装箱信息进行核对。如图 8-22 所示,在道口作业菜单栏里选择"道口出场",进入图 8-23 所示的"出场任务销核"窗口。出场信息核对分三步进行:

第一步:正确输入集装箱号,并查看车牌号,车牌正确进入第三步。
第二步:若换集卡,在允许的车辆内选择车辆并核对信息,才进入第三步。
第三步:点击"出场确认"并打印出门证。

集卡司机持出门证出场,整个空箱出场业务操作完毕。无水港会定期和箱主进行相关费用的结算。

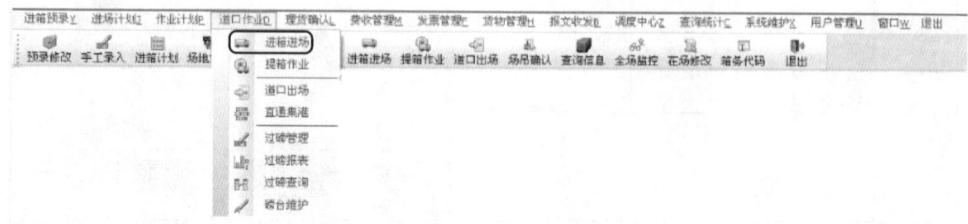

图 8-22 道口作业菜单栏

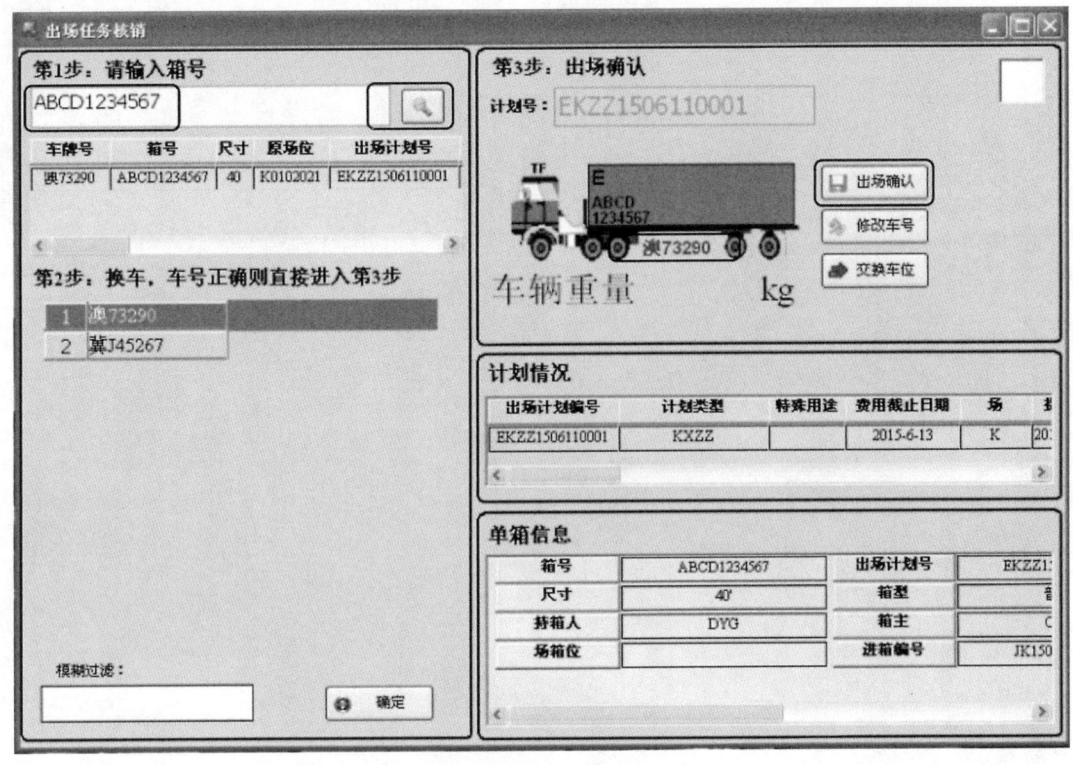

图 8-23 提箱出场确认

第9章

港口集装箱堆场查验业务

本章介绍了无水港堆场涉及的相关查验业务，对业务流程、相关信息以及相关单据进行细致阐述，并重点描述堆场查验业务数字化管理的思想和操作方法，使读者能够较为形象直观地认识无水港堆场集装箱查验业务的数字化运营管理模式和流程。

9.1 查验业务概述

进出口货物查验是指由海关、商检等部门对进出口货物的相关信息进行核查的过程。在无水港，当进出口货物被抽中查验时，大多数货物需要无水港辅助负责货主或其代理人完成查验工作，包括为对查验货物进行装卸、搬运、转场，对集装箱货物的拆箱和装箱等。随着无水港业务的不断完善，无水港堆场为货主和其代理人查验工作提供方便的一条龙服务，并从中收取服务费用。无水港堆场查验业务是无水港的一项重要业务，提高无水港堆场查验业务的效率不仅可以更好地服务于海关和货主，还可以为无水港自身带来巨大的经济利益。

无水港堆场查验业务分类：

按验货方分类，可以分为海关查验、商检验货、法检等。

① 海关查验是指海关在接受报关单位的申报后，依法为确定进出境货物的性质、原产地、货物状况、数量和价值是否与货物申报单上已填报的详细内容相符，对货物进行实际检查的行政执法行为。查验是国家赋予海关的一种依法行政的权力，也是通关过程中必不可少的重要环节。

② 商品检验，简称"商检"，是指进出口商品确定进出口商品的品质、规格、重量、数量、包装、安全性能、卫生方面的指标及装运技术和装运条件等项目实施检验和鉴定，以确定其是否与贸易合同、有关标准规定一致，是否符合进出口国有关法律和行政法规的规定。

③ 法检是指报关单上面的监管条件是 A（进口）或 B（出口）的货物，在报关的时候必须提供商检局的通关单，也就是法定检验货物。如果没有 A 或 B，就不算是法定检验货物，报关时候不需要提供通关单。这类商品列于国家质量监督检验检疫总局颁布的《出入境检验检疫机构实施检验检疫的进出境商品目录》里。

按验货方式分类可以分为人工检验、机检查验等。

① 人工检验：人工查验包括外形查验、开箱查验。外形查验是指对外部特征直观、易于判断基本属性的货物的包装、运输标志和外观等状况进行验核；开箱查验是指将货物从集装箱、货柜车箱等箱体中取出并拆除外包装后对货物实际状况进行验核。

② 机检查验：利用技术检查设备对货物进行透视扫描，根据扫描形成的图像来分析验核货物的实际状况是否与申报内容相符。

按验货地点可以分为场内查验和场外查验。

① 场内查验：场内查验仅限具有查验资质和查验能力的无水港堆场。如果查验货物在本堆场，可以在本堆场进行查验，无须转场。对于非本堆场的货物，到本堆场进行查验，也属于场内查验。

② 场外查验：如果查验货物在不具有查验资质和查验能力的无水港堆场，查验工

作必须转到具有查验资质和查验能力的堆场进行,对于本堆场而言属于场外查验。

9.2 查验业务基本流程

从上述的分类可以看出,对于无水港堆场而言,场内查验和场外查验的业务流程明显不同。本章在介绍无水港查验业务时将分场内查验业务和场外查验业务。

9.2.1 场内查验业务流程

在堆场查验业务中主要以海关查验为主,其他查验业务和海关查验的操作方式基本相同,这里就以海关查验为例对查验业务流程进行说明。

(1) 场内查验业务相关工作

① 业务受理:审核货主提供的海关(或国检)查验单,制定验货计划,打印"查验计划表"交给货主。

② 摆箱:堆场业务员打制查验"摆箱计划表"交由调度员。调度员根据"摆箱计划表"做转提计划。由车载设备自动发送到正面吊。正面吊司机根据车载任务落箱到指定场地。落箱后系统自动变更场位信息。

③ 现场查验:理货员根据货主提供的"查验计划表"指挥装卸工人、叉车司机进行查验。查验完毕后,货主在"查验计划表"上签字确认。

④ 系统录入:理货员根据"查验计划表"上记载的验货情况录入系统。

⑤ 搬移归位:调度员根据查验完成情况,通过系统做清场计划并发布给正面吊,正面吊司机根据指令将集装箱清出查验场地。归位完毕,正面吊司机确认落位。系统自动变更场位信息。

⑥ 单据流转:查验完毕,理货员填制"海关验货箱作业报告表"或"拆装箱作业报告表",并将"海关验货箱作业报告表"或"拆装箱作业报告表"、"摆箱计划表"及"查验计划表"返给业务员留存。

⑦ 核对录入情况与单据归档:业务员根据"查验单"、"查验计划表"核对业务系统进场数据(包括查验计划表上记录的查验情况等),核对无误后在"海关验货箱作业报告表"或"拆装箱作业报告表"上签字确认。

业务员核对完后将"查验单"、"摆箱计划表"和"查验计划表"归档留存,将签字确认后的"海关验货箱作业报告表"或"拆装箱作业报告表"返给统计员。

⑧ 作业统计:统计员根据"海关验货箱作业报告表"或"拆装箱作业报告表"建立"作业统计清单"。

(2) 场内查验业务流程图

① 场内查验业务基本步骤和无水港的其他业务一样,无水港查验业务的操作从宏观上可以分为数据收集、计划调度、执行作业三大环节,如图9-1所示。

数据收集:无水港场内查验业务数据收集主要分为两个步骤完成,第一步是在接收到货主或报关行的查验申请表后,将查验集装箱信息录入无水港管理信息系统。第二步是在接收货主或报关行的海关查验单后,将具体查验信息录入无水港信息系统,为后

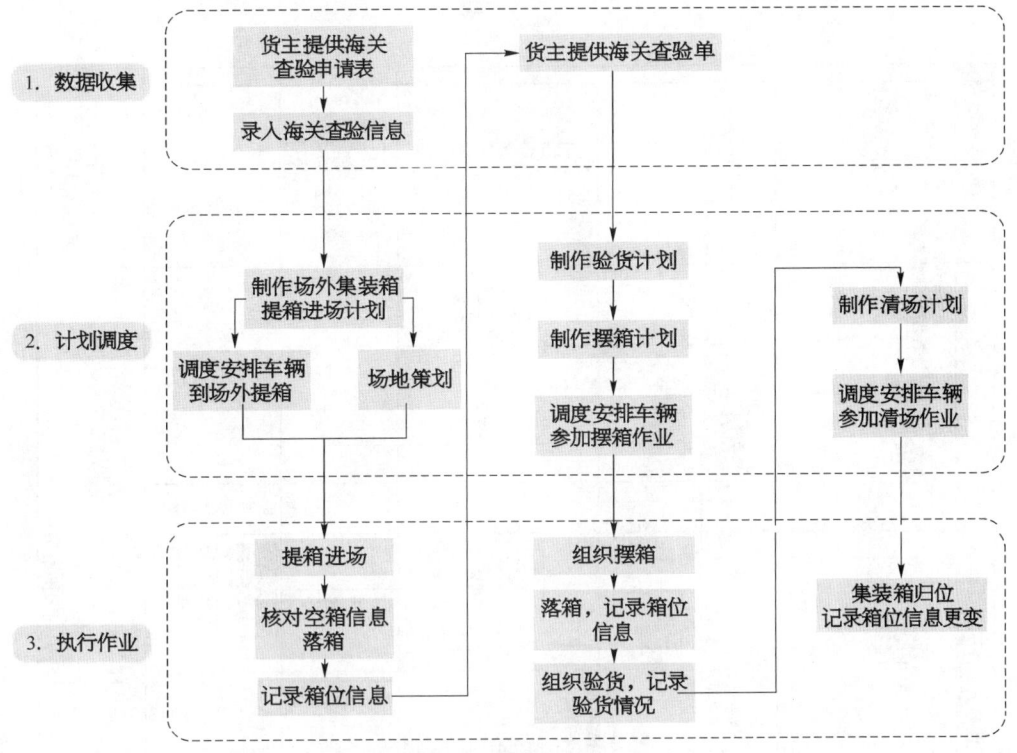

图 9-1 场内查验业务基本步骤

面的查验做准备。

计划调度：无水港场内查验计划调度主要分三个步骤完成。第一步是场外查验集装箱进场查验时制作场外集装箱提箱进场计划，调度安排车辆到场外提箱，为进场集装箱安排堆放位置等；第二步是验货时需要制作验货计划、摆货计划、调度安排车辆参加摆箱作业；第三步验箱完毕做清场计划、调度安排车辆参加清场。

执行作业：无水港场内查验执行作业也主要分三个步骤。第一步是场外集装箱进场查验提箱进场、核对箱信息、落箱、记录箱位等；第二步是查验摆箱时组织摆箱、落箱、记录箱位信息、组织验货和记录验货情况等；第三步是清场时完成查验箱清场归位、记录更变箱位信息。

② 场内查验业务详细流程图——泳道图。

上述的无水港场内查验基本步骤介绍了场内查验的大致步骤。如图9-2所示是场内查验业务详细作业流程图——泳道图。泳道图中可以看到场内查验的每一步的详细操作和流程。可以很好地反映在场内查验过程中，无水港各部门所各部门所完成的操作及其他们之间的相互关系，也能看到场内查验中所有表单的流转。

③ 查验业务流程说明。

如果海关查验属于机检的，业务员根据货主提供的海关查验申请表，录入提箱进场计划，内容有计划号、残损记录、禁用标志(可用)、备注、进场形式、起运地点、进场车队、堆场(进场后场位)、交付条款、货名、航线、船名、进口航次、委托单位、箱型、尺寸、箱号、

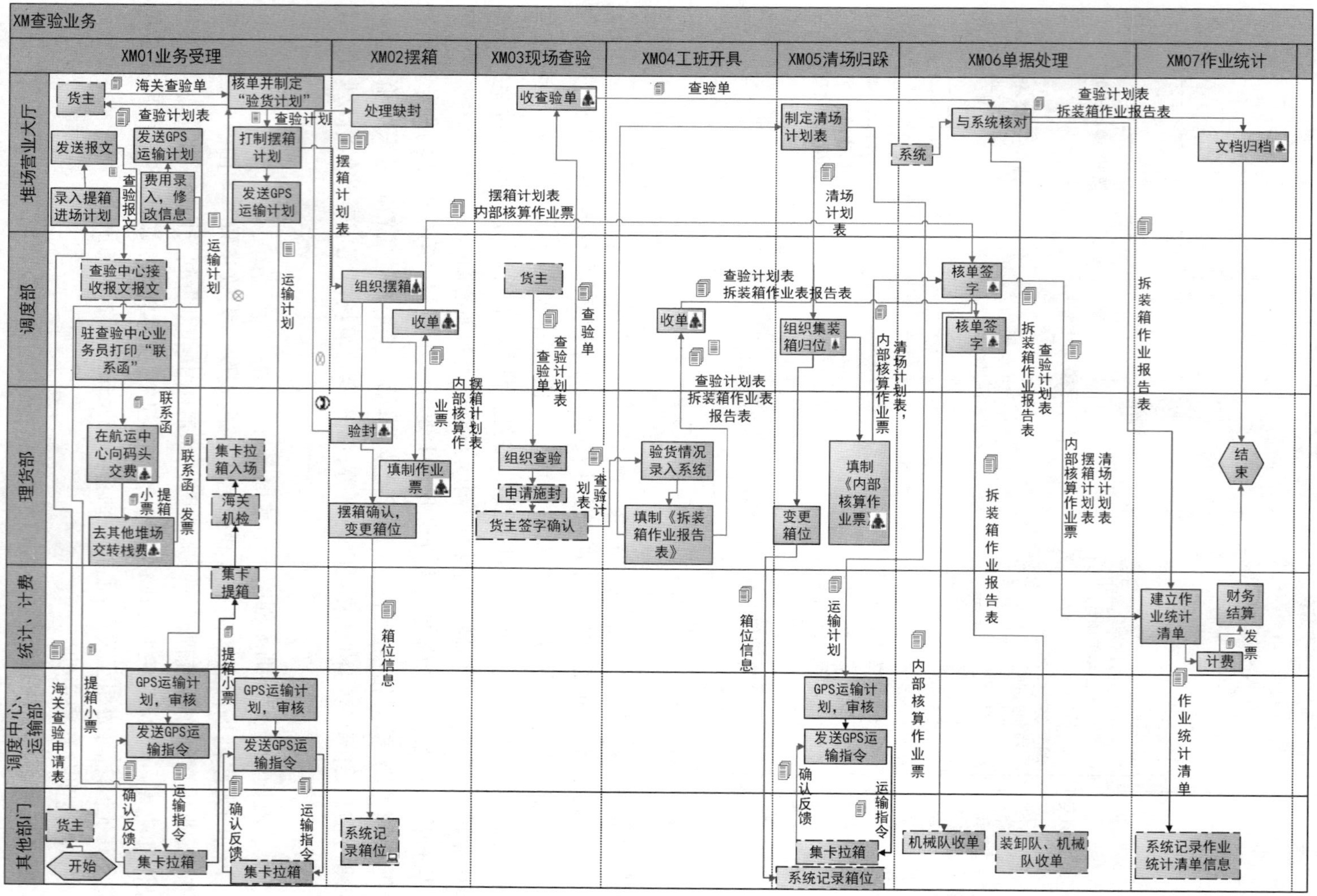

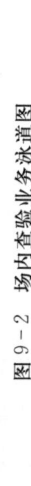

图 9-2 场内查验业务泳道图

进提单号。业务员向查验中心发送报文。驻查验中心业务员,打印"集装箱验放中心联系函"(查验模式、查验编号、船名航次、提单号、箱型箱量、查验场地、货名、箱号、箱型、封号),海关盖完章后,凭联系单向航运中心码头交费(替货主代垫费:码头港杂费、堆存费、吊装费),码头给费用发票和提箱小票。然后再到集装箱实际堆存场地交转栈费,堆场实际堆存场地打印费收发票。办完这些手续后,将"集装箱验放中心联系函"、堆场和码头开具的发票以及码头出具的"提箱小票"提交给本堆场营业大厅业务员。业务员根据提箱小票上的信息给原预录信息(集装箱实际所在堆场、查验模式、货名等),再向调度指挥中心发送 GPS 运输计划,内容有是否本场车队(是)、计划类型(提箱)、开始时间、结束时间、箱号、箱型、堆场、起运地、船名航次、提单号、空重、计划进场日期、进场形式、委托单位、进场车队、交付条款、航线、抵港日期。给集卡司机提箱小票,集卡司机提箱进场,道口核对箱号、车号后打印"集装箱进场检验单",理货根据集装箱进场检验单指挥现场作业将集装箱卸至指定箱区,使用手持机更改系统实际箱位,开具内部核算作业票。

场内查验时,业务员先审核货主提供的海关(或国检)查验单,制定验货计划,内容有计划号、计划类型(商检场验、海关场验)、箱号、收费、车队(内)、始地点、止地点、单位(报检号)、电话(单位)。同时保留海关(或国检)查验单。打印"商检(海关)场验计划表"(提箱人、电话、计划号、堆场名称、截止日期、序号、船名航次、提单号、箱号、尺寸、重量、场位、进场日期、堆存天、进场形式、确认、验箱、抵港日期,按尺寸数量合计的:计划数、验箱程度、开始时间、结束时间)给货主。打印"商检(海关)摆箱查验申请表",内容有单位、电话、序号、工作号、商检编号、货名、船名航次、箱型、箱号、掏箱程度(掏/开)、备注,交调度员。调度员根据"商检(海关)摆箱查验申请表"组织管理员、拖车、正面吊将集装箱摆至验箱区域。摆箱完毕,理货员用手持机向系统录入变更后的箱位,填制"内部核算作业票"。理货员根据货主提供的"查验计划表"以及查验单核对箱号,在确认海关(或国检)人员在场并同意开箱的情况下,指挥装卸工人、叉车司机进行查验。查验完毕后,货主在"查验计划表"上签字确认验货程度。理货员将验货情况录入系统,并根据"查验计划表"上记载的验货情况,填制"拆装箱作业报告表"。调度员根据查验完成情况,通过系统订制"清场计划表",内容有计划号、计划类型(清场倒箱)、箱号、收费、车队(内)、始地点、止地点、单位(报检号)、电话(单位),组织理货员、拖车、正面吊将集装箱归位。清场完毕,理货员变更箱位,填制"内部核算作业票"。

摆箱、清场作业完毕,理货员将"内部核算作业票"返调度员,由调度员签字确认后分发给机械队及统计员。查验完毕,理货员将"拆装箱作业报告单"、"查验单"、"查验计划表"返调度员,由调度员签字确认后将"拆装箱作业报告单"分发给装卸队、机械队以及业务,"查验单"、"查验计划表"返业务员。

业务员根据"查验计划表"上货主确认的查验情况,核对业务系统中的查验数据,如有不符则与现场核实,并改正业务系统中的查验数据。业务员核对完后将"查验单"和"查验计划表"归档留存,将"拆装箱作业报告表"返给统计员。

作业统计:统计员根据"内部核算作业票"与系统核对数量,如不符则与当事人核实,要求当事人改正,并和"拆装箱作业报告表"分别建立"作业统计清单"。

9.2.2 场外查验业务流程

外场查验包含查验返场及提箱出场查验两类。

提箱机检指货主将集装箱提至海关指定的堆场进行机检。提箱时需在本堆场进行销机,但道口不开门证。机检结束后,集装箱堆在海关指定的监管堆场,进行后续作业,不再返回本堆场。

查验返场指集装箱在场外进行查验,查验完毕之后返回本堆场进行堆存。集装箱检验包含海关检验(外场机检/人工检验)和商检(如集装箱运输的货物包含木质品,必须附加进行木检)。

(1) 场外查验业务流程图

① 场外查验业务基本操作步骤。

如图9-3所示,无水港提箱出场查验业务的操作从宏观上可以分为数据收集、计划调度、执行作业三大环节:

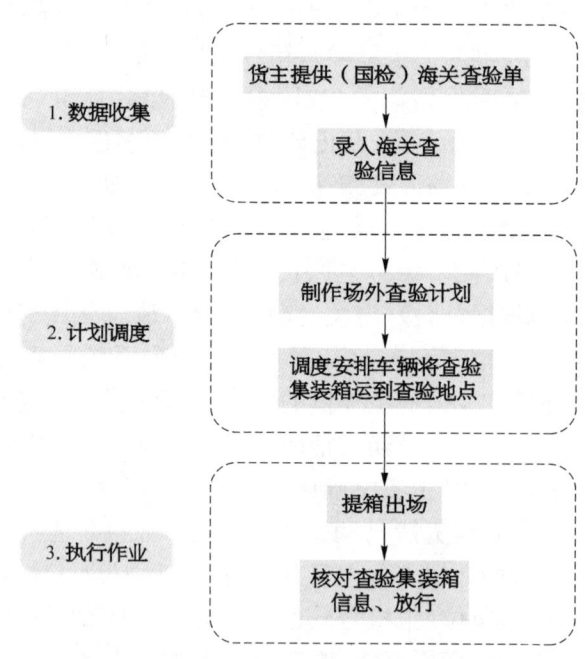

图9-3 提箱出场查验步骤

数据收集:提箱出场查验业务数据包括在接收货主或报关行获取(国检)海关查验单,并将相关信息预录到无水港管理信息系统。

计划调度:提箱出场查验是到场外进行查验,因此集装箱只有出场、计划调度时需要做场外查验计划。此外,如果需要本堆场通过集装箱运输服务,调度员需要安排集卡将集装箱运到查验地点。

执行作业:提箱出场查验业务主要有集卡装箱、提箱出场、核对集装箱信息、放行等。

场外查验返场业务步骤如图9-4所示,数据收集和计划调度内容与提箱出场查验

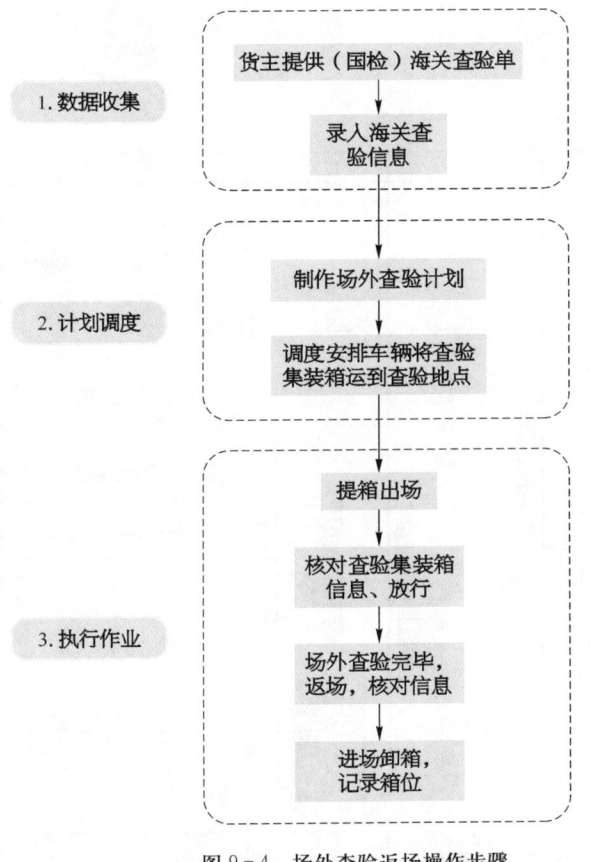

图 9-4 场外查验返场操作步骤

基本相似。但场外查验返场业务不仅要将对查验集装箱进行集卡装箱、提箱出场、核对箱信息、放行,还要将查验完毕的集装箱进行运回返场、进场卸箱、重新记录箱位等操作。

② 场外查验业务详细流程图。

上述的无水港场外查验基本步骤介绍了场外查验的大致流程。图 9-5 所示是场外查验业务详细作业流程图——泳道图。泳道图中可以看到场外查验的每一步的详细操作和流程。可以很好地反映在场外查验过程中,无水港各部门所完成的操作及其他们之间的相互关系,也能看到场外查验中所有表单的流转。

(2) 场外查验业务流程说明

如属在场箱进行外场查验,业务员根据海关开具的"查验单"制定机检计划,录入箱号、计划类型、收费方式、车队(一般以内部车队为主)、始地点、止地点、单位、货主名称、姓名、电话、开始时间、结束时间、机检地,如需附加说明可在备注中标明。输入完毕后,生成机检计划,再向调度指挥中心发送 GPS 运输计划。业务员将"机检计划单"和海关开具的"查验单"交给司机,司机手持两张单证找现场理货员进行提箱,道口核对箱号、车号后放行。司机运输集装箱进行外场查验。

如属不在场箱进行外场查验,业务员根据货主提供的"海关查验申请表",进行进场预录,再向调度指挥中心发送 GPS 运输计划,录入箱号(单箱/多箱)、计划号、车队、计

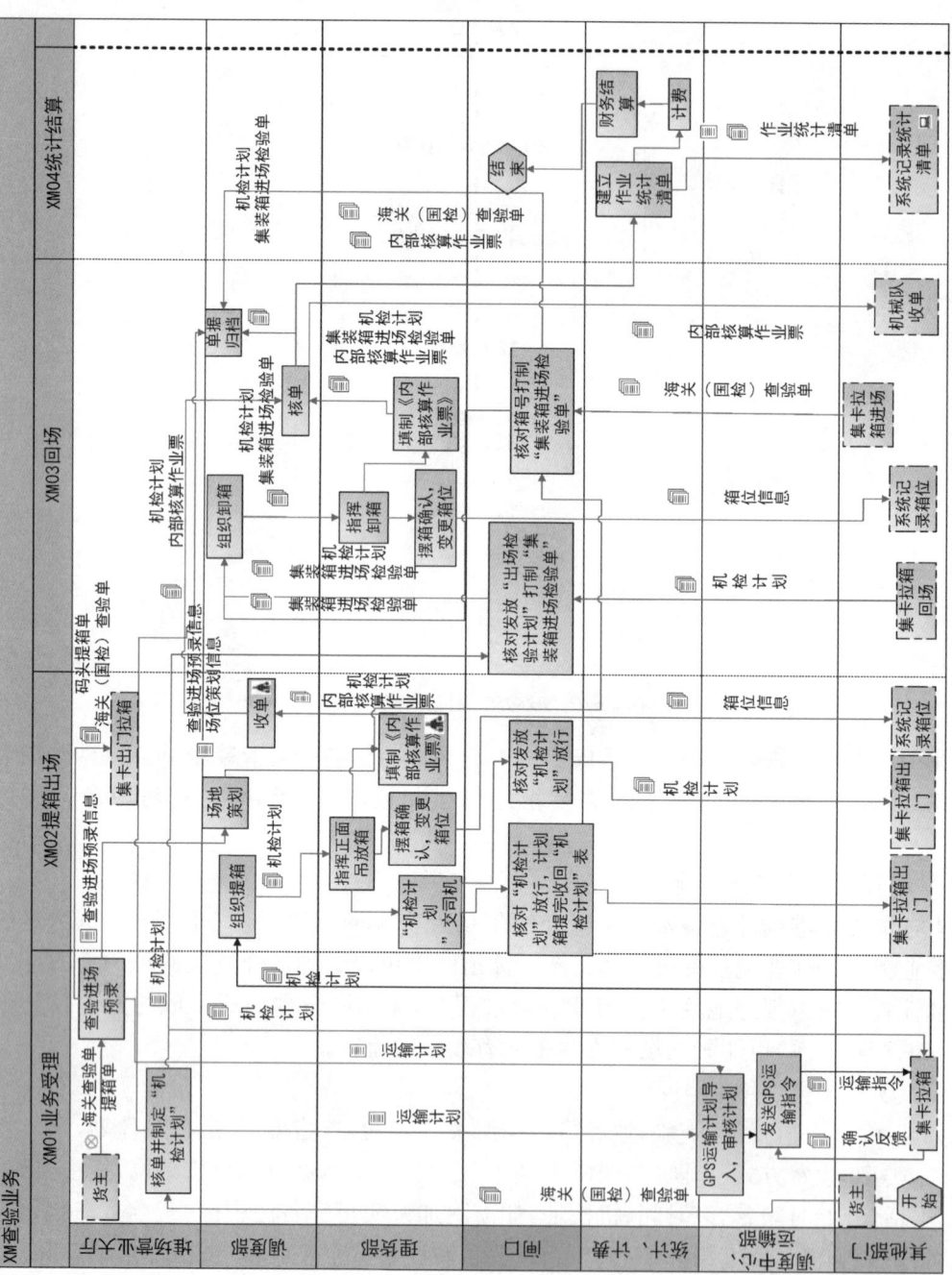

图 9-5 场外查验业务泳道图

划类型、备注(填写检验类型:机检/木检)、机检点、进场形式、始地点、止地点。调度安排司机出场提箱,然后进行外场检验。

查验结束后,司机运输集装箱返回本堆场。道口理货员核对集装箱信息,打制"集装箱进场检验单"(主要信息包括:箱号、堆场、尺寸、货名、委托单位、起运地点、车牌号、铅封号、箱体状况、进场日期、进场车队、收箱人签字、备注、船名、航次、提单号)交给拖车司机落箱。理货员根据"集装箱进场检验单"与实际箱进行核对,向业务员系统录入箱位。进场作业完毕,理货员根据"集装箱进场检验单"开具"内部核算作业票",如果有残损,那么在"集装箱进场检验单"上写上残损情况。

理货员将"集装箱进场检验单"、"内部核算作业票"返调度员审核,审核无误后调度员将"内部审核作业票"分发给机械队、统计员,将"集装箱进场检验单"返箱管员。箱管员根据"集装箱进场检验单"核对系统进场数据。统计员根据"内部核算作业票"与系统核对数量,建立"作业统计清单"。计费员依据确认完毕的账单明细与作业合同、实际进箱数量核对后,与船公司对账,结费。

9.3 查验业务相关知识

1. 查验方式

海关实施查验可以是彻底查验,也可以是抽查。查验操作可以分为人工查验和设备查验。海关根据货物情况以及实际执法需要,确定具体的查验方式。

人工查验包括外形查验、开箱查验。外形查验是指对外部特征直观、易于判断基本属性的货物的包装、运输标志和外观等状况进行验核;开箱查验是指将货物从集装箱、货柜车箱等箱体中取出并拆除外包装后对货物实际状况进行验核。

设备查验是指利用技术检查设备为主对货物实际状况进行验核。

① 彻底检查,即对货物逐件开箱(包)查验,对货物品种、规格、数量、重量、原产地货物状况等逐一与货物申报单详细核对。

② 抽查,即按一定比例对货物有选择地开箱抽查,必须卸货。卸货程度和开箱(包)比例以能够确定货物的品名、规格、数量、重量等查验指令的要求为准。

③ 外形检验,对货物的包装、标记、商标等进行验核。外形查验只能适用于大型机器、大宗原材料等不易搬运、移动的货物。此外,海关还充分利用科技手段配合查验,如地磅和 X 射线机等查验设施和设备。

海关查验部门自查验受理起,到实施查验结束、反馈查验结果最多不得超过 48 小时,出口货物应于查验完毕后半个工作日内予以放行。查验过程中,发现有涉嫌走私违规等事情的,不受此时限限制。

2. 查验要求

海关在查验时有以下要求:

① 货物的收发货人或其代理人必须到场,并按海关的要求负责办理货物搬移、拆装箱和重封货物包装等工作。

② 海关认为必要时,可以径行开验、复验或提取货样,货物管理人员应当到场作为

见证人。

③ 申请人应提供往返交通工具和住宿,并支付有关费用,同时按海关规定交纳规费。

另外,我国海关法规定,海关在查验进出境货物品时,损坏被查验的货物,应当赔偿实际损失。此时,由海关关员如实填写《查验货物、物品损坏报告书》并签字,一式两份,查验关员和当事人各留一份。双方共同商定货物的受损程度或修理费用,以海关审定的完税价格为基数,确定赔偿金额。赔款一律用人民币支付。海关货物放行的前提条件根据我国海关法的规定,除海关特准的货物以外,进出口货物在收发货人缴清税款或者提供担保后,可由海关签章放行。

海关对进出口货物的报关,经过审核报关单据,查验实际货物,并依法办理征收税费手续或减免税手续后,在有关单据上签盖放行章,货物的所有人或其代理人才能提取或装运货物。值得注意的是,口岸海关对进出口货物的放行意味着:

① 对一般贸易进出口货物,海关监管结束。

② 对需转为海关以其他方式继续监管的货物,货物进入另一种方式的海关监管;对需转另一设关地点的货物,则甲海关监管结束和乙海关监管开始。

9.4 查验业务涉及的关键单据

1. 海关查验申请表

海关查验申请表是货主或其代理人向具备查验能力的验货场地提出的验货申请,申请表的样式如图 9-6 所示。查验申请得到验货场地的同意后才能到该验货场地进行查验,同时也起到通知验货场地的作用,验货场地可以预先做好验货的相关准备。

海关(商检)摆箱查验申请表							
日期:			单位:		电话:			
我公司因商检及海关验货需要,特申请将以下集装箱摆到验货地。(我公司保证以下箱已完成向商检或海关查验部门申报的相关手续,如无特殊情况,以下箱应在明天进行查验,如因我公司原因未进行查验,我公司愿承担相应的堆存损失,并重新下达摆验申请。)							
	商检编号	货名	提单号	箱型	箱号	掏箱程度(掏/开)	备注

图 9-6 海关查验申请表

2. 商检查验单

海关查验单和商检查验单相似,这里以商检查验单为例。商检查验单是由检验检疫机构开具的查验单据,对于被抽中检验的货物,商检机构会通知货主到指定的验货场地进行验货。如图9-7所示,商检查验单上明确了查验的货物和查验地点等内容。

出入境检验检疫局
固体废品调离通知单

编号:

_____:

以下货物为进境废物原料,需调往检验检疫专用场库_____堆场实施检验检疫。

提单号	编号:		

联系电话:　　　　　　　　联系人:_____
　　　　　　　　　　(检验检疫机构业务签章)　年　月　日

图9-7　商检验货单

3. 装/拆箱作业报告表

装/拆箱作业报告表是在进行拆装箱作业时,需要对拆/装箱的情况以及集装箱内的货物的情况进行记录,以便公司对拆/装箱的具体情况有所了解和统计,也方便日后对相关信息进行查询。装/拆箱作业报告表样板如图9-8示。

4. 摆箱计划表

摆箱计划表是在摆箱计划完成后生成的,摆箱计划表显示了摆箱作业的顺序及摆箱位置,方便现场工作人员进行作业。如图9-9所示即为摆箱顺序表。

公司拆/装箱作业报告表

第四联

船名/航次:	年 月 日 点 至							
提单号 \ 仓单记录	集装箱号	封号	货名				20'/40'	此表一式四联,一联交装卸队,二联交业务部。三联交机务部,四联交统计员。一认真填写;二表不能报多票;三作业完毕连同明细单及时返业务

图 9-8 装/拆箱作业报告表

摆箱顺序表

箱号	场位	箱号	场位	箱号	场位
DFSU6903168					

图 9-9 摆箱顺序表

内部核算作业票、集装箱进场检验单、作业统计清单分别在第 3 章和第 7 章相关章节进行介绍。

9.5 查验业务数字化运营管理

本章查验业务数字化运营管理的介绍将以场内查验为例进行讲解,由于场内查验的集装箱也有从场外进场查验的,所以这些在场外的集装箱在查验之前会先进行进场作业,进场后,场外集装箱的场内查验操作就和场内集装箱的一样了。本章通过管理信息系统的操作图片演示让读者切实了解集装箱堆场业务数字化运营管理的优越性,同时也能够更加直观地了解集装箱堆场查验业务的操作过程。集装箱堆场场内查验业务数字化运营管理案例的操作任务如下:

　　任务一:场外箱场内查验信息预录和进场计划制作;

　　任务二:场外箱场内查验进场场地策划;

　　任务三:出场提箱车辆调度;

　　任务四:场外箱场内查验道口进场;

　　任务五:场外箱场内查验进场落箱确认;

　　任务六:制定查验计划;

　　任务七:发布摆箱任务;

　　任务八:摆箱车辆调度;

　　任务九:组织摆箱;

　　任务十:组织验货;

　　任务十一:清场计划;

　　任务十二:组织清场。

每一个任务的具体操作详细说明如下:

(1) 场外箱场内查验信息预录和进场计划制作

　　进行场内查验时,业务员在收到货主发来的"海关验货申请表"后,若查验的集装箱不在本堆场,则需要将集装箱从查验集装箱所在地运输到本堆场。此时需要在管理信息系统中进行查验集装箱信息的预录并做提箱进场查验计划。无水港管理信息系统提供手工预录、Excel 导入和 EDI 导入等方式预录集装箱信息,如图 9-10 所示为手工预录窗口。信息预录和进场计划是同时进行的,当业务部门根据货主提供的信息填写完所有的关键信息后,点击"保存"就可以产生新计划和计划号。若有多个集装箱,可以在原有计划中添加集装箱,点击"添加箱子",填写并保存添加集装箱的信息。

(2) 场外箱场内查验进场场地策划

　　完成场外箱场内查验进场计划,还要为即将进场的查验集装箱安排堆放位置,即做场地策划,如图 9-11 所示。做场地策划时需要完成选箱和选箱位两个操作。信息系统提供分类选箱或模糊选箱等方式选择需要进行场地策划的集装箱;选箱位时信息系统提供可视化界面,方便用户操作。通过可视化界面可以看到箱区现在集装箱堆放情况,如图 9-11 所示,不同的颜色表示不同的堆放信息,这里不做详细介绍。操作人员可以在为堆放集装箱的区域选取一个区域作为策划区域,系统会自动为在该区域内安排一个合适的箱位作为集装箱的策划箱位。

(3) 出场提箱车辆调度

　　完成提箱进场查验计划,堆场业务员向查验中心的业务员发送"查验报文",查验业务员接收"查验报文"后,打印"联系函"送到航运中心向码头交费并获取"提箱小票",再

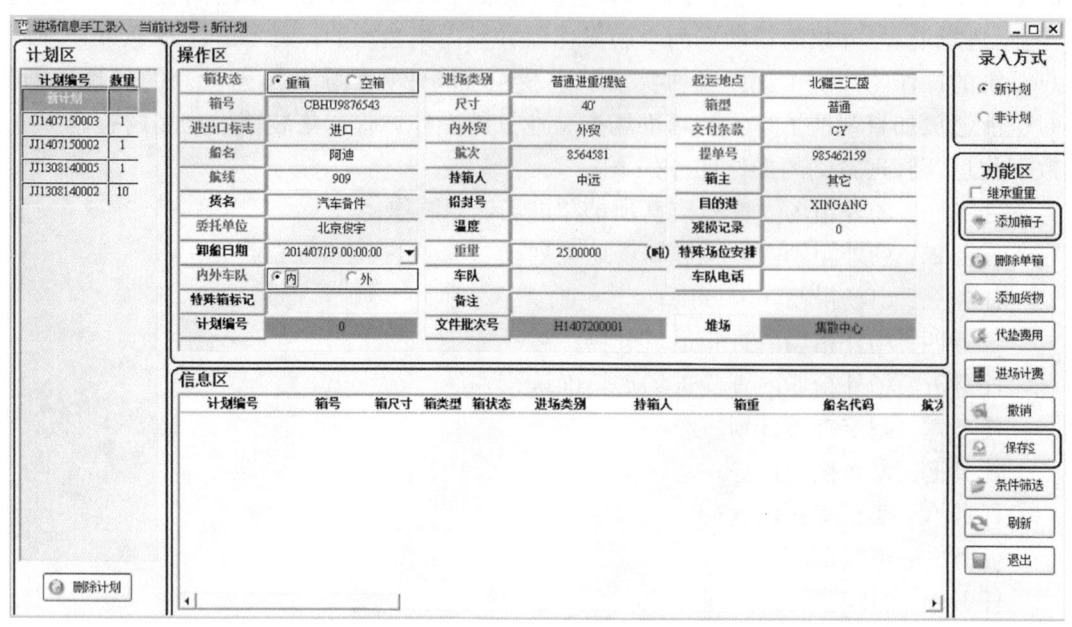

图 9-10　提箱进场查验计划

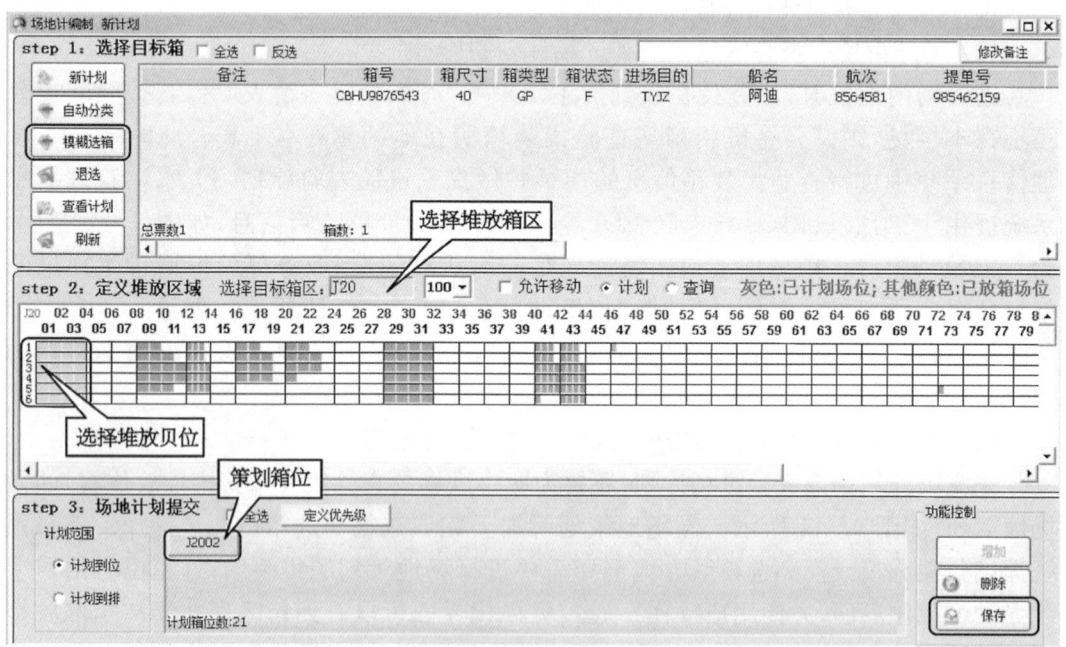

图 9-11　场地策划

到其他堆场交转栈费。

办理好相应的提箱准备工作后,堆场安排车辆到集装箱所在地进行提箱,业务员在管理信息系统内向调度中心发送用车需求,如图 9-12 所示。调度中心根据车辆运输需求做调度计划,如图 9-13 所示。再为计划派遣相应的车辆,如图 9-14 所示。

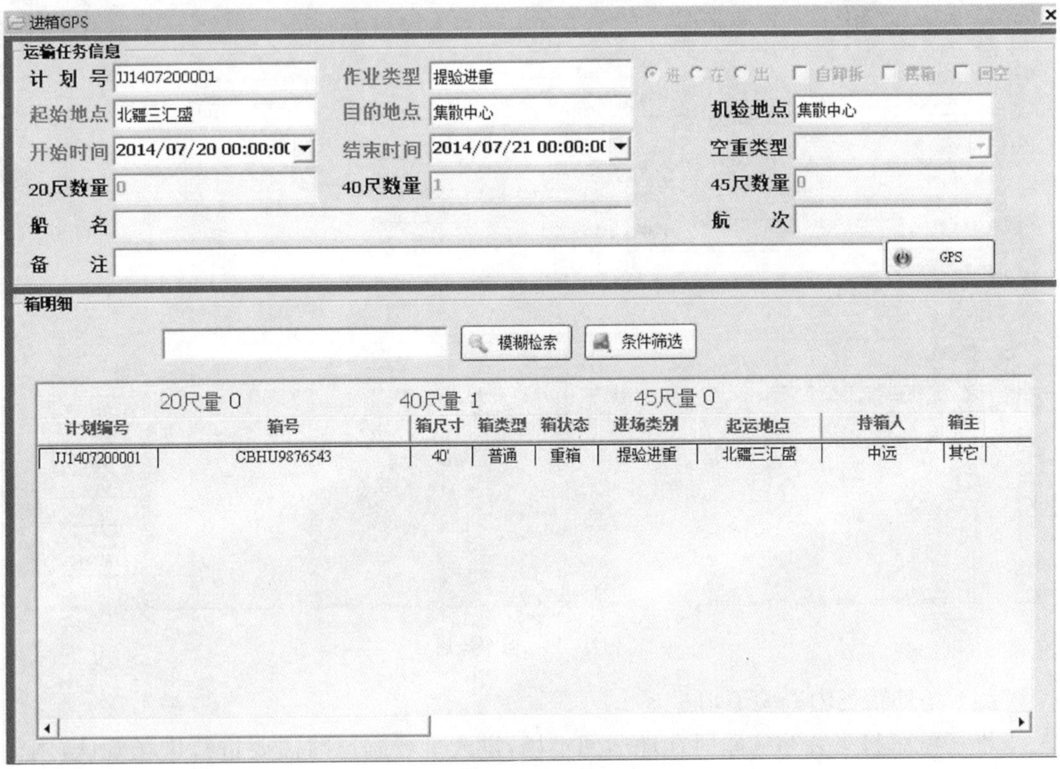

图 9-12 业务员提出运输需求

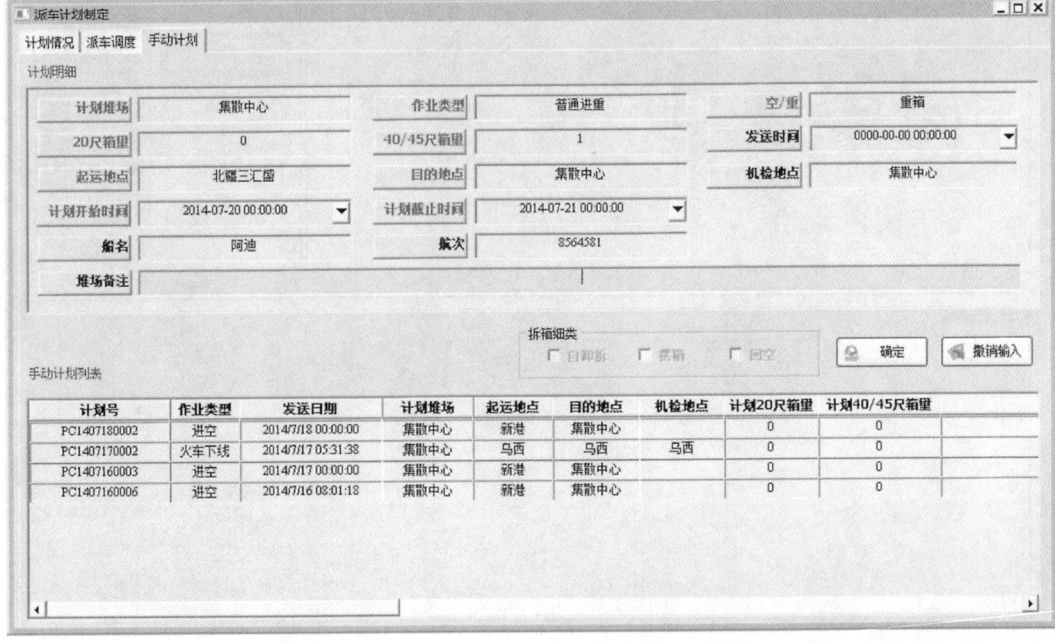

图 9-13 制作调度计划

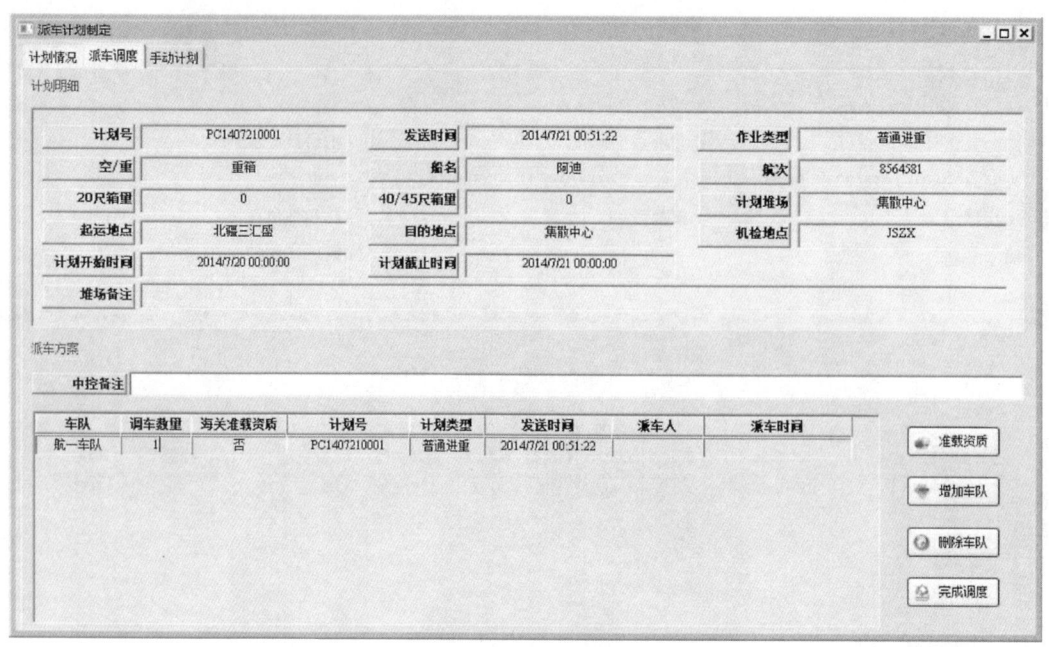

图 9-14 派车计划

(4) 场外箱场内查验道口进场

堆场派车将集装箱从原所在地运回堆场,进入堆场闸口时需要进行进场确认,闸口工作人员电脑显示如图 9-15 所示的界面,工作人员输入进场车辆车牌号和所在集装

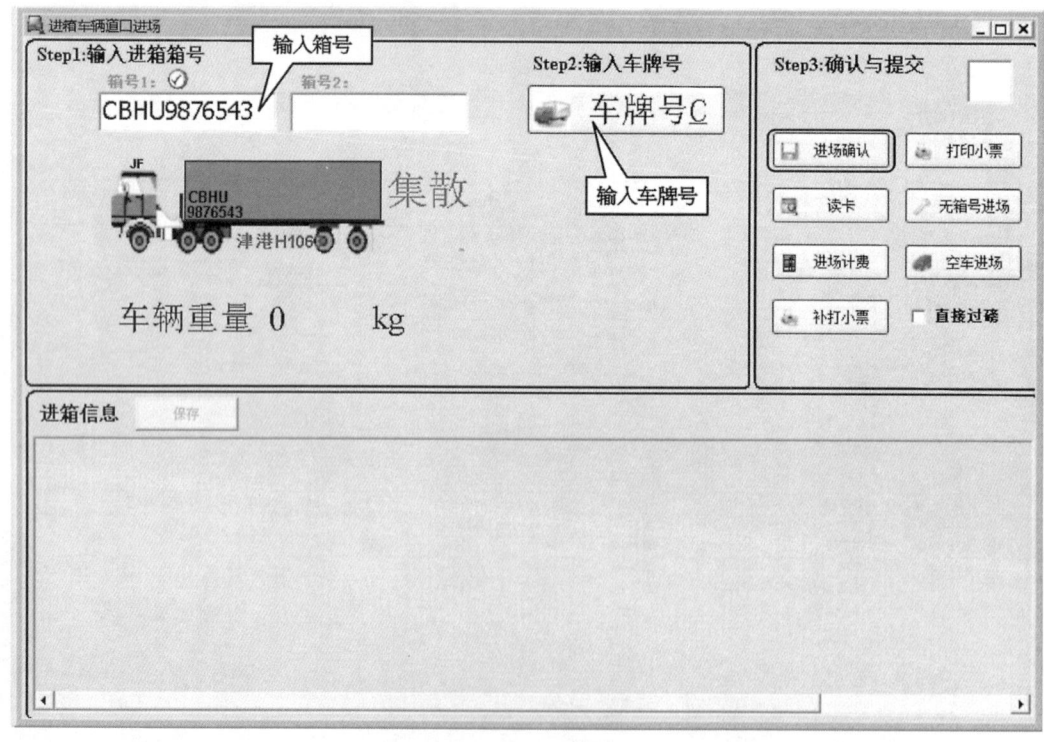

图 9-15 道口进场确认

箱箱号,点击"进场确认"后打印"集装箱进场检验单"。将"集装箱进场检验单"交给拖车司机,集卡司机凭"集装箱进场检验单"进场卸箱。

(5) 场外箱场内查验进场落箱确认

拖车司机根据"集装箱进场检验单"上的集装箱堆放位置到堆场卸箱,同时场吊司机通过车载终端可以看到卸箱任务,到达卸箱地点进行卸箱作业。如图9-16所示,场吊车载终端上显示场吊作业的界面,选择作业任务,会显示相应的车、集装箱以及集装箱将要堆放的位置,也可以根据实际需要选择堆放位置。场吊达到卸箱位置,核对相关信息后进行卸箱作业,卸箱完毕后点击"确定",集装箱落箱箱位信息将自动存到业务系统里。

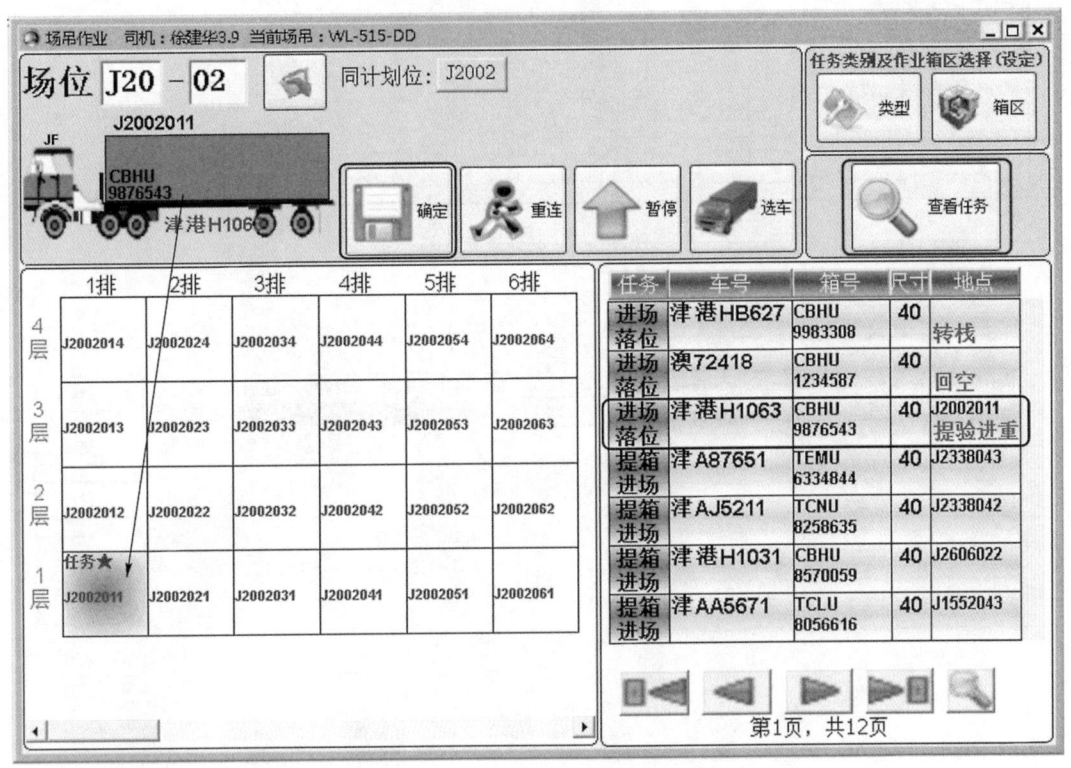

图9-16 场吊落箱确认

(6) 制定查验计划

当堆场外的集装箱在堆场落箱后,场外集装箱和在场集装箱的查验操作相同。对在场集装箱进行查验时,根据货主提供的国检(海关)查验单制作查验计划。在管理信息系统的"作业计划"选择"在场箱计划",界面如图9-17所示。选择新计划,点击"选箱",进入选箱界面,选好需要查验集装箱后填写相关信息,点击"保存"时就生成新的查验计划。

(7) 发布摆箱任务

制作查验计划后,需要对查验的集装箱进行摆箱(将集装箱摆放到查验的场地),先在业务管理信息系统里发布摆箱任务,在图9-17的界面中点击"摆箱任务",加入如图9-18所示摆箱任务发布界面,填写摆箱的"目标位置"然后保存。

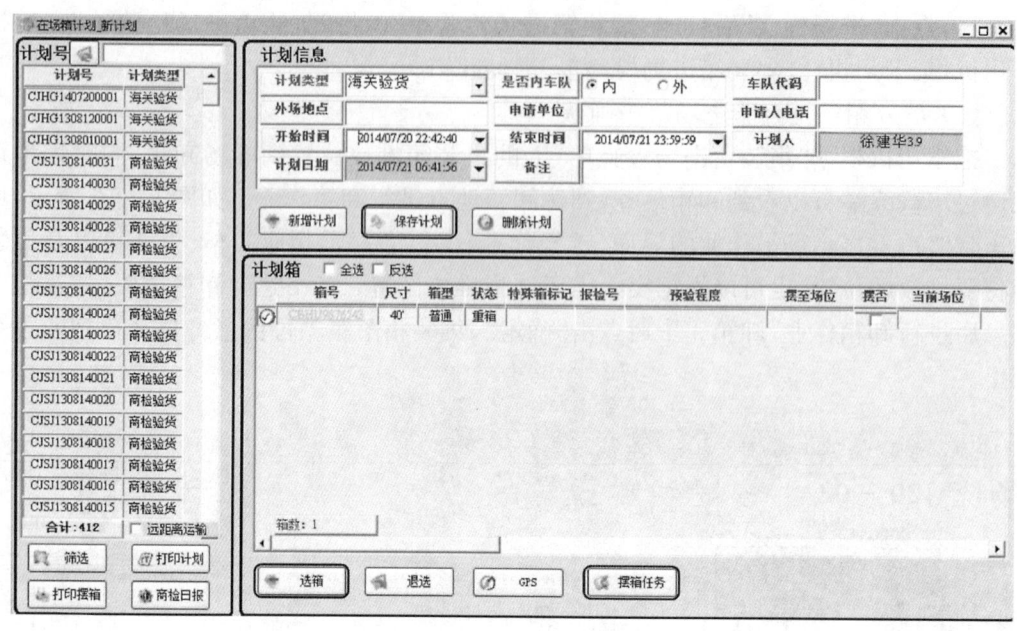

图9-17 制作查验计划

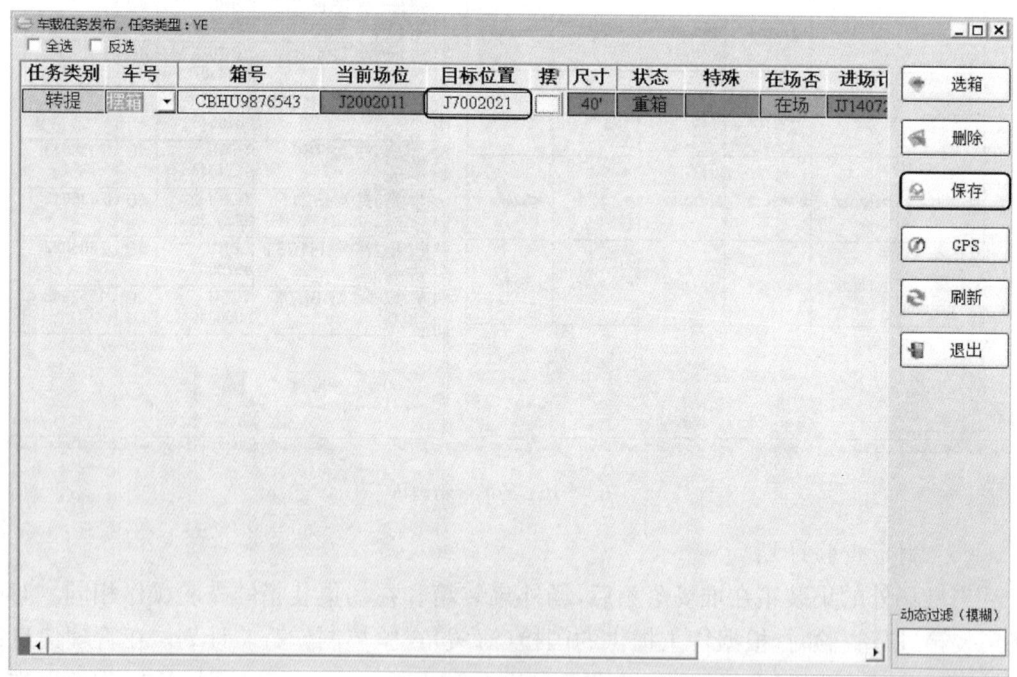

图9-18 摆箱任务分布

(8) 摆箱车辆调度

摆箱时,需要内部集卡作为水平运输工具辅助作业。因此需要在管理信息系统里向调度中心提出用车需求,如图9-18所示,调度中心在接到业务员提出的用车需求后做调度计划,如图9-20、图9-21所示,并给调度计划配置相应的车辆参与摆箱作业。

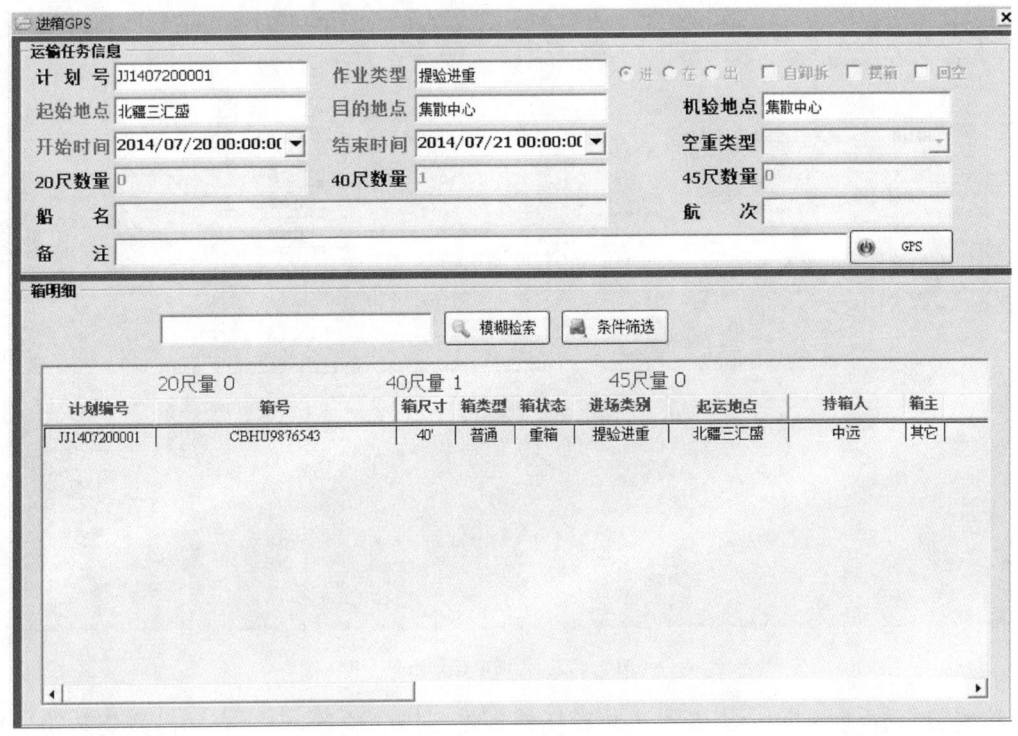

图 9-19 发送用车需求

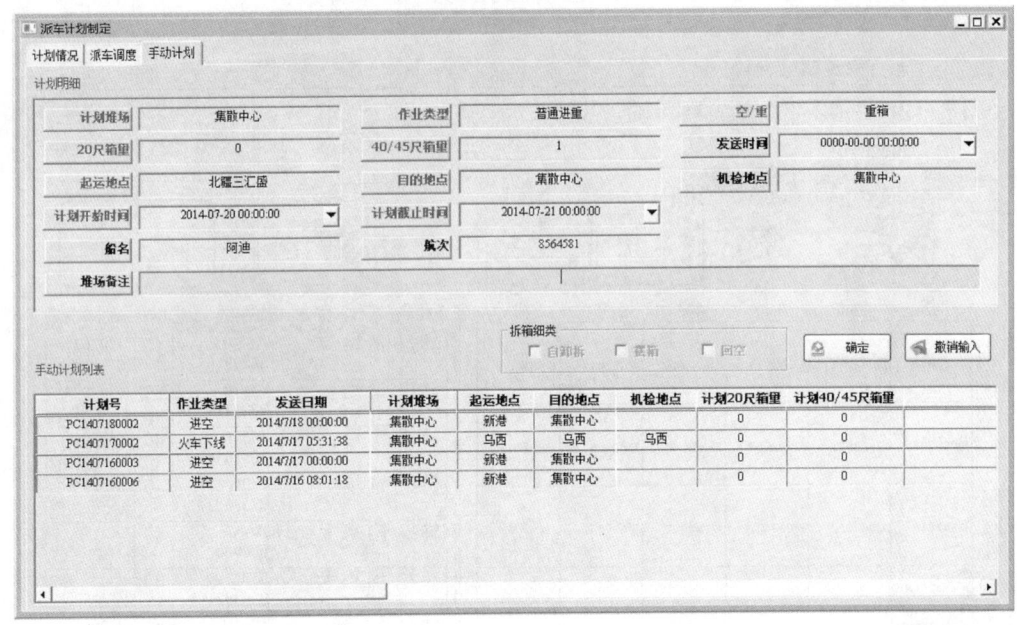

图 9-20 制作调度计划

(9) 组织摆箱

摆箱作业开始时,安排的集卡到达集装箱所在的位置,场吊通过车载终端查看任务,并根据车载终端显示的作业信息到达集装箱所在地进行作业。如图 9-22 所示,场

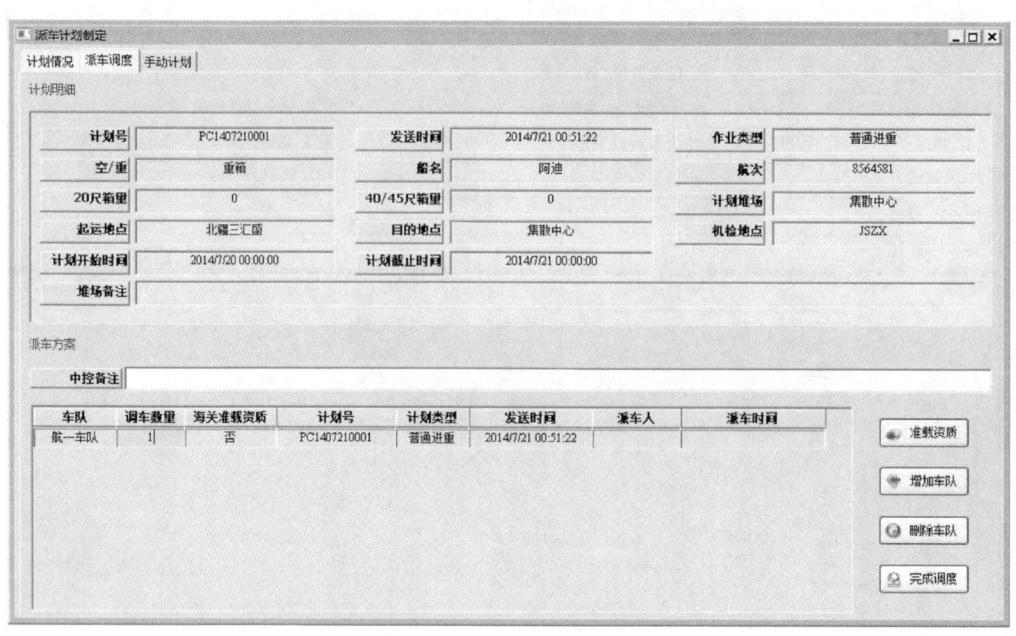

图 9-21 为调度计划派车

地将集装箱放到集卡上,集卡将集装箱托到预先安排的位置,也会有场吊将集装箱从集卡上卸下,并堆放在系统指定的箱位上。如图 9-23 所示,场吊司机在车载终端上点击"确认",集装箱的箱位信息会自动更变并存到系统里。

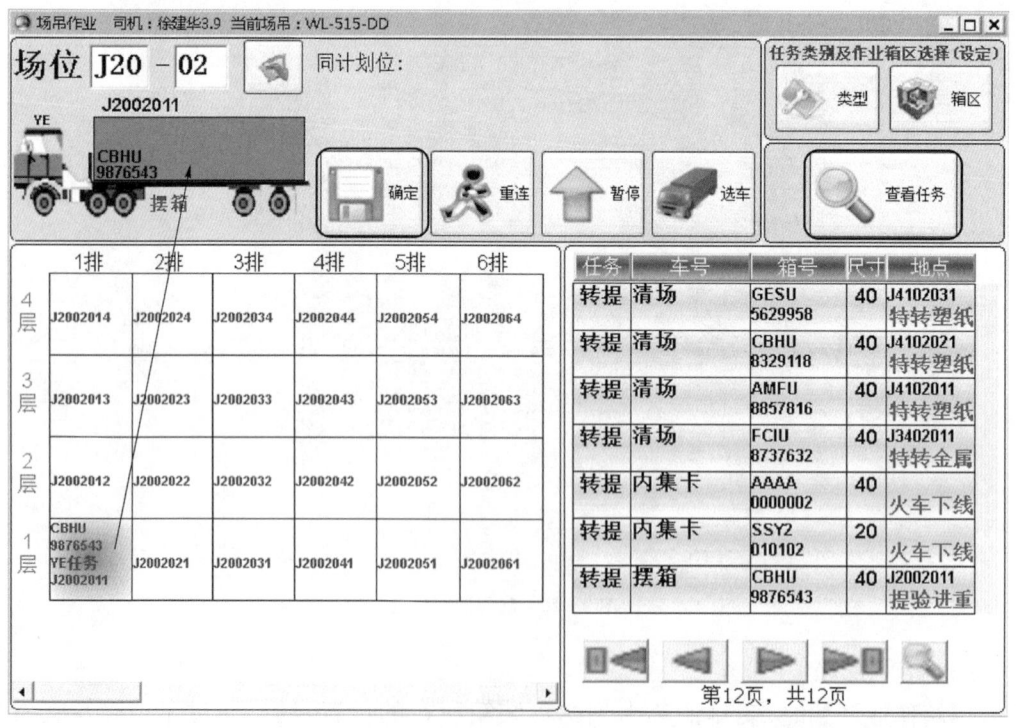

图 9-22 转提

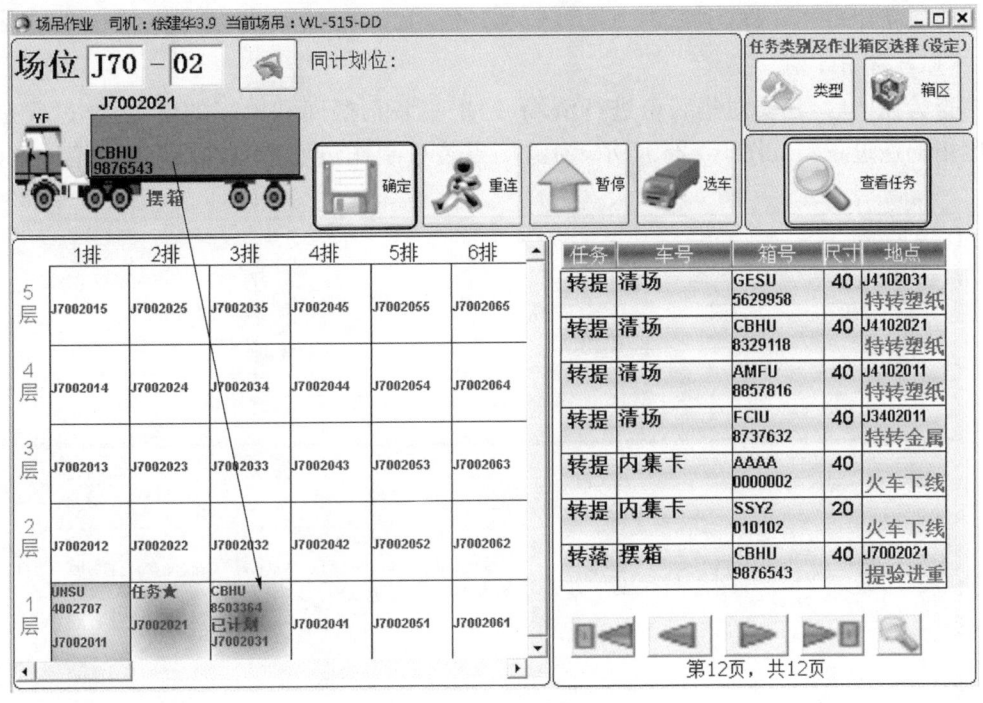

图 9-23 转落

（10）组织验货

摆箱完毕，等待海关查验。海关查验时堆场会组织机械队辅助查验，海关每查验完毕一个集装箱，现场理货会对查验信息进行记录并存入系统，如图 9-24 所示。选择验箱程度和拆加固否等操作后保存验货信息，这些信息在费用结算里会用到，不同验箱程

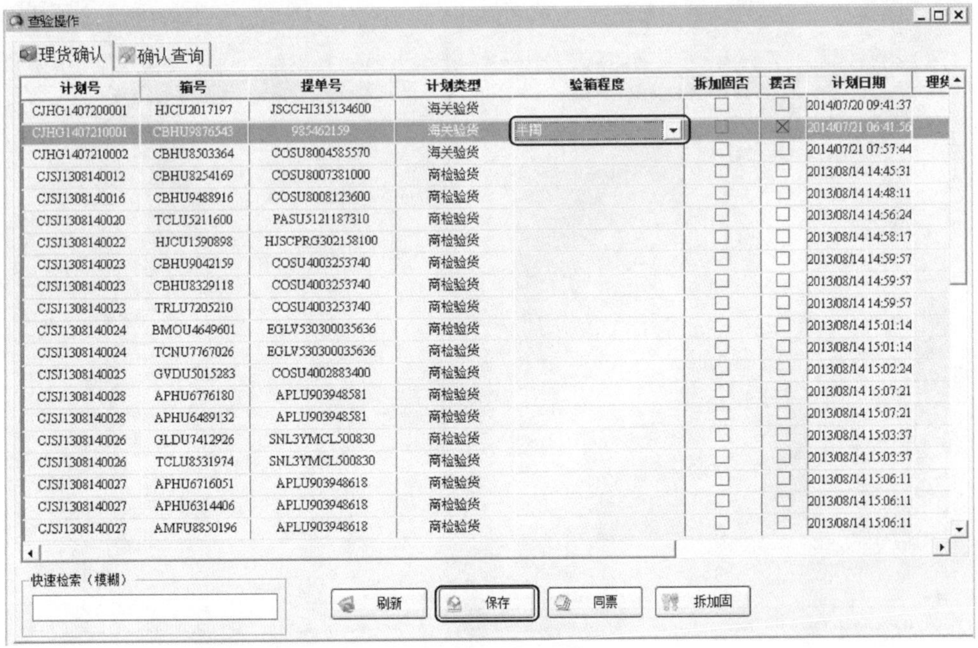

图 9-24 确认

度的验箱费用也不一样。

(11) 清场计划

查验完毕后,还要对集装箱进行清场,即把集装箱摆回到原来的位置,此过程是上述摆箱的逆过程。如图 9-25 所示,为清场集装箱制作清场计划,在制作摆箱计划(如

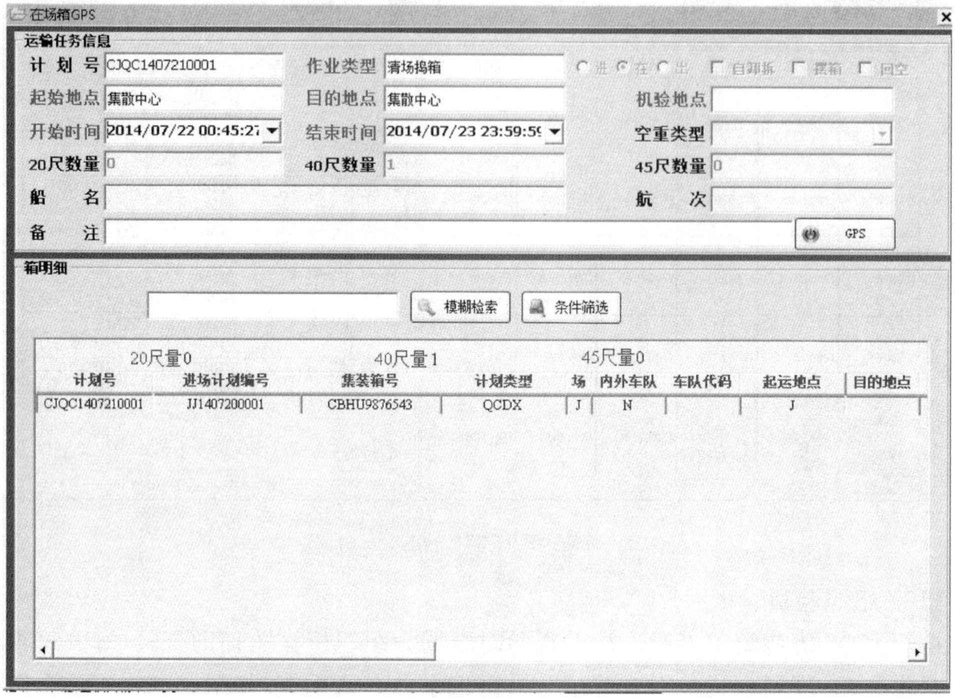

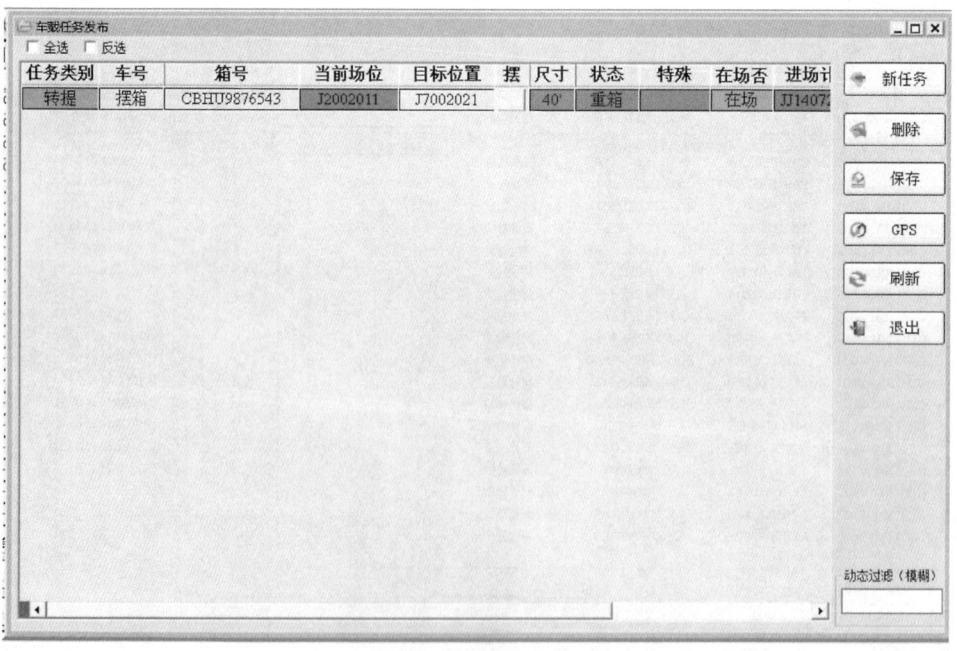

图 9-25　清场计划

图 9-26　清场摆箱任务发布

图9-26所示),业务员提出用车要求(如图9-27所示),调度中心接受用车需求后做调度计划和派车(如图9-28、图9-29所示)。

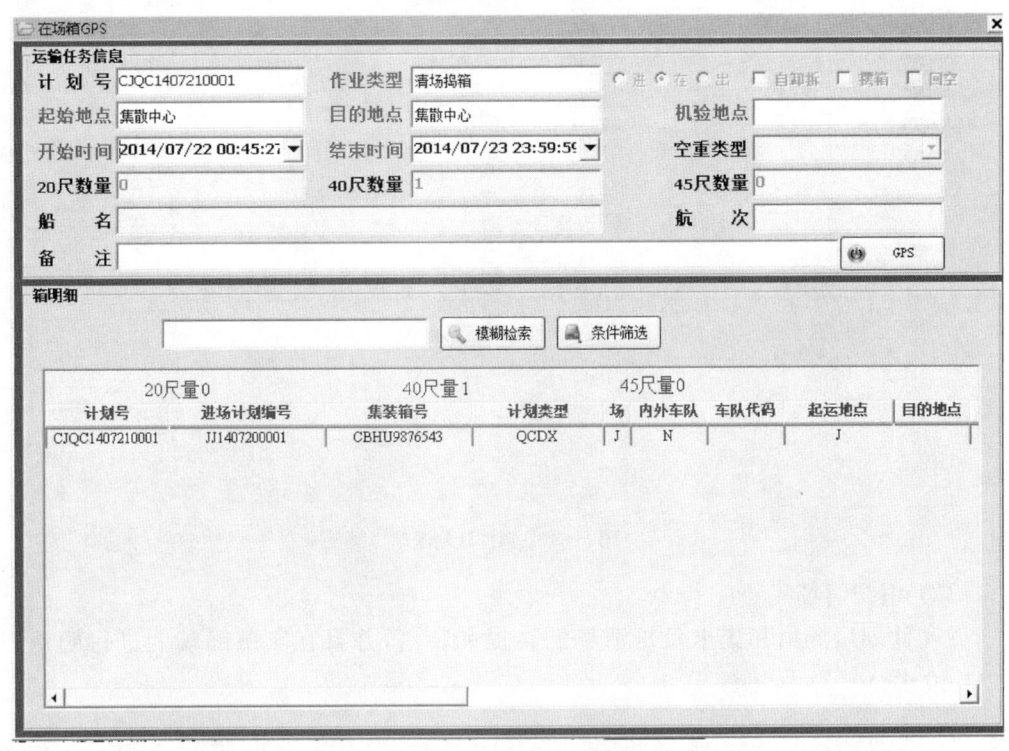

图9-27 发送用车需求

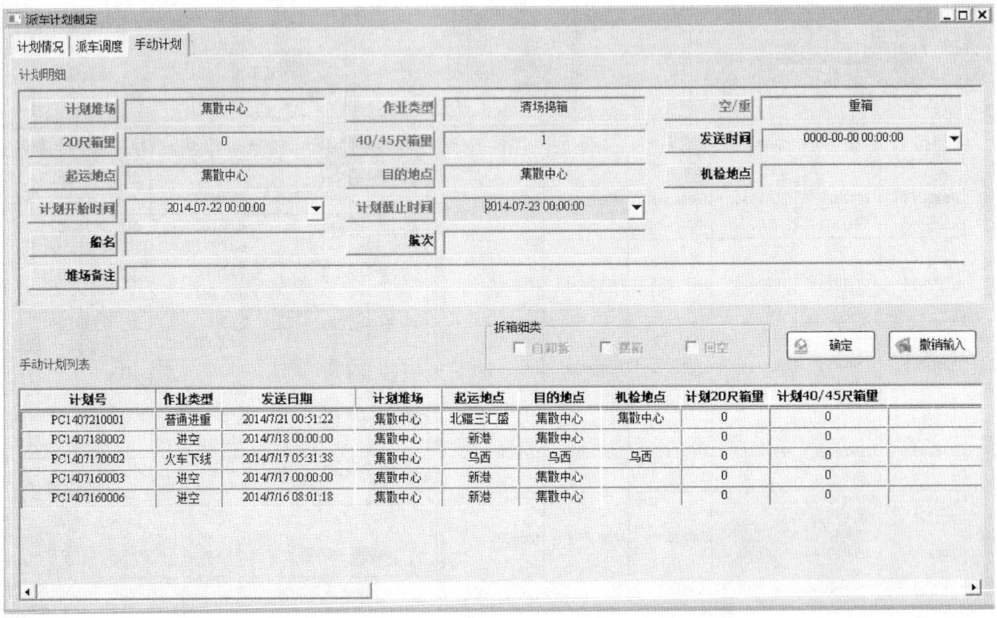

图9-28 调度计划

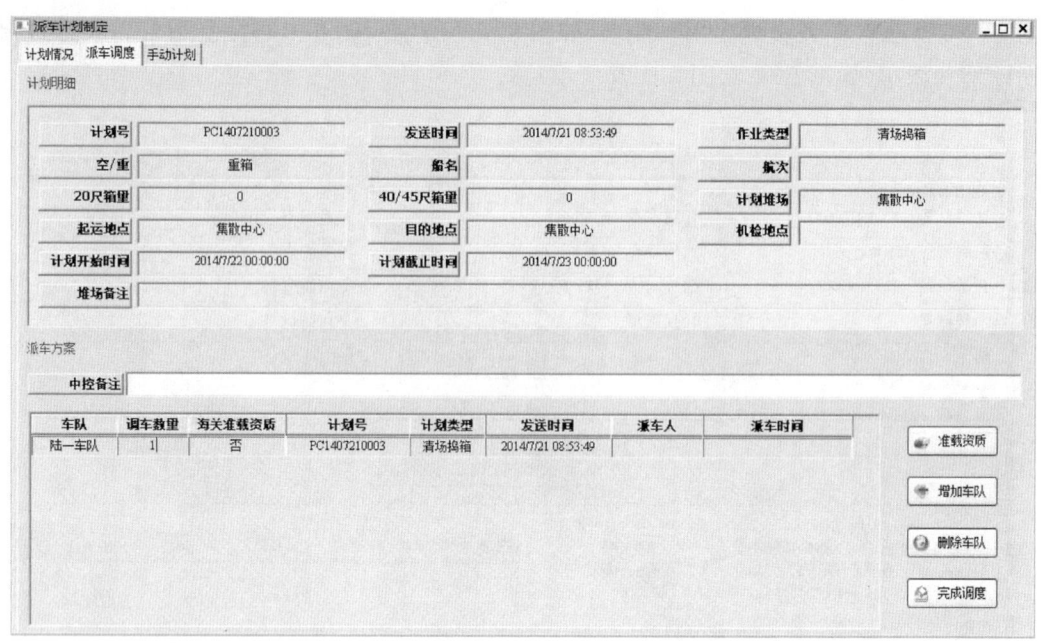

图9-29 调度计划派车

(12) 组织清场

做完计划后场吊和集卡负责清场的转提和转落,并且在车载终端上进行确认,如图9-30、图9-31所示。

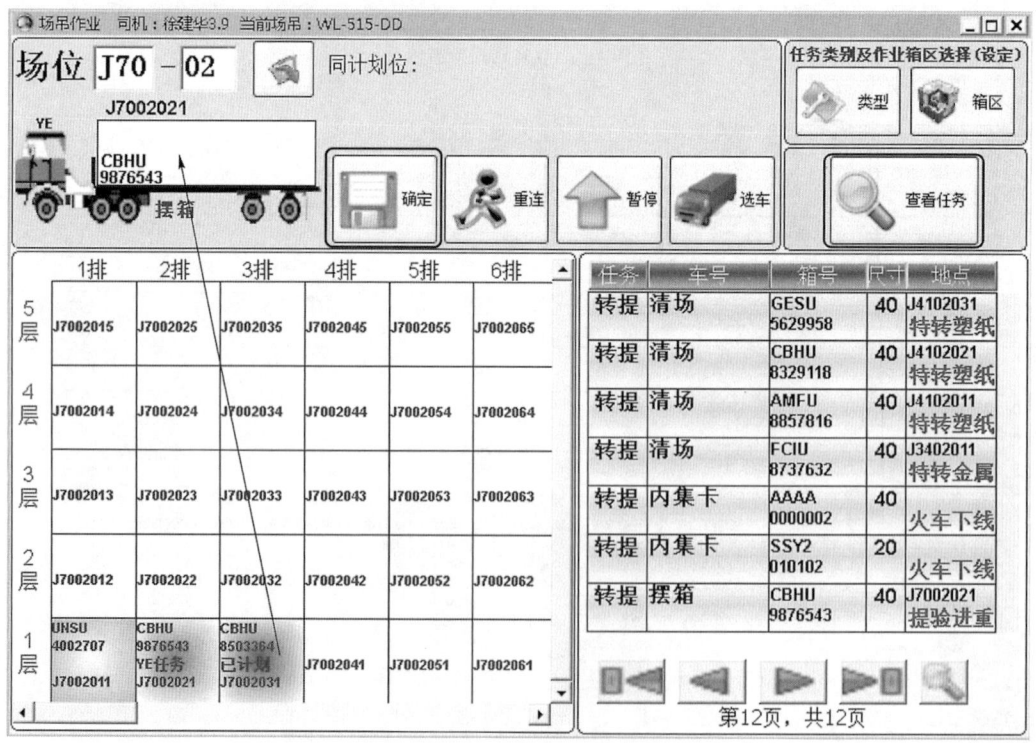

图9-30 清场转提

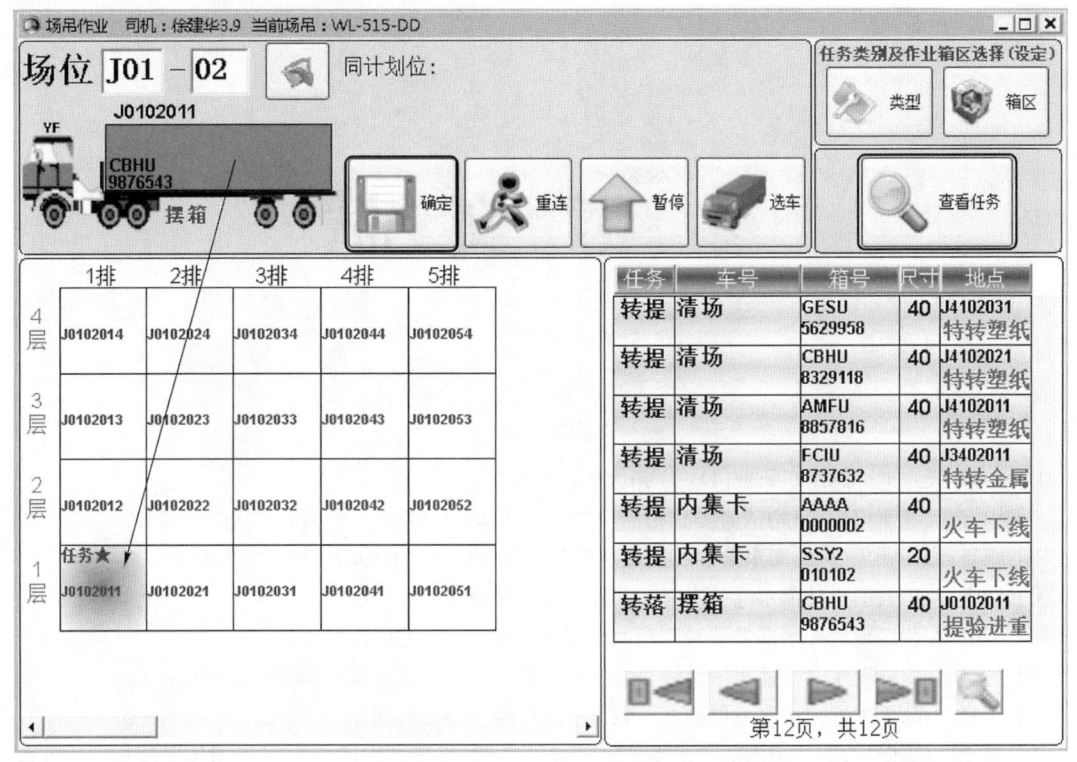

图 9-31　清场转落

清场完毕后,场内查验的整个过程操作完成。查验业务的场外查验是在其他查验场地完成的,主要工作不在本堆场完成,这里不做详细介绍。查验业务是集装箱堆场的一个重要业务,通过业务管理信息系统的数字化管理,可以大大提高其作业效率,同时实现信息交互和共享的实时化。

参 考 文 献

［1］ 许行. 无水港空间组织研究[D]. 广州大学, 2012.
［2］ 宋吉成. 基于模糊 C-均值聚类分析的青岛无水港选址研究[D]. 中国海洋大学, 2011.
［3］ 张登健, 唐秋生. 内陆无水港发展模式与对策研究[J]. 物流工程与管理, 2013, (10).
［4］ 钟飞. 浅析我国内陆无水港的发展和建设[J]. 现代商业, 2010, (18).
［5］ 黄少卿. 我国现代无水港发展及其新颖的通关模式[J]. 上海城市管理, 2011, (3).
［6］ 刘冉昕. 内陆无水港与辽宁沿海港口联动发展研究[J]. 中国水运(下半月), 2011, (5).
［7］ 王刚. 内陆无水港建设与发展模式探索[J]. 港口经济, 2009, (3).
［8］ 天津港(集团)有限公司内陆无水港管理创新课题组. 天津港内陆无水港管理体系的构建与实施[J]. 港口经济, 2010, (7).
［9］ 刘冉昕. 内陆无水港与辽宁沿海港口联动发展研究[J]. 中国水运(下半月), 2011, (5).
［10］ 陆岚. 以无水港建设促进内陆开放型经济发展——基于供应链的视角[J]. 港口经济, 2010, (3).
［11］ 刘琼, 蔡玉凤. 无水港与沿海港口联动发展模式初探[J]. 港口经济, 2009, (9).
［12］ 耿勇, 路海平. 基于物流设施视角港口物流竞争力评价与提升策略研究[J]. 贵州大学学报(社会科学版), 2013, 31(4).
［13］ 江海波. 谈港口信息化管理系统的应用技术[J]. 中国水运(下半月), 2013, (8).
［14］ 管林挺. 基于体系结构的港口信息化阶段性划分[J]. 通化师范学院学报, 2010, (2).
［15］ 张乐晨. 浅析我国港口信息化建设[J]. 科技创新与应用, 2014, (4): 50-51.
［16］ 黎造邦, 王广玉. 新时期中如何加强我国港口信息化的建设[J]. 才智, 2014, (12).
［17］ 张炳达. 国际货运代理实务. 上海: 立信会计出版社, 2006.
［18］ 张敏, 周敢飞. 国际货运代理实务. 北京: 北京理工大学出版社, 2011.
［19］ 王任祥. 现代港口物流管理. 上海: 同济大学出版社, 2007.
［20］ 张炳达. 国际货运代理实务. 上海: 立信会计出版社, 2006.